VOLKHARD WRAGE

Erfolg der Territorialreform

Schriftenreihe der Hochschule Speyer

Band 56

Erfolg der Territorialreform

Auswirkungen der territorialen Neugliederung der Gemeinden in ausgewählten Kreisen Nordrhein-Westfalens

Von

Dr. Volkhard Wrage

DUNCKER & HUMBLOT / BERLIN

Gedruckt mit Unterstützung der Stiftung Volkswagenwerk

Gedruckt 1975 bei Berliner Buchdruckerei Union GmbH., Berlin 61
Printed in Germany
ISBN 3 428 03441 4

Vorwort

Die wissenschaftliche Beurteilung der Auswirkungen der kommunalen Neugliederung ist schwierig und aktuell. Die von Dr. *Volkhard Wrage* vorgelegte Schrift leistet dazu einen Beitrag, der in erster Linie in der Auswahl und Systematisierung der Untersuchungsfragen, in der Durchführung der empirischen Erhebung in den ausgewählten Gemeinden, in der Aufstellung eines Maßstabssystems und in der Durchführung einer quantifizierten verwaltungswissenschaftlichen Nutzwertanalyse liegt. Die Methode der Maßstabsaufstellung, ihrer Gewichtung und Operationalisierung war zur Vorbereitung der kommunalen Neugliederung zwar bereits bekannt; dem Verfasser ist jedoch durch die Anwendung der „fiktiven Vergangenheit" und durch die Aufstellung eines eigenen „Maßstabssets" eine Fortentwicklung der Methode für das „Messen" bereits abgeschlossener kommunaler Territorialreformen gelungen.

Die ausgewählten Kreise Siegen, Unna und Lemgo waren wegen der hier bereits in den Jahren 1966/69 stattgefundenen gemeindlichen Neugliederungen besonders günstige Untersuchungsräume. Hier konnten die Auswirkungen der Gemeindereform in gewissem Umfange exemplarisch studiert werden, denn es handelte sich im Kreis Lemgo um sehr kleine Gemeinden in ländlichen Zonen ohne frühere Ämterverfassung, im Kreis Unna um Gemeinden in der Ballungsrandzone und im Kreis Siegen um städtische Verflechtungsgebiete, wobei im Kreis Siegen noch der Fall der Rückkehr einer früher kreisfreien Stadt in den Kreis beobachtet werden konnte.

Bei dem Ansatz der „fiktiven Vergangenheit" bleibt es natürlich fraglich, inwieweit es möglich ist, die eindeutige Zuordnung der Veränderungen zu der Ursache „territoriale Neugliederung" herauszukristallisieren. Dennoch dürften die Ergebnisse der Untersuchung nach der angewandten quantitativen Methode zutreffender und insbesondere nachvollziehbarer sein als nach dem üblichen Vorgehen der verbalen Wertung.

Gegenüber der vielfach vorgebrachten unrealistischen Hoffnung auf eine „billigere Verwaltung" ist es erfreulich, daß eindeutig zum Ausdruck kommt, daß von wissenschaftlicher Seite und von den Sachverständigen-Kommissionen vor der Neugliederung nicht der Eindruck erweckt worden ist, daß eine Verbilligung zu erwarten sei. So ist es denn auch ein wichtiges Ergebnis der Untersuchung, daß offenbar kurzfristig vorweisbare Erfolge von der Territorialreform nicht zu erwarten sind und daß es deshalb notwendig erscheint, den räumlichen Zuschnitt der kommunalen Verwaltungseinheiten nunmehr für mehrere Jahrzehnte möglichst konstant zu halten. Im Laufe dieser Zeit werden sich Übergangsschwierigkeiten, die deutlich aus der Untersuchung hervorgehen, nicht mehr auswirken. Aller Voraussicht nach ist eines der Ergebnisse der Territorialreform eine wesentlich höhere Zahl von hauptamtlichem Personal in den ländlichen Kommunalverwaltungen. Die dadurch entstehenden höheren Kosten werden — so ist zu hoffen — mittel- und langfristig durch überproportionale Leistungen der Verwaltung für den Bürger mehr als ausgeglichen.

Nur durch die großzügige Hilfe der Stiftung Volkswagenwerk war es möglich, die Kosten der im Rahmen der Untersuchung notwendigen empirischen Erhebung und des Druckes zu decken; dafür möchte ich der Stiftung Volkswagenwerk herzlich danken.

Speyer, im Juni 1975 Frido Wagener

Vorbemerkung des Verfassers

Die vorliegende Schrift ist als Dissertation im Frühjahr 1974 an der Hochschule für Verwaltungswissenschaften Speyer eingereicht worden. Die Arbeit konnte nur durch die Förderung, Unterstützung und Mithilfe zahlreicher Personen und Institutionen zustande kommen. Dafür habe ich insbesondere zu danken

— Herrn Professor Dr. *Frido Wagener* für die grundsätzliche Themenstellung und die maßvoll kritische Begleitung des Forschungsvorhabens,

— der Universität Bielefeld für die Gewährung eines Promotionsstipendiums,

— der Stiftung Volkswagenwerk für die großzügige Förderung mit Forschungsmitteln und einem Druckkostenzuschuß,

— vielen Verwaltungsangehörigen und den Leitungen der Gemeinde-, Stadt- und Kreisverwaltungen in den Untersuchungsräumen für die Mithilfe bei der Datenbeschaffung und für kritische Diskussionen,

— nicht zuletzt aber meiner Frau, die mir die Rolle des „Forschers" zugestand und die Erstellung des Maschinenskripts weitgehend abnahm.

Die Untersuchung ist für die Veröffentlichung in der Schriftenreihe der Hochschule Speyer nur in wenigen Details geändert bzw. ergänzt worden. Die Datenerfassung wurde im wesentlichen mit dem Jahr 1972 abgeschlossen, so daß u. a. die Ergebnisse des 2. Neugliederungsprogramms in Nordrhein-Westfalen nicht berücksichtigt worden sind.

Bremen, im Januar 1975 Dr. Volkhard Wrage

Inhaltsverzeichnis

Verzeichnis der Tabellen im Text

Verzeichnis der Tabellen im Anhang

Verzeichnis der Abbildungen

Verzeichnis der Anlagen

Verzeichnis der Abkürzungen

Abs.	= Absatz
Anl.	= Anlage
Anm. (1.29)	= Anmerkung (29. Anm. des 1. Hauptabschnitts)
Art.	= Artikel
Aufl.	= Auflage
AWO	= Arbeiterwohlfahrt
B	= Bebauungsplan
BA	= Bauabschnitt
BAB	= Bundesautobahn
BAT	= Bundesangestelltentarif
BauO NW	= Bauordnung Nordrhein-Westfalen
BBauG	= Bundesbaugesetz
Bd., Bde.	= Band, Bände
bes.	= besonders
BGBl.	= Bundesgesetzblatt
BSHG	= Bundessozialhilfegesetz
dass., ders., dies.	= dasselbe, derselbe, dieselbe(n)
DÖD	= Der öffentliche Dienst
DÖV	= Die öffentliche Verwaltung
DRK	= Deutsches Rotes Kreuz
DVBl.	= Deutsches Verwaltungsblatt
E, Einw.	= Einwohner
ebd.	= ebenda
EDV	= elektronische Datenverarbeitung
ERP	= European Recovery Program
F	= Flächennutzungsplan
FA	= Finanzausgleich
FAG	= Finanzausgleichsgesetz
GemHVO	= Gemeindehaushaltsverordnung
GkG	= Gesetz über kommunale Gemeinschaftsarbeit
GO NW	= Gemeindeordnung Nordrhein-Westfalen
GV. NW.	= Gesetz- und Verordnungsblatt Nordrhein-Westfalen
HdSW	= Handwörterbuch der Sozialwissenschaften
hrsg., Hrsg.	= herausgegeben, Herausgeber
i. d. F.	= in der Fassung
i. V. m.	= in Verbindung mit
Jg.	= Jahrgang
JWG	= Jugendwohlfahrtsgesetz
k. A.	= keine Angabe
KAG	= Kommunalabgabengesetz
KDZ	= Kommunale Datenzentrale

KfW	=	Kreditanstalt für Wiederaufbau
KgG	=	Kindergartengesetz
KGSt	=	Kommunale Gemeinschaftsstelle für Verwaltungsvereinfachung
kw	=	künftig wegfallend
KWahlG NW	=	Kommunalwahlgesetz Nordrhein-Westfalen
LAG	=	Lastenausgleich
LBO	=	Landesbesoldungsordnung
LKP	=	Landeskreditprogramm
LKT NW	=	Landkreistag Nordrhein-Westfalen
Lt.-Drs.	=	Landtagsdrucksache
LV NW	=	Landesverfassung Nordrhein-Westfalen
MBl. NW.	=	Ministerialblatt Nordrhein-Westfalen
n. n. r.	=	noch nicht rechtskräftig
NW	=	Nordrhein-Westfalen
NWP 75	=	Nordrhein-Westfalen-Programm 1975
OKD	=	Oberkreisdirektor
o. D.	=	ohne Datum
o. J.	=	ohne Jahresangabe
o. O.	=	ohne Ortsangabe
o. S.	=	ohne Seitenangabe
OVGE	=	Entscheidungen des Oberverwaltungsgerichts
Pkt.	=	Punkt der Gliederung
PVS	=	Politische Vierteljahresschrift
RdErl.	=	Runderlaß
RJ	=	Rechnungsjahr
s. a.	=	siehe auch
SGV. NW.	=	Sammlung des bereinigten Gesetz- und Verordnungsblattes Nordrhein-Westfalen
SMBl. NW.	=	Sammlung des bereinigten Ministerialblattes Nordrhein-Westfalen
SVR	=	Siedlungsverband Ruhrkohlenbezirk
s. o. (u.)	=	siehe oben (unten)
TH	=	Technische Hochschule
u. a.	=	und andere, unter anderem
VGH	=	Verfassungsgerichtshof
vgl.	=	vergleiche
VO	=	Verordnung
VWS	=	Verkehrsbetriebe Westfalen-Süd
WAK	=	Westfälischer Anzeiger und Kurier
WAZ	=	Westdeutsche Allgemeine Zeitung
WBV	=	Wasserbeschaffungsverband
WFG	=	Wirtschaftsförderungsgesellschaft
Ziff.	=	Ziffer

Anmerkung: Für Kurzformen bei Literaturangaben siehe Quellen- und Literaturverzeichnis.

Zeichen und Erklärungen

— = nichts

O = weniger als die Hälfte der kleinsten darzustellenden Einheit

· = Zahlenangabe nicht möglich oder nicht sinnvoll

Abweichungen in der Summenbildung durch Runden der Einzelzahlen. Die Zahlen im Text- und Tabellenteil sowie in den Abbildungen können infolge Rundung geringfügig voneinander abweichen.

Ergebnisse der Untersuchung in Leitsätzen

Finanzielle Auswirkungen

(1) Die Neuordnung hat kurzfristig und unmittelbar keine Auswirkungen von Bedeutung auf die Steuereinnahmen der Gemeinden.

(2) Neugeordnete Gemeinden erhalten aufgrund ihrer höheren Einwohnerzahl höhere Schlüsselzuweisungen als ihre Rechtsvorgänger insgesamt, wenn nicht die besondere Steuerkraft einer oder mehrerer Altgemeinden das Gegenteil bewirkt; insofern wird der Besitzstand nach der Neuordnung oft nicht gewahrt.

(3) Neugeordnete Gemeinden erhalten im allgemeinen geringere Investitionszuschüsse als ihre Rechtsvorgänger, vor allem wenn es sich bei diesen um kleine, finanzschwache Landgemeinden handelte.

(4) Steuern, Gebühren und Beiträge werden nach der Neuordnung im allgemeinen nach oben angepaßt und, sofern gesetzlich oder politisch möglich, sogar noch erhöht. — Im Zuge der Schaffung neuen Ortsrechts werden Lücken, die in einigen Gemeinden vor der Neuordnung eventuell noch bestanden, geschlossen; das Ortsrecht wird in allen neugeordneten Gemeinden auch praktiziert.

(5) In vielen neugeordneten Gemeinden wird eine Investitions- und Finanzplanung, die diesen Namen verdient, erstmalig möglich. Von daher wird es leichter, bestehenden Nachholbedarf zu befriedigen; dieser allerdings löst einen erhöhten Finanzbedarf aus. Zur Deckung dieses Finanzbedarfs fehlen entsprechende Starthilfen des Landes, so daß neugeordnete Gemeinden ihre vorhandenen Mittel zwar schwerpunktmäßig einsetzen können, es ihnen gleichwohl nicht möglich ist, dem Nachholbedarf einerseits und zusätzlichen Anforderungen andererseits mit Investitionen in ausreichender Menge und Schnelligkeit zu begegnen.

(6) Die Belastungen durch vorschnelle Investitionsbeschlüsse ihrer Rechtsvorgänger (Torschlußpanik) führen in vielen neugeordneten Gemeinden zu kurz- bis mittelfristigen Finanzierungsschwierigkeiten.

(7) Die Neuordnung führt in den weitaus meisten Fällen nicht zu Personalkosteneinsparungen, selbst bei der Zusammenlegung mehrerer Verwaltungen zu einer neuen nicht. In Ausnahmefällen fest-

zustellende Kosteneinsparungen sind nur vorübergehend (ein Rechnungsjahr) oder lediglich rechnerisch. — Die höchsten Personalkostensteigerungen treten naturgemäß dort auf, wo eine gegliederte hauptamtliche Verwaltung neu aufgebaut werden muß, also vor allem in Gebieten, in denen die Ämterverfassung nicht eingeführt war (Kreis Lemgo). Je größer der Anteil einer „gewachsenen" Verwaltung an der neuen Großgemeindeverwaltung ist, desto geringer sind die Steigerungsraten.

(8) Die Wiedereinkreisung der Stadt Siegen in den Kreis Siegen und vor allem die Zubilligung des Sonderstatus sind für die vergrößerte Gemeinde mit einem jährlichen Verlust — Mindereinnahmen aufgrund der Wiedereinkreisung und Mehrausgaben gegenüber vergleichbaren Städten aufgrund des Sonderstatus — in Millionenhöhe verbunden.

(9) Neugeordnete Gemeinden von unter 12 000 Einwohnern sind nach der Neuordnung finanziell relativ stärker belastet als größere Verwaltungseinheiten.

(10) Neugeordnete Gemeinden in Gebieten, in denen vor der Neuordordnung keine Ämter eingerichtet waren (Kreis Lemgo), sind nach der Neuordnung finanziell relativ stärker belastet als Gemeinden in Landesteilen, in denen zuvor Ämter existierten, die mit der Neuordnung aufgelöst wurden.

Personelle Auswirkungen

(11) In nahezu allen neugeordneten Gemeinden von über 12 000 Einwohnern werden bzw. sind bis zum dritten Jahr nach der Neuordnung Verwaltungen eingerichtet, deren Personalstärke ein für die einzelnen Gemeindegrößenklassen vertretbares theoretisches Minimum nicht unterschreitet.

(12) Die Personaldichte der Gemeinden aus Gebieten, in denen vor der Neuordnung keine Ämter eingerichtet waren (Kreis Lemgo), ist in mittlerer Frist nach der Neuordnung (vier bis fünf Jahre) noch zu gering oder an der untersten Grenze vergleichbarer Gemeinden aus Gebieten, in denen zuvor — mit der Neuordnung aufgelöste — Ämter existierten.

(13) Die durch die Neuordnung bedingte Zusammenlegung mehrerer relativ großer Verwaltungen zu einer neuen führt tendenziell zu einer quantitativen Überbesetzung der neuen Verwaltung bei gleichzeitiger qualitativer Unterbesetzung. Diese Tendenz verstärkt sich noch, wenn die Dienstgebäude der neuen Verwaltung zahlreich und im Gemeindegebiet verteilt sind.

(14) Die Neuordnung führt in den weitaus meisten Fällen nicht zu Personaleinsparungen in der eigentlichen Verwaltung, auch bei der Zusammenlegung mehrerer Verwaltungen zu einer neuen nicht. Wesentlich geringere Steigerungsraten als in vergleichbaren Gemeinden oder rechnerische Einsparungen sind Ergebnis mangelnden Arbeitskräfteangebots oder defensiver Personalpolitik. — Die größte Stellenvermehrung gegenüber dem Zustand vor der Neuordnung tritt natürlich dort auf, wo eine gegliederte hauptamtliche Verwaltung neu aufgebaut werden muß, also vor allem in Gebieten, in denen keine Ämter existierten (Kreis Lemgo).

(15) Die Verwaltungen neugeordneter Gemeinden sind, vor allem in der Bauverwaltung, tendenziell höherspezialisiert als die ihrer Rechtsvorgänger. Diese Tendenz ist in Gemeinden von mehr als 20 000 Einwohnern stärker als in kleineren.

Auswirkungen auf die Leistungserbringung des Verwaltungsapparats

(16) Neugeordnete Gemeinden sind im allgemeinen in der Lage, die gegenwärtigen Schulsysteme, soweit für die Gemeinde erforderlich, in eigener Trägerschaft zu führen.

(17) Die Förderung des Sports durch Ausbau bestehender Einrichtungen oder Bau neuer Anlagen wird in vielen neugeordneten Gemeinden — wenn nicht durch Beschlüsse der Altgemeinden bedingt — mehr von politischen Erwägungen bestimmt als von sachlichen Notwendigkeiten. Soweit die Gemeinden indes überörtlich abgestimmten Gesamtplanungen folgen können (Sportstättenleitplanung), werden die Interessen des größeren Raumes, d. h. die zentralörtlichen Erfordernisse, eher berücksichtigt als vor der Neuordnung.

(18) Der Ausbau der zentralen Wasserversorgung und Abwässerbeseitigung wird in Gebieten, in denen noch ein Nachholbedarf bestand, von neugeordneten Großgemeinden oder durch von diesen getragene überregionale Zweckverbände schneller geplant und abgewickelt als von den Altgemeinden oder von Zweckverbänden, die von vielen kleinen Gemeinden getragen werden. In manchen Großgemeinden wird der Ausbau erst durch die Neuordnung politisch und finanziell möglich.

(19) Die Neuordnung bedeutet ausnahmslos die Einrichtung hauptamtlicher Gemeindeverwaltungen und damit die Auflösung der Ämter. Einer raschen und bedeutenden Leistungsverbesserung, die von neuen Verwaltungen erwartet wird, stehen u. a. folgende immanente Schwierigkeiten entgegen:

— Aus mehreren Verwaltungen bzw. von mehreren Altgemeinden übernommene Kräfte können nicht das gesamte Spektrum des in einer neugeordneten Gemeinde erforderlichen Sachverstands abdecken; angesichts der nur begrenzt zur Verfügung stehenden Personalmittel kann der Verwaltungsapparat andererseits nicht beliebig erweitert werden.

— Das mehr reaktiv handelnde Personal der Amtsverwaltungen braucht Zeit, um ein neues Selbstverständnis zu gewinnen und sich als ein mehr aktiv handelndes und vorausschauend planendes, Initiativen ergreifendes und Entwicklungsimpulse vermittelndes Personal der Großgemeindeverwaltung zu begreifen.

— Die Leistungen des Personals sind mit abhängig von richtiger Menschenführung und geübtem Personalmanagement, deren optimale Handhabung erreicht ist, wenn die Eigenmotivation der Bediensteten identisch ist mit der Zielsetzung der Verwaltung. Zur Herstellung dieser Interessenidentität bleibt angesichts des Leistungsdrucks in der Aufbauphase kaum Zeit.

— Relativ kleine Gemeindeverwaltungen sind für junge hochspezialisierte Verwaltungsfachleute nicht attraktiv genug und bieten zu wenig finanziellen Anreiz und Beförderungschancen.

(20) Die Planungsfähigkeit der Verwaltungen neugeordneter Großgemeinden von über 12 000 Einwohnern ist — in mittlerer Frist nach der Neuordnung (vier bis fünf Jahre) — noch relativ unterentwickelt, aber besser ausgeprägt als vor der Neuordnung. Mit der genannten Einschränkung ist die Planungsfähigkeit in Verwaltungen von Gemeinden mit mehr als 35 000 Einwohnern relativ am größten und in Gemeinden mit Ämtern als Rechtsvorgängern größer als in Landesteilen, in denen auch vor der Territorialreform keine Ämter existierten (Kreis Lemgo).

(21) Die Neuordnung bedeutet für Räume, die zuvor weitgehend passiv hinter der allgemeinen gemeindlichen Entwicklung zurückblieben (Kreis Lemgo), die Wiedererlangung der Chance, von einer aktiv steuernden und eigeninitiativ denkenden und handelnden Verwaltung (Impulsverwaltung) zu profitieren. Insgesamt gesehen ist diese Aufgabe aber noch nicht genügend erkannt und die entsprechende Fähigkeit noch nicht voll entwickelt; dies wird allerdings dort nachgerade verhindert, wo weitere Neugliederungsmaßnahmen tatsächlich oder gerüchtweise bevorstehen.

Auswirkungen auf die kommunale Selbstverwaltung

(22) Die mit der Neuordnung verbundene Maßstabsvergrößerung zu einer Einheitsgemeinde bewirkt, daß die kommunalen Entscheidungen — z. B. Planungen, Gemeindeentwicklung, Wirtschaftsförderung, Freizeitvorsorge — im allgemeinen an Bedeutung zunehmen, jede kommunale Tätigkeit somit generell verantwortungsvoller wird.

(23) Neugeordnete Gemeinden sind in hohem Maße befähigt, einen wesentlichen Teil ihrer Aufgaben aus eigener Kraft, d. h. ohne Ersatzaufgabenträger — Zweckverbände, öffentlich-rechtliche Vereinbarungen usw. — zu erledigen. Bei unveränderter Rechtslage bzw. -anwendung ist für die Gemeinden in Gebieten, in denen vor der Neuordnung keine Ämter existierten (Kreis Lemgo), ein hoch zu bewertender Aufgabenzuwachs — vor allem im Sozialwesen — zu verzeichnen, während die territoriale Neugliederung für Gemeinden, die im Vergleich zu den aufgelösten Ämtern ihres Raumes unter die 20 000-Einwohner-Grenze sinken, im allgemeinen mit dem Funktionsverlust des Jugendamtes und der unteren Bauaufsicht verbunden ist.

(24) Einer optimalen Entwicklung kommunaler Eigenständigkeit steht u. a. folgende immanente Schwierigkeit entgegen:
Die durch den Nachholbedarf auf vielen Gebieten — eine der Ursachen, die eine territoriale Reform erforderten — stark beanspruchte finanzielle „Manövriermasse" ist zu klein; oder anders: die finanzielle Abhängigkeit besonders neugeordneter Gemeinden von Fremdmitteln ist zu groß. Insofern stehen die gemeindliche Investitions- und Finanzplanung und die Prioritätensetzung bei der Gemeindeentwicklung in der Gefahr, sich als Farce zu erweisen.

(25) In neugeordneten Gemeinden werden durchschnittlich mehr sachkundige Bürger in die Ratsausschüsse gewählt als vor der Reform; ihre Zahl erscheint gleichwohl als insgesamt noch zu gering.

(26) Die Zahl der ehrenamtlichen Funktionen und damit die Zahl der in ehrenamtlichen Funktionen tätigen Gemeindebürger nimmt nach der Neuordnung tendenziell stark ab.

(27) Die mit der Neuordnung eingeführte Institution des Ortsvorstehers erfüllt u. a. eine „Feigenblattfunktion": sie verhindert die Einsicht, daß eine kommunale Selbstverwaltung auf Ortsebene im allgemeinen zu niedrig angesiedelt ist, und kann bei ausgeprägtem Selbstbewußtsein der Amtsinhaber die notwendigen Integrationsbemühungen in der neuen Großgemeinde beeinträchtigen.

(28) Rat und Verwaltung einer neugeordneten Gemeinde als Organe einer größeren Verwaltungseinheit werden nach der Neugliederung

für den Bürger anonymer; dennoch werden im allgemeinen kaum neue oder zusätzliche Informationswege beschritten. U. a. aus diesem Grund wird für den Bürger, der keine kommunale Funktion ausübt, die Identifikation mit der neuen Einheit erschwert und freiwilliges Engagement in Nicht-Privatangelegenheiten seltener.

(29) Im Vergleich zu ihren Rechtsvorgängern erproben neugeordnete Gemeinden — bis auf wenige Ausnahmen — keine neuen Formen der direkten/direkteren Teilhabe Betroffener an kommunalen Planungsvorgängen oder Entscheidungen.

(30) Das durchschnittliche Interesse der Bürger für kommunale Angelegenheiten ist — auf Dauer gesehen — von der territorialen Neugliederung unberührt geblieben.

1. Thematische Übersicht und eingrenzende Erläuterungen

Auswirkungen der territorialen Neugliederung können von jeder sozialwissenschaftlichen Disziplin[1] untersucht werden. Für den juristisch geschulten Betrachter etwa stellen die rechtlichen Folgen und Probleme einer Neugliederung ein Betätigungsfeld dar; auch Politikwissenschaftler, Soziologen und Raumplaner sind angesprochen, sich aus ihrer je spezifischen Sicht der Thematik anzunehmen. Relevante Beiträge vermag nicht zuletzt die Verwaltungswissenschaft zu liefern: sie kann sich bei einer Vielzahl von Fragestellungen und Problemkomplexen für zuständig halten. Mit einem solchen Anspruch wird im Rahmen der Verwaltungswissenschaft im folgenden eine Antwort gesucht auf die Frage nach den Ergebnissen, die die Territorialreform[2] in Nordrhein-Westfalen gehabt hat. Dabei kann es sich nur um eine Zwischenbilanz handeln, und zwar aus mehreren Gründen:

— zum einen ist seit der Neuordnung in den untersuchten Räumen mit längstens sieben Jahren[3] erst eine relativ kurze Zeit vergangen, so daß Auswirkungen dieser Reform erst in Ansätzen oder der Tendenz nach zu erkennen sind;
— zum anderen wird nur ein Ausschnitt aller möglichen Auswirkungen untersucht, so daß Korrekturen der Ergebnisse dieser Studie durch ergänzende Untersuchungen der gleichen oder anderer Fachrichtungen möglich sind;
— zum dritten sind vor der Neuordnung bestehende Zustände teilweise durch gesetzliche Bestimmungen auf eine begrenzte Dauer festgeschrieben worden[4], so daß in den jeweiligen Bereichen mit Sicherheit zu erwartende Auswirkungen bisher ausgeblieben sind;

---

[1] Es ist nicht Aufgabe dieser Arbeit, wissenschaftstheoretische Vertiefungen zu bieten. Auseinandersetzungen über den Bereich der Sozialwissenschaften sind deshalb der einschlägigen Literatur zu entnehmen (z. B. Jürgen von Kempski: Art. „Sozialwissenschaften", in: HdSW, Bd. 9, S. 617 - 626, und: Heinrich Schneider (Hrsg.): Aufgabe und Selbstverständnis der Politischen Wissenschaft, Darmstadt 1967). Mitgemeint sind an dieser Stelle jedenfalls auch die Wirtschaftswissenschaften und die Verwaltungsrechtswissenschaft.

[2] Die Begriffe „(territoriale/kommunale) Neugliederung", „(territoriale/kommunale) Neuordnung", „Territorialreform", „Gebietsreform" u. a. werden sinngleich verwandt.

[3] Bergkamen (Kreis Unna); Eiserfeld, Hüttental, Siegen (Kreis Siegen). Abschluß der Untersuchung: Ende 1972.

[4] Gemeint ist hier vor allem die Festschreibung der Steuerhebesätze auf fünf Jahre.

— schließlich umfaßt diese Untersuchung nicht alle neugeordneten Gebiete, so daß auch hinsichtlich der Verallgemeinerungen[5] nicht von einem endgültigen Fazit die Rede sein kann.

Vorab soll geklärt werden, welche der mannigfachen Auswirkungen der territorialen Neugliederung in dieser Arbeit analysiert werden sollen sowie auf welche Untersuchungsgebiete und welchen Untersuchungszeitraum sich die Forschungen erstrecken. Erforderlich sind weiterhin Auskünfte über das Ziel dieses Projekts und über die Methoden, mit deren Hilfe es erreicht werden soll. Letztlich darf nicht verschwiegen werden[6], daß der Durchführung der Untersuchung einige besondere Erschwernisse entgegenstanden.

1.1. Auswirkungen der Territorialreform

Bei dem Gebrauch des Begriffs „Auswirkungen" müssen mindestens zwei Präzisierungen vorgenommen werden: nämlich die Antworten auf die Fragen „welche Auswirkungen?" und „(welche) Auswirkungen auf wen oder was?". Denkbare Unterscheidungen im Zuge der Beantwortung der ersten Frage sind etwa finanzielle, personelle, sachliche, soziale, landesplanerische oder bewußtseinbezogene Auswirkungen.

Die wichtigsten Zielgruppen, die von solchen Auswirkungen der territorialen Neugliederung betroffen werden, sind die Verwaltungen, die Ratsvertretungen und letztlich die Einwohner eines neugeordneten Raumes. Im Rahmen der vorliegenden Untersuchung wurde die Meinung der betroffenen Bevölkerung nicht gesondert erfragt[7]; die Gemeindebürger stehen jedoch indirekt im Zentrum der Analyse, z. B. bei der Erörterung der Veränderungen auf dem Gebiet der kommunalen Infrastruktur[8]. Nichtsdestoweniger galt das bevorzugte Augenmerk des Verfassers den beiden erstgenannten Zielgruppen. Deshalb werden analysiert

— finanzielle Auswirkungen,

— personelle Auswirkungen,

---

[5] Dazu vgl. Pkt. 6.221. dieser Untersuchung.

[6] In dieser Studie wird das unterschiedliche Vorgehen der Bundesländer bei der Territorialreform nicht bewertet — das hat der Verfasser an anderer Stelle getan. Vgl. Volkhard Wrage: „Neugliederung für das Jahr 2000?", in: PVS 4/1971, S. 646 ff., hier: S. 650.

[7] Die Möglichkeit, sich mittels „Omnibusfragen" an die Befragungsaktion eines Meinungsforschungsinstitutes anzuhängen, wurde sowohl von der Methode her als nicht brauchbar als auch angesichts der Kosten als nicht sinnvoll angesehen.

[8] Vgl. Pkt. 4.21. dieser Untersuchung.

— Auswirkungen auf die Leistungserbringung des Verwaltungsapparats und

— Auswirkungen auf die kommunale Selbstverwaltung.

Diese Unterscheidungsbereiche müssen weiter aufgefächert und in ihrem Inhalt umschrieben werden.

1.11. Finanzielle Auswirkungen

So wie diese Arbeit juristische Probleme nur am Rande streift, so liefert sie auch keine finanzwissenschaftlichen Analysen[9]. Daten zur finanziellen Situation wurden vorwiegend erhoben für eine Bestandsaufnahme der Zustände in den Gemeinden und Kreisen während des Untersuchungszeitraumes. Die finanziellen Auswirkungen der territorialen Neugliederung werden unterschieden nach solchen, die ihren Niederschlag im Gemeinde- (bzw. Kreis-) Haushalt finden, und solchen, die darüber hinaus auf den Gemeindebürger direkt zielen.

1.111. Auswirkungen im Gemeindehaushalt

Aus dem Gemeindehaushalt wurden vor allem die Daten der

— Gesamtausgaben und der

— Personalausgaben ausgewertet. Außerdem wurden einige

— Randbedingungen untersucht, denen die Haushaltsführung der neuen Großgemeinden genügen mußte.

1.112. Auswirkungen für den Gemeindebürger

Veränderungen in den angegebenen Finanzdaten wirken sich — zumindest indirekt — auf jeden Einwohner aus. Gemeint sind in diesem Zusammenhang aber nur die Steuerhebesätze, die besonders für die Gewerbetreibenden und die Grundeigentümer von Belang sind, und die jeden Bürger direkt tangierenden Gebühren und Beiträge. Beispielhaft für diesen Bereich wurden erhoben:

— Hundesteuersätze und

— Müllabfuhrgebühren (und -konditionen).

[9] Beispiele möglicher Fragestellungen finden sich etwa bei: Hermann Henze / Wilhelm Schoroth: „Kommunale Neuordnung und Überleitung der Finanzwirtschaft, Ein Erfahrungsbericht", in: Der Gemeindehaushalt 3/1972, S. 49 bis 54, sowie: Friedrich Wilhelm von Loebell: Kommunale Neugliederung Nordrhein-Westfalen, Leitfaden zu Rechts-, Organisations- und Verfahrensfragen, Köln 1972, S. 45 - 59.

1.12. Personelle Auswirkungen

Oft werden mit den finanziellen Auswirkungen die personellen im gleichen Atemzug genannt. Ein Grund für ihre gemeinsame Nennung ist der Zusammenhang Personal — Personalkosten, welcher oben bereits angedeutet ist[10].

Um Aussagen über die personellen Auswirkungen der Territorialreform zu ermöglichen, ist eine Bestandsaufnahme der Stellenbesetzungen in den einzelnen Verwaltungen vor und nach der Neuordnung zugrunde zu legen, gegliedert nach Vergütungs- bzw. Besoldungsgruppen. Diese Studie erfaßt lediglich die Angestellten- und die Beamtenstellen der eigentlichen Verwaltung[11], weil die Veränderung der Arbeiterstellen allenfalls ein sekundäres Symptom darstellt, das sich von der Aufgabenstellung der Verwaltung her bestimmt. Gefragt wird unter dem Stichwort „personelle Auswirkungen" vorwiegend nach quantitativen Kriterien.

1.13. Auswirkungen auf die Leistungserbringung

Qualitative Gesichtspunkte hingegen stehen im Vordergrund der Betrachtungen bei der Behandlung der Auswirkungen der territorialen Neugliederung auf die Leistungserbringung des Verwaltungsapparates. Gefragt wird nämlich u. a. nach der Qualifikation des Verwaltungspersonals, dessen Einfluß etwa auf den Stand der Daseinsvorsorge unverkennbar ist. Die Prüfung der Qualität der Verwaltungsleistung legt den Versuch nahe, die Leistungsfähigkeit der Verwaltungen zu vergleichen, und zwar die Leistungsfähigkeit der vor der Neuordnung insgesamt für den Raum bzw. die Bewohner jeweils einer neugeordneten Großgemeinde zuständigen Kräfte (Gemeinde- und Amtsverwaltungen) einerseits und die der Gemeindeverwaltung nach der Reform andererseits; daraus ergeben sich auch gewisse Anhaltspunkte für den Vergleich der heutigen Großgemeindeverwaltungen untereinander. Konkret und ganz simpel wird also gefragt:

— Was wurde mit welchen Kräften vor der Neuordnung geleistet (Bestandsaufnahme)?

— Welche potentiellen Leistungen könnten unter den Gegebenheiten nach der Neuordnung erbracht werden (Maßstäbe)?

— Werden diese Leistungen tatsächlich erbracht und wie sind sie zu bewerten (Bewertung)?

---

[10] Vgl. Pkt. 1.111. dieser Untersuchung.

[11] Zu diesem Begriff vgl. Pkt. 2.123.(1) dieser Untersuchung.

Beispielhaft wird in diesem Zusammenhang die Aufgabe der Bauleitplanung näher beleuchtet.

1.14. Auswirkungen auf die kommunale Selbstverwaltung

Die vierte Hauptgruppe von Auswirkungen der territorialen Neugliederung — die Auswirkungen auf die kommunale Selbstverwaltung — ist deshalb ein besonders interessanter Gegenstand der Überlegungen, weil eines der gängigsten Schlagworte gegen jegliche territoriale Neuordnung den Verlust der kommunalen Selbstverwaltung im vorhinein beklagt. Eine Überprüfung dieses Postulats an der Realität bietet sich somit geradezu an, zumal diese Bedenken immer aufs neue erhoben werden. Dazu muß diese Behauptung natürlich ihrer Pauschalität etwas entkleidet und in operationale Kriterien gegliedert werden, die sodann u. a. Angaben enthalten über die Anzahl und Bedeutung der Ehrenämter, der Ratsmitglieder und der sachkundigen Bürger — vor und nach der Neuordnung. Läßt sich ein Verlust an Substanz der kommunalen Selbstverwaltung nachweisen, so wäre dieser — als eine Auswirkung der territorialen Neugliederung[12] — sicherlich unter die politischen Kosten dieser Reform zu rechnen.

1.2. Untersuchungsräume

Territoriale Neugliederungen größeren Ausmaßes in Nordrhein-Westfalen kamen erst in den Jahren 1966/67 in Gang. Die Einberufung der Gutachterkommission — „Sachverständigenkommission A" — am 5. 10. 1965, die Vorlage ihres ersten Teilgutachtens — „Gutachten A" — am 22. 11. 1966 und dessen Bedeutung für das sog. 1. Neugliederungsprogramm der nordrhein-westfälischen Landesregierung sind vielerorts erörtert worden[13] und dürfen als bekannt vorausgesetzt werden. Am Anfang dieses umfangreichen Programms standen jene Neugliederungs-

[12] Der Ausschnittcharakter dieser Untersuchung wurde bereits betont. So werden auch die „politischen Kosten" der Neuordnung nicht weiter verfolgt; dazu gehört aber sicherlich die Notwendigkeit, Gegner der Reform unter den Lokalpolitikern mit attraktiven Ämtern in der neuen Gemeinde zu betrauen, um den Integrationsprozeß zu beschleunigen. — Weitere Auswirkungen bleiben unbeachtet, z. B. die Tatsache, daß Unternehmen, die in kleinen Gemeinden eine Monopolstellung einnehmen, diese nach der Neuordnung unter Umständen einbüßen. Auch die Neuordnung des Sparkassenwesens in den Untersuchungsräumen ist eine Folge der territorialen Neugliederung. — Landesplanerische Gesichtspunkte bleiben gleichfalls unberücksichtigt.

[13] So auch vom Verfasser: Volkhard Wrage: Taktik der Territorialreform, Eine Studie über den Prozeß der Meinungs- und Willensbildung bei Maßnahmen der territorialen Reform, dargestellt am Beispiel der Neuordnung des Kreises Unna, Köln/Berlin 1973, Pkt. 3.51. und 4.23. (s. S. 50 ff. und 94).

maßnahmen, deren Auswirkungen Gegenstand dieser Arbeit sind. Es handelt sich um die territoriale Neuordnung der Kreise Unna, Siegen und Lemgo (vgl. Abb. 1). Diese drei Kreise wurden als erste in Nordrhein-Westfalen in ihrer gesamten Gemeindestruktur[14] neu gegliedert, und zwar

— der Kreis Unna zum 1. 1. 1968[15],

— der Kreis Siegen zum — 1. 7. 1966 und zum — 1. 1. 1969[16],

— der Kreis Lemgo zum 1. 1. 1969[17].

Man kann mithin davon ausgehen, daß Übergangsschwierigkeiten in diesen Räumen inzwischen überwunden und Auswirkungen deshalb hier am ehesten nachzuweisen sind.

Aus diesem und noch aus zwei weiteren Gründen sind die genannten drei Kreise für dieses Forschungsprojekt ausgewählt worden. Die Auswirkungen der Gemeindereform können hier nämlich exemplarisch studiert werden, weil es sich zum einen um Verwaltungseinheiten in ländlichen Zonen — vor allem Kreis Lemgo — und in der Ballungsrandzone — besonders Kreis Unna — und um städtische Verflechtungsgebiete — Kreis Siegen im Hüttental[18] — handelt[19]; zum anderen war

---

[14] Teilreformen bzw. einzelne Zusammenschlüsse von Gemeinden hatte es auch vorher hin und wieder gegeben — von denen aber nur die Bildung der Großgemeinde Bergkamen 1965/66 als zugehörig zur hier anstehenden Reform gezählt werden kann —, z. B.
— 1. 4. 1951: Altenbögge-Bönen (Zusammenschluß der Gemeinden Altenbögge und Bönen [Kabinettsbeschluß; V. W.], in: Amtsblatt der Regierung in Arnsberg vom 31. 3. 1951, S. 214, Ziff. 488),
— 1. 4. 1957: Helpup (Gesetz über den Zusammenschluß der Gemeinden Mackenbruch und Wärentrup und eines Teiles der Gemeinde Wellentrup, Landkreis Lemgo, vom 9. 4. 1957, GV. NW. S. 86, SGV. NW. 2000),
— 1. 8. 1964: Langschede (Gesetz über den Zusammenschluß der Gemeinden Ardey, Dellwig und Langschede, Landkreis Unna, vom 23. 6. 1964, GV. NW. S. 213, SGV. NW. 2020),
— 1. 1. 1966: Bergkamen (Gesetz über den Zusammenschluß der Gemeinden Bergkamen, Heil, Oberaden, Rünthe und Weddinghofen, Landkreis Unna, vom 2. 11. 1965, GV. NW. S. 328, SGV. NW. 2020),
— 1. 1. 1967: Methler (Gesetz über den Zusammenschluß der Gemeinden Methler, Wasserkurl und Westick, Landkreis Unna, vom 22. 11. 1966, GV. NW. S. 481, SGV. NW. 2020).

[15] Gesetz zur Neugliederung des Landkreises Unna vom 19. 12. 1967 (GV. NW. S. 270, SGV. NW. 2020).

[16] Zweites Gesetz zur Neugliederung des Landkreises Siegen vom 5. 11. 1968 (GV. NW. S. 358, SGV. NW. 2020). Der Kernraum des Kreises — Eiserfeld, Hüttental, Siegen — war in einer vorgezogenen Maßnahme neugeordnet worden (Gesetz zur Neugliederung des Landkreises Siegen vom 26. 4. 1966, GV. NW. S. 271, SGV. NW. 2020).

[17] Gesetz zur Neugliederung des Landkreises Lemgo vom 5. 11. 1968 (GV. NW. S. 352, SGV. NW. 2020).

[18] Das Hüttental umfaßt die Städte Kreuztal, Hüttental, Siegen und Eiserfeld.

Abb. 1: *Lage der Untersuchungsräume in Nordrhein-Westfalen*

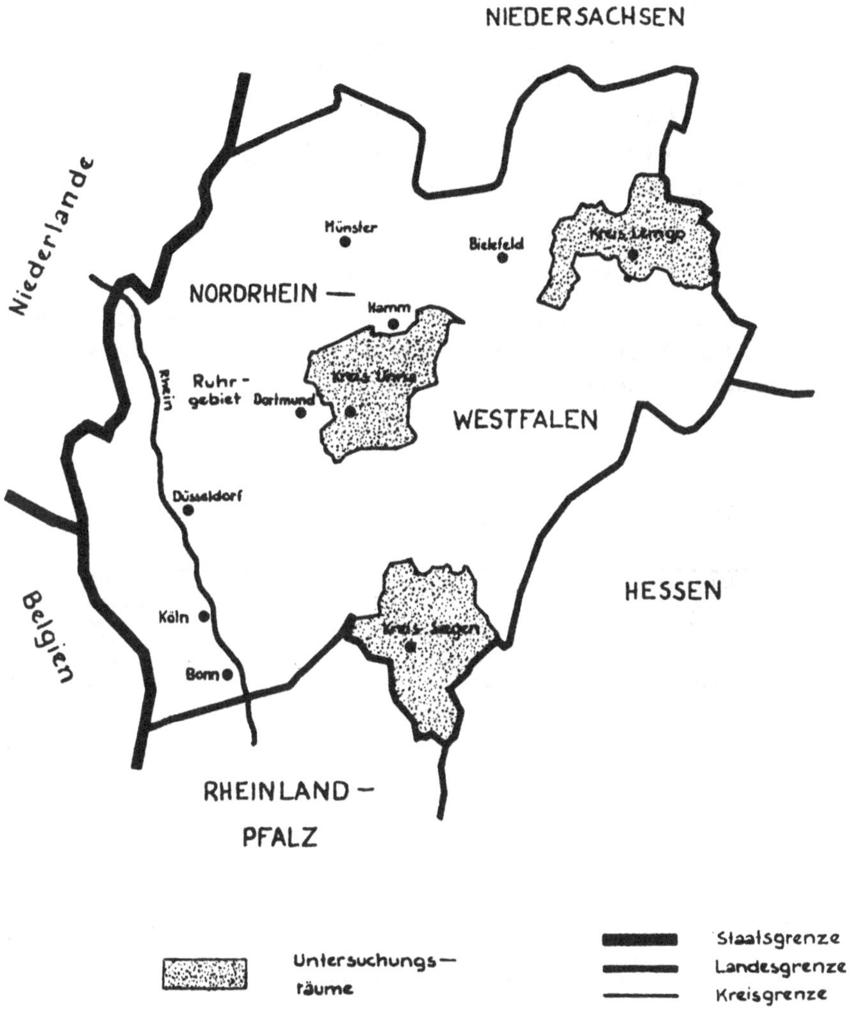

der Kreis Lemgo als ehemals lippischer Landesteil auch vor der Neuordnung ein Gebiet ohne Ämter[20], wohingegen in den beiden anderen Kreisen die Amtsordnung NW[21] eingeführt war — im Kreis Siegen ist

[19] Vgl. Landesentwicklungsplan I vom 28. 11. 1966 i. d. F. vom 17. 12. 1970 (MBl. NW. 1971 S. 200).

[20] Über die Besonderheiten des früheren Landes Lippe informiert Frido Wagener: „Grundlagen", in: Hellmuth Krüger (Hrsg.): Denkschrift über eine Verwaltungsreform im Landkreis Lemgo, Brake 1965 (unveröffentlicht), S. 13 ff.

[21] Vom 10. 3. 1953 (GV. NW. S. 218, SGV. NW. 2021).

zudem noch der Fall der Wiedereinkreisung einer vormals kreisfreien Stadt zu beobachten[22].

Einen Vergleich der Verwaltungsstruktur der drei Kreise vor[23] und nach der Neuordnung — bzw. vor Beginn der Neuordnungsbestrebungen und als Ergebnis der Neugliederung — bringen die folgenden Tabellen.

Die amtsangehörigen Gemeinden waren in Ämtern sehr unterschiedlicher Größe und Struktur zusammengefaßt (Tab. 2).

Hinsichtlich der Gemeindegröße in den einzelnen Ämtern bzw. Kreisen waren erhebliche Unterschiede zu verzeichnen (Tab. 3).

Ein Blick auf die Veränderungen innerhalb der Gemeindegrößenklassen soll die Darstellung der Verwaltungsstruktur der ausgewählten Untersuchungsräume beenden[24].

Tabelle 1: Verwaltungsstruktur der Kreise Lemgo, Siegen und Unna

Kreis	kreisangehörige Gemeinden		Ämter		amtsangehörige Gemeinden		amtsfreie Gemeinden	
	vor der Neuordnung	nach der Neuordnung	vor der Neuordnung	nach der Neuordnung	vor der Neuordnung	nach der Neuordnung	vor der Neuordnung	nach der Neuordnung
Lemgo	75	8	-	-	-	-	75	8
Siegen	113	10	8	-	112	-	1	10
Unna	75	9	4	-	73	-	2	9
insges.	263	27	12	-	185	-	78	27

Quelle: Eigene Zusammenstellung unter Berücksichtigung von: Landschaftsverband Westfalen-Lippe (Hg.): Statische Berichte 3/1965, Münster 1965, S. 20.

[22] Die Stadt Siegen war seit 1923 kreisfrei. Vgl. Oberkreisdirektor des Kreises Siegen (Hrsg.): Kreis Siegen 1964 - 1969, Geschehen, geleistet, geplant, Verwaltungsbericht, Siegen 1969, S. 15.

[23] Genauer: am Tage vor Inkrafttreten der verschiedenen Neugliederungsgesetze.

[24] Vgl. Abb. 2 bis 7 auf den folgenden Seiten.

Tabelle 2: Struktur der Ämter in den Kreisen Siegen und Unna

Kreis	Amt	amtsangehörige Gemeinden	Wohnbevölkerung am 31.12.1965[1]
Siegen	Weidenau	10	44.081
	Ferndorf	11	27.535
	Burbach	15	25.286
	Netphen	32	24.044
	Eiserfeld	3	18.909
	Freudenberg	22	15.356
	Wilnsdorf	8	13.168
	Keppel	11	9.905
Unna	Pelkum	16	69.787
	Unna-Kamen	20	66.258
	Rhynern	21	24.652
	Fröndenberg	16	18.653

1 Es ist für diesen Zusammenhang irrelevant, daß die Gemeinde Herringen, Kreis Unna, zu diesem Zeitpunkt bereits aus dem Amt Pelkum ausgeschieden war (Ausamtung am 30.6.1965); sie wurde hier mitberücksichtigt.

Quelle: Eigene Zusammenstellung aus: Statistisches Landesamt NW (Hg.): Die Wohnbevölkerung der Gemeinden Nordrhein-Westfalens am 31. Dezember 1965, Düsseldorf 1966.

Tabelle 3: Gemeindegrößenextreme

Kreis	Amt	größte (amtsangehörige) Gemeinde		kleinste (amtsangehörige) Gemeinde	
		Name	Wohnbevölkerung (a) am 31.12.65 (b) am 31.12.70	Name	Wohnbevölkerung (a) am 31.12.65 (b) am 31.12.70
Lemgo	-	Lemgo	(a) 22.158	Osterhagen	(a) 62
Siegen	Burbach	Neunkirchen	(a) 4.076	Lippe	(a) 485
	Eiserfeld	Eiserfeld	(a) 9.815	Gosenbach	(a) 2.481
	Ferndorf	Kreuztal	(a) 5.787	Burghol-dinghsn.	(a) 108
	Freuden-berg	Freudenberg	(a) 4.510	Mittelhees	(a) 50
	Keppel	Dahlbruch	(a) 3.621	Oberndorf	(a) 64
	Netphen	Dreis-Tie-fenbach	(a) 4.338	Obernau	(a) 51
	Weidenau	Weidenau	(a) 17.415	Volnsberg	(a) 179
	Wilnsdorf	Eisern	(a) 2.625	Rinsdorf	(a) 832
Unna	Frönden-berg	Frönden-berg	(a) 9.204	Stentrop	(a) 202
	Pelkum	Herringen[1]	(a) 14.558	Derne	(a) 52
	Rhynern	Braam-Ostwennemar	(a) 4.276	Frieling-hausen	(a) 88
	Unna-Kamen	Oberaden	(a) 13.126	Westhem-merde	(a) 98
Lemgo	-	Bad Salzuflen	(b) 49.571	Dörentrup	(b) 8.158
Siegen	-	Siegen	(b) 57.563	Burbach	(b) 13.192
Unna	-	Unna	(b) 50.299	Rhynern	(b) 6.276

1 Vgl. Anm. 1 zu Tabelle 2; nach der Ausamtung von Herringen war Bergkamen mit 14.028 Einwohnern die größte amtsangehörige Gemeinde des Amtes Pelkum.

Quelle: Eigene Zusammenstellung aus: Statistisches Landesamt NW (Hg.): Die Wohnbevölkerung der Gemeinden Nordrhein-Westfalens am 31. Dezember 1965 (30. Juni 1970, 31. Dezember 1970, 30 Juni 1971), Düsseldorf 1966 (1972).

Tabelle 4: Gemeindegrößenklassen

Größen-klasse (Einwohner)	Anzahl der kreisangehörigen Gemeinden					
	Kreis Lemgo		Kreis Siegen		Kreis Unna	
	31.12.65	31.12.70	31.12.65	31.12.70	31.12.65	31.12.70
über 40.000	-	1	1	1	-	3
20.000 bis unter 40.000	1	1	-	3	2	1
10.000 bis unter 20.000	1	4	2	6	6	4
5.000 bis unter 10.000	3	2	4	-	5	1
3.000 bis unter 5.000	5	-	10	-	5	-
2.000 bis unter 3.000	7	-	6	-	3	-
1.000 bis unter 2.000	23	-	22	-	9	-
500 bis unter 1.000	20	-	25	-	15	-
unter 500	15	-	44	-	28	-
insgesamt	75	8	114[1]	10	73	9

1 Einschließlich kreisfreie Stadt Siegen.

Quelle: Wie Tabelle 3.

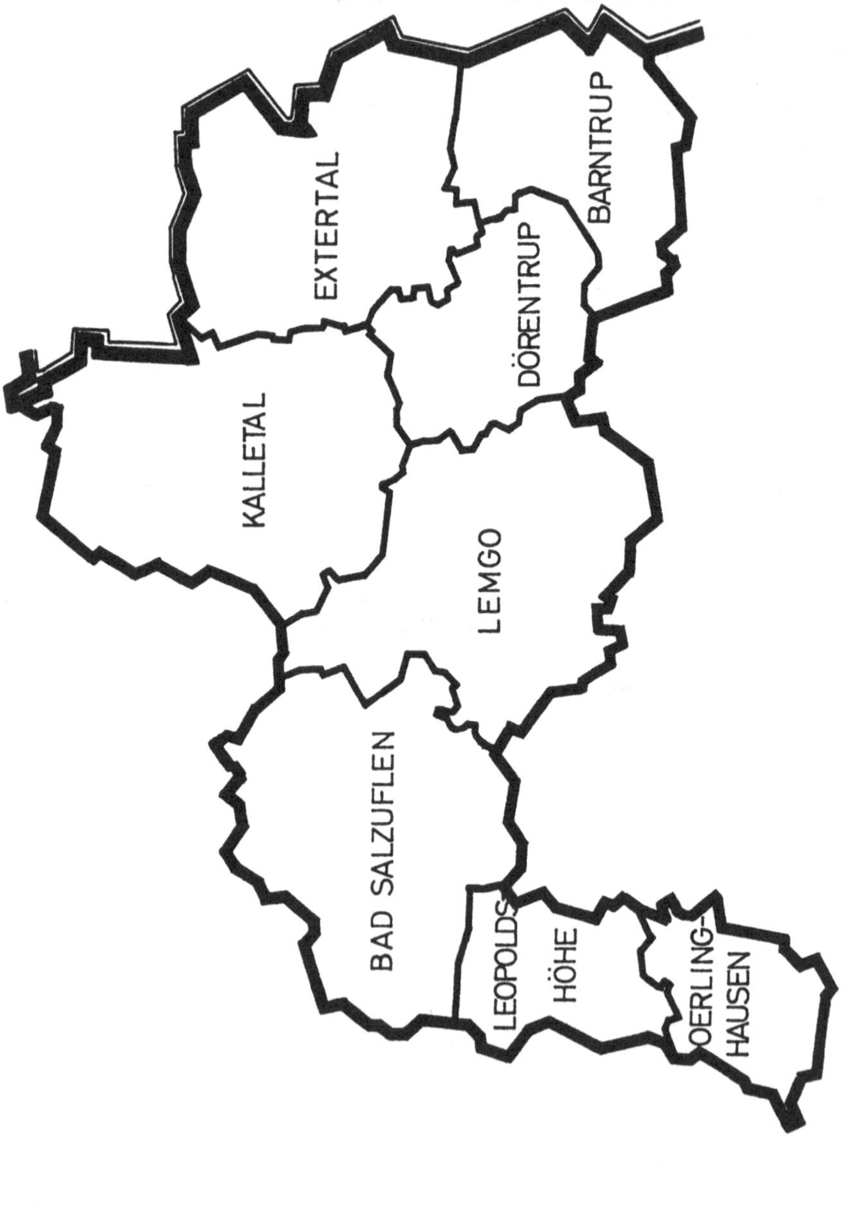

Abb. 2: *Verwaltungsgliederung Kreis Lemgo am 1. 1. 1970*

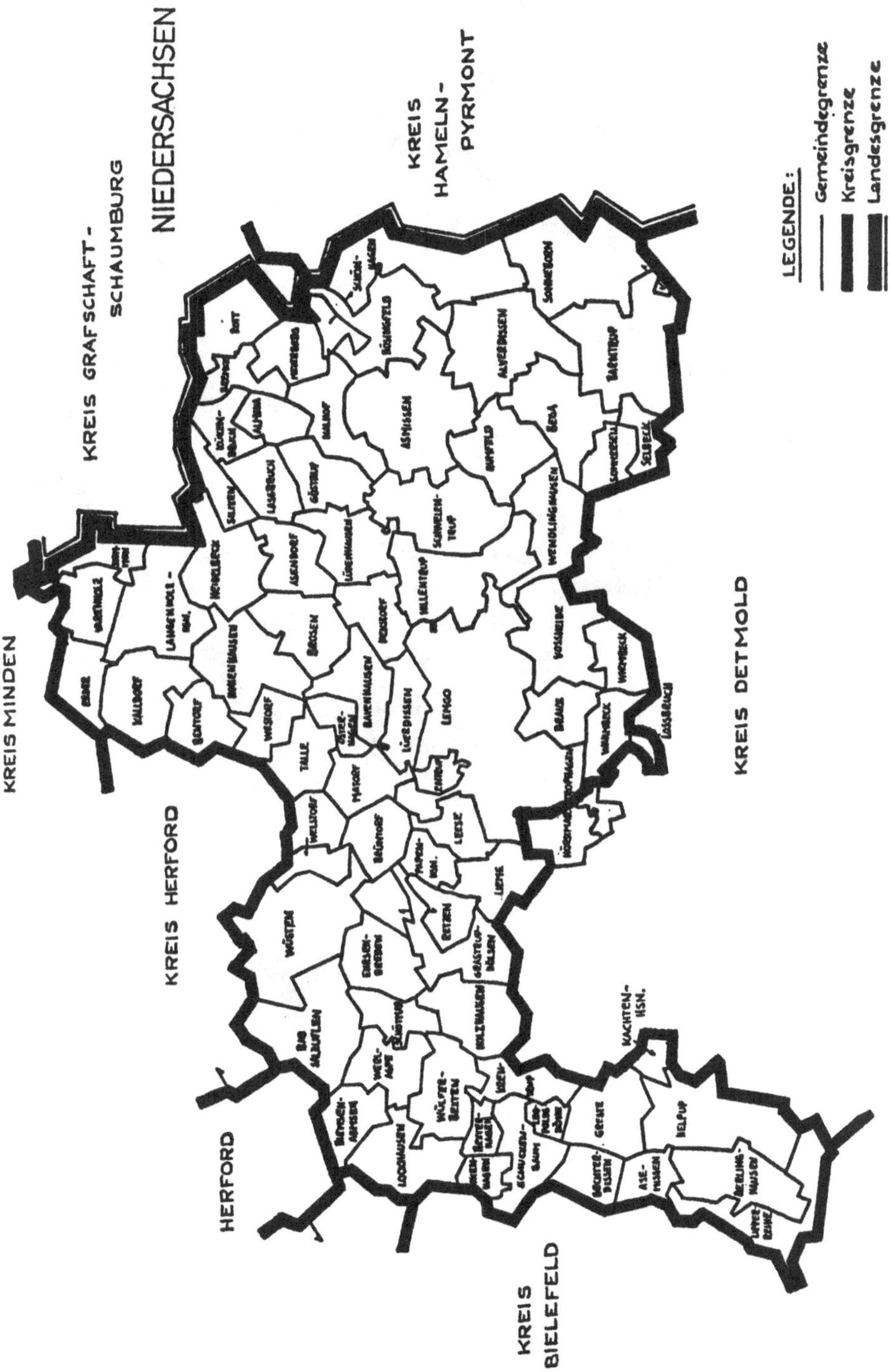

Abb. 3: *Verwaltungsgliederung Kreis Lemgo vor den Neuordnungsmaßnahmen*

Abb. 4: *Verwaltungsgliederung Kreis Siegen am 1. 1. 1969*

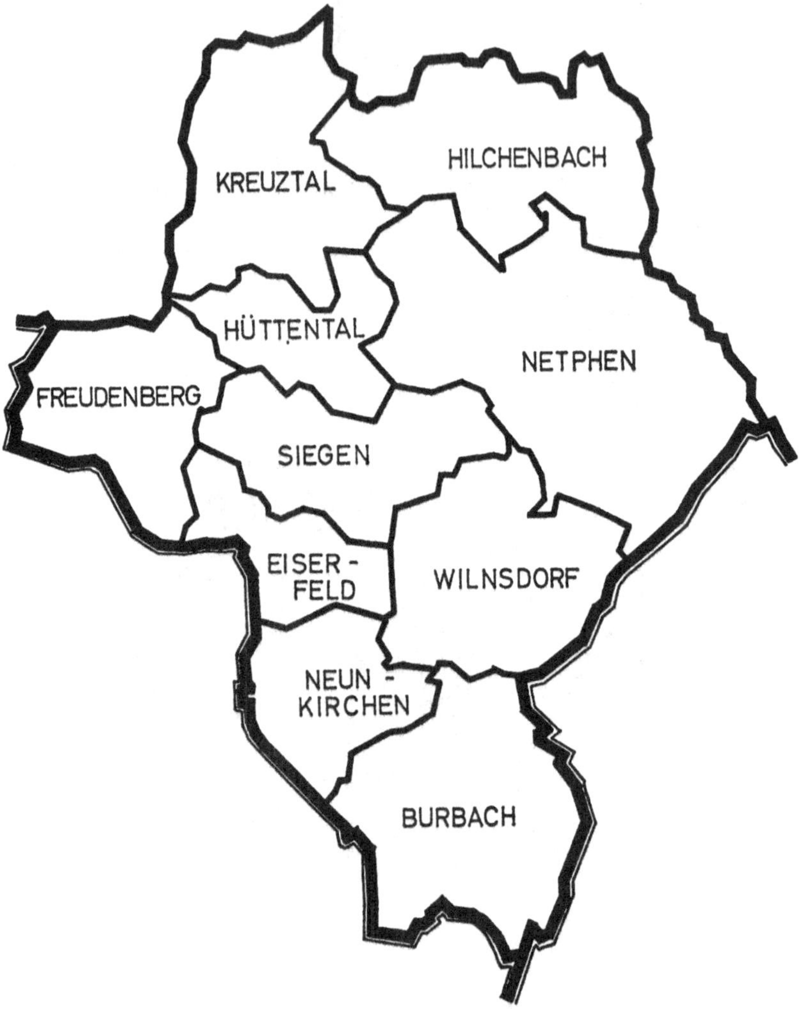

Abb. 5: *Verwaltungsgliederung Kreis Siegen vor den Neuordnungsmaßnahmen*

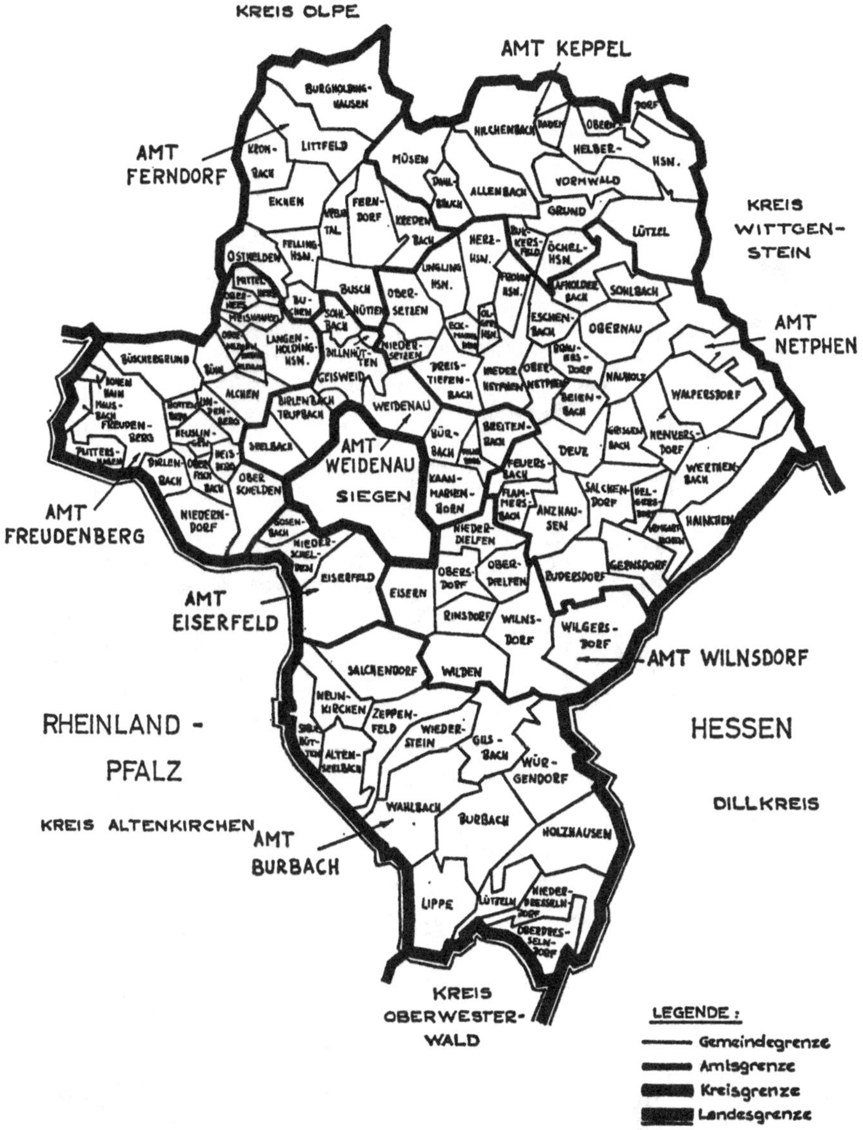

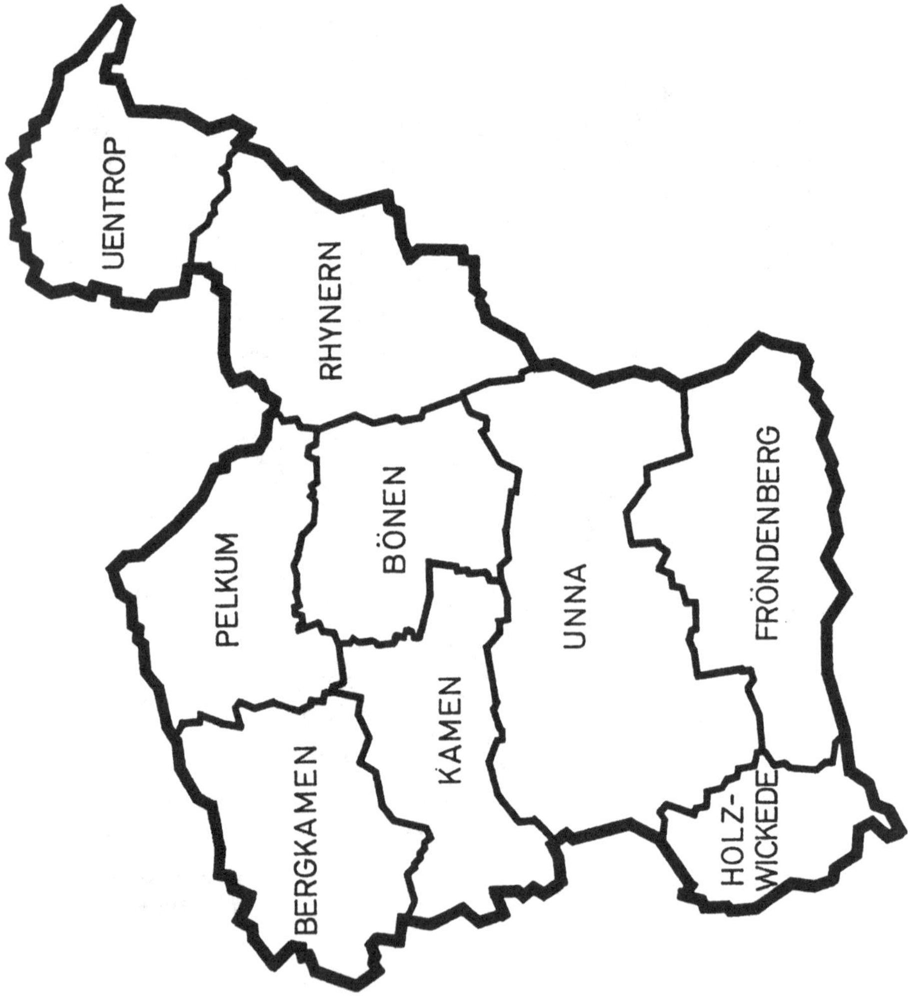

Abb. 6: *Verwaltungsgliederung Kreis Unna am 1. 7. 1969*

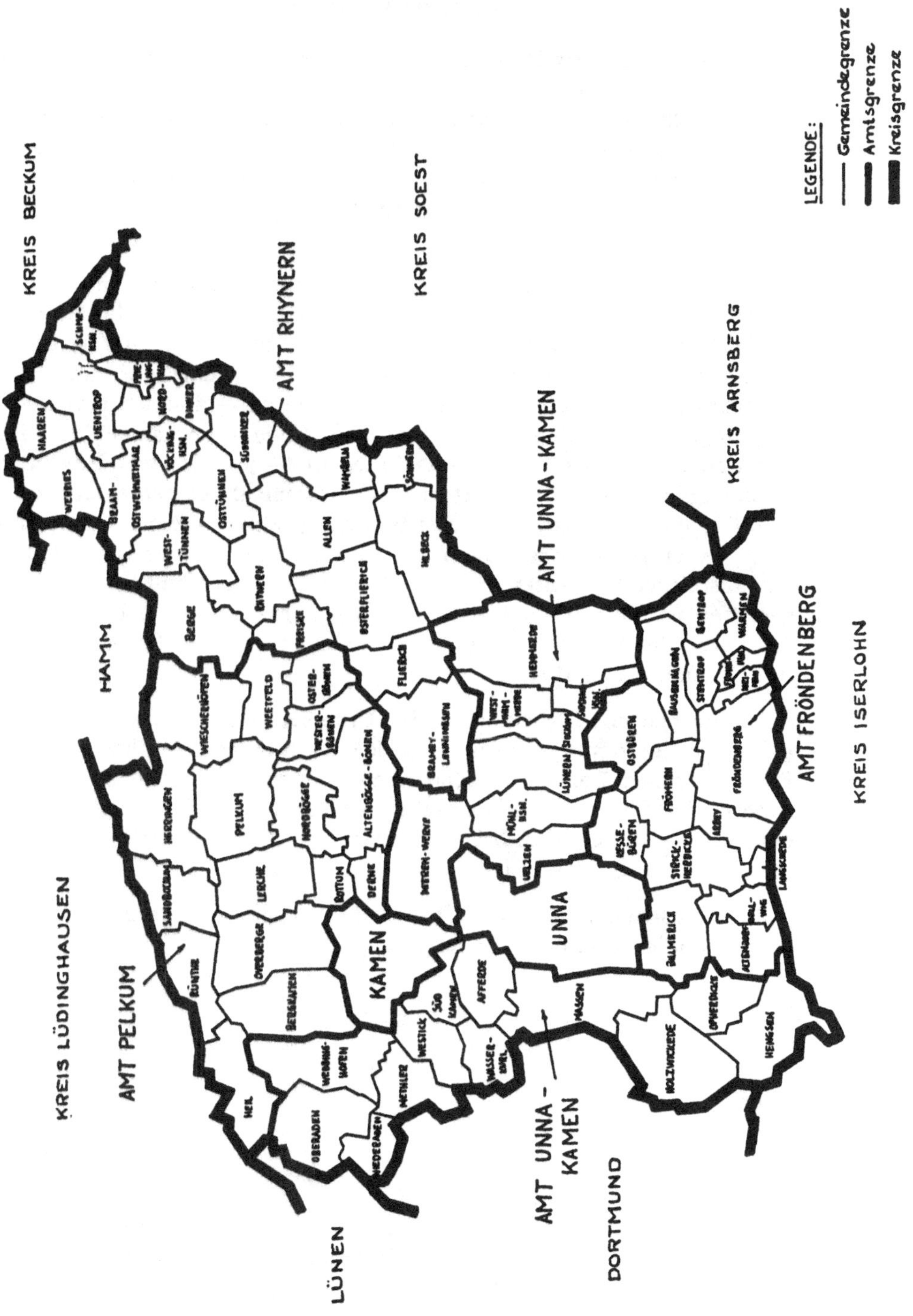

Abb. 7: *Verwaltungsgliederung Kreis Unna vor den Neuordnungsmaßnahmen*

1.3. Untersuchungszeitraum

Die Begrenzung der Untersuchung auf einen genau fixierten zeitlichen Rahmen brauchte nur partiell zu erfolgen. Nachdem zunächst grundsätzlich entschieden war, einen angemessenen und vergleichbaren Zeitraum der Entwicklung in den ausgewählten Neugliederungsgebieten vor und nach der Territorialreform zu betrachten, ergaben sich unterschiedliche Festlegungen für die einzelnen Hauptgruppen von Auswirkungen der Neuordnung.

Zur Zeit der Erhebung der Daten zur finanziellen Situation der Gemeinden und Kreise[25] wurde die Rechnungslegung für das Rechnungsjahr 1970 gerade abgeschlossen — oder der Abschluß stand kurz bevor —, so daß im günstigsten Fall das Material aus der Jahresrechnung 1970 als neuestes zur Verfügung stand. Somit konnten — abgesehen von den vorgezogenen Neugliederungen im Kreis Unna (Bergkamen) und im Kreis Siegen (Eiserfeld, Hüttental, Siegen) — jeweils zwei bzw. drei Rechnungsjahre seit Inkrafttreten der Reformmaßnahmen erfaßt werden. Der gleiche Zeitraum — drei Rechnungsjahre — wurde zur Erfassung der entsprechenden Daten aus den Jahren vor der Neuordnung für ausreichend erachtet. Soweit also auf Jahresrechnungen zurückgegriffen wurde[26], umfaßt der Untersuchungszeitraum die letzten drei Jahre vor der Neugliederung der Gemeinden und die Zeit danach bis zum Rechnungsjahr 1970 einschließlich.

Das gleiche gilt für die Teile der Untersuchung, bei denen Stellenpläne der Verwaltungen Grundlage der Analyse waren[27]. Soweit es um Fragen aus dem Bereich der Kommunalparlamente ging, geben die entsprechenden Wahlperioden den zeitlichen Rahmen an. Im übrigen wurde natürlich — vornehmlich bei Interviews[28] — danach gestrebt, möglichst die aktuellsten Entwicklungen mitzuberücksichtigen.

Einen zusammenfassenden Überblick über die zeitliche Eingrenzung dieser Studie vermittelt die folgende Tabelle:

---

[25] Anfang bis Mitte 1971.

[26] Das gilt vor allem für die „Auswirkungen im Gemeindehaushalt".

[27] Hier sind vorwiegend die „personellen Auswirkungen" gemeint.

[28] Vgl. Pkt. 1.52. dieser Untersuchung.

Tabelle 5: Untersuchungszeiträume

Neugliederungsraum	Grundlagen			
	Jahresrechnungen	Stellenpläne	Material kommunalparlamentarischer Bereich	Fragebögen, Interviews
Kreis Lemgo; Kreis Siegen (ohne Kernraum)	1966-1970	1967-1971	Wahlperioden ab 1964 bis dato	ca. 1966 bis dato
Kreis Siegen (Kernraum); Bergkamen	1963-1970	1964-1971	Wahlperioden ab 1961 bis dato	ca. 1963 bis dato
Kreis Unna (ohne Bergkamen)	1965-1970	1966-1971	Wahlperioden ab 1964 bis dato	ca. 1965 bis dato

Quelle: Eigene Zusammenstellung.

1.4. Ziele der Untersuchung

Die Auswirkungen der territorialen Neugliederung der Gemeinden werden von der Landesregierung und den Kreis- und Gemeindeverwaltungen[29] überwiegend positiv beurteilt. So stellt der Innenminister NW in einer Auswertung von Erfahrungsberichten der Kreise und Gemeinden aus den Neugliederungsräumen der Jahre 1967 bis 1970 („1. Neugliederungsprogramm") fest: „Das Land Nordrhein-Westfalen kann mit dem Ergebnis des 1. Neugliederungsprogramms im großen und ganzen zufrieden sein[30]." Und an anderer Stelle desselben Berichts: „Wie schnell sich die Dinge nach dem Inkrafttreten der Neugliederungsgesetze zum Besseren entwickelt haben, geht auch daraus hervor, daß ein deutlicher

[29] Stadtverwaltungen sind ebenfalls Gemeindeverwaltungen, sie werden deshalb hier nicht gesondert angeführt.

[30] Paul Eising: „Erfahrungen bei der kommunalen Neugliederung NW 1967 bis 1970, — 1. Neugliederungsprogramm —" in: Städte- und Gemeinderat 6/1972, S. 154 - 159, hier: S. 159.

Unterschied festzustellen ist zwischen den Erfahrungsberichten über die Neugliederung am Anfang und am Ende des 1. Neugliederungsprogramms[31]." Unter der enthusiastischen Überschrift „Die Gemeindereform ist gelungen" lautet die Zwischenbilanz des Oberkreisdirektors des Kreises Lemgo: „Als Resümee darf ... gesagt werden, daß unsere sämtlichen Gemeindeverwaltungen gut arbeiten und daß auch der Bürger bei ihnen die Hilfe findet, die er von einer sachgerechten Verwaltung erwarten darf[32]."

Etwas vorsichtiger, aber ebenso positiv und repräsentativ, kommentiert ein Verwaltungschef: „Die kommunale Neugliederung bedeutet für alle unsere Bürger die Chance, eine leistungsfähige Stadt zu haben, die ihnen die öffentlichen Einrichtungen schafft, auf die die Menschen unserer Zeit einen selbstverständlichen Anspruch haben[33]."

Es ist eine Aufgabe dieser Untersuchung zu prüfen, ob solche Äußerungen von der Realität gestützt werden. Es wird versucht, einen Ausschnitt dieser kommunalpolitischen Realität zu analysieren und zu bewerten, um auf diese Weise einen Beitrag zu leisten zur Beurteilung der Auswirkungen der Gemeindereform, einer in ihrer Reichweite nicht zu unterschätzenden Strukturveränderung, die nicht nur in Nordrhein-Westfalen und nicht nur in der Bundesrepublik auf der Tagesordnung steht[34].

So kann die vorliegende Studie als eine Auseinandersetzung mit den Befürchtungen der Gegner und den Postulaten der Befürworter einer kommunalen Neugliederung angesehen werden mit dem Ziel, eine wissenschaftlich begründete Antwort zu geben auf die Frage, ob die territoriale Gemeindereform großen Stils, wie sie u. a. in Nordrhein-Westfalen durchgeführt wurde und wird, zu den vorher angestrebten Ergebnissen geführt hat. Der Verfasser geht dabei von der Hypothese aus, daß die Auswirkungen der Maßnahmen dieser Reform vergleichbar und weitgehend quantitativ meßbar sind, so daß Maßstäbe entwickelt werden können, die empirische Vergleiche mit Neugliederungen auch in anderen als den untersuchten Räumen ermöglichen.

---

[31] Ebd., S. 154.

[32] Hellmuth Krüger: „Die Gemeindereform ist gelungen", in: Lippische Landes-Zeitung Nr. 228 vom 2. 10. 1971 (Unsere lippischen Großgemeinden — wie sie arbeiten, 26. Folge). Vgl. auch: Jürgen Girgensohn: „Erfolg der Reform, Eine erste Zwischenbilanz der kommunalen Neuordnung im Kreis Unna", in: Westfalenspiegel 11/1969, S. 4 f.

[33] Hans Rübenstrunk: „Mutige Entscheidungen einer leistungsfähigen Stadt", in: Lippische Landes-Zeitung Nr. 89 vom 17. 4. 1971 (Unsere lippischen Großgemeinden — wie sie arbeiten, 2. Folge).

[34] Vgl. z. B. Frido Wagener: „Reform kleiner Gemeinden in Europa", in: Verwaltungsarchiv 2/1971, S. 97 - 113, und: „Reform der Gemeindeverwaltung in Großbritannien", in: Eildienst LKT NW 9/1972, Ziff. 81, S. 112 - 114.

Diese Vergleiche werden innerhalb dieser Untersuchung nicht durchgeführt; hier genügt es, wenn die Möglichkeit einer Verallgemeinerung festgestellt wird[35]. Mit anderen Worten: Der Schwerpunkt dieser Arbeit liegt auf dem Vergleich der Verhältnisse — in den untersuchten Bereichen — vor und nach der Neuordnung in dem Gebiet jeweils einer Großgemeinde und auf dem Bemühen, als verursachenden Faktor für Veränderungen die territoriale Neugliederung herauszufinden[36], nicht jedoch auf dem Vergleich zu anderen Gemeinden außerhalb der Untersuchungsräume. Deshalb kann — und muß[37] — auf Daten aus solchen Gemeinden und auf Landesdurchschnitte oder ähnliche Vergleichszahlen verzichtet werden.

1.5. Methoden der Projektdurchführung

Das Projekt geht von einer fiktiven Vergangenheit der Gemeinden in den Untersuchungsräumen aus und erforscht diese nach einem systemanalytischen Ansatz in einer Reihe von Arbeitsschritten in festgelegter Ablauffolge, bei der mehr oder minder die Mithilfe der untersuchten Verwaltungen unumgänglich war.

1.51. Fiktive Vergangenheit

Eine grundsätzliche Überlegung stand am Beginn der Untersuchung: Wie sollte die Situation in den Gemeinden vor der Neuordnung mit der Lage nach der Reform verglichen werden, wenn die heute existierenden Gemeinden vor der Neugliederung überhaupt noch nicht bestanden? Dieses Problem veranlaßt einige Verwaltungspraktiker dazu, eine Vergleichbarkeit, z. B. der Personalkosten, schlechthin zu verneinen, etwa — im Sonderfall des Kreises Lemgo[38] — mit folgendem Argument: „Während die ehrenamtlichen Kräfte einen erheblichen Teil der Verwaltungsaufgaben erledigten, wurden sie jedoch nicht entsprechend bezahlt; ... Für einen verwertbaren Vergleich der Personalkosten von damals und jetzt fehlt somit jede Grundlage[39].“ Dem Verfasser stellt sich das Problem anders. Er fragt — um es wieder am Beispiel der Personalkosten zu demonstrieren —:

---

[35] Vgl. Pkt. 6.221. dieser Untersuchung.

[36] Vgl. aber unter Pkt. 1.6. dieser Untersuchung die Bemerkungen über allgemein beobachtbare Entwicklungen.

[37] Dazu siehe die Quellenkritik unter Pkt. 1.6. dieser Untersuchung und Anm. 1.69.

[38] Die Gemeinden des Kreises wurden weithin ehrenamtlich verwaltet.

[39] Reinhard Pahmeier: „Die Verwaltung ist guten Willens“, in: Lippische Landes-Zeitung Nr. 123 vom 29. 5. 1971 (Unsere lippischen Großgemeinden — wie sie arbeiten, 8. Folge).

— Was wurde vor der Neuordnung im Bereich der heute bestehenden Gemeinde zugunsten aller für die Einwohner dieses Bereiches tätigen Verwaltungsangehörigen insgesamt an Personalkosten aufgewandt?
— Welche Veränderungen sind seit der Neuordnung festzustellen?
— Wie sind diese Veränderungen zu bewerten?

Es wird also grundsätzlich nicht danach gefragt, wie die Entwicklung in den Gemeinden ceteris paribus gewesen wäre, wenn die Neuordnung nicht durchgeführt worden wäre (fiktive Zukunft); denn der Sinn und damit die Zulässigkeit der ceteris paribus-Klausel werden angezweifelt. Statt dessen wird unterstellt, die heute existierende Gemeinde habe in ihrer jetzigen Ausdehnung — nicht in ihrer heutigen Rechtsform — bereits vor der territorialen Neugliederung bestanden, was dazu führt, alle relevanten Daten zusammenzufassen[40] (fiktive Vergangenheit). Das Fiktive an diesem Vorgehen ist allerdings lediglich die Tatsache, daß die Zusammenfassung praktisch nicht erfolgt ist: die Bestandsaufnahme für sich ist real. Sie erfüllt einen doppelten Zweck[41]: Zum einen erbringt sie das Grundlagenmaterial, an das die zu entwickelnden Bewertungsmaßstäbe angelegt werden; zum anderen dient sie der Darstellung der Lage in den Untersuchungsräumen auf verschiedenen Gebieten und ihrer Veränderung durch die bzw. nach der Neuordnung, um Hintergrundinformationen für die Bewertung zu liefern und gleichzeitig Daten über Auswirkungen der Neuordnung zur Kenntnis zu bringen, deren Publikation auf anderem Wege wenig wahrscheinlich wäre. Das erklärt sowohl die relativ breit angelegte Bestandsaufnahme als auch die Tatsache, daß die vermittelten Informationen nicht sämtlich mit Maßstäben erfaßt und bewertet werden können.

Der kritische Punkt im Verfolg des Weges der fiktiven Vergangenheit — wie auch bei anderen Ansätzen — ist offenkundig bei der Frage der Bewertung der Veränderungen erreicht. Hier wäre eine eindeutige Zuordnung der Veränderungen zu der Ursache „territoriale Neugliederung" vonnöten, wollte man deren Auswirkungen unzweifelhaft klarlegen. Dies ist leider praktisch unmöglich[42]. Einzig eine Annäherung an Unzweideutigkeit kann angestrebt werden. Deshalb wird versucht, Ergebnisse der Untersuchung ausschließlich aus solchen Bereichen abzuleiten, die von nicht neugliederungsbedingten Veränderungen weitgehend unberührt geblieben sind, bzw. aus entsprechend bereinigten Daten und Statistiken.

---

[40] So werden z. B. die Haushalte aller zusammengeschlossenen Gemeinden addiert einschließlich des der Einwohnerzahl entsprechenden Anteils der Amtsverwaltungen (vgl. Pkt. 2.12. dieser Untersuchung und Anm. 2.101.).

[41] Vgl. Anm. 1.53.

[42] Dazu s. u. Pkt. 1.6. dieser Untersuchung. Theoretisch könnte die ceteris paribus-Klausel eine Lösung vortäuschen.

1.52. Arbeitsschritte

Begonnen wurde die Arbeit mit *Felduntersuchungen* in den Gemeinde- und Kreisverwaltungen. Hauptinhalt dieses ersten Arbeitsschrittes war die Erhebung der Daten zur finanziellen Situation der Gemeinden, wobei sich der Verfasser ausschließlich auf die vorhandenen Jahresrechnungen[43] stützte, weil es ihm auf den Vergleich der Istwerte ankam.

Die erhobenen Daten mußten in einem nächsten Arbeitsschritt — gemäß dem Vorhaben, die „fiktive Vergangenheit" der heutigen Gemeinden zu betrachten — rechnerisch zusammengefaßt und in *vergleichbare Werte* gebracht werden (Pro-Kopf-Werte)[44].

Gleichzeitig mit den Felduntersuchungen in den einzelnen Gemeinden und Kreisen der Untersuchungsräume waren die dortigen Verwaltungen gebeten worden, dem Verfasser Überdrucke oder Ablichtungen der vorhandenen Stellenpläne aus dem Untersuchungszeitraum zu überlassen — eine Bitte, der ausnahmslos entsprochen wurde. Vor der Neuordnung waren zwar — besonders in den kleineren und hier vor allem in den ehrenamtlich verwalteten Gemeinden — nicht immer und nicht regelmäßig solche Pläne aufgestellt worden[45]; doch konnten Informationslücken meistens von älteren Verwaltungsangehörigen aus den ehemaligen Gemeinden geschlossen werden, so daß einer durchgehenden Bestandsaufnahme der personellen Lage während des Untersuchungszeitraumes nichts im Wege stand[46].

Als weiterer wichtiger Arbeitsschritt standen Gespräche mit sämtlichen Hauptverwaltungsbeamten der Gemeinden[47] an, die durch eine *Fragebogenaktion* an alle Gemeindeverwaltungen vorbereitet wurden. Die Fragen bezogen sich u. a. auf Personal, Aufgaben und Leistungsfähigkeit der Verwaltung, den Stand der Daseinsvorsorge, Finanzen, Bauleitplanung, Wirtschaftsförderung und Freizeitvorsorge. Dieser Teilschritt der Arbeit — die Fragebögen befinden sich im Anhang dieser Studie[48] — war ohne die aktive Mitarbeit mehrerer Angehöriger der einzelnen Verwaltungen nicht zu leisten.

---

[43] Bzw. Haushalts- und Kassenrechnungen bzw. Sachbücher. In dieser Studie wird einheitlich der Begriff „Jahresrechnung" verwandt.

[44] Siehe Einzelheiten und Ergebnisse dieses Arbeitsschrittes unter Pkt. 2.1. dieser Untersuchung.

[45] In diesen Fällen wurde gegen § 7 Ziff. 4 GemHVO vom 26. 1. 1954 (GV. NW. S. 59, SGV. NW. 630) verstoßen, der den Stellenplan als eine der Mindestanlagen des Haushaltsplanes zwingend vorschreibt.

[46] Siehe Einzelheiten und Ergebnisse dieses Arbeitsschrittes unter Pkt. 3.11. dieser Untersuchung.

[47] Vgl. Anm. 1.29.

[48] Anlage 1.

Diese Mitarbeit — das Beantworten von Umfragen nichtamtlicher Herkunft — zählt indes nicht zu den gesetzlichen Aufgaben und nicht zu den Alltäglichkeiten der Verwaltung, deren unmittelbare Miteinbeziehung in den Forschungsprozeß durch direkte Befragung zudem Resultat bisher kaum gebräuchlicher Ansätze der Verwaltungswissenschaft ist. Auch objektive personelle Engpässe — nicht geregelte Zuständigkeit, Ausfall des mit der Beantwortung betrauten Verwaltungsangehörigen — begründen das verspätete oder nicht erfolgte Rücksenden der Fragebögen[49].

Die *Gespräche mit den Hauptverwaltungsbeamten* lassen sich charakterisieren als eine Kombination aus Informationsgespräch und Intensivinterview[50]. Sie verfolgten nämlich einen doppelten Zweck:

— Zum einen sollten sie Information erbringen, u. a. über

(1) die Situation der Gemeinden vor und nach der Neuordnung, vornehmlich im Bereich der kommunalen Infrastruktur,

(2) die Durchführung der Neugliederung, besonders hinsichtlich des Verwaltungsapparates, und über

(3) den Verwaltungsalltag, auch und gerade in bezug auf das Verhältnis Bürger — Verwaltung,

und zwar Informationen, die bis dahin auf anderem Wege nicht beschafft werden konnten.

— Zum anderen sollten sie Einstellung und Meinung der Befragten zu den angeschnittenen Problemen erkunden, und zwar — vor dem Hintergrund erster Ergebnisse der Auswertung von Jahresrechnungen, Stellenplänen und Fragebögen — in erster Linie zu den finanziellen und personellen Auswirkungen der Neuordnung, zu der Realität der Bauleitplanung und zu Fragen der Verwaltungsleistung sowie der Effektivität der Verwaltung[51].

Wenn auch viele Einzelheiten aus den Gesprächen keinen Eingang in diese Untersuchung finden konnten — es hätte sonst ein kleinerer Untersuchungsraum gewählt werden müssen —, so erwiesen sich die Details oft doch als wichtige Hintergrundinformationen, die die Bewertung der festgestellten Veränderungen beeinflußten.

---

[49] Rücklaufquote: 81 %. Versenden der Fragebogen am 22. 11. 1971, letzter Eingang beantworteter Unterlagen am 28. 12. 1972.

[50] Alle Gespräche wurden per Tonband mitgeschnitten und später ausgewertet. Einen Überblick über alle Interviews vermittelt Anlage 2.

[51] Einen Leitfaden für die in den Interviews anzusprechenden Probleme enthält Anlage 3.

Dieser letzte wichtige Arbeitsschritt — die *Bewertung* — wird vorgenommen[52], nachdem die Analyse so transparent wie möglich wiedergegeben wurde. Werden die Bewertungsmaßstäbe akzeptiert, so kann die Bewertung selbst, die sich an der Verwaltungspraxis und den verwaltungswissenschaftlichen Erkenntnissen orientiert, aber notwendigerweise subjektiv bleibt, von einer sachverständigen Öffentlichkeit nachvollzogen werden. Das wird besonders in den Fällen erforderlich sein, in denen nicht eigentlich quantifizierbare Tatbestände gewürdigt werden müssen, wie z. B. bei der Einschätzung des Leistungsgrades eines Verwaltungsapparates.

1.53. Maßstabsset

Es ist noch zu klären, woher die Bewertungsmaßstäbe gewonnen werden und in welchem Verhältnis sie zueinander stehen. Die Auswirkungen der Neuordnung sollen grundsätzlich an den einschlägigen Postulaten gemessen werden, mit denen die Neuordnung ins Werk gesetzt wurde. Damit ist die Bezugsbasis bereits bezeichnet: Die meisten Maßstäbe lassen sich im besonderen aus den Begründungen der Gesetzentwürfe zur Neugliederung, aus den Gutachten der von der Landesregierung NW eingesetzten Sachverständigenkommissionen, sonstigen Veröffentlichungen der Landesregierung und allgemein aus der Reformdiskussion ableiten. Wo die solcherart gewonnenen Maßstäbe zu abstrakt bleiben, müssen sie in zu definierenden Untermaßstäben konkretisiert werden[53]. Die Summe aller Maßstäbe, die in dieser Untersuchung angegeben und skaliert[54] werden, bildet ein in sich geschlossenes System; dieses darf allerdings nicht ausschließlich aus einer Aneinanderreihung bestehen, weil die Maßstäbe sonst beziehungslos bzw. gleichgewichtig nebeneinanderstünden; ihr Stellenwert im Maßstabssystem wird deshalb, nachdem sie gegliedert sind, durch eine Gewichtung mittels Wertungsziffern festgelegt[55]. Auf diese Weise entsteht der gewünschte skalierte Maßstabsset.

---

[52] Vgl. Pkt. 3.2., 4.3. und 5.2. dieser Untersuchung.

[53] Allerdings kann nicht jede Einzelheit der Bestandsaufnahme anhand von Maßstäben bewertet werden, weil der Rahmen der Untersuchung dies nicht zuläßt; die Bestandsaufnahme dient gleichzeitig der verbalen Illustration und Darstellung des früheren und des heutigen Zustandes in den Neugliederungsräumen.

[54] Vgl. Erwin K. Scheuch: „Skalierungsverfahren in der Sozialforschung", in: René König (Hrsg.): Handbuch der Empirischen Sozialforschung, I. Band, 2. Aufl., Stuttgart 1967, S. 348 - 384, hier: S. 354 f.

[55] Vgl. dazu Frido Wagener: Neubau der Verwaltung, Gliederung der öffentlichen Aufgaben und ihrer Träger nach Effektivität und Integrationswert (Schriftenreihe der Hochschule Speyer, Bd. 41), Berlin 1969, S. 314. Einzelheiten siehe unter Pkt. 6.11. dieser Untersuchung.

Die Grobgliederung der Maßstäbe läßt sich anhand der Einteilung der Auswirkungen in vier Hauptgruppen[56] vornehmen. Wenn für alle Gruppen Maßstäbe ableitbar wären, setzte sich der gesamte Maßstabsset mithin aus vier Teilsets zusammen:

— einem „Finanzmaßstab" genannten Teilset aus Maßstäben, mit denen sich die finanziellen Auswirkungen der territorialen Neugliederung „messen" ließen,

— einem „Personalmaßstab" genannten Teilset aus Maßstäben, die zur Bewertung der personellen Auswirkungen herangezogen würden[57],

— einem „Leistungsmaßstab" genannten Teilset aus Maßstäben zur Messung der Auswirkungen auf die Leistungserbringung des Verwaltungsapparats[58] und

— einem „Selbstverwaltungsmaßstab" genannten Teilset aus Maßstäben, mit deren Hilfe die Auswirkungen auf die kommunale Selbstverwaltung beurteilt werden könnten[59].

Von der Bildung eines „Finanzmaßstabs" muß jedoch abgesehen werden, und zwar vor allem wegen der in diesem Bereich äußerst schmalen Bezugsbasis und des meist nicht eindeutig belegbaren oder sehr losen Ursache-Wirkungs-Zusammenhangs zwischen territorialer Neugliederung und Finanzen. Gleichwohl können finanzielle Auswirkungen der Neuordnung beobachtet und auf der Grundlage der Bestandsaufnahme abgeleitet werden[60].

Der gesamte Maßstabsset, der „Reformmaßstab"[61] genannt wird, setzt sich also aus den verbleibenden drei Teilsets zusammen, wie es aus dem folgenden Schema noch einmal hervorgeht.

Abb. 8: *Grobgliederung des Maßstabssets „Reformmaßstab"*

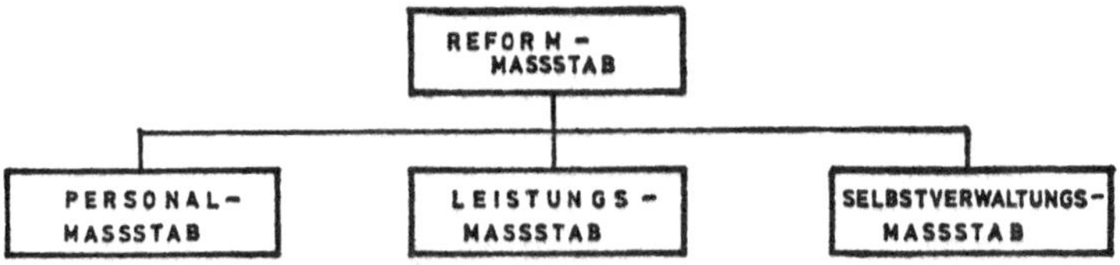

Quelle: Eigene Zusammenstellung.

[56] Vgl. Pkt. 1.1. dieser Untersuchung.
[57] Vgl. Pkt. 3.21. dieser Untersuchung.
[58] Vgl. Pkt. 4.31. dieser Untersuchung.
[59] Vgl. Pkt. 5.21. dieser Untersuchung.
[60] Vgl. Pkt. 2.22. dieser Untersuchung.
[61] Vgl. Pkt. 6.1. dieser Untersuchung.

Das Verhältnis der Maßstäbe zueinander wird durch Gewichtungsfaktoren ausgedrückt, mit anderen Worten: der Reformmaßstab wird quantifiziert. „Gegen die Methode, die einzelnen Maßstäbe zu skalieren und zu quantifizieren, werden erhebliche Einwände erhoben. ...“[62], z. B. das „Bedenken relativer Beliebigkeit der Wertansätze“[63]. Diesem „theoretischen“ Bedenken ist hier insofern Rechnung getragen, als ausdrücklich betont wurde, die Analyse müsse transparent und die Bewertungsmaßstäbe für eine sachverständige Öffentlichkeit akzeptabel (intersubjektiv nachvollziehbar) sein[64]. Ein anderer Einwand wiegt schwerer: nämlich der „praktische“ Einwand, „daß mit einer zahlenmäßigen Bewertung der einzelnen Maßstäbe und der damit verbundenen Festlegung von Wertrelationen der Maßstäbe untereinander etwas Unvergleichliches miteinander verglichen wird“[65]. Beiden Einlassungen ist zuletzt Harro Frank eingehend entgegengetreten, der sich bei der Entkräftung des letztgenannten Einwandes u. a. auf Hans Albert[66] beruft:

„Dem ... Einwand, daß ... etwas unvergleichbar Qualitatives durch Quantifizierung verglichen wird, liegt ein Mißverständnis der Quantifizierung sozialwissenschaftlicher Probleme zugrunde. Das Mißverständnis beruht darauf, daß die Vertreter dieser Ansicht die logisch-methodologische Problematik auf eine ‚ontologische‘ Ebene transponieren, was dazu führt, daß der Unterschied zwischen Qualität und Quantität als gegeben und in der Natur der Sache begründet erscheint ... Es läßt sich jedoch nicht a priori sagen, daß die soziale Wirklichkeit nur mit qualitativen Postulaten verglichen werden kann. ...

Durch die Festsetzung geeigneter Operationen und ihre Ausweisung lassen sich die qualitativen Begriffe in einer Rangordnung skalieren und durch die Einführung bestimmter Methoden auch quantifizieren .... Das setzt zunächst die Einführung einer Rangordnung und sodann ... einer Metik voraus. Die Anwendung einer solchen Verfahrensweise wird in den Sozialwissenschaften für zulässig gehalten ... “[67]

---

[62] Harro Frank: Der Umlandkreis, Die Ordnung des Stadt-Umlandes durch den Umlandkreis oder Nachbarkreise?, diss. iur., Hamburg 1971, S. 48.

[63] Klaus Stern / Günter Püttner: Neugliederung der Landkreise Nordrhein-Westfalens, mit einer Bibliographie zur Verwaltungsreform, Berlin/Frankfurt (M.) 1969, S. 52.

[64] s. o. (Pkt. 1.52. dieser Untersuchung). Spengelin u. a. weisen auf die Zeitbedingtheit solcher Wertungen hin, weshalb es um so wichtiger sei, „daß bei der Untersuchung die Determinanten, die zur jeweiligen ... (Wertung; V.W.) führen, angegeben werden, so daß zeitlich bedingte Änderungen in der Wichtung der jeweiligen Faktoren eine Korrektur erlauben“ (Friedrich Spengelin u. a.: Funktionelle Erfordernisse zentraler Einrichtungen als Bestimmungsgröße von Siedlungs- und Stadteinheiten in Abhängigkeit von Größenordnung und Zuordnung (Schriftenreihe „Städtebauliche Forschung“ des Bundesministers für Städtebau und Wohnungswesen, Heft 03.003), Bonn-Bad Godesberg 1972, S. 67).

[65] Frido Wagener: Neubau der Verwaltung, S. 314.

[66] Vgl. Hans Albert: „Probleme der Wissenschaftslehre in der Sozialforschung“, I. Band, 2. Aufl., S. 38 - 63, hier: S. 41 - 43.

[67] Harro Frank: Der Umlandkreis, S. 49.

Nach dieser quantifizierenden Methode — unter dem Stichwort „Nutzwertanalyse" wird sie u. a. im Bereich der Wirtschaftswissenschaften heute intensiv diskutiert als ein Hilfsmittel bei dem Versuch der Realisierung komplexer, in der Regel nicht operationaler Ziele — wurde bisher in der Reformdiskussion vorwiegend bei der Überprüfung von Neugliederungsmodellen (fiktive Zukunft) vorgegangen, d. h. meist im Stadium der Meinungs- und Willensbildung eines Neuordnungsprozesses in der Absicht, noch nicht verwirklichte Änderungen (Leitbilder) zu empfehlen[68]. Sie wird hier erstmalig angewendet, um Auswirkungen einer realisierten Reform in angegebenen Untersuchungsräumen feststellen und beurteilen zu können[69]. Vermag der zu entwickelnde Maßstabsset (Reformmaßstab) das zu leisten, verfügt man über ein Instrument, mit dessen Hilfe man — nach entsprechenden Erhebungen — die Auswirkungen einer territorialen Reform in jedem Neuordnungsraum einzuschätzen und mit anderen Räumen zu vergleichen in der Lage ist. Die Frage, ob die Territorialreform — hinsichtlich des analysierten Bereichs — „sich gelohnt" hat, könnte dann allgemein beantwortet werden.

1.6. Erschwernisse bei der Projektdurchführung

Außer der zu untersuchenden territorialen Neugliederung wurden im Untersuchungszeitraum zwei weitere wichtige Reformen durchgeführt, die die jeweils geregelten Verhältnisse einschneidend veränderten; von ihren Auswirkungen muß diese Analyse so weit wie möglich abstrahieren[70]. Es handelt sich um die Schulreform (1. 3. 1968)[71] und um die Gemeindefinanzreform (11. 9. 1969)[72]. Das Bemühen um Abstraktion kann

---

[68] z. B. Frido Wagener: Einwohnerzahl und Aufgabenerfüllung der Länder, Gutachten im Auftrag der Sachverständigenkommission für die Neugliederung des Bundesgebiets beim Bundesminister des Inneren, Speyer (Februar) 1972; ders.: Kreisneugliederung an der Rheinachse, Kreis Kempen-Krefeld, Untersuchung im Auftrage des Kreises Kempen-Krefeld, Speyer (September) 1972; Friedrich Spengelin u. a.: Funktionale Erfordernisse zentraler Einrichtungen ...; Harro Frank: Der Umlandkreis.

[69] Diese Art der Fragestellung und des methodischen Ansatzes erlaubt den Verzicht auf Kontroll-Verwaltungseinheiten aus Gebieten außerhalb der Untersuchungsräume.

[70] Dazu vgl. die einzelnen Sachabschnitte.

[71] Vgl. Gesetz zur Änderung der Verfassung für das Land Nordrhein-Westfalen vom 5. 3. 1968 (GV. NW. S. 36, SGV. NW. 100), sowie Gesetz zur Änderung des Ersten Gesetzes zur Ordnung des Schulwesens im Lande Nordrhein-Westfalen, des Schulverwaltungsgesetzes und des Schulfinanzgesetzes vom 5. 3. 1968 (GV. NW. S. 36, SGV. NW. 223).

[72] Vgl. Gesetz zur Neuordnung der Gemeindefinanzen (Gemeindefinanzreformgesetz) vom 8. 9. 1969 (BGBl. I S. 1587), und Gesetz über die Aufhebung des Gewerbesteuerausgleichsgesetzes vom 10. 3. 1970 (GV. NW. S. 208, SGV. NW. 602). Zu ersten Auswirkungen der Gemeindefinanzreform vgl. statt anderer: Wilhelm Heinrichs: „Gemeindefinanzreform — Finanzausgleich — Schulfinanzreform", in: Der Gemeinderat 3/1970, S. 78 - 83, und: Ferdinand

bezüglich der letztgenannten Reform nur verwirklicht werden, indem die einschlägigen Daten aus dem Rechnungsjahr 1970 bei Vergleichen nicht berücksichtigt werden.

Ein weiteres Problem bezieht sich auf die finanziellen Daten — es gilt in gleichem Maße für die Personalstellen —: Der Verfasser konnte nicht auf entsprechende Veröffentlichungen statistischer Ämter zurückgreifen, weil diese einerseits zum größten Teil nicht in der für diese Untersuchung benötigten Feinfächerung bereitstanden, andererseits unterschiedliche bzw. nicht erkennbare Erhebungsgrundlagen aufwiesen. Somit mußten sämtliche Daten einheitlich aus den genannten Quellen[73] selbst erhoben und nach Bedarf umgerechnet werden.

Bei den Einwohnerzahlen wurden die Veröffentlichungen des Statistischen Landesamtes NW zugrunde gelegt; dieses berechnete die Werte allerdings auf der Basis zweier Volkszählungen: die Daten einschließlich 1969 fußen auf der Volkszählung vom 6. 6. 1961, die Daten für 1970 ff. auf der vom 27. 5. 1970. Da durch die Fortschreibung die Wohnbevölkerung etwas zu hoch berechnet wurde, trat von 1969 auf 1970 in allen Gebieten ein statistischer relativer Einwohnerverlust unterschiedlicher Größenordnung ein. Das hat bei der Ermittlung der Pro-Kopf-Werte in dieser Untersuchung die Konsequenz, daß die Relativzahlen für 1970 geringfügig überhöht sind.

Die tatsächlich besetzten Personalstellen werden möglichst auf einen bestimmten Stichtag (30. 6.) bezogen; dabei ist zu sehen, daß die Zahl dieser Stellen an diesem Tag nicht unbedingt repräsentativ für das gesamte Jahr sein muß, sondern vielleicht durch zufällige Vakanzen zu gering ist. Das muß jedoch in Kauf genommen werden, wenn ein Vergleich überhaupt durchgeführt werden soll.

Nicht unbeeinflußt blieb diese Untersuchung von weiteren Maßnahmen der territorialen Reform, die im Zuge des 2. Neugliederungsprogramms NW[74] in allen Untersuchungsräumen bevorstehen oder inzwischen durchgeführt wurden. Am 1. 1. 1973 trat das Bielefeld-Gesetz in Kraft, das den Kreis Lemgo bei unveränderter Gemeindestruktur als Teil des neuen Kreises Lippe mit Sitz in Detmold ausweist[75]. Im Kreis Unna (Neuord-

---

Esser: „Der kommunale Finanzausgleich 1972 in Nordrhein-Westfalen", in: Städte- und Gemeinderat 9/1971, S. 217 - 222.

[73] Vgl. Pkt. 1.52. dieser Untersuchung.

[74] Vgl. Landesregierung NW (Hrsg.): Nordrhein-Westfalen-Programm 1975 (NWP 75), Düsseldorf 1970, S. 144 f.

[75] Vgl. Gesetz zur Neugliederung der Gemeinden und Kreise des Neugliederungsraumes Bielefeld (Bielefeld-Gesetz) vom 24. 10. 1972 (GV. NW. S. 284, SGV. NW. 2020), § 20. Die Bezeichnung „Kreis Lemgo" wird für diese Untersuchung gleichwohl beibehalten.

nungsraum Münster/Hamm) und im Kreis Siegen (Neuordnungsraum Sauerland/Paderborn) herrscht teilweise beträchtliche Unruhe, weil einigen der hier zu untersuchenden neuen Großgemeinden möglicherweise der Verlust ihrer Selbständigkeit bevorsteht. U. a. diese Ungewißheit war der Anlaß für eine Gemeindeverwaltung, jegliche Mitarbeit an diesem Projekt zu versagen.

Auf die Mithilfe der Verwaltungen war der Verfasser in hohem Maße angewiesen[76], was ein nicht unwesentliches Risiko hinsichtlich der Projektdurchführung und der Datendichte bedeuten und sich somit letztlich auf die Ergebnisse dieser Untersuchung auswirken konnte. Die Annahme, ein gewisses Interesse der Verwaltungen an diesen Ergebnissen könne vorausgesetzt werden und deshalb die Unterstützung der Arbeit provozieren, erwies sich jedoch im großen und ganzen als richtig.

Natürlich gehen allgemein beobachtbare Entwicklungen tendenziell auch an neugeordneten Gemeinden nicht vorüber; deshalb müssen sie bei der Analyse, im besonderen bei der Definition der Maßstäbe und der Formulierung der Ergebnisse, berücksichtigt werden: so wäre es z. B. kurzsichtig, hohe Personalkostensteigerungen nach der Neuordnung unbesehen lediglich dieser Reform zuzuschreiben, ohne zuvor nach anderen Einflußfaktoren zu fragen[77]. Auf solche Weise wird die Grundabsicht, die Auswirkungen der territorialen Neugliederung nachzuweisen (zu („isolieren"), beibehalten.

Die Beobachtung, daß die Ortsschilder in den Gemeinden dieses Kreises nach der ersten Neuordnung (Lemgo-Gesetz) nicht ausgewechselt wurden, findet wohl ihre Erklärung in den abzusehenden Bestimmungen dieser zweiten Neuordnung (Bielefeld-Gesetz). Vgl. „Aufstellung und Beschriftung von Ortstafeln", Rd.Erl. des Ministers für Wirtschaft, Mittelstand und Verkehr vom 4. 12. 1969 (MBl. NW. 1970, S. 4, SMBl. NW. 9220).

[76] Vgl. Pkt. 1.52. dieser Untersuchung.

[77] Vgl. Pkt. 2.123. dieser Untersuchung.

2. Finanzielle Situation der Gemeinden und Kreise

Einnahmen und Ausgaben einer Gemeinde unterliegen der Einwirkung einer Vielzahl von Faktoren, die sowohl innerhalb als auch außerhalb der Gemeinde (Gemeindeverwaltung) zu verorten sind. Bei der Analyse der finanziellen Situation der untersuchten Gebietskörperschaften wird unterstellt, daß die territoriale Neugliederung als einer der externen Faktoren nicht ohne finanzielle Auswirkungen bleibt. Natürlich verursacht die Durchführung der Reform unmittelbar Kosten, wenn z. B. Veränderungen der Wappen, Fahnen, Siegel, Straßenschilder, Behördenschilder, Briefköpfe, geografischen Karten usw. erforderlich werden. Folgekosten dieser Art können auch bei einer notwendigen Umänderung von Postleitzahlen und Bahnstationen entstehen[1]. Gleichwohl war eine direkte Erfassung dieser unabwendbaren Ausgaben nicht möglich, da sie in den meisten Fällen in den Jahresrechnungen nicht ausgewiesen wurden; dies erschien aber auch nicht als sinnvoll, weil sie den Haushalt nur vorübergehend belastet haben und überdies indirekt berücksichtigt werden, etwa bei den Gesamtausgaben.

Die Bestandsaufnahme erstreckt sich deshalb ausschließlich auf solche Daten, die charakteristische Anhaltspunkte für die vorzunehmende Analyse liefern können.

2.1. Bestandsaufnahme

Die Bestandsaufnahme konzentriert sich im wesentlichen auf den Ist-Abschluß, wie er am Ende jedes Rechnungsjahres in der Jahresrechnung zu finden ist. Ein Vergleich auf der Basis des Soll-Abschlusses war nicht durchführbar, weil dieser von der Neuordnung in etlichen Gemeinden nicht getätigt wurde. Es wäre wenig sinnvoll, wenn die Analyse alle 27 Gemeinden[2] der Untersuchungsräume in einer Gruppe zusammenfaßte und vergliche. Deshalb muß nach einem gemeinsamen Unterscheidungsmerkmal gesucht und anhand dessen eine Unterteilung vorgenommen werden. Als geeignetes Kriterium erscheint die Einwohnergröße[3] der Gemeinden, die die Bildung von vier Gemeindegruppen[4] nahelegt:

---

[1] Vgl. Friedrich Wilhelm von Loebell: Kommunale Neugliederung Nordrhein-Westfalen, S. 19 - 28.

[2] Tgl. Tabelle 1 dieser Untersuchung.

[3] Für die Wohnbevölkerung in den Untersuchungsräumen siehe Anlage 4.

[4] Die Größenklassen beziehen sich nicht auf einen Stichtag, sondern auf das Mittel der Jahre des Untersuchungszeitraumes.

— Die erste Gruppe umfaßt Gemeinden der Größenordnung von bis zu 12 000 Einwohnern,

— die zweite Gemeinden der Größenklasse von 12 000 bis unter 20 000 Einwohnern,

— die dritte Gemeinden der Größenklasse von 20 000 bis unter 35 000 Einwohnern, und

— die vierte Gruppe bezieht Gemeinden von über 35 000 Einwohnern ein;

— in einer fünften Gruppe werden teilweise die Kreise als Verwaltungseinheiten zur Kontrolle herangezogen.

Diese Einteilung läßt sich plausibel begründen[5]:

— Zur ersten Gruppe gehören Gemeinden, die an der untersten bzw. unter der Grenze noch für vertretbar gehaltener Gemeindegrößen liegen[6]. Sie zeichnen sich dadurch aus, daß sie darüber hinaus Mängel in der Grundausstattung aufweisen und/oder eine Verwaltungsgemeinschaft bilden.

— Der Einschnitt bei 20 000 Einwohnern bietet sich an, da aufgrund gesetzlicher Bestimmungen den Gemeinden von dieser Größenordnung ab zusätzliche Aufgaben übertragen werden können[7].

— Die Grenze bei 35 000 Einwohnern wurde gezogen, um die drei Kreisstädte gesondert und Städte vergleichbarer Größenordnungen in einer Gruppe betrachten zu können.

2.11. Kurzbeschreibung der Gemeinden

(1) Die Gruppe der *Gemeinden von weniger als 12 000 Einwohnern* umfaßt fünf Verwaltungseinheiten, und zwar die Gemeinden

— Stadt Barntrup (Kreis Lemgo),

— Dörentrup (Kreis Lemgo),

---

[5] Dabei muß eingeräumt werden, daß die Einwohnerzahl nicht das ausschließliche Einteilungskriterium war.

[6] Vgl. Gutachten A, S. 27.

[7] Z. B. privilegiertes Bauamt (untere Bauaufsichtsbehörde): Bauordnung für das Land Nordrhein-Westfalen — Landesbauordnung —(BauO NW) i. d. F. der Bekanntmachung vom 27. 1. 1970 (GV. NW. S. 96, SGV. NW. 232), § 77 Abs. 5; Jugendamt: Gesetz für Jugendwohlfahrt (JWG) vom 11. 8. 1961 (BGBl. I S. 1206), § 12 Abs. 3, sowie Gesetz zur Ausführung des Gesetzes für Jugendwohlfahrt — AG-JWG — i. d. F. vom 1. 7. 1965 (GV. NW. S. 248, SGV. NW. 216), § 8 Abs. 1; Sozialamt: Bundessozialhilfegesetz (BSHG) vom 30. 6. 1961 (BGBl. I S. 815), § 96 Abs. 1, sowie Gesetz zur Ausführung des Bundessozialhilfegesetzes (AG-BSGH) vom 25. 6. 1962 (GV. NW. S. 344, SGV. NW. 217), § 3.

— Leopoldshöhe (Kreis Lemgo),
— Rhynern (Kreis Unna) und
— Uentrop (Kreis Unna),

von denen die beiden letztgenannten eine Verwaltungsgemeinschaft bilden[8].

Die Stadt *Barntrup*[9] wurde gebildet aus den fünf früheren Gemeinden Alverdissen (20 % der Einwohner), Stadt Barntrup (57 %), Selbeck (4 %), Sommersell (3 %) und Sonneborn (13 %)[10]. Sie liegt nach den Vorstellungen der Landesplanung in einer ländlichen Zone und gilt dort als eine Gemeinde mit zentralörtlicher Bedeutung für einen Versorgungsbereich, der 20 000 bis 50 000 Einwohner umfaßt oder in absehbarer Zeit umfassen wird[11]. Über die Bevölkerungszahl und -dichte gibt die folgende Tabelle Auskunft (Tab. 6).

Die Gemeinde *Dörentrup*[12] ist ein Zusammenschluß der fünf früheren Gemeinden Bega (15 % der Einwohner), Hillentrup (35 %), Humfeld (22 %), Schwelentrup (18 %) und Wendlinghausen (8 %)[13]. Wie Barntrup gehört auch Dörentrup zur ländlichen Zone als eine Gemeinde mit zentralörtlicher Bedeutung für einen Versorgungsbereich, der 5 000 bis 10 000 Einwoher umfaßt oder in absehbarer Zeit umfassen wird[14].

Zur Gemeinde *Leopoldshöhe*[15] wurden zusammengeschlossen die acht ehemals selbständigen Gemeinden Asemissen (17 % der Einwohner), Bechterdissen (16 %), Bexterhagen (5 %), Greste (17 %), Krentrup (8 %), Leopoldshöhe (16 %), Nienhagen (15 %) und Schuckenbaum (11 %)[16]. Auch diese Verwaltungseinheit zählt zur ländlichen Zone und besitzt zentralörtliche Bedeutung für einen Versorgungsbereich, der 10 000 bis 20 000 Einwohner umfaßt oder in absehbarer Zeit umfassen wird[17].

---

[8] Vgl. „Öffentlich-rechtliche Vereinbarung", in: Amtliches Bekanntmachungsblatt des Landkreises Unna 1/1969, Ziff. 3, S. 3 - 5, und „I. Nachtrag zur öffentlich-rechtlichen Vereinbarung", in: a.a.O., 15/1969, Ziff. 393, S. 280 f.

[9] Neugebildet am 1. 1. 1969.

[10] Für eine exaktere Abgrenzung vgl. Lemgo-Gesetz, § 6 und Anl. 6.

[11] Vgl. Landesentwicklungsplan I vom 28. 11. 1966 i. d. F. vom 17. 12. 1970, S. 202 und 213. Zur Wirtschaftsstruktur der Gemeinde vor der Neuordnung vgl. Lt.-Drs. VI/479, S. 91.

[12] Neugebildet am 1. 1. 1969.

[13] Lemgo-Gesetz, § 5 sowie Anl. 5 a und 5 b.

[14] Landesentwicklungsplan I, S. 211. Zur Wirtschaftsstruktur vgl. Lt.-Drs. VI/479, S. 84.

[15] Neugebildet am 1. 1. 1969.

[16] Lemgo-Gesetz, § 2 und Anl. 2.

[17] Landesentwicklungsplan I, S. 202 und 212. Zur Wirtschaftsstruktur vgl. Lt.-Drs. VI/479, S. 49.

Die Gemeinde *Rhynern*[18] ist eine neue Gebietskörperschaft aus den acht früheren amtsangehörigen Gemeinden Allen (6 % der Einwohner), Freiske (2 %), Hilbeck (14 %), Osterflierich (12 %), Osttünnen (9 %), Rhynern (43 %), Süddinker (5 %) und Wambeln (5 %) des ehemaligen Amtes Rhynern[19]. Wie die vorigen Gemeinden ist sie als den ländlichen Zonen des Landes NW zugehörig ausgewiesen mit zentralörtlicher Bedeutung für einen Versorgungsbereich, der 5 000 bis 10 000 Einwohner umfaßt oder in absehbarer Zeit umfassen wird[20].

Als einzige Gebietskörperschaft dieser Gruppe gehört die Gemeinde *Uentrop*[21] nicht zu einer ländlichen Zone, sondern zur Ballungsrandzone des östlichen Ruhrgebietes[22]. Sie ist eine neue Einheit aus den acht ehemals amtsangehörigen Gemeinden Braam-Ostwennemar (40 % der Einwohner), Frielinghausen (1 %), Haaren (3 %), Norddinker (3 %), Schmehausen (2 %), Uentrop (12 %), Vöckinghausen (1 %) und Werries (34 %) des früheren Amtes Rhynern und Rechtsnachfolgerin dieses Amtes[23].

In der folgenden Tabelle sind die Einwohner der den Gemeinden zugeordneten Gemeindeteile (Flurstücke) als geringfügig vernachlässigt worden[24]. Im übrigen wurde das Verfahren der fiktiven Vergangenheit angewandt[25].

(2) Zur Gruppe der *Gemeinden von 12 000 bis unter 20 000 Einwohnern* zählen elf Verwaltungseinheiten, nämlich die Gemeinden

- Bönen (Kreis Unna),
- Burbach (Kreis Siegen),
- Extertal (Kreis Lemgo),
- Stadt Freudenberg (Kreis Siegen),
- Stadt Fröndenberg (Kreis Unna),
- Stadt Hilchenbach (Kreis Siegen),
- Holzwickede (Kreis Unna),
- Kalletal (Kreis Lemgo),

---

18 Neugebildet am 1. 1. 1968.

19 Unna-Gesetz, § 2 und Anl. 1.

20 Landesentwicklungsplan I, S. 201 und 209. Zur Wirtschaftsstruktur vgl. Lt.-Drs. VI/462, S. 71.

21 Neugebildet am 1. 1. 1968.

22 Landesentwicklungsplan I, S. 201 und 209. Zur Wirtschaftsstruktur vgl. Lt.-Drs. VI/462, S. 65.

23 Unna-Gesetz, § 1 und Anl. 1.

24 Zum Teil existieren die entsprechenden Angaben — auch in den Verwaltungen — nicht. Eine eventuelle Verzerrung der Ergebnisse dieser Arbeit, die auf diese Ursache zurückgeht, ist tolerierbar.

25 D. h. also, daß die Einwohnerzahlen und die Flächen der zusammengeschlossenen Gemeinden addiert wurden.

Tabelle 6: Einwohner, Fläche und Bevölkerungsdichte der Gemeinden von unter 12.000 Einwohnern und Angaben der Landesplanung

Gemeinde	Kreis	Wohnbevölkerung		Veränderungsrate (1966 = 100)	Fläche (qkm)	Bevölkerungsdichte (E/qkm)		Einteilung gemäß Landesentwicklungsplan I	
		31.12.66	31.12.70			31.12.1966	31.12.1970	Zone	Einwohner im Versorgungsbereich
Barntrup	Lemgo	8.210	8.931	109	59,26	139	151	ländl. Z.	20.000 - 50.000
Dörentrup	Lemgo	7.782	8.158	105	49,70	157	164	ländl. Z.	5.000 - 10.000
Leopoldshöhe	Lemgo	9.427	10.459	111	36,94	255	283	ländl. Z.	10.000 - 20.000
Rhynern	Unna	5.716	6.276	110	54,66	105	115	ländl. Z.	5.000 - 10.000
Uentrop	Unna	10.255	11.638	113	39,44	260	295	Ballungsrandzone	-

Quelle: Eigene Berechnungen und Zusammenstellungen aus: Statistisches Landesamt NW (Hg.): Die Wohnbevölkerung der Gemeinden Nordrhein-Westfalens am 31. Dezember 1966 (30. Juni 1970, 31. Dezember 1970, 30. Juni 1971), Düsseldorf 1967 (a.a.O.), sowie Landesentwicklungsplan I, a.a.O.

— Neunkirchen (Kreis Siegen),
— Stadt Oerlinghausen (Kreis Lemgo) und
— Wilnsdorf (Kreis Siegen).

Bei der Gemeinde *Bönen*[26] handelt es sich um eine neue Einheit aus den sechs früher amtsangehörigen Gemeinden Altenbögge-Bönen (82 % der Einwohner), Bramey-Lenningsen (6 %), Flierich (3 %), Nordbögge (7 %), Osterbönen (1 %) und Westerbönen (26 %) der aufgelösten Ämter Pelkum und Rhynern[27]. Bönen zählt nach den Vorstellungen der Landesplanung zur Ballungsrandzone des östlichen Ruhrgebietes[28].

Die Gemeinde *Burbach*[29] ging hervor aus dem Zusammenschluß der neun früher selbständigen und amtsangehörigen Gemeinden Burbach (27 % der Einwohner), Gilsbach (4 %), Holzhausen (13 %), Lippe (3 %), Lützeln (6 %), Niederdresselndorf (11 %), Oberdresselndorf (6 %), Wahlbach (14 %) und Würgendorf (11 %) des ehemaligen Amtes Burbach und ist dessen Rechtsnachfolgerin[30]. Diese Gemeinde ist den ländlichen Zonen des Landes Nordrhein-Westfalen zugeordnet als Verwaltungseinheit mit zentralörtlicher Bedeutung für einen Versorgungsbereich, der 10 000 bis 20 000 Einwohner umfaßt oder in absehbarer Zeit umfassen wird[31].

Die Gemeinde *Extertal*[32] wurde gebildet aus den zwölf früheren Gemeinden Asmissen (16 % der Einwohner), Almena (10 %), Bösingfeld (32 %), Bremke (3 %), Göstrup (2 %), Kükenbruch (3 %), Laßbruch (5 %), Meierberg (4 %), Nalhof (4 %), Rott (3 %), Silixen (10 %) und Schönhagen (3 %)[33]. Wie alle Gemeinden des Kreises Lemgo gehört Extertal zu den ländlichen Zonen und erlangt zentralörtliche Bedeutung für einen Versorgungsbereich, der 10 000 bis 20 000 Einwohner umfaßt oder in absehbarer Zeit umfassen wird[34].

Zur Stadt *Freudenberg*[35] wurden zusammengeschlossen die siebzehn vormals amtsangehörigen selbständigen Gemeinden Alchen (8 % der Einwohner), Bottenberg (2 %), Bühl (2 %), Büschergrund (14 %), Dirlen-

---

26 Neugebildet am 1. 1. 1968.

27 Unna-Gesetz, § 4 und Anl. 2.

28 Landesentwicklungsplan I, S. 201 und 209. Zur Wirtschaftsstruktur der Gemeinde vor der Neuordnung vgl. Lt.-Drs. VI/462, S. 81.

29 Neugebildet am 1. 1. 1969.

30 2. Siegen-Gesetz, § 6 und Anl. 6.

31 Landesentwicklungsplan I, S. 212. Zur Wirtschaftsstruktur vgl. Lt.-Drs. VI/480, S. 70.

32 Neugebildet am 1. 1. 1969.

33 Lemgo-Gesetz, § 8 und Anl. 8.

34 Landesentwicklungsplan I, S. 202 und 212. Zur Wirtschaftsstruktur vgl. Lt.-Drs. VI/479, S. 107.

35 Neugebildet am 1. 1. 1969.

bach (3 %), Stadt Freudenberg (33 %), Heisberg (1 %), Hohenhain (2 %), Lindenberg (5 %), Mausbach (1 %), Niederheuslingen (1 %), Niederholzklau (1 %), Niederndorf (12 %), Oberfischbach (7 %), Oberheuslingen (4 %), Oberholzklau (3 %) und Plittershagen (3 %) des aufgelösten Amtes Freudenberg, dessen Rechtsnachfolgerin sie ist[36]. Diese Stadt zählt ebenfalls zu den ländlichen Zonen als Gemeinde mit zentralörtlicher Bedeutung für einen Versorgungsbereich, der 10 000 bis 20 000 Einwohner umfaßt oder künftig umfassen wird[37].

Zwölf der zum Zeitpunkt der Neuordnung des Kreises Unna noch existierenden vierzehn Gemeinden des Amtes *Fröndenberg* bilden die heutige Stadt gleichen Namens[38] — welche auch mit der Rechtsnachfolge des Amtes betraut wurde —, nämlich die Gemeinden Altendorf (2 % der Einwohner), Bausenhagen (2 %), Bentrop (2 %), Frömern (4 %), Stadt Fröndenberg (53 %), Frohnhausen (2 %), Langschede (23 %) —einschließlich der Ortsteile Ardey und Dellwig —, Neimen (2 %), Ostbüren (3 %), Stentrop (1 %), Strickherdicke (3 %) und Warmen (3 %)[39]. Außer Rhynern ist die Stadt Fröndenberg die einzige Gemeinde des Kreises Unna in einer ländlichen Zone, allerdings mit zentralörtlicher Bedeutung für einen Einzugsbereich von 10 000 bis 20 000 Einwohnern[40].

Die Stadt *Hilchenbach*[41] ist hervorgegangen aus dem Zusammenschluß der ehemaligen amtsfreien Stadt gleichen Namens (31 % der Einwohner) mit den elf früheren Gemeinden des Amtes Keppel Allenbach (13 %), Dahlbruch (25 %), Grund (2 %), Hadem (2 %), Helberhausen (4 %), Lützel (3 %), Müsen (14 %), Oberndorf (0,4 %), Öchelhausen (1 %), Rukkersfeld (1 %) und Vormwald (3 %)[42]. Die neue Stadt ist Rechtsnachfolgerin des Amtes Keppel und hat — den ländlichen Zonen zugehörig — zentralörtliche Bedeutung für einen Versorgungsbereich, der 10 000 bis 20 000 Einwohner umfaßt oder in naher Zukunft umfassen wird[43].

Die Gemeinde *Holzwickede*[44] wurde gebildet aus den drei bereits vor der Neuordnung aus dem Amt Unna-Kamen ausgeschiedenen ehemaligen Gemeinden Hengsen (8 % der Einwohner), Holzwickede (85 %) und

---

[36] 2. Siegen-Gesetz, § 3 und Anl. 3.

[37] Landesentwicklungsplan I, S. 212. Zur Wirtschaftsstruktur vgl. Lt.-Drs. VI/480, S. 50.

[38] Neugebildet am 1. 1. 1968 und 1. 7. 1969.

[39] Unna-Gesetz, § 7 und Anl. 5, und Soest-Gesetz, § 3 Abs. 4 und Anl. 3 f.

[40] Landesentwicklungsplan I, S. 210. Zur Wirtschaftsstruktur vgl. Lt.-Drs. VI/462, S. 100, und VI/1090, S. 147.

[41] Neugebildet am 1. 1. 1969.

[42] 2. Siegen-Gesetz, § 2 und Anl. 2.

[43] Landesentwicklungsplan I, S. 212. Zur Wirtschaftsstruktur vgl. Lt.-Drs. VI/480, S. 44.

[44] Neugebildet am 1. 1. 1968.

Opherdicke (6 %)[45]. Die neue Verwaltungseinheit liegt in der Ballungsrandzone des östlichen Ruhrgebietes[46].

Die Gemeinde *Kalletal*[47] ist ein Zusammenschluß von sechzehn vorher selbständigen Gemeinden, nämlich Asendorf (2 % der Einwohner), Bavenhausen (6 %), Bentorf (5 %), Brosen (3 %), Erder (4 %), Heidelbeck (4 %), Henstorf (1 %), Hohenhausen (16 %), Kalldorf (8 %), Langenholzhausen (9 %), Lüdenhausen (6 %), Osterhagen (0,4 %), Stemmen (6 %), Talle (8 %), Varenholz (8 %) und Westorf (4 %)[48]. Kalletal gehört wie alle Gemeinden des Kreises Lemgo zu den ländlichen Zonen Nordrhein-Westfalens und hat zentralörtliche Bedeutung für einen Versorgungsbereich, der 10 000 bis 20 000 Einwohner umfaßt oder in absehbarer Zeit umfassen wird[49].

Die Gemeinde *Neunkirchen*[50] ist wie die Gemeinde Burbach aus dem ehemaligen Amt Burbach hervorgegangen. Hier wurde die neue Einheit gebildet aus den sechs früheren Gemeinden Altenseelbach (12 % der Einwohner), Neunkirchen (29 %), Salchendorf (26 %), Struthütten (15 %), Wiederstein (5 %) und Zeppenfeld (13 %)[51]. Die Landesplanung erkennt dieser Gebietskörperschaft in einer ländlichen Zone zentralörtliche Bedeutung zu für einen Versorgungsbereich, der 10 000 bis 20 000 Einwohner umfaßt bzw. in absehbarer Zeit umfassen wird[52].

Das gleiche[53] gilt für die aus den drei früheren Gemeinden Helpup (26 % der Einwohner), Lipperreihe (14 %) und Stadt Oerlinghausen (58 %) gebildete Stadt *Oerlinghausen*[54].

Zur Gemeinde *Wilnsdorf*[55] als Rechtsnachfolgerin des ehemaligen Amtes Wilnsdorf zusammengeschlossen wurden die elf vorher selbständigen amtsangehörigen Gemeinden Anzhausen (6 % der Einwohner), Flammersbach (6 %), Gernsdorf (6 %), Niederdielfen (13 %), Oberdielfen (7 %),

---

[45] Unna-Gesetz, § 8 und Anl. 4.

[46] Landesentwicklungsplan I, S. 201 und 209. Zur Wirtschaftsstruktur vgl. Lt.-Drs. VI/462, S. 106.

[47] Neugebildet am 1. 1. 1969.

[48] Lemgo-Gesetz, § 7 und Anl. 7.

[49] Landesentwicklungsplan I, S. 202 und 212. Zur Wirtschaftsstruktur vgl. Lt.-Drs. VI/479, S. 97.

[50] Neugebildet am 1. 1. 1969.

[51] 2. Siegen-Gesetz, § 7 und Anl. 6.

[52] Landesentwicklungsplan I, S. 212. Zur Wirtschaftsstruktur vgl. Lt.-Drs. VI/480, S. 70.

[53] Landesentwicklungsplan I, S. 212. Zur Wirtschaftsstruktur vgl. Lt.-Drs. VI/479, S. 43.

[54] Lemgo-Gesetz, § 1 und Anl. 1 (zur Gemeinde Helpup vgl. Anm. 1.14.). Neubildung am 1. 1. 1969.

[55] Neugebildet am 1. 1. 1969.

Obersdorf (8 %), Rinsdorf (6 %), Rudersdorf (13 %), Wilden (9 %), Wilgersdorf (13 %) und Wilnsdorf (13 %) der aufgelösten Ämter Netphen und Wilnsdorf[56]. Auch diese Großgemeinde besitzt in einer ländlichen Zone zentralörtliche Bedeutung für einen Versorgungsbereich von 10 000 bis 20 000 Einwohnern[57].

Die nachfolgende Tabelle gibt einen zusammenfassenden Überblick über Einwohner, Fläche, Bevölkerungsdichte und Angaben der Landesplanung zu den Gemeinden der Gruppe von 12 000 bis unter 20 000 Einwohnern[58].

(3) In die Gruppe der *Gemeinden von 20 000 bis unter 35 000 Einwohnern* ordnen sich vier Gebietskörperschaften ein, und zwar die Gemeinden

— Stadt Eiserfeld (Kreis Siegen),

— Stadt Kreuztal (Kreis Siegen),

— Netphen (Kreis Siegen) und

— Pelkum (Kreis Unna).

Die Stadt *Eiserfeld*[59] ist ein Gebilde aus den fünf ehemals amtsangehörigen Gemeinden Eiserfeld (43 % der Einwohner), Eisern (12 %), Gosenbach (11 %), Niederschelden (29 %) und Oberschelden (5 %) der aufgelösten Ämter Eiserfeld und Wilnsdorf und Rechtsnachfolgerin des erstgenannten Amtes[60]. Die Stadt Eiserfeld ist Teil des städtischen Verflechtungsgebiets des Hüttentals, das zentralörtliche Bedeutung für einen über seine Grenzen hinausgehenden Versorgungsbereich hat[61].

Zum gleichen Verflechtungsgebiet gehört die Stadt *Kreuztal*[62], die entstanden ist aufgrund der Zusammenlegung der zwölf früheren amtsangehörigen Gemeinden Burgholdinghausen (0,3 % der Einwohner), Buschhütten (19 %), Eichen (14 %), Fellinghausen (8 %), Ferndorf (13 %), Kredenbach (7 %), Kreuztal (20 %), Krombach (8 %), Littfeld (9 %), Mittelhees (0,2 %), Oberhees (0,2 %) und Osthelden (3 %) der ehemaligen Ämter Ferndorf und Freudenberg; die Stadt Kreuztal ist Rechtsnachfolgerin des Amtes Ferndorf[63].

---

56 2. Siegen-Gesetz, § 5 und Anl. 5.

57 Landesentwicklungsplan I, S. 202 und 212. Zur Wirtschaftsstruktur vgl. Lt.-Drs. VI/480, S. 63.

58 Vgl. Anm. 2.24. und 25.

59 Neugebildet am 1. 7. 1966.

60 1. Siegen-Gesetz, § 4 und Anl. 3.

61 Landesentwicklungsplan I, S. 214. Zur Wirtschaftsstruktur der Gemeinde vor der Neuordnung vgl. Lt.-Drs. V/831, S. 28 f.

62 Landesentwicklungsplan I, S. 214. Zur Wirtschaftsstruktur vgl. Lt.-Drs. VI/480, S. 38. Neubildung am 1. 1. 1969.

63 2. Siegen-Gesetz, § 1 und Anl. 1.

Tabelle 7: Einwohner, Fläche und Bevölkerungsdichte der Gemeinden von 12.000 bis unter 20.000 Einwohnern und Angaben der Landesplanung

Gemeinde	Kreis	Wohnbevölkerung		Veränderungsrate (1966 = 100)	Fläche (qkm)	Bevölkerungsdichte (E/qkm)		Einteilung gemäß Landesentwicklungsplan I	
		31.12.66	31.12.70			31.12.1966	31.12.1970	Zone	Einwohner im Versorgungsbereich
Bönen	Unna	18.248	17.671	97	37,92	481	466	Ballungsrandzone	-
Burbach	Siegen	12.446	13.192	106	79,65	156	166	ländl. Z.	10.000 - 20.000
Extertal	Lemgo	12.390	12.807	103	90,28	137	142	ländl. Z.	10.000 - 20.000
Freudenberg	Siegen	13.440	14.294	106	54,40	247	263	ländl. Z.	10.000 - 20.000
Fröndenberg	Unna	16.888	17.779	105	56,20	300	316	ländl. Z.	10.000 - 20.000
Hilchenbach	Siegen	14.468	14.814	102	80,85	179	183	ländl. Z.	10.000 - 20.000
Holzwickede	Unna	12.312	13.091	106	22,43	549	584	Ballungsrandzone	-
Kalletal	Lemgo	13.769	14.200	103	112,66	122	126	ländl. Z.	10.000 - 20.000
Neunkirchen	Siegen	13.194	13.973	106	39,60	333	353	ländl. Z.	10.000 - 20.000
Oerlinghausen	Lemgo	11.796	13.440	114	32,70	361	411	ländl. Z.	10.000 - 20.000
Wilnsdorf	Siegen	15.167	16.272	107	72,00	211	226	ländl. Z.	10.000 - 20.000

Quelle: Siehe Tab. 6.

Die Gemeinde *Netphen*[64] ist eine Gebietskörperschaft, in der vierundzwanzig vorher amtsangehörige Gemeinden des aufgelösten Amtes Netphen aufgegangen sind, und zwar Afholderbach (1 % der Einwohner), Beienbach (10 %), Brauersdorf (2 %), Deuz (9 %), Dreis-Tiefenbach (22 %), Eckmannshausen (4 %), Eschenbach (2 %), Frohnhausen (1 %), Grissenbach (3 %), Hainchen (4 %), Helgersdorf (2 %), Herzhausen (2 %), Irmgarteichen (3 %), Nauholz (0,1 %), Nenkersdorf (2 %), Niedernetphen (16 %), Obernau (0,1 %), Obernetphen (9 %), Ölgershausen (1 %), Salchendorf (5 %), Sohlbach (0,5 %), Unglinghausen (4 %), Walpersdorf (2 %) und Werthenbach (3 %); die Gemeinde Netphen trat die Rechtsnachfolge des gleichnamigen Amtes an[65]. Das Gemeindegebiet ist als ländliche Zone ausgewiesen mit zentralörtlicher Bedeutung für einen Versorgungsbereich, der 20 000 bis 50 000 Einwohner umfaßt oder in absehbarer Zeit umfassen wird[66].

Bei der Gemeinde *Pelkum*[67] handelt es sich um eine Gebietskörperschaft, deren Bestand — sechs Jahre nach der Bildung — durch die bevorstehende Neugliederung des Raumes Münster/Hamm[68] bereits wieder bedroht scheint[69]. Ihre heutigen Ortsteile sind die sechs ehemals amtsangehörigen Gemeinden Herringen (61 % der Einwohner), Lerche (2 %), Pelkum (16 %), Sandbochum (2 %), Weetfeld (1 %) und Wiescherhöfen (19 %)[70] des aufgelösten Amtes Pelkum, zu dessen Rechtsnachfolgerin die neue Gemeinde bestimmt wurde[71]. Die Großgemeinde Pelkum zählt zur Ballungsrandzone des östlichen Ruhrgebiets[72].

Wiederum soll eine Tabelle zusammenfassend Auskunft geben über Einwohner, Fläche, daraus resultierender Bevölkerungsdichte und An-

---

[64] Neugebildet am 1. 1. 1969. Die Gemeinde hatte am 31. 12. 1970 zwar nur 19 861 Einwohner, gehört aber trotzdem in diese Gruppe, da sie bereits zum nächsten Stichtag (30. 6. 1971) eine Wohnbevölkerung von 20 111 Einwohnern aufwies. Vgl. Statistisches Landesamt NW (Hrsg.): Die Wohnbevölkerung ... am ... 30. Juni 1971, S. 39.

[65] 2. Siegen-Gesetz, § 4 und Anl. 4.

[66] Landesentwicklungsplan I, S. 202 und 213. Zur Wirtschaftsstruktur vgl. Lt.-Drs. VI/480, S. 56.

[67] Neugebildet am 1. 1. 1968.

[68] Vgl. Landesregierung Nordrhein-Westfalen (Hrsg.): NWP 75, S. 144.

[69] Eine gleiches gilt übrigens für die Gemeinden Rhynern und Uentrop des Kreises Unna.

[70] Die Gemeinde Herringen war bereits am 30. 6. 1965 aus dem Amtsverband ausgeschieden. Die Gemeinde Wiescherhöfen wurde geteilt: ein Teil der Gemeinde wurde der Stadt Hamm zugeschlagen, der Rest mit 42 % der Wohnbevölkerung wurde Ortsteil der neuen Gemeinde Pelkum, was in diesem Fall bei der Berechnung der Einwohnerzahlen Pelkums berücksichtigt wurde.

[71] Unna-Gesetz, §§ 3 u. 10 und Anl. 2 u. 9.

[72] Landesentwicklungsplan I, S. 201 und 209. Zur Wirtschaftsstruktur vgl. Lt.-Drs. VI/462, S. 76.

Tabelle 8: Einwohner, Fläche und Bevölkerungsdichte der Gemeinden von 20.000 bis unter 35.000 Einwohnern und Angaben der Landesplanung

Gemeinde	Kreis	Wohnbevölkerung		Veränderungsrate (1966 = 100)	Fläche (qkm)	Bevölkerungsdichte (E/qkm)		Einteilung gemäß Landesentwicklungsplan I	
		31.12.66	31.12.70			31.12.1966	31.12.1970	Zone	Einwohner im Versorgungsbereich
Eiserfeld	Siegen	22.675	22.282	98	30,37	747	734	städt. Verflechtungsgebiet	-
Kreuztal	Siegen	27.455	28.952	105	70,91	387	408	städt. Verflechtungsgebiet	-
Netphen[1]	Siegen	18.462	19.861	108	137,35	134	145	ländl. Z.	20.000 - 50.000
Pelkum	Unna	24.036	25.248	105	41,18	584	613	Ballungsrandzone	-

1 Vgl. Anm. 2.64.

Quelle: Siehe Tab. 6.

gaben der Landesplanung zu den Gemeinden dieser Gruppe von 20 000 bis unter 35 000 Einwohnern[73].

(4) Sieben Verwaltungseinheiten ordnen sich zur Gruppe der *Gemeinden von mehr als 35 000 Einwohnern*, nämlich die Städte

— Bad Salzuflen (Kreis Lemgo),

— Bergkamen (Kreis Unna),

— Hüttental (Kreis Siegen),

— Kamen (Kreis Unna),

— Lemgo (Kreis Lemgo),

— Siegen (Kreis Siegen) und

— Unna (Kreis Unna),

also u. a. die drei Kreisstädte.

Die Stadt *Bad Salzuflen*[74] ist eine Neugründung aus der alten Kurstadt Bad Salzuflen (35 % der Einwohner) und den elf früheren Gemeinden Biehmsen-Ahmsen (3 %), Ehrsen-Breden (5 %), Grastrup-Hölsen (2 %), Holzhausen (6 %), Lockhausen (6 %), Papenhausen (0,2 %), Retzen (3 %), Stadt Schötmar (19 %), Werl-Aspe (11 %), Wülfer-Bexten (4 %) und Wüsten (6 %)[75]. Die Landesplanung weist die Großgemeinde aus als zentralörtlich bedeutend für einen Versorgungsbereich von mehr als 50 000 Einwohnern[76].

Bei der Stadt *Bergkamen*[77] handelt es sich um den Zusammenschluß der sechs ehemals amtsangehörigen Gemeinden Bergkamen (32 % der Einwohner), Heil (2 %), Oberaden (30 %), Overberge (4 %), Rünthe (16 %) und Weddinghofen (17 %) aus den aufgelösten Ämtern Pelkum und Unna-Kamen[78]. Die Landesplanung ordnet Bergkamen dem Bereich der Ballungsrandzone des östlichen Ruhrgebiets zu[79].

Die Stadt *Hüttental*[80], die Rechtsnachfolgerin des früheren Amtes Weidenau, wurde aus zehn ehemals selbständigen amtsangehörigen Gemeinden gebildet, und zwar Birlenbach (2 % der Einwohner), Buchen

[73] Vgl. Anm. 2.24, 25 und 70.

[74] Neugebildet am 1. 1. 1969.

[75] Lemgo-Gesetz, § 3 und Anl. 3.

[76] Landesentwicklungsplan I, S. 202 und 213. Zur Wirtschaftsstruktur der Stadt vor der Neuordnung vgl. Lt.-Drs. VI/479, S. 58 und 65. Bad Salzuflen hatte am 30. 6. 1971 50 036 Einwohner. Vgl. Statistisches Landesamt NW (Hrsg.): Die Wohnbevölkerung ... am ... 30. Juni 1971, S. 28.

[77] Neugebildet am 1. 1. 1966.

[78] Bergkamen-Gesetz; Unna-Gesetz, § 9 und Anl. 6.

[79] Landesentwicklungsplan I, S. 201 und 209. Zur Wirtschaftsstruktur vgl. Lt.-Drs. V/806, S. 8.

[80] Neugebildet am 1. 7. 1966 und 1. 1. 1969.

(1 %), Dillnhütten (1 %), Geisweid (44 %), Langenholdinghausen (2 %), Meiswinkel (1 %), Niedersetzen (2 %), Obersetzen (1 %), Sohlbach (1 %) und Stadt Weidenau (45 %)[81]. Die Stadt Hüttental ist eine der vier Gemeinden des städtischen Verflechtungsgebietes gleichen Namens, das zentralörtliche Bedeutung für einen über seine Grenzen hinausgehenden Versorgungsbereich hat[82].

Zur Stadt *Kamen*[83] wurden zusammengeschlossen die gleichnamige amtsfreie Stadt (56 % der Einwohner) und die fünf zuvor amtsangehörigen Gemeinden Derne (0,1 %), Heeren-Werve (23 %), Methler (19 %), Rottum (0,3 %) und Südkamen (2 %) der aufgelösten Ämter Pelkum und Unna-Kamen[84]. Kamen ist Teil der Ballungsrandzone des östlichen Ruhrgebiets[85].

Die Stadt *Lemgo*[86] ist erst mit der territorialen Neugliederung Sitz der Kreisverwaltung geworden, die sich auf Schloß Brake im heutigen Stadtteil Brake befindet[87]. Außer dieser früher selbständigen Gemeinde (13 % der Einwohner) und der alten Hansestadt Lemgo (59 %) gehören zwölf weitere ehemalige Gemeinden zur neuen Verwaltungseinheit, nämlich Brüntorf (1 %), Entrup (2 %), Hörstmar (4 %), Leese (2 %), Lieme (6 %), Lüerdissen (2 %), Matorf (3 %), Trophagen (0,2 %), Voßheide (4 %), Wahmbeck (2 %), Welstorf (1 %) und Wiembeck (1 %)[88]. Die Stadt Lemgo hat innerhalb der ländlichen Zone des Kreises Lemgo die größte zentralörtliche Bedeutung, und zwar für einen Versorgungsbereich, der mehr als 50 000 Einwohner umfaßt oder in absehbarer Zeit umfassen wird[89].

Die seit 1923 kreisfreie Stadt *Siegen*[90] wurde aufgrund der Neuordnung des Kernraums des Kreises Siegen in diesen wiedereingegliedert[91], erhielt aber einen Sonderstatus[92]. Insgesamt sechs frühere amtsangehö-

---

[81] 1. Siegen-Gesetz, § 3 und Anl. 2, sowie 2. Siegen-Gesetz, § 8 und Anl. 7.

[82] Landesentwicklungsplan I, S. 214. Zur Wirtschaftsstruktur vgl. Lt.-Drs. V/831, S. 25 ff., und VI/480, S. 50.

[83] Neugebildet am 1. 1. 1968.

[84] Unna-Gesetz, § 5 und Anl. 3.

[85] Landesentwicklungsplan I, S. 201 und 209. Zur Wirtschaftsstruktur vgl. Lt.-Drs. VI/462, S. 86.

[86] Neugebildet am 1. 1. 1969 und 1. 1. 1970.

[87] Vgl. Anm. 1.75. Kreissitz ist heute die Stadt Detmold.

[88] Lemgo-Gesetz, § 4 u. Anl. 4, und Detmold-Gesetz, § 8 und Anl. 8 a bis 8 d.

[89] Landesentwicklungsplan I, S. 202 und 213. Zur Wirtschaftsstruktur vgl. Lt.-Drs. VI/479, S. 74. — Lt.-Drs. VI/1170, S. 131, enthält keine einschlägigen Angaben zu den Stadtteilen Hörstmar und Trophagen.

[90] Neugebildet am 1. 7. 1966 und 1. 1. 1969.

[91] 1. Siegen-Gesetz, § 1.

[92] 1. Siegen-Gesetz, §§ 5 - 7, und: Verordnung über Zuständigkeiten im Landkreis Siegen vom 1. 7. 1966 (GV. NW. S. 381, SGV. NW. 2005).

rige Gemeinden wurden in die Stadt (85 % der Einwohner) eingegliedert, nämlich Breitenbach (0,4 %), Bürbach (2 %), Feuersbach (0,4 %), Kaan-Marienborn (7 %), Seelbach (2 %), Trupbach (3 %) und Volnsberg (0,3 %), die vorher zu den Ämtern Netphen und Weidenau gehört hatten[93]. Die Stadt Siegen ist die größte Gebietskörperschaft im städtischen Verflechtungsgebiet des Hüttentals[94].

Die Stadt *Unna*[95] ist eine neue Verwaltungseinheit, die hervorging aus dem Zusammenschluß der amtsfreien Stadt Unna — Sitz der Kreisverwaltung seit 1930[96] — (66 % der Einwohner) mit den elf amtsangehörigen Gemeinden Afferde (2 %), Billmerich (3 %), Hemmerde (4 %), Kessebüren (1 %), Lünern (3 %), Massen (19 %), Mühlhausen (1 %), Siddinghausen (0,4 %), Stockum (1 %), Uelzen (1 %) und Westhemmerde (0,2 %) der aufgelösten Ämter Fröndenberg und Unna-Kamen; der Stadt Unna wurde die Rechtsnachfolge des Amtes Unna-Kamen übertragen[97]. Auch sie ist Teil der Ballungsrandzone des östlichen Ruhrgebiets[98].

Einwohnerzahlen, Fläche, die daraus zu berechnende Bevölkerungsdichte und Angaben der Landesplanung zu den Gemeinden von mehr als 35 000 Einwohnern sind in der folgenden Tabelle zusammengefaßt[99].

2.12. Gemeindehaushalt

Nunmehr können die Daten zur finanziellen Situation, die sich auf den Gemeindehaushalt beziehen, dargestellt und analysiert werden. Es wurde bereits dargestellt, welche Daten erhoben wurden[100]. An dieser Stelle sei nochmals daran erinnert, daß die Werte vor der Neuordnung aus der Addition der Haushalte der zusammengeschlossenen Gemeinden hervorgegangen sind (fiktive Vergangenheit). In den Kreisen Siegen und Unna mußten zudem noch die aufgelösten Ämter berücksichtigt werden; die für sie erhobenen Daten waren anteilmäßig den neugebildeten Gemeinden zuzuschlagen. Es sind mindestens drei Möglichkeiten denkbar, wie der jeweilige Anteil — z. B. an Personalkosten — berechnet werden kann:

---

[93] 1. Siegen-Gesetz, § 2 und Anl. 1, sowie 2. Siegen-Gesetz, § 9 u. Anl. 8.

[94] Landesentwicklungsplan I, S. 214. Zur Wirtschaftsstruktur vgl. Lt.-Drs. V/831, S. 20 ff., und VI/480, S. 56.

[95] Neugebildet am 1. 1. 1968.

[96] Friedrich Dellwig: „1000 Jahre Rhynern: Beamte, Ereignisse, Leistungen", in: 150 Jahre Westfälischer Anzeiger, Beilage zu WAK Nr. 85 v. 12. 4. 1972.

[97] Unna-Gesetz, § 6 und Anl. 3.

[98] Landesentwicklungsplan I, S. 201 und 209. Zur Wirtschaftsstruktur vgl. Lt.-Drs. VI/462, S. 94.

[99] Vgl. Anm. 2.24 und 25.

[100] Vgl. Pkt. 1.111. dieser Untersuchung.

Tabelle 9: Einwohner, Fläche und Bevölkerungsdichte der Gemeinden von über 35.000 Einwohnern und Angaben der Landesplanung

Gemeinde	Kreis	Wohnbevölkerung		Veränderungsrate (1966 = 100)	Fläche (qkm)	Bevölkerungsdichte (E/qkm)		Einteilung gemäß Landesentwicklungsplan I	
		31.12.66	31.12.70			31.12. 1966	31.12. 1970	Zone	Einwohner im Versorgungsbereich
Bad Salzuflen	Lemgo	46.670	49.571	106	100,06	466	495	ländl. Z.	mehr als 50.000
Bergkamen	Unna	43.690	44.304	101	44,19	989	1.003	Ballungsrandzone	-
Hüttental	Siegen	39.223	39.490	101	34,49	1.137	1.145	städt. Verflechtungsgebiet	-
Kamen	Unna	39.597	42.058	106	40,93	967	1.028	Ballungsrandzone	-
Lemgo	Lemgo	37.618	38.984	104	100,83	373	387	ländl. Z.	mehr als 50.000
Siegen	Siegen	58.259	57.563	99	49,77	1.171	1.157	städt. Verflechtungsgebiet	-
Unna	Unna	49.583	50.299	101	88,45	561	569	Ballungsrandzone	-

Quelle: Siehe Tab. 6.

— Das genaueste Verfahren wäre die Berechnung des prozentualen Anteils an der für den Raum der jeweiligen heutigen Gemeinde aufgebrachten tatsächlichen Arbeitsleistung des Personals der jeweiligen Amtsverwaltung während der einzelnen Jahre des Untersuchungszeitraumes. Dieser Anteil kann jedoch im nachhinein nicht mehr ermittelt werden.

— Bei einem zweiten Verfahren würde der Ämteranteil dem Prozentsatz der von den früheren Gemeinden gezahlten Amtsumlage — prozentualer Anteil am Gesamtaufkommen des jeweiligen Amtes — entsprechen. Eine wesentliche Grundlage für die Berechnung der Höhe der Amtsumlage einer Gemeinde bietet deren Einwohnerzahl.

— Deshalb wurde der dritte Weg beschritten, der den Ämteranteil danach bestimmt, wieviel Prozent der Einwohner eines Amtes in den Gemeinden gewohnt haben, die durch die territoriale Neugliederung in einer neuen Verwaltungseinheit aufgegangen sind[101].

2.121. Gesamtausgaben

(1) Das erste Interesse gilt dem Haushaltsvolumen der Gemeinden, das am Gesamtabschluß der Ausgaben des ordentlichen Haushalts gemessen und in vergleichbaren Pro-Kopf-Werten wiedergegeben wird. Für die *erste Gemeindegruppe* ergibt sich folgendes Bild:

Abb. 9: *Entwicklung des ordentlichen Ausgabenhaushalts der Gemeinden von unter 12 000 Einwohnern (vor und nach der Neuordnung)*

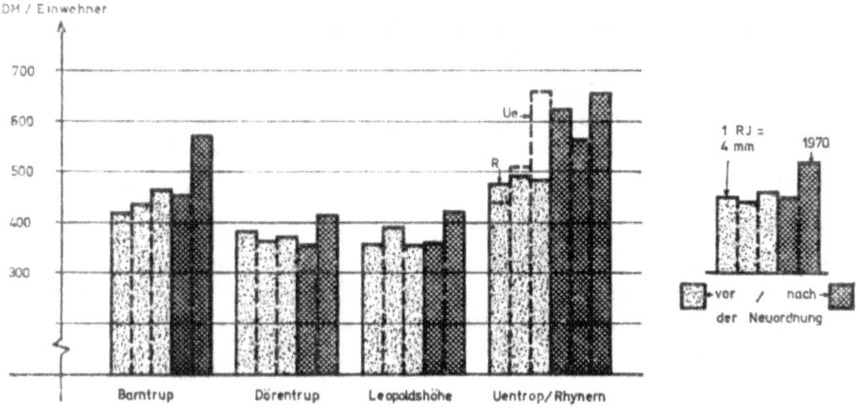

Quelle: Jahresrechnungen der Gemeinden.

---

101 So wurden der Gemeinde Rhynern z. B. 22 % (1965) bzw. 23 % (1966, 1967) der Werte hinzugefügt, die für das Amt Rhynern erhoben worden waren; die Werte der Gemeinde Uentrop erhöhten sich um 42 % (1965) bzw. 41 % (1966, 1967) der Werte des Amtes Rhynern. Einen Überblick über die Ämteranteile aller Gemeinden der Kreise Siegen und Unna vermittelt Anlage 5.

Die Gemeinden Rhynern und vor allem Uentrop vor der Neuordnung und die Verwaltungsgemeinschaft Uentrop/Rhynern[102] nach der Reform weisen in der ersten Gemeindegruppe das absolut und relativ größte Ausgabevolumen auf, was u. a. in ihrer Zugehörigkeit zum verhältnismäßig stark industrialisierten Kreis Unna begründet liegt. Abgesehen davon, daß der Haushalt — hier der ordentliche Haushalt — in den einzelnen Gemeinden unterschiedlich stark beeinflußt wird, z. B. von

— konjunkturellen Schwankungen,

— der Rate der Geldentwertung und allgemeinen Kostensteigerungen,

— den Beträgen der durchlaufenden Posten und

— den Anteilsbeträgen für den außerordentlichen Haushalt,

ist aus der vorstehenden Grafik ersichtlich, daß die Steigerungsrate des zweiten oder dritten Haushalts nach der Neuordnung die jeweils höchste des hier betrachteten Zeitraums war, verbunden mit einem zuvor noch nicht erreichte Ausgabevolumen des betreffenden Haushalts.

(2) Diese Feststellung trifft für vier der elf *Gemeinden der zweiten Gruppe* nicht in vollem Maße zu (vgl. Abb. 10): bei drei Gemeinden (Bönen, Hilchenbach, Neunkirchen) hatte je ein Haushalt vor der Neuordnung eine höhere Steigerungsrate als die Haushalte nach der Reform; bei eben diesen Gemeinden und der Gemeinde Wilnsdorf war das Ausgabevolumen der Haushalte nach der Neugliederung nicht das größte des betrachteten Zeitraums.

Die Mehrzahl der Haushalte weist im letzten oder vorletzten Jahr vor der Neuordnung einen deutlichen Anstieg gegenüber dem Vorjahr aus[103], was zum Teil auf das Bemühen der Altgemeinden zurückzuführen ist, vor dem Zusammenschluß zur Einheitsgemeinde noch möglichst viele Projekte, z. B. zur Verbesserung der Infrastruktur, ins Werk zu setzen oder abzuschließen.

(3) Auch bei den Gemeinden der *dritten Gruppe* lassen sich Belege für die zuvor gegebenen Beobachtungen aufzeigen[104]: vor allem unter den Altgemeinden der Stadt Eiserfeld und der Gemeinde Pelkum sind Haushalte zu finden, die im letzten Rechnungsjahr vor der territorialen Neugliederung eine gegenüber dem Vorjahr signifikante Steigerung ihrer

---

[102] Bei der Verwaltungsgemeinschaft Uentrop/Rhynern werden u. a. die Personalkosten für Beamte und Angestellte nur im Haushalt der Gemeinde Uentrop ausgewiesen (vgl. Öffentlich-rechtliche Vereinbarung, § 2). Es ist deshalb hier angebracht, die Verwaltungsgemeinschaft ab RJ 1968 als eine Gemeinde zu betrachten. — Zum Ausgabevolumen des ordentl. Haushalts vgl. Tab. A 1.

[103] Tgl. Tab. A 2.

[104] Vgl. Abb. 11 und Tab. A 3.

Abb. 10: *Entwicklung des ordentlichen Ausgabenhaushalts der Gemeinden von 12 000 bis unter 20 000 Einwohnern (vor und nach der Neuordnung)*

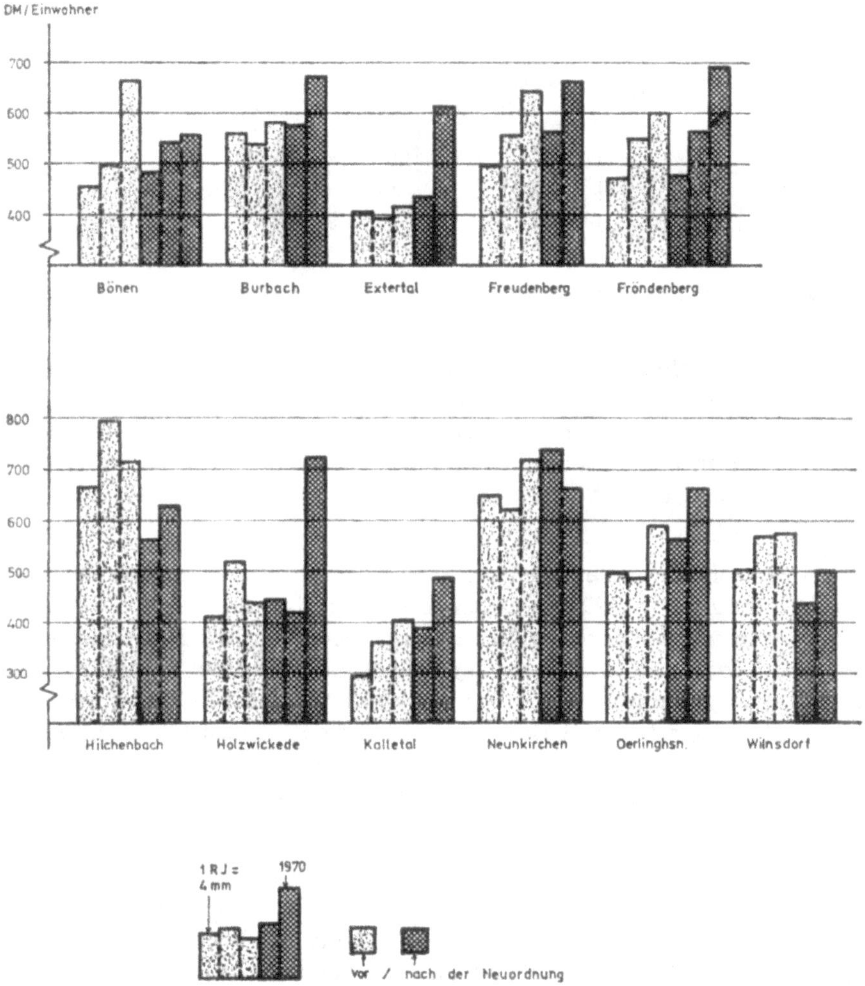

Quelle: Jahresrechnungen der Gemeinden.

Ausgaben aufwiesen; die Stadt Kreuztal und die Gemeinde Pelkum gehören zu den Gebietskörperschaften, die im zweiten oder dritten Jahr nach der Neuordnung mit der höchsten Steigerungsrate des betrachteten Zeitraums gleichzeitig das größte Ausgabevolumen dieser Rechnungsjahre erreichten.

Abb. 11: *Entwicklung des ordentlichen Ausgabenhaushalts der Gemeinden von 20 000 bis unter 35 000 Einwohnern (vor und nach der Neuordnung)*

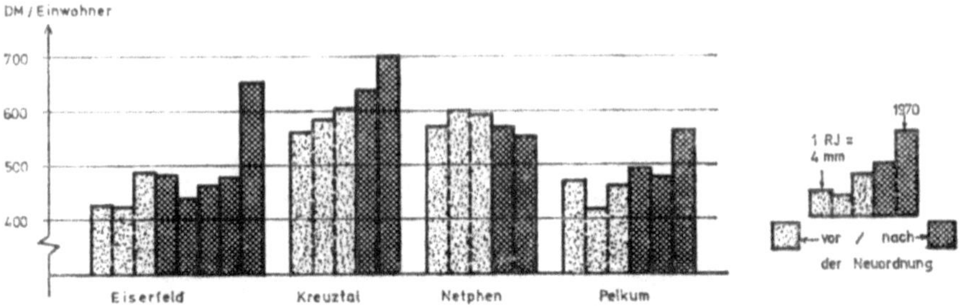

Quelle: Jahresrechnungen der Gemeinden.

(4) Die Gemeinden der *vierten Gruppe* bestätigen die bisherigen Aussagen: insbesondere die überproportionale Steigerung der Ausgaben im zweiten, spätestens im dritten Haushalt nach der Territorialreform läßt sich bei den meisten Städten nachweisen, ebenso in mehreren Fällen der deutliche Anstieg der Einzelhaushalte im letzten Rechnungsjahr vor der Neuordnung[105].

Am Beispiel der zuletzt betrachteten sieben Städte kann eine weitere Beobachtung hinzugefügt werden, die auch für die meisten Gebietskörperschaften der anderen Gemeindegruppen zutrifft: Das erste, zum Teil auch das zweite Rechnungsjahr nach der Reform bringt in den meisten neugeordneten Einheiten ein absolutes und relatives Absinken der Gesamtausgaben mit sich. Diese Zeit dient offensichtlich in erster Linie der Abwicklung der unabweisbaren Ausgaben — weniger der Inangriffnahme neuer Projekte — und damit der Konsolidierung der Gemeindefinanzen.

(5) Die Pro-Kopf-Werte der ordentlichen Ausgaben in den Haushalten der drei *Kreise* Lemgo, Siegen und Unna, die in entsprechender Weise untersucht wurden, weisen — wie aus Tabelle A 5 hervorgeht — keine größeren Schwankungen auf; ein Zusammenhang mit der kommunalen Neugliederung ist aus diesen Daten nicht ableitbar.

(6) Für die Gemeinden der Untersuchungsräume kann ein erstes *Zwischenergebnis*[106] festgehalten werden. Die Veränderungen im Ausgabevolumen des ordentlichen Haushalts laufen in den meisten Fällen in drei Phasen ab:

---

[105] Vgl. Abb. 12 und Tab. A 4.

[106] Die Interpretation der Feststellungen aus den vorstehenden Abschnitten wird durch die Analyse des gesamten verarbeiteten Materials gestützt.

Abb. 12: ***Entwicklung des ordentlichen Ausgabenhaushalts der Gemeinden von über 35 000 Einwohnern (vor und nach der Neuordnung)***

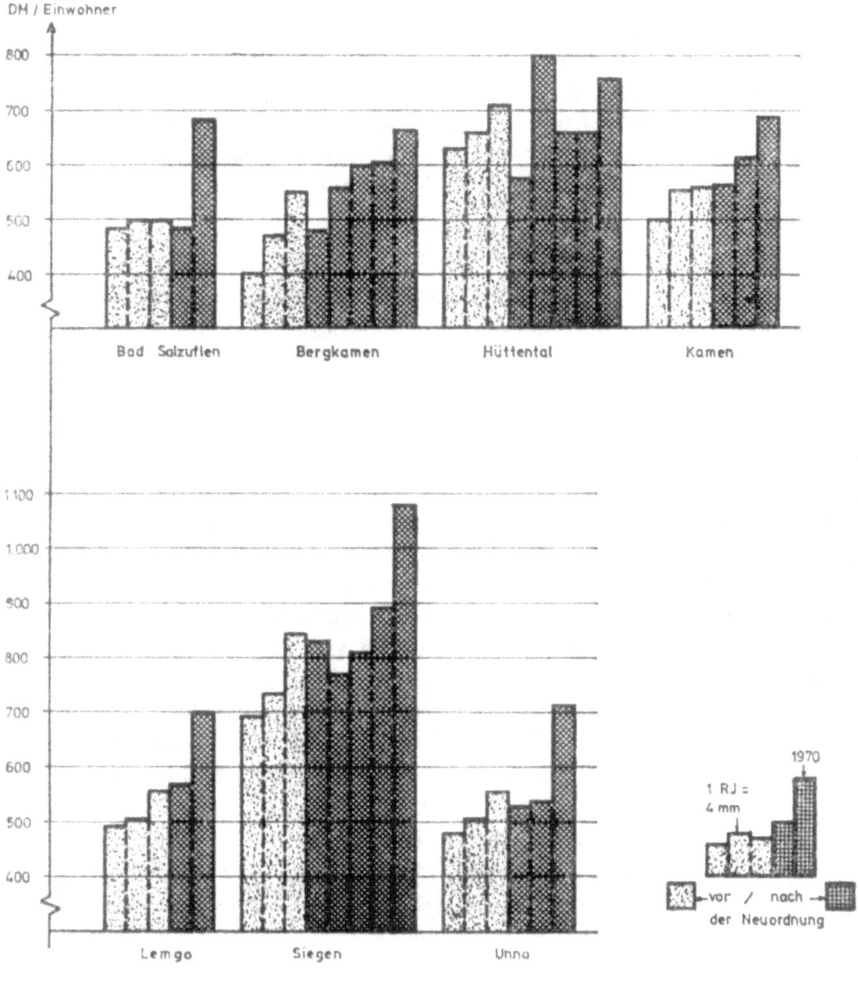

Quelle: Jahresrechnungen der Gemeinden.

— In der ersten Phase (Übergangsphase) — einem Zeitraum, der etwa die letzten zwei Jahre vor der Neuordnung umfaßt — steigen die Ausgaben gegenüber den Vorjahren deutlich an. Die wichtigste Ursache scheint hier das Ausgabeverhalten der Altgemeinden zu sein.

— In der zweiten Phase (Konsolidierungsphase) — einem Zeitraum von bis zu zwei Jahren nach der Neuordnung — sinken die Ausgaben gegenüber den Vorjahren, stagnieren oder steigen geringfügig. In dieser Zeit werden, im Zuge einer Konsolidierung der Gemeindefinanzen, die wichtigsten Verpflichtungen der Altgemeinden abgewickelt.

— In der dritten Phase (Nachhol- und Orientierungsphase) — einem Zeitraum, der im zweiten oder dritten Jahr nach der Neuordnung beginnt — steigen die Ausgaben gegenüber den Vorjahren überproportional. Das ist u. a. auf den Nachhol- und Neubedarf an Infrastruktureinrichtungen sowie auf den Ausbau und die Umstrukturierung des Verwaltungskörpers zurückzuführen.

2.122. Randbedingungen

Die Kosten, die den neuen Großgemeinden aus der Abwicklung der *Verpflichtungen ihrer Altgemeinden* entstanden, gehören zu den wichtigsten Randbedingungen für die Gemeindehaushalte nach der Neuordnung. In einigen dieser Altgemeinden gewann kurz vor der Reform eine Mentalität die Oberhand, die u. a. zum massierten Grundstückshandel, zu überstürzten Auftragsvergaben, zu ungewöhnlichen Darlehnsaufnahmen oder zur Auflösung von Rücklagen führte. Begünstigt wurde diese Entwicklung nach Meinung mehrerer Verwaltungschefs dadurch, daß die territoriale Neugliederung vor ihrer Durchführung zu lange beraten wurde. Solche Beschlüsse hinterließen zwar nicht immer Investitionsruinen; da sie jedoch ausschließlich aus der Sicht der kleineren Einheit entstanden waren, konnten sie oft nicht sinnvoll in die Planung der neuen Großgemeinde eingeordnet werden, waren überflüssig oder wären nach der Neuordnung nicht mit der gleichen Dringlichkeit angegangen worden. Manchmal gereichten solche — an der Priorität der Großgemeinde gemessen — vorzeitig durchgeführten oder begonnenen Maßnahmen der Rechtsnachfolgerin freilich auch zum Vorteil, z. B. dann, wenn die Altgemeinde in den Genuß eines höheren Zuschusses gelangte — und sei es nur wegen günstigerer Zuschußrichtlinien. Die hiermit angedeuteten Änderungen aufgrund der höheren Einwohnerzahl und andere *Veränderungen als Folge der territorialen Neugliederung* werden als weitere Randbedingung neben den Beschlüssen der Altgemeinden beispielhaft belegt[107].

2.1221. Beschlüsse der Altgemeinden

(1) Sämtliche Beschlüsse der Altgemeinden, die die Großgemeinde *Dörentrup* noch ausführen mußte, gehören in die hier angesprochene

[107] Es ist offensichtlich, daß viele dieser Maßnahmen und Beschlüsse nicht eindeutig zuzuordnen sind — schon innerhalb der einzelnen Verwaltungen kann ihr Stellenwert umstritten sein. Deshalb muß betont werden, daß die folgenden Ausführungen durchweg auf Darstellungen der Verwaltungsspitzen der Großgemeinden beruhen.

Kategorie der kurzfristigen Beschlüsse im Angesicht der Neuordnung. Von Vorteil für Dörentrup war der von einer Altgemeinde in Gang gesetzte Ausbau ihrer Dorfstraße für ca. DM 1,4 Mill., die zu 80 % bezuschußt wurde; die entsprechenden Richtlinien lauten heute wesentlich ungünstiger. Die gleiche Gemeinde hatte vor ungefähr sechs Jahren ein Wohnsiedlungsvorhaben begonnen — damals war ein Zusammenschluß noch nicht in Sicht —, das nach heutiger Planung — der Großgemeinde und der Landesplanung — an der Stelle nicht sinnvoll ist. Außerdem waren die Stichstraßen nur unvollkommen ausgebaut, was jetzt nachgeholt werden muß. Statt dessen begann diese Gemeinde mit dem Bau eines Sportplatzes, der heute als „Fehlplanung und -investition“[108] angesehen wird. Eine andere Altgemeinde hatte ebenfalls kurz vor dem Zusammenschluß eine Sportanlage in Angriff genommen, deren Restausbau der Großgemeinde überlassen blieb. Eine dritte früher selbständige Gemeinde hatte im Rahmen eines Siedlungsausbaus die Erschließungsbeiträge zu niedrig angesetzt: die Korrektur brachte der Großgemeinde eine Anzahl von Prozessen gegen die Anlieger ein. Ein anderer heutiger Ortsteil hatte den erstklassigen Ausbau seiner Straßen einschließlich Straßenbeleuchtung beschlossen — die Finanzierung und der Schuldendienst blieben der Großgemeinde. „Fast zwei Jahre hat der Rat zur Finanzierung und Abwicklung der von den früheren Gemeinden angefangenen bzw. geplanten Maßnahmen gebraucht[109].“

Auch in *Leopoldshöhe* liegen zwei auf dem Gebiet von Altgemeinden begonnene Siedlungen für die Großgemeinde zu peripher, dennoch muß der Ausbau (Straßen, Kanalisation, Kläranlage) fortgesetzt werden. Weitere Folgekosten aus von einigen der früher selbständigen Gemeinden beschlossenen Maßnahmen (Kanalbau, Kläranlage, Wohnungsbau, Ausbau einer Turn- und Festhalle) in Höhe von ca. DM 1,9 Mill. werden von der Großgemeinde für berechtigt gehalten, allerdings in einer anderen Priorität. Der Bau der Turn- und Festhalle wird ausdrücklich begrüßt, da sie einen dringenden lokalen Bedarf erfüllt.

Im Bereich des Amtes Rhynern, aus dem im wesentlichen die Gemeinden *Rhynern* und *Uentrop* gebildet wurden, sind keine Beschlüsse aus einer „Torschlußpanik“ heraus gefaßt worden. Das ist durchweg der Tatsache zuzuschreiben, daß der Amtsdirektor in allen 21 amtsangehörigen Gemeinden gleichzeitig Gemeindedirektor war und auf die Beratung und Beschlußfassung der Gemeindevertretungen Einfluß nehmen konnte.

(2) In drei Gemeinden der *zweiten Gruppe* vermochten die Verwaltungen keine Beispiele für Beschlüsse und Maßnahmen der früher selb-

---

[108] Wörtlich nach Tonbandprotokoll.

[109] Karl Vieregge: „Dörentrup hat eine gesunde Zukunft“, in: Lippische Landes-Zeitung Nr. 117 vom 22. 5. 1971 (Unsere lippischen Großgemeinden — wie sie arbeiten, 7. Folge).

ständigen Gemeinden anzuführen, die für die Großgemeinde nicht sinnvoll waren und/oder sie mit Folgekosten belasteten. Das wurde in *Bönen* auf das bereits vor der Neuordnung einsetzende Bemühen zurückgeführt, einen gemeinsamen Flächennutzungsplan aufzustellen. In der Stadt *Freudenberg* meint man, als Amtsverwaltung habe man die Bebauungsplanung einigermaßen steuern können. In *Holzwickede* war einer „Torschlußpanik" der drei Altgemeinden der Boden entzogen, als die frühere Gemeinde Holzwickede vom 1. 1. 1967 ab die beiden anderen Gemeinden in einer Verwaltungsgemeinschaft mitbetreute[110].

Auch die Amtsverwaltung *Burbach* übte einen gewissen ausgleichenden Einfluß auf die Gemeindevertretungen aus, denen sie z. B. voreilige Beschlüsse weitgehend auszureden vermochte. Es gelang ihr, die Flächennutzungspläne soweit aufeinander abzustimmen, daß man sie zu einem sinnvollen Entwicklungsplan für das gesamte Amtsgebiet zusammenfügen konnte. Und doch gab es kommunale „Eifersüchteleien", so daß einige Sportanlagen z. B. — zum Teil wurden sie noch von der Großgemeinde fertiggestellt aufgrund der Planungen der Altgemeinden — heute nicht mehr bedenkenfrei als richtig plaziert und in der geeigneten Dimension ausgebaut bezeichnet werden können.

Bei der Gemeinde *Extertal* fällt auf, daß der in anderen Jahren durchweg positive Abschluß (Saldo) der addierten ordentlichen Haushalte im Jahre vor der Neuordnung (RJ 1968) einen Fehlbetrag von fast DM 200 000 aufwies. Einen Eindruck von den mutmaßlichen Ursachen vermitteln Beispiele von Folgelasten, die die Großgemeinde von den Altgemeinden übernehmen mußte. Eine von diesen schloß am 28. 12. 1968 — drei Tage vor Aufgabe der Selbständigkeit — einen Vertrag über den Ankauf einer Grundstücksfläche im Werte von DM 160 000, ohne daß im Gemeindehaushalt finanzielle Reserven vorhanden gewesen wären. Gleichfalls ohne Finanzierungsmittel zum Zeitpunkt der Auftragsvergabe ergingen von anderen Gemeinden Aufträge für Straßenbaumaßnahmen. Extertal mußte ungedeckte Schulbaukosten für drei Schulbaumaßnahmen übernehmen. Eine Altgemeinde hinterließ eine Friedhofskapelle im Rohbau, weil ihr das Geld zur Fertigstellung gefehlt hatte; eine andere hatte eine Sportplatzrücklage in Höhe von ungefähr DM 45 000 verbaut, ohne daß die alte Anlage danach intakt war — im Gegenteil: nach dem Zusammenschluß wurde der Ruf nach einem neuen Sportplatz laut. Aber auch ältere Verpflichtungen kamen auf die Großgemeinde zu: so hatte eine weitere Altgemeinde Jahre vor der Territorialreform einen um DM 28 000 zu hohen Zuschuß für den Ausbau ihrer Ortsdurchfahrt erhalten, die Rückzahlung aber so lange hinausgezögert, daß sie schließlich der Großgemeinde überlassen blieb. In den ersten

[110] Vgl. V. Wrage: Taktik der Territorialreform, S. 49 u. Anm. 329.

zweieinhalb Jahren nach der Neuordnung mußten „die freien Finanzmittel ... zwangsläufig zur Finanzierung und Abwicklung von Maßnahmen der früheren Gemeinden eingesetzt werden. Hierunter fällt auch der Bau des Freibades Laßbruch“[111].

Trotz der Verwaltungsgemeinschaft zwischen der ehemaligen Stadt *Hilchenbach* und dem Amt Keppel[112] gab es auch hier nach Meinung der heutigen Stadtverwaltung und aus heutiger Sicht Egoismen und Fehlplanungen angesichts der Neuordnung. So war zwischen zwei Gemeinden, die mit einer dritten in einer kommunalen Arbeitsgemeinschaft liiert waren, der Standort eines Hallenbades umstritten. Erwartungsgemäß wurde es in der Gemeinde errichtet, die das meiste Geld — nicht den besten Standort — beisteuerte. Es fehlt deshalb im Zentrum der heutigen Stadt Hilchenbach eine entsprechende Einrichtung, aber — das wird auch erkannt und anerkannt — das Bad wäre wahrscheinlich heute noch nicht begonnen, wenn es von der Großgemeinde hätte gebaut werden müssen[113]. Im übrigen beendete die Stadt Hilchenbach inzwischen etwa 80 % der Maßnahmen, auf die sich die Gemeinden in einem freiwilligen Gebietsänderungsvertrag vom 8. 6. 1967 geeinigt hatten, obwohl dieser nicht Bestandteil des 2. Siegen-Gesetzes wurde[114].

In der Gemeinde *Kalletal* wurden überstürzte Beschlüsse von den Altgemeinden vorwiegend auf dem Gebiet des Sports gefaßt. In einem Fall war ein im Jahre 1967 begonnener Turnhallenbau zum Zeitpunkt des Zusammenschlusses noch nicht fertiggestellt und überdies nicht durch Zuschüsse mitfinanziert worden; im RJ 1969 mußten noch Darlehen in Höhe von DM 26 627,— zurückgezahlt werden[115]. Zwei andere Gemeinden konnten im Jahre 1968 keine Einigung über den Standort eines für beide beschlossenen Sportplatzes erzielen. Schließlich preschte eine dieser Altgemeinden vor und vergab eine Woche vor Inkrafttreten der Neugliederung den Auftrag zum Bau des Sportplatzes, ohne das Vorhaben finanziell abgesichert zu haben. Die Planierungsarbeiten begannen

---

[111] Friedrich Humke: „Sorgen der Bevölkerung ausräumen“, in: Lippische Landes-Zeitung Nr. 144 vom 26. 6. 1971 (Unsere lippischen Großgemeinden — wie sie arbeiten, 12. Folge).

[112] Diese seltene Konstruktion wurde am 25. 2. 1943 durch eine Verfügung des staatlichen Landrats ins Leben gerufen. Diese Verfügung ist abgedruckt als Anlage 6.

[113] Hilchenbach übernahm vom RJ 1968 einen Fehlbedarf von knapp DM 800 000,—.

[114] Vgl. Lt.-Drs. VI/480, S. 12 f. (§ 12 Abs. 1 Gebietsänderungsvertrag und entsprechende Anl. 1).

[115] Siehe Gemeinde Kalletal (Hrsg.): Aufstellung über die seit der kommunalen Neugliederung durchgeführten und begonnenen wesentlichen Maßnahmen in der Gemeinde Kalletal (verwaltungsinterne Zusammenstellung), o. O., o. J. (Kalletal 1972), S. 4.

im Januar 1969. Erst kurze Zeit später erfuhr die Gemeindeverwaltung Kalletal zufällig bei einer Ortsbereisung von den Vorgängen, konnte die Arbeiten aber erst im März mit einer Bauordnungsverfügung der Kreisverwaltung Lemgo stoppen. Die Baufirma erhielt eine vorläufige Abschlagszahlung über DM 70 000. Nun erst wurden die notwendigen Planungsunterlagen erstellt und Ende 1970 durch einen Bewilligungsbescheid des Regierungspräsidiums Detmold gebilligt. Die Planierungsarbeiten wurden 1971 wieder aufgenommen; zur Erstellung des Sportplatzes waren insgesamt DM 155 541 aufzubringen[116]. Mit diesem Beispiel wird deutlich, warum Kalletal über Jahre hin „an den Folgekosten gekrankt" hat[117]. — Andere „schnelle" Beschlüsse der Altgemeinden betrafen den Bau von Friedhofskapellen: so hat die Großgemeinde in ihren 16 Ortsteilen 13 kommunale Friedhöfe mit allein 12 Kapellen zu betreuen, von denen etliche erst „im letzten Moment" entstanden sind. Die Großgemeinde Kalletal war also mehr als zwei Jahre „finanziell mit Maßnahmen belastet, die von den früheren Altgemeinden zum Teil ‚fünf Minuten vor zwölf' beschlossen wurden und die für die Großgemeinde nicht richtungweisend sein konnten, sondern im Gegenteil den Aufgaben und Zielsetzungen der Großgemeinde zuwiderlaufen"[118].

Das gleiche gilt für eine Friedhofskapelle in einem Ortsteil der Großgemeinde *Neunkirchen,* deren Bau im Jahre 1968 beschlossen, die aber erst 1971 fertiggestellt wurde (Gesamtkosten: über DM 150 000). Nach Auffassung der Gemeindeverwaltung würde diese Halle heute nicht mehr gebaut, da sie nicht in die Friedhofsplanung paßt. Neunkirchen übernahm von den früheren Gemeinden einen Fehlbetrag von mehr als DM 800 000 sowie Forderungen in Höhe von rund DM 300 000. Drei weitere umfangreiche Vorhaben der Altgemeinden waren auszuführen und ließen somit keine freie Wahl des Zeitpunktes mehr zu: eine Turnhalle und eine Kleinschwimmhalle mit gemeinsamen sanitären Einrichtungen (DM 1,3 Mill.) — nach dem Zusammenschluß ließ die Verwaltung der Großgemeinde die Baustelle zunächst stillegen, um zu prüfen, ob der Bau eines Hallenbades anstelle der Kleinschwimmhalle nicht sinnvoller sei; ein Proteststurm in der Bevölkerung jedoch förderte die rasche Erkenntnis, daß eine Trennung der Hallen schwierig sei und der Bau am besten wie geplant fortgeführt werde —, eine Sportanlage und ein Sportheim (DM 0,82 Mill.) in der gleichen Gemeinde sowie der Umbau eines Dorfgemeinschaftshauses einschließlich Feuerwehrgerätehaus (DM 130 000). — Eine weitere Variante der „schnellen Beschlüsse" wußten

---

[116] S. Gemeinde Kalletal (Hrsg.): Aufstellung über die ..., S. 4.

[117] Wörtlich nach Tonbandprotokoll.

[118] Gustav Schaksmeier: „Mehrjahresprogramm fehlt", in: Lippische Landes-Zeitung Nr. 162 vom 17. 7. 1971 (Unsere lippischen Großgemeinden — wie sie arbeiten, 15. Folge).

andere Ratsvertretungen anzuwenden: dort wurden — für den heutigen Bedarf zu gering bemessene — Straßen frühzeitig als fertig deklariert, um die Anlieger vor Erschließungsbeiträgen an die neue Großgemeinde zu bewahren.

Auf dem Gebiet der heutigen Stadt *Oerlinghausen* begann eine Altgemeinde kurz vor der Neuordnung mit dem Bau eines Hallenbades, der weder seriös geplant noch ordnungsgemäß finanziert war und überstürzt ausgeführt wurde. Die Großgemeinde mußte zur Restfinanzierung ein Darlehen in Höhe von DM 490 000 aufnehmen, dazu Grundstücke für den vergessenen Parkplatz erwerben. Die restlichen Arbeiten an den Außenanlagen wurden 1972 fertiggestellt. Aus der Sicht der Großgemeinde wurde das Hallenbad an der falschen Stelle gebaut. Überdies war die Stadt Oerlinghausen gehalten, nach dem Zusammenschluß für eben diese Gemeinde die 1968 gestundete Kreisumlage nachzuzahlen. Es ist festgestellt worden, daß in „den ersten zwei Jahren ... erhebliche Mittel des Haushalts für das ‚Erbgut' und die Folgekosten aus der Großgemeindebildung verwendet werden" mußten[119]. — Die Großgemeinde erlitt eine weitere finanzielle Einbuße größeren Ausmaßes wegen einer Lücke in der Landesgesetzgebung: Die soeben erwähnte Altgemeinde plante eine Gemeindeverbindungsstraße nach Leopoldshöhe, wofür ihr Zuschüsse in Höhe von 80 % der anerkannten Baukosten, das sind DM 640 000, bewilligt wurden. Die Mittel wurden rechtzeitig zum Baubeginn 1967 in einer ersten Rate von DM 200 000 an die Gemeinde ausgezahlt — als einer Verwaltungseinheit von unter 10 000 Einwohnern direkt vom Kreis —; die zweite Rate in gleicher Höhe folgte 1968. Nach dem Zusammenschluß verweigerte der Kreis im Jahre 1969 jedoch der Stadt als einer Einheit von über 10 000 Einwohnern die Auszahlung der dritten Rate und vierwies die Verwaltung an das normalerweise zuständige Verkehrsministerium in Düsseldorf. Dieses freilich sah die Kompetenz eher bei dem für die Fragen der Neugliederung zuständigen Innenministerium, welches aber für solche Zwecke keine Mittel verfügbar fand und die Stadt beschied, das (Lemgo-) Gesetz sehe keine Regelung vor. — Neben weiteren Folgelasten fielen für Oerlinghausen noch Prozeßkosten in Höhe von rund DM 10 000 an: eine der drei Altgemeinden strengte drei Wochen vor dem Zusammenschluß eine Klage auf Eingemeindung nach Sennestadt (Kreis Bielefeld) an beim Verfassungsgerichtshof in Münster und beim Bundesverfassungsgericht — beides ohne Erfolg.

Auf die Frage nach den Folgekosten von Beschlüssen der Altgemeinden antwortet die Gemeindeverwaltung *Wilnsdorf* nach einem Hinweis auf

[119] Hermann Diekhof, „Kein Freund von Fensterreden", in: Lippische Landes-Zeitung Nr. 216 vom 18. 9. 1971 (Unsere lippischen Großgemeinden — wie sie arbeiten, 24. Folge).

den Fehlbedarf der zusammengefaßten Gemeindehaushalte aus dem RJ 1968:

„Im übrigen sind zwar aus verständlichen Gründen — etwa nach dem Motto, ‚was wir jetzt haben, wissen wir, was wir bekommen, ist unbekannt' — verschiedene Baumaßnahmen (Wegebau, Kanalisation) durchgeführt oder in Angriff genommen worden, sie dienten aber ausschließlich der Ver- bzw. Entsorgung und hätten deshalb auch in absehbarer Zeit nach der Neugliederung keinen Aufschub mehr geduldet. Zusammenfassend kann gesagt werden, daß die ehemaligen Gemeinden sich äußerste finanzielle Disziplin im Hinblick auf die aufzugebende Selbständigkeit auferlegt und einem ‚finanziellen Ausverkauf' keineswegs Vorschub geleistet haben[120]."

(3) Zwei Verwaltungen der Gemeinden der *dritten Gruppe* waren nicht bereit, Beschlüsse der Altgemeinden mit ihren möglicherweise überflüssigen Kosten näher zu bezeichnen. So kam von der Stadt *Kreuztal* lediglich der Hinweis, es seien „Dinge beschlossen (worden), die die Großgemeinde nie ausgeführt hätte"[121], z. B. Investitionen in Wasserversorgungsanlagen, Turnhallen mit Bühneneinrichtungen, Bürgersteige. Immerhin findet sich in einer Veröffentlichung der Stadt das Eingeständnis, die

„Finanzwirtschaft im ersten Rechnungsjahr der durch das ... Gesetz ... vom 5. 11. 1968 gebildeten Stadt Kreuztal ... (habe) in vielen Punkten noch dem Rechnung tragen (müssen; V. W.), was die bis zum 31. 12. 1968 zuständigen Ratskörperschaften eingeleitet und beschlossen hatten ... Hier schlugen die am 1. 1. 1969 *vorgefundenen Auftragsverpflichtungen* im Wege- und Kanalbau mit rd. 1 200 000 DM besonders zu Buch, zu denen insgesamt für die Weiterführung und Restfinanzierung von 24 Maßnahmen im außerordentlichen Haushalt weitere etwa 2 000 000 DM Eigenleistung hinzugezählt werden müssen.

Zusammenfassend darf ... zum Ausdruck gebracht werden, daß die Bestandsaufnahme zum 1. 1. 1969 durch das eingebrachte hohe Vermögen sowie die von allen Körperschaften verantwortungsvoll betriebene Schuldenaufnahme sehr positiv gesehen werden kann und daß die Abwicklung der am 1. 1. 1969 vorgefundenen Verpflichtungen nur zu *vorübergehenden finanziellen Schwierigkeiten* geführt hat"[122].

Die Stadtverwaltung *Eiserfeld* ist der Ansicht, Beschlüsse aus einer „Torschlußpanik" heraus, die den Rahmen der Legalität verließen, seien erleichtert worden, wenn der Bürgermeister der betreffenden Gemeinde gleichzeitig ehrenamtlicher Gemeindedirektor gewesen sei. Eine der Altgemeinden Eiserfelds wollte kurz vor der Neuordnung ihr Elektrizitätsnetz verkaufen; sie blieb aber in den Verhandlungen stecken. Die gleiche Gemeinde — sie wies beim Zusammenschluß einen Fehlbetrag von DM 115 000 aus — wollte einen Schulbau beginnen und kaufte ein —

[120] Antwort zu Fragebogen 3, 2; vgl. Anlage 1.

[121] Wörtlich nach Tonbandprotokoll.

[122] Stadt Kreuztal (Hrsg.): Vorbericht und Erläuterungen zum Haushaltsplan 1970, Kreuztal (Februar) 1970, S. 1 ff. (Hervorhebungen: V. W.).

heute für diesen Zweck zu kleines und im neuen Flächennutzungsplan als landwirtschaftliche Fläche ausgewiesenes — Grundstück; für die Erfüllung der zum Teil rechtsgültigen Verträge mußte die Großgemeinde rund DM 200 000 zahlen. Eine andere frühere Gemeinde betrieb eine Art Ausverkauf von 70 bis 80 Grundstücken an Gemeindebürger wesentlich unter Wert; es sei noch zwei Tage vor der Neuordnung bis Mitternacht beurkundet worden. Kosten mußte die Großgemeinde auch übernehmen aus kurzfristigen Darlehensaufnahmen und Basparverträgen sowie Vor- und Zwischenfinanzierungen für Straßen, Kanäle und ein Feuerwehrgerätehaus. Manipulationen beim Haushaltsausgleich seien jedoch ausgeschlossen gewesen wegen der Personalunion Amtskämmerer/Gemeindekämmerer.

Trotz eines gewissen Einflusses der Amtsverwaltung *Netphen* gab es auch bei einigen Altgemeinden aus diesem Bereich Tendenzen zu einem „Ausverkauf von Gemeindeeigentum am letzten Tag“[123]. Kurzfristiger Straßenausbau und Verbesserungen an Sportplätzen seien nicht zu verhindern gewesen. Auch gebe es neue Friedhofshallen, die z. T. sehr ungünstig lägen. Im übrigen wurde von der Gemeindeverwaltung Netphen wie von anderen die Gefahr nicht ausgeschlossen, daß bei einer dritten Neuordnung im Siegerland erneut eine „Torschlußpanik“ — dann unter den Großgemeinden — Platz greifen könnte. Überdies förderten die unaufhörlichen Baukostensteigerungen bereits jetzt diese Tendenz.

(4) Auch bei den sieben Gemeinden der *vierten Gruppe* konnten Beschlüsse von Altgemeinden eruiert werden, deren Folgen Haushalt und Planung der Großgemeinde belasten — wenn auch die Verwaltungen solche Vorkommnisse manchmal nicht bestätigen mochten[124].

So wurden in einem heutigen Stadtteil von *Bad Salzuflen* vor der Neuordnung Vereinbarungen mit Anliegern getroffen, nach denen alle Erschließungskosten als abgegolten erklärt wurden. So entstanden im Bereich der Stadt *Bergkamen* Streitigkeiten über Art und Standort von Sportstätten bei der — schon vor der Neugliederung in Angriff genommenen — Aufstellung eines gemeinsamen Flächennutzungsplans[125], aus denen noch nicht verwirklichte — und nach neuer Planung wohl kaum noch realisierbare — Beschlüsse, z. B. der Bau eines Freibades, resultieren.

Für die Stadt *Hüttental* „ergibt sich die Feststellung, daß von einzelnen Gemeinden noch vor dem Inkrafttreten des Gesetzes Maßnahmen beschlossen bzw. begonnen wurden, deren Finanzierung nicht oder nur zu einem Teil

[123] Wörtlich nach Tonbandprotokoll.

[124] Es fiel aber auch die Bemerkung, es habe „wirtschaftliches Denken wie bei einem Bankrotteur“ geherrscht (wörtlich nach Tonbandprotokoll).

[125] Vgl. V. Wrage: Taktik der Territorialreform, S. 42.

bzw. nur auf dem Papier gesichert war. Dies führte bei Ausführung der vorliegenden Beschlüsse der ehemaligen Parlamente zu erheblichen Belastungen für den Rechtsnachfolger"[126].

Es gab z. B. Scheinfinanzierungen im Haushaltsplan: Eine Gemeinde „finanzierte" eine Straßenbaumaßnahme durch den „Verkauf" von Gemeindehäusern zu einem weit überzogenen Preis. Eine andere beschloß noch den Bau einer Friedhofskapelle — nachdem der Rat der Stadt Hüttental zunächst zur Ausführung dieses Beschlusses geneigt hatte, entschloß man sich, angesichts bereits bestehender zehn Friedhöfe mit acht Kapellen, trotz heftigen Protestes aus diesem Stadtteil die Kapelle nicht zu bauen. Neben weiteren voreiligen und schlecht bzw. scheinfinanzierten Beschlüssen — Sportplätze, Straßenbeleuchtung, Lehrschwimmbecken — läßt sich jedoch auch ein Gegenbeispiel anführen: ein Stadtteil verzichtete auf den Bau eines Bürgerhauses, kann allerdings auf einen „Ersatz" verweisen — die Errichtung des neuen Verwaltungsgebäudes der Stadt.

Die Stadt *Kamen* mußte einige Planungen ihrer Altgemeinden den neuen Gegebenheiten anpassen, weil besonders eine früher eigenständige Gemeinde auf ihre amtsfreie Selbständigkeit hin geplant hatte.

Die Stadtverwaltung *Lemgo* befürchtet, daß ein von einem Stadtteil errichteter Hauptsammler mit Kläranlage — Kosten ca. DM 450 000 — zu einer Investitionsruine wird, da es fraglich sei, ob die erforderlichen Nebensammler und Anschlüsse verlegt werden — die vorgesehene weitere Bebauung könne nach dem Zusammenschluß nicht vorgenommen werden.

Die Stadtverwaltung *Siegen* berichtet, daß die „meisten der eingegliederten Gemeinden ... für ihren Bereich noch neue Bebauungspläne (hatten) aufstellen lassen. Diese ... fügten sich nicht ohne weiteres in den nachfolgenden Gesamtflächennutzungsplan ein. Ein Teil der Bebauungspläne wird deshalb nicht verwirklicht werden. Außerdem hatten einige Gemeinden kurz vor der Eingliederung mit Bauvorhaben begonnen, denen aus ihrer Sicht vielleicht zuzustimmen war, aus der Gesamtsicht der Stadt Siegen jedoch nicht mehr. Aufzuführen ist hier als Beispiel der beschlossene Bau einer Friedhofskapelle in dem rund 150 Einwohner zählenden Ort ... Im Durchschnitt der letzten Jahre sind nicht einmal zwei Sterbefälle jährlich aufgetreten. Diese Friedhofshalle hat etwa 100 000 DM Baukosten verursacht ..., dann kommt man auf eine Belastung je Sterbefall von mehr als 2 000 DM.

Schätzungsweise sind durch die sogenannten Not- oder Eilbeschlüsse der eingegliederten Gemeinden Investitionen von annähernd 1 Mill. DM vorgenommen worden, die aus heutiger Sicht zum größten Teil unnötig waren"[127].

Zu den Belastungen führte auch nachträglicher Grunderwerb: „In den nach der Neugliederung zugekommenen Stadtteilen mußte die Stadt Siegen

[126] KGSt (Hrsg.): Zusammenschluß von Gemeinden, S. 109.

[127] Antwort zu Fragebogen 3,2. Vgl. Anlage 1.

als Rechtsnachfolger in zahlreiche eingeleitete Verhandlungen eintreten und eine große Zahl von Straßenlanderwerben an zum Teil bereits fertig ausgebauten Straßen nachträglich durchführen, die insbesondere den Grunderwerbsetat erheblich belastet haben[128]."

(5) Die Bestandsaufnahme hat in diesem Abschnitt zu dem *Zwischenergebnis* geführt, daß die bevorstehende territoriale Neugliederung in den meisten Altgemeinden Beschlüsse verursachte, deren Ausführung auch die Haushalte der neuen Großgemeinden kostenmäßig belastete[129]. Als Beispiele für solche meist kurzfristig gefaßten Beschlüsse mit in der Regel mittelfristiger Wirkung konnten in den Untersuchungsräumen vor allem festgestellt werden:

— vorzeitiger Abschluß von Bau- und Erschließungsmaßnahmen,
— kurzfristige Inangriffnahme von Bau- und Ausbaumaßnahmen aller Art bzw. die Vergabe von Aufträgen, z. T. ohne ausreichende Planung und Finanzierung,
— Grundstücksmanipulationen,
— Scheinfinanzierungen.

2.1222. Veränderungen als Folge der Neuordnung

(1) Unmittelbare Veränderungen in der Finanzsituation der Gemeinden als Folge der territorialen Neuordnung waren in weiten Einnahmebereichen — besonders bei Grund- und Gewerbesteuern — nicht zu erwarten. (Solche Auswirkungen waren größtenteils als Folge der Gemeinde*finanz*reform[130] zu gewärtigen.) Die in dieser Untersuchung nicht wiedergegebene Auswertung der entsprechenden Daten hat diese Erwartung bestätigt. Aufgrund der höheren Einwohnerzahl aber gerieten die neuen Großgemeinden zum Teil in andere Förderungskategorien, so daß eventuelle zweckgebundene Zuschüsse prozentmäßig geringer ausfielen. Weil aber die früheren Kleingemeinden oft noch nicht einmal den Eigenanteil aufzubringen in der Lage waren und ebensowenig das erforderliche Fachpersonal stellen konnten, um größere Investitionen zu tätigen, ließen sich eventuelle finanzielle Einbußen nur spekulativ ermitteln. Nur in Ausnahmefällen lassen sich Quantifizierungen vornehmen, etwa wenn eine Kleingemeinde Mittel beantragte und bewilligt

[128] Stadt Siegen (Hrsg.): Verwaltungsbericht der Stadt Siegen für die Zeit von 1965 - 1968/69, Siegen 1970, S. 32.

[129] Diese Feststellung korrespondiert mit den Ausführungen über die Übergangs- und die Konsolidierungsphase; vgl. o. Pkt. 2.121. (6).

[130] Vgl. Gemeindefinanzreformgesetz und: Verordnung über die Aufteilung und Auszahlung des Gemeindeanteils an der Einkommenssteuer und die Abführung der Gewerbesteuerumlage vom 9. 12. 1969 (GV. NW. S. 904), geändert durch VO vom 29. 2. 1972 (GV. NW. S. 44) und vom 20. 7. 1972 (GV. NW. S. 240, SGV. NW. 602).

bekam, die Rechtsnachfolgerin (Großgemeinde) jedoch die Gelder nicht oder nicht in voller Höhe erhielt[131]. Von der Gemeindeverwaltung *Uentrop/Rhynern* wird angedeutet, vom Land Nordrhein-Westfalen in Aussicht gestellte Ergänzungszuschüsse in Höhe von mehr als DM 100 000 seien ausgeblieben. Insofern sei die Zusage nicht eingehalten worden, die Gemeinde Rhynern, die wegen ihrer geringen Einwohnerzahl nicht den gutachtlichen Vorstellungen entsprach, mit einem ausreichenden finanziellen Startkapital auszustatten.

(2) In einem internen Bericht an den Gemeindedirektor stellt das Rechnungs- und Steueramt der Gemeinde *Bönen* fest:

„Die kommunale Neugliederung hat sich selbstverständlich auch auf die kommunale Investitionsplanung ausgewirkt. Hierzu muß allerdings vorab bemerkt werden, daß eine Investitionsplanung vor der kommunalen Neuordnung lediglich in der bis dahin selbständigen Gemeinde Altenbögge-Bönen bestanden hat, während in den übrigen Gemeinden auf Grund ihrer geringen Finanzkraft keine oder nur eine kurzfristige Investitionsplanung vorhanden war. *Durch den Zusammenschluß der Gemeinden war es erstmalig möglich, für den Gesamtraum eine Investitionsplanung und Finanzplanung, insbesondere beim Schulbau, Straßenbau und der Zentralentwässerung, vorzunehmen*[132]."

Und an anderer Stelle:

„Während die frühere Gemeinde Altenbögge-Bönen eine gesunde Finanzlage hatte[133], tendierten die übrigen Landgemeinden fast ausschließlich am Rande des Haushalts-Defizites. Sie waren als äußerst finanzschwach zu bezeichnen. *Die Finanzkraft der neuen Gemeinde Bönen wurde deshalb durch den Zusammenschluß nicht gestärkt,* sondern insgesamt gesehen durch die zu übernehmenden Lasten und die in den früheren Jahren in diesen Gemeinden unterbliebenen, aber jetzt unbedingt notwendigen Investitionen geschwächt[134]."

In einem Fall, den die Gemeindeverwaltung in einem Gespräch mit dem Verfasser[135] erwähnte, ist für den Raum der Gemeinde Bönen wegen der Neuordnung ein Zuschuß ausgeblieben: zwei der heutigen Ortsteile hatten für Kanalisationsmaßnahmen bereits die Genehmigung zum vorzeitigen Baubeginn erhalten; dennoch zögerten sie. Die neue

---

[131] Nicht quantifiziert, aber als Beispiel für die Erfahrung einer Großgemeinde (laut Auskunft des Gemeindedirektors von Leopoldshöhe): Die Gemeinde Krentrup hatte im Jahre 1968 einen Zuschußantrag gestellt, um eine Maßnahme der Wasserversorgung durchzuführen. Die Mittelbewilligung war sicher, als die kommunale Neuordnung den Vorgang unterbrach. Die Rechtsnachfolgerin (Gemeinde Leopoldshöhe) war gehalten, das Krentruper Anliegen im Rahmen eines umfassenderen Antrags wiederaufzunehmen. Nach einigen Verzögerungen stellte sich heraus, daß die Gemeinde nunmehr aufgrund neuer Richtlinien mit keinerlei Zuschüssen mehr rechnen konnte.

[132] Interner Bericht der Gemeinde Bönen vom 14. 9. 1971.

[133] Allerdings einseitig durch den Bergbau bestimmt.

[134] Ebd. (Hervorhebung: V. W.).

[135] Vgl. Anlage 2.

Großgemeinde konnte nach dem Zusammenschluß die Landesbeihilfen in Höhe von 50 bis 60 % nicht mehr beanspruchen, so daß die betreffenden Ortsteile bis heute noch keine Kanalisation haben.

Der Gemeindeverwaltung *Burbach* ist es nach der Neuordnung gelungen, einen Landeszuschuß für Schulbauten von 60 auf 65 % zu verbessern, während die finanzstärkere Gemeinde Neunkirchen, die aus dem gleichen Amt hervorgegangen ist, für eine entsprechende Maßnahme lediglich 45 % Beihilfe bewilligt bekam. Burbach ist auf großzügige Mittelzuweisungen aus dem kommunalen Ausgleichsstock angewiesen und wird auf Jahre hinaus Fehlbeträge im Haushalt hinnehmen müssen, was nach der Teilung des ehemaligen Amtes Burbach zu erwarten war[136].

Für die Gemeinde *Extertal* ergab sich aufgrund der Neuordnung allgemein keine Verschlechterung in der Finanzsituation, wenn man von den höheren Personalkosten absieht. Aber auch hier fallen die Zuschüsse geringer aus als für die finanzschwachen früheren Kleingemeinden, was durchweg mit der Anwendung der — zum Teil geänderten — Beihilferichtlinien auf die Gesamtgemeinde erklärt werden kann. So sind — nach Darstellung der Gemeindeverwaltung — für Maßnahmen der Wasserversorgung in zwei Ortsteilen nicht mehr 50 bis 60 % an Zuschüssen, sondern höchstens 20 % zu erwarten, bei Schulbauten statt 65 nur noch etwa 55 %. Positiv wird hervorgehoben, daß die Pauschalzuwendung aus der Mineralölsteuer nunmehr direkt an die Gemeinde gezahlt wird, da sie nach der Neuordnung mehr als 10 000 Einwohner aufweist[137].

Von der Stadtverwaltung *Freudenberg* bedauert wird das Ausbleiben einer überproportionalen Finanzausstattung von seiten des Landes für fünf bis zehn Jahre. Immerhin erhält auch diese Gemeinde für ein im Bau befindliches Schulzentrum und eine Großturnhalle Zuschüsse, die bei 65 % der anerkannten Baukosten liegen.

Die Stadtverwaltung *Hilchenbach* stellt die Folgen aus dem Verlust der Besitzstandsgarantie[138] in den Vordergrund:

„Durch die zusammengefaßte Berechnung der Schlüsselzuweisungen für die neue Stadt Hilchenbach haben sich Einnahmeausfälle ergeben. Die in Aussicht gestellte sogenannte Besitzstandsgarantie ..., wonach die Schlüsselzuweisungen für fünf Jahre bis zu der Höhe aufgestockt werden sollten, die die beteiligten Gemeinden insgesamt vor der Neugliederung ... zuletzt erhielten, wurde lediglich für 1969 gewährt. Der Wegfall der Besitzstands-

---

136 Mitteilung des ehemaligen Gemeindedirektors von Burbach (siehe Anlage 2).

137 Dieser Vorteil wurde von den vergleichbaren Gemeinden, für die er ebenfalls eintraf, nicht erwähnt.

138 Vgl. VO vom 9. 12. 1969 (Anm. 2.130), § 2, vgl. aber § 3 Abs. 5 FAG 1969 (GV. NW. 1968 S. 494): „... können ... aufstocken"; s. a. § 6 Abs. 3 FAG 1970 (GV. NW. S. 201). Die Garantie entfiel für alle Gemeinden.

garantie wurde damit begründet, daß sich aufgrund der Gemeindefinanzreform die Berechnung des Steuerverbundes und die der kommunalen Steuerkraft zugrunde liegenden Einnahmen geändert hätten und deshalb ein Vergleich der Finanzausstattung der einzelnen Gemeinden mit der künftigen Finanzausstattung nicht mehr möglich sei. Hierdurch verlor die Stadt Hilchenbach allein in 1970 über 0,5 Mill. DM und in 1971 rd. 0,2 Mill. DM an Schlüsselzuweisungen[139]."

Die Schlüsselzuweisungen an die Gemeinde *Holzwickede* verringerten sich nach der Neuordnung nicht, da zwei der heutigen Ortsteile relativ steuerschwach waren. Allerdings wird von der Gemeindeverwaltung betont, daß die Zuschüsse von Bundesbahn und Bundespost in Höhe von 70 000 bis 75 000 DM weggefallen seien.

Der Rat der Gemeinde *Kalletal* resümiert, „daß infolge der kommunalen Neugliederung, der damit verbundenen zusätzlichen Aufgaben und der Bildung einer notwendigen ‚leistungsfähigen' Verwaltung die Finanzkraft der Gemeinde erheblich geschwächt wird... Das kann auch nicht durch einen gezielteren und zweckmäßigeren Einsatz der gemeinsamen Finanzmasse ausgeglichen werden"[140].

Die Verwaltung hingegen übersieht nicht, daß „durch unser Wissen Maßnahmen — auch durch das Land — heute intensiver und besser zu fördern sind als vorher"[141]; so habe die Schulbaumaßnahme einen Zuschuß von 65 % erbracht, so seien Städtebauförderungsmittel in die zu erschließenden Industriegebiete zweier Ortsteile geflossen, ebenso in einen anderen Ortsteil Landesmittel für Fremdenverkehrsmaßnahmen.

Wie von anderen wird auch von der Gemeinde *Neunkirchen* dem Land NW vorgeworfen, die Bestandsgarantiezusage hinsichtlich der Schlüsselzuweisungen nicht gehalten zu haben.

Bei den Gemeinden Stadt *Oerlinghausen* und Wilnsdorf hat sich die Gesamtsituation — der Auffassung ihrer Verwaltungen nach — nicht wesentlich verbessert, lediglich ein Ausgleich zwischen bisher selbständigen Gemeinden sei erreicht worden.

Von der Gemeindeverwaltung *Wilnsdorf* wird dieser Zusammenhang wie folgt formuliert:

„Die früheren selbständigen Gemeinden waren infolge ihrer geringen Finanzkapazität überhaupt nicht oder nur kaum in der Lage, größere Objekte auf dem Gebiet der gemeindlichen Für- und Vorsorge in Angriff zu nehmen. Durch die Neugliederung ist der Gemeinde ein umfangreiches Finanzinstru-

---

139 Aus der Antwort zu Fragebogen 3, 1. Vgl. Anlage 1.

140 Gemeinde Kalletal (Hrsg.): Kommunale Neugliederung, Denkschrift des Rates der Gemeinde Kalletal, verfaßt nach einjähriger Tätigkeit in der ab 1. 1. 1969 gebildeten Großgemeinde (Hektographie), o. O., o. J. (Kalletal 1970), S. 6.

141 Wörtlich nach Tonbandprotokoll.

ment in die Hand gegeben, Maßnahmen gezielt zu beginnen und durchzuführen.

So war es beispielsweise möglich, ein größeres kompaktes Gelände für die Industrieansiedlung anzukaufen und zu erschließen. Im Laufe der nächsten Jahre wird hierdurch eine wesentliche Stärkung des Gewerbesteueraufkommens erwartet. Darüber hinaus konnte mit der Verlegung der Hauptsammler in den verschiedenen Ortsteilen in einer Größenordnung begonnen werden, die die Leistungskraft der ehemaligen Gemeinden weit überstiegen hätte.

Leider ist eine allgemeine unmittelbare Verbesserung der Finanzsituation nicht in dem erhofften Maße eingetreten, weil die erwarteten und in Aussicht gestellten ‚Starthilfen' des Landes ausbleiben[142]."

(3) Die kommunale Neuordnung brachte der Stadt *Eiserfeld* eine finanzielle Belastung in Form der Ausgleichszahlungen an die Ämter Freudenberg und Wilnsdorf — sowie deren Rechtsnachfolgerinnen (!) —, die sie für die ausgeamteten früheren Gemeinden Oberschelden und Eisern aufzubringen hatte[143]. Diese Gelder — innerhalb von neun Jahren mehr als DM 1,0 Mill. — wurden in den ersten drei Jahren bei der Berechnung der Steuerkraft der Stadt Eiserfeld berücksichtigt und begründeten entsprechend höhere Schlüsselzuweisungen. Seit diese Möglichkeit mit dem RJ 1970 entfallen ist, werden die Ausgleichszahlungen von der Stadtverwaltung als „finanziell schmerzlich"[144] empfunden, obwohl das Land NW eine „Stabilisierung der Finanzlage Eiserfelds durch Beihilfen" in Aussicht stellte[145].

Die Verwaltung in *Netphen* weist darauf hin, daß „die Gemeinden zu den Kosten, die ihnen als Träger der Straßenbaulast erwachsen, einen schlüsselmäßig vom Land zu verteilenden Betrag aus der Kraftfahrzeugsteuer (erhalten)[146]. Früher wurden diese Beträge den Kreisen (für Gemeinden unter 10 000 Einw. — heute unter 5 000 Einw.) zugewiesen, die sie unter Bildung von Schwerpunkten nach der Notwendigkeit und Dringlichkeit der Maßnahmen aufteilten. Heute, d. h. ab 1969, erhält die Gemeinde Netphen mit rd. 20 000 Einw. diesen Zuschuß unmittelbar (1971 = 189 930 DM)"[147].

(4) Für die meisten der sieben Gemeinden der *vierten Gruppe* wurde es mit der Neuordnung möglich, die für die Größenklasse über 25 000 Einwohner geltenden Höchsthebesätze der Realsteuern[148] einzuführen, soweit diese nicht für fünf Jahre in der alten Höhe eingefroren wurden. In einem Erfahrungsbericht vergleicht die Stadtverwaltung *Hüttental* das aufgelöste Amt Weidenau mit der Stadt Hüttental und stellt fest:

---

[142] Antwort zu Fragebogen 3,1. (Hervorhebung: V. W.).

[143] Vgl. 1. Siegen-Gesetz, Anl. 3, Ziff. 3.

[144] Wörtlich nach Tonbandprotokoll.

[145] Mitteilung der Stadtverwaltung.

[146] Vgl. z. B. § 13 FAG 1971 vom 2. 3. 1971 (GV. NW. S. 60).

[147] Aus der Antwort zu Fragebogen 3,1. Vgl. Anlage 1.

[148] Vgl. Verordnung über die Genehmigungspflicht der Realsteuerhebesätze der Gemeinden vom 9. 12. 1952 (GV. NW. 1953 S. 103, SGV. NW. 611).

„Die sich aus dem Zusammenschluß ergebenden Nachteile im Finanzausgleich bedürfen der besonderen Beachtung. So verliert beispielsweise die Stadt Hüttental durch das Absinken der Einwohnerzahl unter 40 000 jährlich 145 000 DM Zuschuß zu den Auftragsangelegenheiten. Auch ist die Steuerkraft von 8,15 Mill. DM auf 6,4 Mill. DM, insbesondere durch den Abgang der Gemeinde Kaan-Marienborn, gesunken. Während sich die Einwohnerzahl gegenüber dem früheren Amt Weidenau nur um 14,46 % minderte, senkt sich die Steuerkraft um 21,5 %[149]."

Aus der gleich einseitigen Sicht der früheren Verwaltung teilt die Stadt *Lemgo* mit:

„Durch die Zuordnung der Flächengemeinden ergibt sich für die ordnungsgemäße Durchführung der Entwässerung ein erheblicher Nachholbedarf. Die hinzugekommene Steuerkraft der früher selbständigen 13 Gemeinden steht in einem Mißverhältnis zu den Kosten der notwendigen Investitionen in diesen Ortsteilen[150]."

Von der Stadt *Siegen* wird darauf hingewiesen, daß sich aufgrund der höheren Einwohnerzahl die Schlüsselzuweisungen hätten erhöhen müssen, wenn nicht die steuerstarke Gemeinde Kaan-Marienborn — sie erhielt keine Schlüsselzuweisungen mehr — eingegliedert worden wäre und das Gesamtaufkommen um DM 528 204,— vermindert hätte. In Form von Sonderzahlungen aus dem kommunalen Ausgleichsstock erstattete das Land NW in den Jahren 1967/68 diesen Verlust. Mit der Finanzreform wurden die Zahlungen ab 1969 jedoch ersatzlos gestrichen. Für die Wahrnehmung von Auftragsangelegenheiten wären einer kreisfreien Stadt Siegen im Jahre 1967 DM 26,70 pro Kopf gezahlt worden; als kreisangehörige Stadt mit über 40 000 Einwohnern erhielt sie jetzt jedoch lediglich DM 11,90 je Einwohner[151]. Eingedenk des Sonderstatus der Stadt beantragte die Verwaltung daraufhin beim Regierungspräsidenten in Arnsberg einen höheren Kopfbetrag. Dem Antrag wurde entsprochen und als neuer Weiterleitungssatz ein um 35 % höherer Kopfbetrag festgelegt. Daraus läßt sich errechnen, daß der Stadt Siegen durch die Wiedereinkreisung dennoch ein Verlust von mehr als DM 600 000 entstand. „Das Land hat ... in Höhe des Unterschiedsbetrages von 26,70 zu 21,80 DM profitiert[152]." Die ehemalige Kreisfreiheit belastet die Stadt Siegen noch immer, und zwar durch den Aufbau und die weitere Bezuschussung von Aufgaben und Einrichtungen, „die normaler-

---

[149] KGSt (Hrsg.): Zusammenschluß von Gemeinden, Köln 1968, S. 109. Der Vergleich der Steuerkraft eines Amtes mit der seiner Rechtsnachfolgerin erscheint allerdings — im Lichte der fiktiven Vergangenheit — als unzulässig und irreführend, wenn Teile des Amtsgebietes anderen Gemeinden zugeordnet worden sind.

[150] Antwort zu Fragebogen 3,1. Vgl. Anlage 1.

[151] Vgl. § 14 Abs. 2 FAG (GV. NW. S. 77). Die Landkreise erhielten je Einwohner DM 21,80, von denen der oben genannte Betrag von DM 11,90 pro Kopf an die Gemeinden mit mehr als 40 000 Einwohnern weitergeleitet wurde.

[152] Aus der Antwort zu Fragebogen 3,1. Vgl. Anlage 1.

weise Angelegenheit des Kreises gewesen wären und alle übrigen kreisangehörigen Gemeinden des Kreises Siegen nicht belasten"[153]. Für das RJ 1971 waren hierfür DM 1 595 000 aufzubringen, die gezahlt wurden an

— die Abendrealschule,
— die Aufbaurealschule,
— die Berufsschulen,
— die Volkshochschule,
  als Katastrophenabwehr,
— Kapitaldienstzuschüsse an konfessionelle Krankenhäuser,
— Kostenbeitrag zum Kreiskrankenhaus,
— Kostenbeitrag zum Siegerlandorchester[154].

Durch den Sonderstatus wurde die wiedereingekreiste und vergrößerte Stadt Siegen berechtigt und verpflichtet, „in ihrem Gebiet die Pflichtaufgaben, Pflichtaufgaben zur Erfüllung nach Weisung, Auftragsangelegenheiten und Zuständigkeiten der Beschlußausschüsse wahr(zunehmen), die beim Inkrafttreten dieses Gesetzes nach Landesrecht den kreisfreien Städten obliegen"[155]. Aus diesen Pflichten — auf den Gebieten des Sozialwesens, Ordnungswesens, Straßenverkehrsamtes, Straßenbaus, der Gewässeraufsicht, Versicherungsaufsicht, des Amtes für Wohnungswesen, Bauaufsichtsamtes und Jugendamtes — erwuchs der Stadt Siegen im RJ 1971 eine echte Belastung von DM 1 453 000[156]. Wie andere Städte konnte auch die Stadt Siegen für intensive Baumaßnahmen — besonders Kanalisations-, Wasserversorgungs-, Sport- und Schulbaumaßnahmen — in den kleineren Ortsteilen nicht mehr die Zuschüsse erhalten wie die ehemaligen Gemeinden. Durchschnittlich verringerten sich diese Zuschüsse von 60 - 75 % auf 40 - 50 %.

Repräsentativ für die Gemeinden der vierten Gruppe und als Zusammenfassung der dargestellten Probleme geeignet ist eine Stellungnahme der Stadtverwaltung *Unna:*

„Wenn auch aufgrund der im FAG vorgesehenen Staffelung bei der Errechnung des Hauptansatzes die neu gebildete Stadt Unna mehr Schlüsselzuweisungen erhält als die in Frage kommenden Gemeinden vor dem Zusammenschluß, so hat sich, aus der Sicht der ehemaligen Stadt Unna gesehen, die Finanzsituation der Stadt mit dem Zusammenschluß nicht verbessert. Dies ist einmal darauf zurückzuführen, daß von der neuen Stadt besondere Leistungen auf allen Gebieten gemeindlicher Tätigkeiten erwartet werden, wobei die Zentralfunktion auf schulischem, kulturellem und sportlichem Gebiet eine besondere Rolle spielt. Erschwerend kommt hinzu, daß die früheren Landgemeinden durchweg Landeszuschüsse, wie sie früher überwiegend

[153] Schreiben der Stadt Siegen an den Städtetag NW v. 8. 8. 1972, S. 4.

[154] Vgl. ebd.

[155] 1. Siegen-Gesetz, § 6 Abs. 1.

[156] Schreiben der Stadt Siegen (Anm. 2.153), S. 2 - 4.

finanzschwachen Gemeinden gewährt wurden, nicht mehr erhalten, so daß die Realisierung der auch in den Ortsteilen notwendigen Investitionen nicht unwesentlich erschwert wird. Es muß jedoch festgestellt werden, daß die heute möglichen großräumigen Planungen unsinnige Investitionen weitgehend ausschließen[157]."

(5) Als weiteres *Zwischenergebnis* kann an dieser Stelle der Bestandsaufnahme festgehalten werden:

— Die Zusammenfassung zu einer größeren Einheit bedeutet für die neuen Großgemeinden meistens den Verzicht auf einen gewissen Prozentsatz an Investitionszuschüssen.

— Die Zusammenfassung von steuerstarken und steuerschwachen Gemeinden ermöglicht zwar einen internen Finanzausgleich, kann aber gleichzeitig eine Mindereinnahme an Schlüsselzuweisungen nach sich ziehen und insofern einer Schwächung der Finanzkraft des stärksten „Partners" gleichkommen, obwohl die größere Einheit bei Überschreiten des nächsthöheren Schwellenwertes höhere Zuweisungen hätte erwarten können.

— Die Gemeindefinanzreform wurde zum Anlaß genommen, die Besitzstandsgarantie für Schlüsselzuweisungen aufzuheben, was für mehrere Gemeinden Einnahmeverluste mit sich brachte.

— Von vielen Gemeinden werden „finanzielle" Starthilfen seitens des Landes vermißt[158].

— Bei Überschreiten der 25 000-Einwohner-Marke führen die neuen Einheiten im allgemeinen die Höchsthebesätze für Realsteuern ein.

— Die neuen Großgemeinden haben die durch die Neuordnung geschaffene Möglichkeit erkannt, die zur Verfügung stehenden Finanzmittel gezielt und schwerpunktmäßig nach Investitionsplänen einzusetzen. Ob diese Möglichkeit in ausreichendem Maße genutzt wird, kann nach der bisher abgelaufenen Zeit[159] seit der Neuordnung in den untersuchten Räumen noch nicht beurteilt werden.

— Die finanziellen Belastungen für die Stadt Siegen nach der Wiedereinkreisung bei gleichzeitiger Innehaltung eines Sonderstatus sind erheblich.

---

157 Antwort zu Fragebogen 3,1. Vgl. Anlage 1.

158 Es sind hier nicht Mittel für einmalige Aufwendungen im Zusammenhang mit der Neuordnung — z. B. Rathausbau — gemeint, für die ein Ausgleichsstock existiert. Dazu vgl.: Paul Schellberg: „Zuwendungen des Landes Nordrhein-Westfalen zu Maßnahmen aus Anlaß kommunaler Neugliederungen", in: Der Gemeindehaushalt 1/1971, S. 8 - 11. — Einen möglichen Weg, Gemeinden nach einer Neugliederung finanziell besser auszustatten, beschritt 1966 erstmalig das Land Hessen durch erhöhte Schlüsselzuweisungen für solche Gemeinden für die Dauer von zehn Jahren (§ 9 Abs. 2 Ziff. 3 FAG 1966).

159 Abschluß der Bestandsaufnahme: Mitte 1972 (vgl. Tab. 5).

2.123. Personalausgaben

Bei den Personalausgaben — bzw. beim Verwaltungspersonal — sind mit hoher Wahrscheinlichkeit finanzielle Auswirkungen der territorialen Neugliederung zu erwarten. Mit der Bestandsaufnahme dieses umfangreichen Ausgabepostens erreicht die Untersuchung deshalb eine besonders wichtige Stelle, wobei allerdings die Analyse der Gesamtbelastung der Gemeindehaushalte durch Personal nicht weiter vertieft wird, weil die Vergleichbarkeit der erhobenen Werte u. a. dadurch beeinträchtigt ist, daß in manchen Gemeinden Ortsvorsteher eingesetzt sind, in anderen nicht, oder daß einige Gemeinden möglichst viele Aufgaben mit eigenen Kräften erledigen, andere dagegen durch private Unternehmen — so bei der Müllabfuhr, der Gebäudereinigung oder im Bereich des Tiefbaus[160].

(1) Immerhin ist als ein Teilergebnis der Erhebungen festzuhalten, daß der Istanteil der gesamten Personalkosten[161] am Gesamtausgabevolumen des ordentlichen Haushaltes in allen Gemeinden der *ersten Gruppe* im RJ 1970 über 17 % lag; die höchste Steigerung dieses Anteils von 1966 bis 1970 war in der Gemeinde Leopoldshöhe zu verzeichnen (185 %)[162].

Für diese Untersuchung ist es jedoch wichtiger, neben den gesamten Personalausgaben die Kosten zu erheben, die die „eigentliche Verwaltung" verursacht; denn die Zahl der Arbeiter einer Gemeinde sagt wenig über ihr Verwaltungspersonal aus. Mit dem Personal der *eigentlichen Verwaltung* sind sämtliche Beamten und Angestellten einer Gemeinde erfaßt, die nicht in den Bereichen „Öffentliche Einrichtungen und Wirtschaftsförderung" (Einzelplan 7) und „Wirtschaftliche Unternehmen" (Einzelplan 8) tätig sind, oder — positiv — alle Beamten und Angestellten der

- — Allgemeinen Verwaltung (Einzelplan 0),
- — Öffentlichen Sicherheit und Ordnung (Einzelplan 1),
- — Schulverwaltung (Einzelplan 2),
- — Kulturverwaltung (Einzelplan 3),
- — Sozialverwaltung (Einzelplan 4),
- — Gesundheitsverwaltung (Einzelplan 5),
- — Verwaltung im Bau- und Wohnungswesen (Einzelplan 6) und der
- — Finanz- und Steuerverwaltung (Einzelplan 9).

---

[160] Im ersten Fall belasten die Ausgaben den Gemeindehaushalt als Personalkosten, im zweiten nicht.

[161] Miterfaßt sind z. B. auch Aushilfskräfte und ehrenamtlich Tätige, hinzugerechnet z. B. auch Dienstaufwandsentschädigungen. Es mußte deshalb über den jeweiligen Sammelnachweis hinausgegangen werden.

[162] Vgl. Tab. A 6.

Bei dieser Definition der eigentlichen Verwaltung, die also nur auf den Verwaltungsapparat der Gemeinden[163] abhebt, ist eine Vergleichbarkeit der Werte eher gegeben als bei der Betrachtung der gesamten Personalausgaben. Deshalb gibt die folgende Übersicht — Grafik und Tabelle — die Berechnung der Personalkosten der eigentlichen Verwaltung wieder.

Abb. 13: *Entwicklung der Personalausgaben für die eigentliche Verwaltung der Gemeinden von unter 12 000 Einwohnern (vor und nach der Neuordnung)*

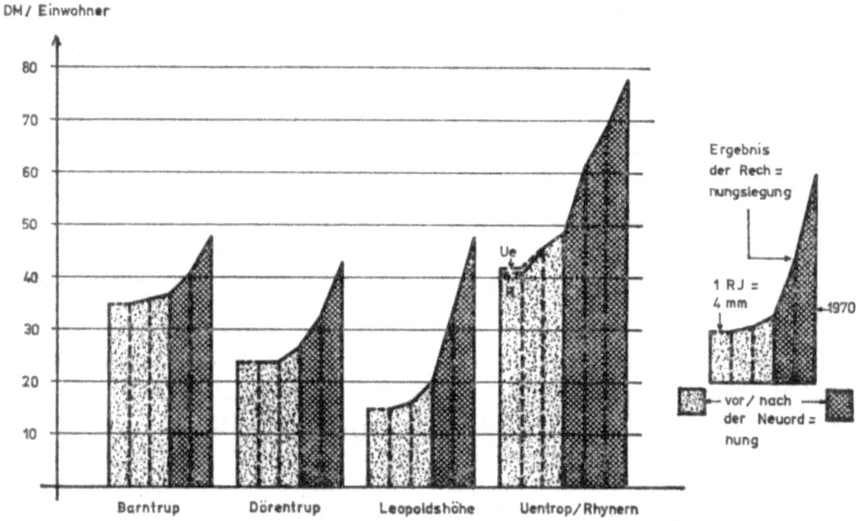

Quelle: Jahresrechnungen der Gemeinden.

Es ist an der Höhe der Personalausgaben unschwer zu erkennen, welche der Gemeinden vor dem Zusammenschluß bereits hauptamtlich[164] verwaltet wurden und welche nicht:

[163] Der gesamte parlamentarische Bereich ist — neben den Arbeitern — ausgeklammert. — Zum Begriff „eigentliche Verwaltung“ vgl. Jürgen Kraft: Die erforderliche Grundausrüstung ländlicher Räume (Forschungsberichte des Landes NW Nr. 980), Köln/Opladen 1961, S. 17 f., sowie ders. / Heinrich Rosenbaum: Die erforderliche Grundausrüstung ländlicher Räume, II. Teil (Forschungsberichte des Landes NW Nr. 1327), Köln/Opladen 1964, S. 24 (dort: „tatsächliche Verwaltung“).

[164] In dieser Untersuchung wird eine Verwaltung „hauptamtlich“ genannt, wenn sie — im allgemeinen in verschiedene Verwaltungszweige gegliedert — von einem hauptamtlichen (Haupt-)Verwaltungsbeamten geleitet wird; „ehrenamtlich“ dagegen, wenn die Position des Verwaltungschefs ehrenamtlich — z. B. durch den Bürgermeister oder Amtsdirektor — wahrgenommen wird, der alleinsteht oder von einem bzw. wenigen Angestellten (Ganz- oder Halbtagskräften) unterstützt wird.

Drei Altgemeinden der heutigen Stadt *Barntrup* waren vor der Neuordnung eine Verwaltungsgemeinschaft mit der alten Stadt Barntrup eingegangen: die Gemeinde Selbeck am 15. 12. 1962, die Gemeinde Sommersell am 1. 7. 1965 und die Gemeinde Sonneborn am 1. 4. 1963. Die Altgemeinde Alverdissen hatte eine Verwaltung aus einem Angestellten, einer Schreibkraft und vier Arbeitern[165].

Auf dem Gebiet der Gemeinde *Dörentrup* hatte nur die Altgemeinde Hillentrup seit 1966 einen hauptamtlichen Gemeindedirektor, dem sechs Angestellte zur Seite standen.

Vor der territorialen Neugliederung des Kreises Lemgo besaß keine der acht zur Großgemeinde *Leopoldshöhe* zusammengeschlossenen Altgemeinden eine hauptamtliche Verwaltung.

Die Verwaltung der Verwaltungsgemeinschaft *Uentrop/Rhynern* hatte in der Amtsverwaltung Rhynern ihre nominelle direkte Vorgängerin.

Nach der Neuordnung stiegen die Personalausgaben in allen Gemeinden so stark wie in keinem vorherigen Rechnungsjahr des untersuchten Zeitraums; dabei waren die Steigerungsraten in den ehemals ehrenamtlich verwalteten Einheiten die höchsten: die Kosten für das Personal der eigentlichen Verwaltung wuchsen z. B. in Leopoldshöhe in den beiden ersten Jahren nach der Reform um 68 bzw. 45 %[166].

Selbst wenn man diese Raten um den gesetzlich bzw. tarifvertraglich begründeten Zuwachs[167] bereinigt — das ist in der folgenden Tabelle geschehen —, bleibt immer noch ein Anstieg um 62 bzw. 37 %. Der Anteil der hier analysierten Personalausgaben an den Gesamtausgaben des ordentlichen Haushalts nahm gleichfalls in allen Gemeinden zu und lag nach der Neuordnung bei 10 % (Tab. 10).

(2) Bei den Gebietskörperschaften der *zweiten Gruppe* wird aus der folgenden Abbildung der Unterschied zwischen den vor der Neuordnung ehrenamtlich — Extertal, Kalletal — und den hauptamtlich verwalteten Gemeinden sehr deutlich.

Die Verwaltungen der Gemeinden Bönen, Burbach, Stadt Freudenberg, Stadt Fröndenberg, Holzwickede, Neunkirchen und Wilnsdorf gingen personell zum Teil aus den zuvor bestehenden Amtsverwaltungen hervor.

---

[165] Auskunft der Verwaltung.

[166] Vgl. Tab. A 11.

[167] Die Zuwachsraten für den öffentlichen Dienst (Kommunen) enthält Anlage 7.

Tabelle 10: Personalausgaben für die eigentliche Verwaltung der Gemeinden von unter 12.000 Einwohnern (bereinigte Veränderungsrate, Anteil am ordentl. Haushalt)

Gemeinde	1965	1966	1967	1968	1969	1970
	vor der Neuordnung				nach der Neuordnung	
	bereinigte Veränderungsrate[1] (Vorjahr = 100)					
Barntrup	.	.	102	99	107	107
Dörentrup	.	.	102	107	116	124
Leopoldshöhe	.	.	106	124	162	137
Rhynern	.	104	106	.	.	.
Uentrop	.	101	108	.	.	.
Verw.gem. Ue./R.	.	.	.	122	107	104
	v. H. der Ausgaben des ordentl. Haushalts					
Barntrup	.	8,3	8,2	7,9	9,2	8,4
Dörentrup	.	6,3	6,7	7,3	9,3	10,5
Leopoldshöhe	.	4,1	4,0	5,5	9,2	11,4
Rhynern	8,6	9,3	10,0	.	.	.
Uentrop	9,5	9,0	7,5	.	.	.
Verw.gem. Ue./R.	.	.	.	9,9	12,3	11,9

1 Basis: DM/Einwohner (vgl. Tab. A 11).

Quelle: Eigene Berechnungen aus Jahresrechnungen der Gemeinden.

Von den zwölf zur Gemeinde *Extertal* zusammengeschlossenen Altgemeinden hatte lediglich der Flecken Bösingfeld seit dem 1. 1. 1956 einen beamteten Gemeindedirektor[168] und eine in vier Verwaltungszweige — Hauptverwaltung, Ordnungsverwaltung, Sozialangelegenheiten, Finanzverwaltung — gegliederte hauptamtliche Verwaltung.

Die Verwaltung der Verwaltungsgemeinschaft Amt Keppel/Stadt *Hilchenbach* war eine Mischung aus Amts- und Stadtverwaltung, denn die Bediensteten waren teils dem Amt Keppel, teils der Stadt Hilchenbach unterstellt.

[168] Dieser Hauptverwaltungsbeamte, der heute Gemeindedirektor in Extertal ist, war vom 1. 10. 1950 bis zum 31. 12. 1955 Gemeindedirektor der Fleckengemeinde Bösingfeld im Angestelltenverhältnis.

Abb. 14: *Entwicklung der Personalausgaben für die eigentliche Verwaltung der Gemeinden von 12 000 bis unter 20 000 Einwohnern (vor und nach der Neuordnung)*

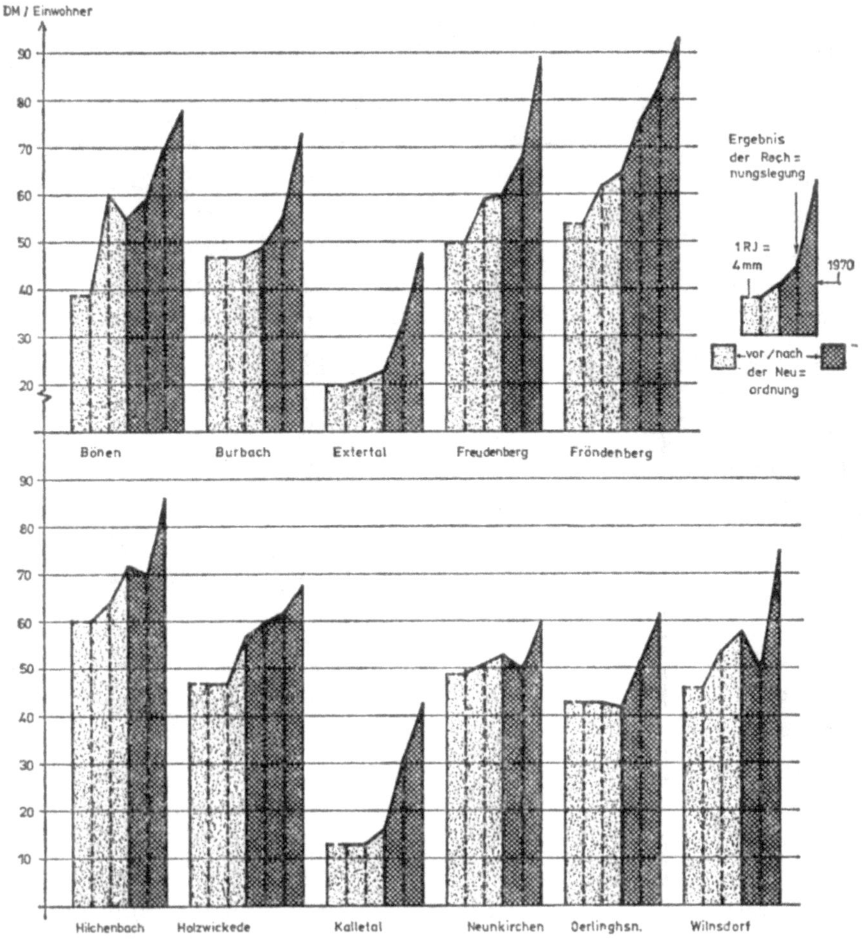

Quelle: Jahresrechnungen der Gemeinden.

Von den sechzehn zur Gemeinde *Kalletal* zusammengeschlossenen Altgemeinden besaß keine eine hauptamtliche Verwaltung. Erst im Jahre 1968 wurden in der Gemeinde Hohenhausen Einstellungen vorgenommen zum Aufbau der künftigen Gemeindeverwaltung.

In den drei Altgemeinden der Stadt *Oerlinghausen* bestanden zwei hauptamtliche Verwaltungen, und zwar in der alten Stadt gleichen Namens und in der Gemeinde Helpup.

Tabelle 11: Personalausgaben für die eigentliche Verwaltung der Gemeinden von 12.000 bis unter 20.000 Einwohnern (bereinigte Veränderungsrate, Anteil am ordentl. Haushalt)

Gemeinde	1965	1966	1967	1968	1969	1970
	vor der Neuordnung			nach der Neuordnung		
	bereinigte Veränderungsrate[1] (Vorjahr = 100)					
Bönen	.	147	91	104	111	103
Burbach	.	.	101	100	107	124
Extertal	.	..	104	109	135	138
Freudenberg	.	.	119	97	107	123
Fröndenberg	.	107	104	113	103	104
Hilchenbach	.	.	107	108	92	114
Holzwickede	.	92	122	101	97	101
Kalletal	.	.	102	116	186	131
Neunkirchen	.	.	103	101	88	111
Oerlinghausen	.	.	101	92	118	113
Wilnsdorf	.	.	117	103	81	141
	v. H. der Ausgaben des ordentl. Haushalts					
Bönen	8,5	12,2	8,3	12,3	12,7	13,9
Burbach	.	8,3	8,8	8,4	9,6	10,8
Extertal	.	4,9	5,2	5,6	7,7	7,8
Freudenberg	.	10,1	10,6	9,3	12,0	13,3
Fröndenberg	11,4	11,3	10,8	15,9	14,7	13,5
Hilchenbach	.	9,0	8,1	10,0	12,5	13,6
Holzwickede	11,4	9,0	13,1	13,5	14,8	9,3
Kalletal	.	4,4	3,7	3,9	7,9	8,7
Neunkirchen	.	7,6	8,1	7,4	6,8	9,0
Oerlinghausen	.	8,7	8,9	7,0	9,3	9,5
Wilnsdorf	.	9,1	9,4	10,0	11,4	14,9

1 Basis: DM/Einwohner (vgl. Tab. A 12).

Quelle: Eigene Berechnungen aus Jahresrechnungen der Gemeinden.

Die Personalkosten in den ehemals ehrenamtlich verwalteten Gemeinden lagen so weit unter denen der vergleichbaren Gemeinden[169], daß sie

[169] Tgl. Tab. A 12.

trotz außergewöhnlich hoher Steigerungsraten in den Jahren nach der Neuordnung — hierbei war die Steigerung der Kosten um 92 % (bereinigt: 86 %)[170] in der Gemeinde Kalletal von 1968 auf 1969 die absolut höchste in den untersuchten Räumen — 1970 noch immer unter den Vergleichswerten lagen. Bei überwiegend höheren Kostensteigerungen nach der Reform wuchs im allgemeinen auch der Anteil der Personalkosten für die eigentliche Verwaltung an den Gesamtausgaben des ordentlichen Haushalts: in den Gebietskörperschaften der zweiten Gruppe lag er im Verwaltung) bzw. 18 und 24 % (Gesamtpersonalausgaben)[172].

(3) Alle vier Gemeinden der *dritten Gruppe* übernahmen das Verwaltungspersonal der jeweiligen Ämter als ihrer hauptamtlichen Rechtsvorgänger. Es ist hier also kein Vergleich zu ehrenamtlich verwalteten Gebietskörperschaften möglich. Im übrigen aber bestätigen die Einheiten der dritten Gruppe allgemein den relativ hohen Anstieg der Personalkosten nach der Neuordnung, der auch nach Abzug des tarifvertraglich bzw. gesetzlich begründeten Zuwachses durchschnittlich noch bei mehr als 10 % lag. Der tendenziell zunehmende Anteil der Personalausgaben am ordentlichen Haushalt betrug 1970 zwischen 9 und 14 % (eigentliche Verwaltung) bzw. 18 und 24 % (Gesamtperksonalausgaben)[172].

Abb. 15: *Entwicklung der Personalausgaben für die eigentliche Verwaltung der Gemeinden von 20 000 bis unter 35 000 Einwohnern (vor und nach der Neuordnung)*

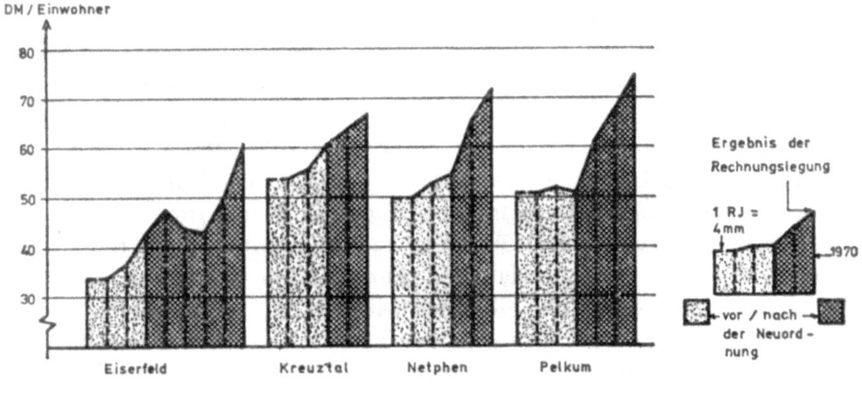

Quelle: Jahresrechnungen der Gemeinden.

[170] Vgl. Tab. 11.

[171] Angaben über die Gesamtausgaben im Personalbereich enthält Tab. A 7.

[172] Einzelheiten gehen aus Abb. 15 sowie den Tabellen 12, A 8 und A 13 hervor.

Tabelle 12: Personalausgaben für die eigentliche Verwaltung der Gemeinden von 20.000 bis unter 35.000 Einwohnern (bereinigte Veränderungsrate, Anteil am ordentl. Haushalt)

Gemeinde	1963	1964	1965	1966	1967	1968	1969	1970
	vor der Neuordnung			nach der Neuordnung				
	bereinigte Veränderungsrate[1] (Vorjahr = 100)							
Eiserfeld	.	103	113	104	92	93	111	113
Kreuztal	.	.	.	.	103	104	100	97
Netphen	.	.	.	.	106	100	114	102
Pelkum	.	.	.	93	99	117	97	103
	v. H. der Ausgaben des ordentl. Haushalts							
Eiserfeld	8,0	8,7	8,8	10,0	10,1	9,3	10,5	9,3
Kreuztal	.	.	.	9,7	9,6	10,0	10,0	9,6
Netphen	.	.	.	8,8	8,8	9,3	11,5	13,1
Pelkum	.	.	10,9	12,3	11,1	12,5	14,2	13,4

1 Basis: DM/Einwohner (vgl. Tab. A 13).

Quelle: Eigene Berechnungen aus Jahresrechnungen der Gemeinden.

(4) Von den zwölf zur Großgemeinde Bad Salzuflen zusammengeschlossenen Gemeinden hatten vier eine hauptamtliche Verwaltung (Stadt Bad Salzuflen, Stadt Schötmar, Werl-Aspe und Wüsten); zwölf der vierzehn Gemeinden, die heute die Stadt Lemgo bilden, wurden vor der Neuordnung ehrenamtlich verwaltet (alle außer Stadt Lemgo und Gemeinde Brake i. L.). Die Verwaltungen der übrigen Gemeinden der *vierten Gruppe* gingen weitgehend aus hauptamtlichen Amts- und Stadtverwaltungen hervor. Diese Tatsache ist wiederum an den durchweg höheren Personalkosten der vor der Reform hauptamtlich verwalteten Gemeinden abzulesen (Abb. 16). Gleichzeitig wird deutlich, daß die Gebietskörperschaften der vierten Gemeindegruppe von den insgesamt untersuchten Einheiten zwar in der Regel die höchsten Pro-Kopf-Beträge für die eigentliche Verwaltung ausgeben mußten, daß die Steigerungsraten dieser Kosten jedoch nicht so hoch waren wie in den meisten bisher besprochenen Gemeinden[173]. Dies ist vor allem auf den Anteil „gewachsener" Verwaltungen am Personalkörper der neuen Großgemeinden zurückzuführen, der eine Aufstockung und Umgliederung des Personals

173 Vgl. Tab. A 14.

Abb. 16: *Entwicklung der Personalausgaben für die eigentliche Verwaltung der Gemeinden von über 35 000 Einwohnern (vor und nach der Neuordnung)*

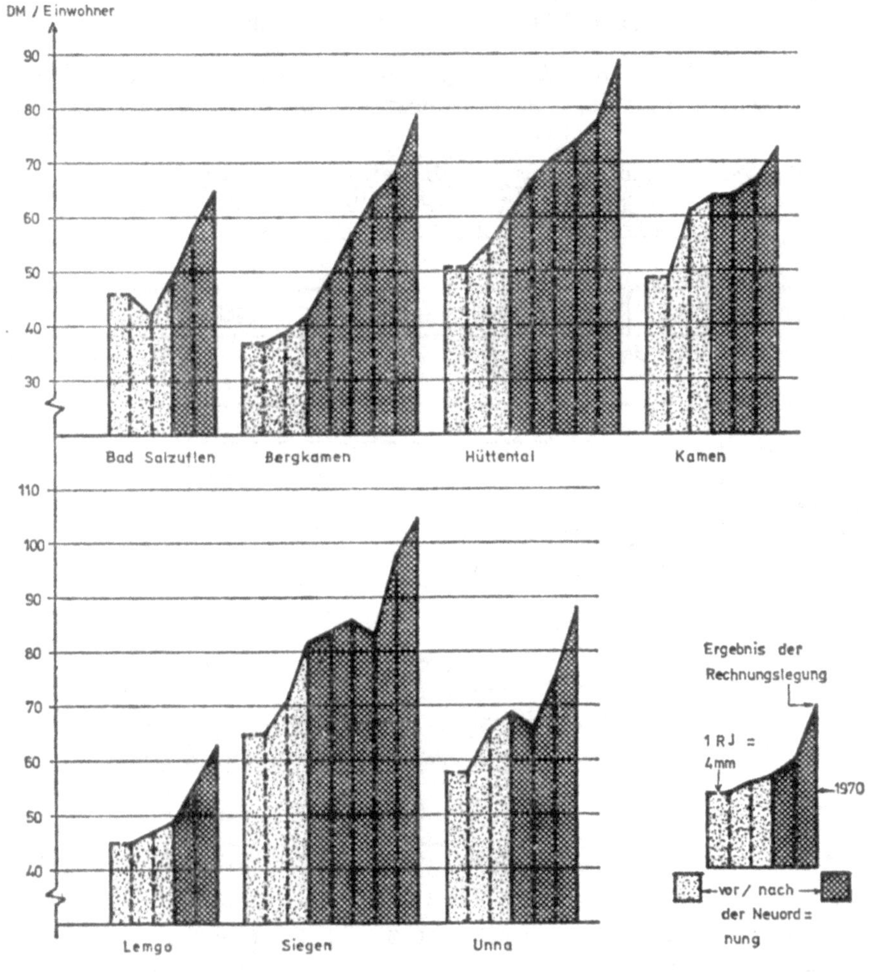

Quelle: Jahresrechnungen der Gemeinden.

nur in geringem Umfang notwendig machte. Eine gewisse Ausnahme bildet die Stadt *Bergkamen,* die wegen des vorgezogenen Zeitpunktes ihrer Neuordnung einen Großteil ihrer Bediensteten nicht von den Amtsverwaltungen Pelkum und Unna-Kamen übernehmen konnte. Die erforderlichen Neueinstellungen — vor allem in der Bau- und der Kulturverwaltung — begründen somit die höchste bereinigte Steigerungsrate nach der Neuordnung in der hier behandelten Gemeindegruppe, die von 1966 auf 1967 für Bergkamen berechnet wurde (vgl. Tab. 13). Auch in dieser Gruppe nahm der Anteil der Personalkosten am ordentlichen Haushalt tendenziell zu — mit einem in den meisten Fällen größeren Anstieg nach der Neuordnung — und betrug 1970 zwischen 9 und 13 % für die eigentliche und 19 bis 34 % für die Gesamtverwaltung[174].

(5) Die absoluten Ausgaben im gesamten Personalbereich der *Kreise* sind in keinem Jahr des Untersuchungszeitraums und in keiner der drei

Tabelle 13: Personalausgaben für die eigentliche Verwaltung der Gemeinden von über 35.000 Einwohnern (bereinigte Veränderungsrate, Anteil am ordentlichen Haushalt)

Gemeinde	1963	1964	1965	1966	1967	1968	1969	1970
	vor der Neuordnung						nach der Neuordnung	
	bereinigte Veränderungsrate[1] (Vorjahr = 100)							
Bad Salzuflen	.	.	.	.	91	115	112	102
Bergkamen	.	102	102	110	115	109	100	108
Hüttental	.	103	108	101	105	101	99	107
Kamen	.	.	.	115	106	96	98	101
Lemgo	.	.	.	.	104	100	107	105
Siegen	.	104	113	94	102	92	112	100
Unna	.	.	.	106	104	91	109	109
	v. H. der Ausgaben des ordentl. Haushalts							
Bad Salzuflen	.	.	.	9,5	8,4	9,9	12,1	9,4
Bergkamen	9,2	8,4	7,6	10,2	10,2	10,7	11,3	12,0
Hüttental	8,0	8,3	8,7	11,7	8,8	11,2	11,8	11,8
Kamen	.	.	9,9	10,9	11,5	11,4	10,9	10,6
Lemgo	.	.	.	9,1	9,3	8,8	9,7	9,0
Siegen	9,3	9,6	9,7	10,1	11,2	10,2	10,9	9,8
Unna	.	.	12,1	13,1	12,4	12,4	14,0	12,3

1 Basis: DM/Einwohner (vgl. Tab. A 14).

Quelle: Eigene Berechnungen aus Jahresrechnungen der Gemeinden.

[174] Vgl. Tab. 13 und A 9.

Kreisverwaltungen der Untersuchungsräume gesunken[175]. Im jeweils auf die Neuordnung folgenden Rechnungsjahr wiesen der Kreis Lemgo eine absolute Steigerung von 14,4 % (1968/69), der Kreis Siegen von 11,1 % (1966/67) bzw. 15,9 % (1968/69) und der Kreis Unna von 3,7 % (1967/68) aus. Bei den Personalausgaben für die eigentliche Verwaltung der Kreise ist im Untersuchungszeitraum nur im Kreise Lemgo und nur im RJ 1968 eine absolute Kosteneinsparung zu verzeichnen. Das hat folgenden Grund: Aus Beamten und Angestellten der Kreisverwaltung rekrutierten sich zumeist die ersten Bediensteten der künftigen Großgemeinden, die ihre Verwaltungen im Jahre 1968 bereits aufbauten[176], um am Tage der Neuordnung einen Grundstock an einsatzfähigem Personal zur Verfügung zu haben. In dieser einen Hinsicht hat also die fehlende Ämterverwaltung im Kreis Lemgo kurzfristig — für den Kreis — zu einer Personalkosteneinsparung geführt. Daß diese mehr oder weniger notgedrungen eingetreten ist, läßt sich daran erkennen, daß sie im Jahre 1969 mit einer absoluten Kostensteigerung von 25,9 % mehr als wettgemacht wurde[177]. Nennenswerte Ist-Personalkosteneinsparungen bringt die Neuordnung also selbst dann nicht oder nur kurzfristig mit sich, wenn der Kreis Teilaufgaben — im Kreis Lemgo Aufgaben im Bereich des Ordnungs- und Sozialwesens, die zuvor vom „Amtmann" in Brake und Schötmar erledigt wurden[178] — an die neuen Großgemeinden delegiert. Im Kreis Siegen übernahm die Kreisverwaltung eine Reihe von Aufgaben von der eingekreisten Stadt Siegen[179], im Kreis Unna die Aufgaben des Jugendamtes und der unteren Bauaufsichtsbehörde für den Bereich einiger Gemeinden[180]. Eine Kosteneinsparung war also auch von daher und wegen des Aufbaus von EDV-Anlagen während des Untersuchungszeitraumes nicht zu erwarten.

(6) Die territoriale Neugliederung der Gemeinden in den Untersuchungsräumen — so lautet das *Zwischenergebnis* — hat nicht zu Personalkosteneinsparungen geführt. Im Gegenteil wurden nach der Neuordnung in der überwiegenden Mehrzahl der Gemeinden wesentlich höhere Kostensteigerungsraten festgestellt als vor der Reform; diese Steigerungen waren in den zuvor ehrenamtlich verwalteten Räumen am höchsten. Trotzdem blieben die Pro-Kopf-Werte der Personalkosten für die eigentliche Verwaltung in diesen Gemeinden noch an der unteren Grenze aller vergleichbaren Daten. Die geringsten Steigerungsraten wurden in den

---

175 Vgl. Tab. A 10.

176 Die Kräfte wurden pro forma bei der größten Altgemeinde eingestellt.

177 Vgl. Tab. A 15.

178 Vgl. Pkt. 5.11. dieser Untersuchung.

179 Vgl. Pkt. 5.11.(4) dieser Untersuchung.

180 Jugendamt: Rhynern und Uentrop, Jugendamt und Bauaufsicht: Bönen und Holzwickede.

Gebietskörperschaften berechnet, in denen mehrere kleine Gemeinden mit einer — oder mehreren — größeren, hauptamtlich von einer „gewachsenen" Verwaltung betreuten Einheit zusammengeschlossen wurden.

2.13. Kommunale Abgaben

Im Rahmen der Betrachtung der finanziellen Situation der Gemeinden bleibt ein Blick auf die Daten zu werfen, deren Änderung sich auf die örtliche Wirtschaft oder auf jeden betroffenen Gemeindebürger unmittelbar auswirken. Im Mittelpunkt steht deshalb hier nicht so sehr das Volumen der kommunalen Abgaben[181], das z. T. verschwindend gering ist, als vielmehr ihre durch die territoriale Neugliederung bedingten Änderungen mit ihren vornehmlich für den einzelnen Betroffenen spürbaren Auswirkungen.

(1) Ein Vergleich der *Realsteuerhebesätze* vor und nach der Neuordnung ist in den Kreisen Lemgo und Siegen nicht möglich, da die Sätze für fünf Jahre auf der zur Zeit der Neuordnung gültigen Höhe festgeschrieben wurden. Innerhalb des Untersuchungszeitraums lief diese Frist für die Städte Eiserfeld, Hüttental und Siegen ab. Eine Überprüfung der Hebesätze in diesen Städten und in den Gebietskörperschaften des Kreises Unna[182] ergab, daß zum frühestmöglichen Zeitpunkt einheitliche Sätze für das gesamte neue Gemeindegebiet eingeführt wurden, die sich in den meisten Fällen an der zulässigen Höchstgrenze orientierten[183]. Das bedeutete vor allem:

- In vielen Gemeinden (Ortsteilen) entfiel die Mehrbelastung zur Grundsteuer A.
- In vielen Gemeinden (Ortsteilen) wurde die Gewerbesteuer nach der Lohnsumme (Lohnsummensteuer) nach der Neuordnung zum erstenmal eingeführt.

(2) Die *Hundesteuersätze* sind für die Gemeinden des Kreises Unna — in Bergkamen nur für den Stadtteil Overberge — durch das Neuordnungsgesetz auf fünf Jahre in ihrer letzten vor der Reform gültigen Höhe festgeschrieben worden. In den übrigen Gebietskörperschaften der Untersuchungsräume wurde — bis auf zwei Fälle — die Gebühr für den

---

[181] Dieser Begriff ist nicht identisch mit dem im kommunalen Abgabenrecht gebräuchlichen (vgl. Kommunalabgabengesetz für das Land Nordrhein-Westfalen (KAG) vom 21. 10. 1969, GV. NW. S. 712, SGV. NW. 610), sondern wird für diesen Zusammenhang durch die Realsteuerhebesätze, die Hundesteuersätze und die Müllabfuhrgebühren definiert.

[182] Vgl. Tab. A 16 und A 17.

[183] Vgl. Verordnung über die Genehmigungspflicht der Realsteuerhebesätze der Gemeinden vom 9. 12. 1952 (GV. NW. 1953 S. 103, SGV. NW. 611).

ersten Hund in allen Einheiten erhöht oder wenigstens einheitlich auf dem höchsten vor der Neugliederung gültigen Satz festgelegt[184]. Die Sätze für die jeweils zweiten und weitere Hunde wurden im allgemeinen noch deutlicher heraufgesetzt. Damit unterstrichen die neuen Großgemeinden klar die wichtigste Funktion der Hundesteuer, nämlich die Zahl der Hunde zu begrenzen.

(3) Die *Müllabfuhrgebühren* wurden nach der Neuordnung von der überwiegenden Mehrzahl der Gemeinden angehoben[185], von vielen zwei bis drei Jahre nach dem Zusammenschluß ein zweites Mal. Gleichzeitig wurde allerdings in den meisten Fällen das Leistungsangebot verbessert: Während der Müll vorher noch gebietsweise offen, weniger als einmal wöchentlich oder gar nicht abgefahren wurde, kommen nach der Neugliederung wenigstens 95 % der Einwohner (Haushalte) z. B. in den Genuß einer regelmäßigen wöchentlichen staubfreien Müllabfuhr[186].

2.2. Zwischenergebnis

Nach dem anfänglich dargelegten Untersuchungsmodus stünde als nächster Arbeitsschritt nunmehr die Bewertung der Bestandsaufnahme an mit Hilfe von Bewertungsmaßstäben, die aus den Absichten der „Reformer" abzuleiten wären.

2.21. Nicht ausreichende Bewertungsgrundlagen

Diese Bezugsbasis jedoch bleibt für die Ableitung eines Finanzmaßstabs zu schmal. Die von der Landesregierung NW eingesetzte Sachverständigenkommission A für die kommunale und staatliche Neugliederung des Landes schreibt in ihrem Gutachten lediglich: „Bei der Prüfung konkreter Neugliederungspläne muß in jedem Einzelfall die finanzielle Situation der beteiligten Gemeinden geprüft und die finanzielle Auswirkung der Neugliederung ermittelt werden. ... Die Kommission glaubte daher, ... von näheren Untersuchungen absehen zu können[187]." Von der Neuordnung erwartet sie angesichts der das kommunale Leistungsgefälle begründenden unterschiedlichen Steuerkraft, daß „ein interner Ausgleich der Steuerkraft" eintreten werde, eine „auf diese Weise erzielte Verminderung der Steuerkraftunterschiede"[188]. In den Neugliederungsgesetzen taucht die gleiche Erwartung in der Formulierung „interner

---

[184] Vgl. Tab. A 18.

[185] Vgl. Tab. A 18.

[186] Ergebnis der Erhebungen bei den jeweils zuständigen Sachbearbeitern in den Verwaltungen.

[187] Gutachten A, S. 16.

[188] Ebd., S. 18.

Finanzausgleich"[189] auf; daneben spricht die Landesregierung von „konzentrierter Finanzkraft"[190]. Diesen Vorstellungen entspricht bei Wagener der Maßstab „Finanzielle ... Ausgleichsmöglichkeit im Rahmen einer Verwaltungseinheit"[191].

Darüber hinausgehende Hinweise auf erwartete finanzielle Wirkungen der Neugliederung auf Gemeindeebene finden sich in den Quellen der Bezugsbasis nicht. Hoffnungen auf eine billigere Verwaltung z. B. sind nicht ausgesprochen worden[192]. Auch über die Verbesserung der Finanzkraft nach der Neuordnung wurde nicht spekuliert, sondern man ging davon aus, daß von den neuen Großgemeinden bei gleicher Finanzmasse bessere und bei mehr Finanzen überproportionale Leistungen erbracht werden könnten. Eine solche Erwartung ist u. a. deshalb realistisch, weil die vorhandenen Mittel in den neuen Verwaltungseinheiten schwerpunktmäßig eingesetzt werden können. Durch verschiedene Zitate ist belegt worden, daß die Gemeinden diese Möglichkeit erkannt haben[193]; da die vorliegende Untersuchung dem Zeitpunkt des Inkrafttretens der Neuordnung jedoch relativ kurzfristig folgte, muß es einer späteren Arbeit vorbehalten bleiben, einen Maßstab „Benutzung besserer interner Ausgleichsmöglichkeiten (Mittelkonzentration)" zu bilden, um zu prüfen, ob und in welchem Ausmaß diese Chance genutzt wurde.

Wenn also angesichts der schmalen Bezugsbasis und der relativ kurzen Zeitspanne seit der Neuordnung von der Bildung eines Finanzmaßstabs abgesehen wird, so auch deshalb, weil die Finanzen sehr leicht Einflüssen unterliegen, die mit Maßnahmen territorialer Reformen nichts zu tun haben. Das ist z. B. durch die Gemeindefinanzreform deutlich geworden. Besonders die Einnahmenseite eines Gemeindehaushalts ist nicht eigentlich örtlich zu sehen, sondern hängt in starkem Maße ab von der Einnahmeverteilung zwischen Bund, Ländern und Gemeinden, die sich wiederum auf die von Landtag, Regierung und Ministerien zu bewilligenden Schlüssel- und Zweckzuweisungen auswirkt.

---

189 Z. B. Lt.-Drs. VI/462, S. 55.

190 Innenminister des Landes NW (Hrsg.): Grundsätze der Neugliederung der Gemeinden und Kreise in NW (Zur Information, Heft 3), Düsseldorf 1971, S. 24; entspricht: Vorschlag Aachen-Gesetz, S. 18.

191 Frido Wagener: Neubau der Verwaltung, S. 313.

192 Trotzdem ist diese — unrealistische — Hoffnung auch in der Literatur zu finden. So formulierte noch 1972 ein Landrat aus Schleswig-Holstein: „Bereits nach kurzer Zeit läßt sich nämlich feststellen, daß diese Reformen im allgemeinen zu einer Verbilligung der Verwaltung führen und sie effektiver machen. Der Bürger wird besser ‚bedient', sein Interesse oder Desinteresse am kommunalen Geschehen wird kaum beeinflußt." (Wennemar Haarmann: Rezension von „Gerhard Seibert: Selbstverwaltungsgarantie und kommunale Gebietsreform, Frankfurt/M. 1971, 90 S.", in: DVBl. 3/1972, S. 126).

193 Vgl. o. Pkt. 2.1222.

2.22. Finanzielle Auswirkungen

Dennoch konnten aus der Analyse des erhobenen Materials Aussagen über finanzielle Auswirkungen der territorialen Neugliederung gewonnen werden, die nachfolgend zusammengefaßt werden.

(1) Die Neuordnung hat kurzfristig und unmittelbar keine Auswirkungen von Bedeutung auf die Steuereinnahmen der Gemeinden[194].

(2) Neugeordnete Gemeinden erhalten aufgrund ihrer höheren Einwohnerzahl höhere Schlüsselzuweisungen als ihre Rechtsvorgänger insgesamt, wenn nicht die besondere Steuerkraft einer oder mehrerer Altgemeinden das Gegenteil bewirkt; insofern wird der Besitzstand nach der Neuordnung oft nicht gewahrt.

(3) Neugeordnete Gemeinden erhalten im allgemeinen geringere Investitionszuschüsse als ihre Rechtsvorgänger, vor allem wenn es sich bei diesen um kleine, finanzschwache Landgemeinden handelte[195].

(4) Steuern, Gebühren und Beiträge werden nach der Neuordnung im allgemeinen nach oben angepaßt und, sofern gesetzlich oder politisch möglich, sogar noch erhöht. — Im Zuge der Schaffung neuen Ortsrechts werden Lücken, die in einigen Gemeinden vor der Neuordnung eventuell noch bestanden, geschlossen; das Ortsrecht wird in allen neugeordneten Gemeinden auch praktiziert.

(5) In vielen neugeordneten Gemeinden wird eine Investitions- und Finanzplanung, die diesen Namen verdient, erstmalig möglich[196]. Von daher wird es leichter, bestehenden Nachholbedarf zu befriedigen; dieser allerdings löst einen erhöhten Finanzbedarf aus. Zur Deckung dieses Finanzbedarfs fehlen entsprechende Starthilfen des Landes, so daß neugeordnete Gemeinden ihre vorhandenen Mittel zwar schwerpunktmäßig einsetzen können, es ihnen gleichwohl nicht möglich ist, dem Nachholbedarf einerseits und zusätzlichen Anforderungen andererseits mit Investitionen in ausreichender Menge und Schnelligkeit zu begegnen[197].

(6) Die Belastungen durch vorschnelle Investitionsbeschlüsse ihrer Rechtsvorgänger (Torschlußpanik) führen in vielen neugeordneten Gemeinden zu kurz- bis mittelfristigen Finanzierungsschwierigkeiten.

---

[194] Folgen im — durch die Gemeindefinanzreform abgeschafften — Gewerbesteuerausgleich (Zuschüsse von Betriebsgemeinden) sind selbstverständlich.

[195] Sofern sie den Eigenanteil aufbringen konnten.

[196] Vgl. aber Leitsatz 24 unter Pkt. 5.32. dieser Untersuchung.

[197] Somit kann die Existenzberechtigung einer neuen Großgemeinde nicht durch überraschende Leistungskraft nachgewiesen werden.

(7) Die Neuordnung führt in den weitaus meisten Fällen nicht zu Personalkosteneinsparungen, selbst bei der Zusammenlegung mehrerer Verwaltungen zu einer neuen nicht[198]. In Ausnahmefällen festzustellende Kosteneinsparungen sind nur vorübergehend (ein Rechnungsjahr) oder lediglich rechnerisch. — Die höchsten Personalkostensteigerungen treten naturgemäß dort auf, wo eine gegliederte hauptamtliche Verwaltung neu aufgebaut werden muß, also vor allem in Gebieten, in denen die Ämterverfassung nicht eingeführt war (Kreis Lemgo). Je größer der Anteil einer „gewachsenen" Verwaltung an der neuen Großgemeindeverwaltung ist, desto geringer sind die Steigerungsraten[199].

(8) Die Wiedereinkreisung der Stadt Siegen in den Kreis Siegen und vor allem die Zubilligung des Sonderstatus[200] sind für die vergrößerte Gemeinde mit einem jährlichen Verlust — Mindereinnahmen aufgrund der Wiedereinkreisung und Mehrausgaben gegenüber vergleichbaren Städten aufgrund des Sonderstatus — in Millionenhöhe verbunden.

(9) Neugeordnete Gemeinden von unter 12 000 Einwohnern sind nach der Neuordnung finanziell relativ stärker belastet als größere Verwaltungseinheiten.

(10) Neugeordnete Gemeinden in Gebieten, in denen vor der Neuordnung keine Ämter eingerichtet waren (Kreis Lemgo), sind nach der Neuordnung finanziell relativ stärker belastet als Gemeinden in Landesteilen, in denen zuvor Ämter existierten, die mit der Neuordnung aufgelöst wurden[201].

---

[198] Das ist aufgrund des geltenden Dienstrechts für Beamte und der entsprechenden Übernahmepraxis bei Angestellten und Arbeitern auch nicht zu erwarten.

[199] Zu Leitsatz 7 vgl. Leitsatz 14 unter Pkt. 3.32. dieser Untersuchung. — Einflußgrößen auf die Höhe der Personalkosten untersucht Horst Heemann: Der Einfluß der Größe eines Verwaltungsbezirks auf die Personalkosten der Verwaltung, Eine Untersuchung am Beispiel der Kreise, kreisangehörigen Städte und amtsfreien Gemeinden des Landes Schleswig-Holstein (Schriften zur Verwaltungslehre, Heft 12), Köln u. a. 1972. Heemanns These einer „Sprungzone" bei 20 000 Einwohnern (a.a.O., S. 128) kann aufgrund der für diese Untersuchung erhobenen Daten bestätigt werden. Vgl. auch Hans Evers: „Gemeindegröße und Verwaltungsaufwand", in: Informationen (hrsg. vom Institut für Raumforschung, Bad Godesberg), 7. Jg., 1957, S. 147 - 180, bes. S. 151 und 167.

[200] Vgl. Johannes Werner Schmidt: „Finanzielle Fragen neuer kreisangehöriger Städte, Zur Einkreisung ehemals kreisfreier Städte", in: Der Gemeindehaushalt 1/1972, S. 5 f.

[201] Das ist zum Teil auf die in den Leitsätzen 6 und 7 aufgezeigten Gründe zurückzuführen.

Positive finanzielle Auswirkungen der territorialen Neugliederung im Sinne von Einnahmeverbesserungen sind erst langfristig, z. B. als Erfolg der nunmehr möglichen Planungs-, Wirtschaftsförderungs- und Freizeitvorsorgemaßnahmen, zu gewärtigen; die Auswirkungen der Gemeindefinanzreform hingegen waren auch in den neugegliederten Gemeinden sofort feststellbar.

3. Verwaltungspersonal

Das Personal der Gemeinde- und Kreisverwaltungen steht im Zentrum der Untersuchung der personellen Auswirkungen der territorialen Reform. Die Bestandsaufnahme und die Analyse der Veränderungen in der Personaldichte stellen die notwendigen Ergänzungen der Ausführungen über die Personalkosten der eigentlichen Verwaltung dar[1]; mit dieser Aussage wird zugleich die Selbstverständlichkeit bestätigt, daß unter „Verwaltungspersonal" die Angestellten und Beamten der eigentlichen Verwaltung verstanden werden.

3.1. Bestandsaufnahme

Bei der Bestandsaufnahme der Personallage der einzelnen Verwaltungen wird der gleiche Weg beschritten wie bei der Errechnung der Werte zur finanziellen Situation, der nämlich eine fiktive Vergangenheit der Gemeinden unterstellt; d. h. die Zahlen aller in den Stellenplänen der Altgemeinden und Ämter ausgewiesenen bzw. von den heutigen Verwaltungen angegebenen Bediensteten werden addiert und als ein Personalkörper mit den Verwaltungen der neuen Großgemeinden verglichen; deshalb muß jeweils — bei den Gemeinden der Kreise Siegen und Unna — auch der Ämteranteil berücksichtigt werden. Die Bestandsaufnahme erfaßt, soweit dies möglich war, die tatsächlich besetzten Stellen am 30. Juni des jeweiligen Jahres und wird wieder nach den angegebenen Gemeindegruppen vorgenommen.

3.11. Veränderungen der Personaldichte

(1) Der Begriff „Personaldichte" sei wie folgt definiert: *Personaldichte* ist der numerische Ausdruck für die Anzahl der Angestellten und Beamten der eigentlichen Verwaltung[2] einer Gebietskörperschaft im Verhältnis zu einer festen Einwohnergröße (hier: 10 000).

(2) In den ersten beiden Jahren nach der Neuordnung stieg die Zahl der Bediensteten der eigentlichen Verwaltung gegenüber dem letzten Jahr vor der Reform

[1] Die dortigen Angaben über haupt- und ehrenamtliche Verwaltungen werden deshalb nicht im einzelnen wiederholt.

[2] Zu diesem Begriff vgl. Pkt. 2.123. dieser Untersuchung.

— in der Stadt *Barntrup* um 3 Angestellte,
— in der Gemeinde *Dörentrup* um 2 Beamte und 8 Angestellte und
— in der Gemeinde *Leopoldshöhe* um 6 Beamte und 12 Angestellte[3].

Das begründete einen Anstieg der Personaldichte — wie ihn die folgende Abbildung darstellt — von 21,4 auf 23,5 (Barntrup), 13,0 auf 24,5 (Dörentrup) bzw. 7,1 auf 23,9. Während sich die Zahl der Bediensteten vor der Neuordnung zwischen 7 und 18 bewegte, lag sie im Jahr 1970 zwischen 20 und 25.

(3) Die Gemeinden *Bönen* und *Neunkirchen* gehören zu den wenigen Ausnahmen, bei denen aufgrund der fiktiven Berechnung der vor der

Abb. 17: *Personaldichte der Gemeinden von unter 12 000 Einwohnern (vor und nach der Neuordnung)*

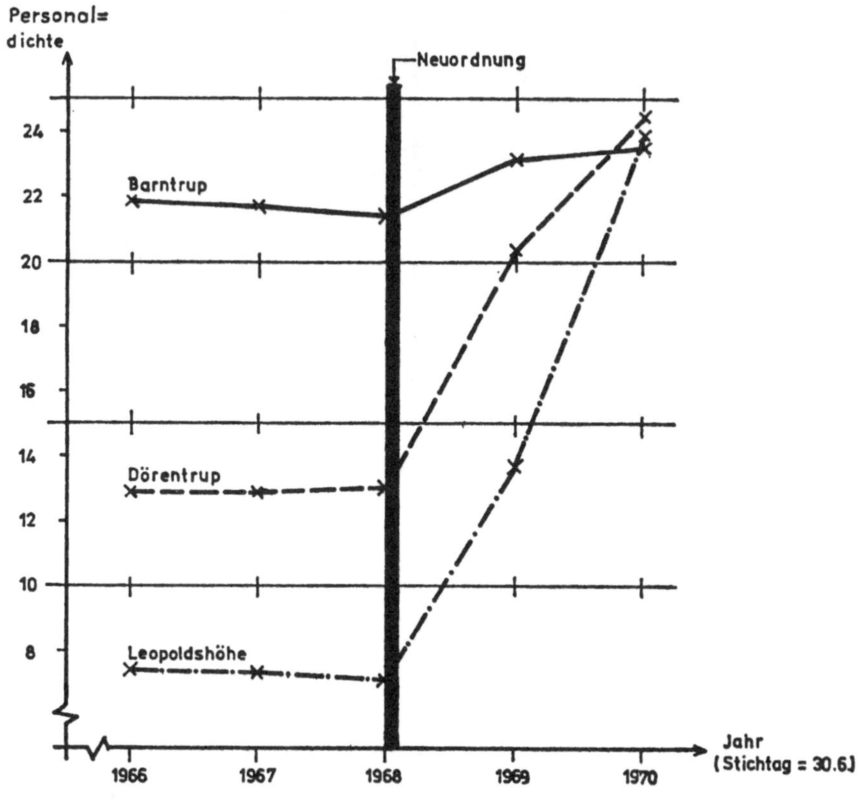

Quelle: Stellenpläne der Gemeinden.

[3] Vgl. Tab. A 19. Die Verwaltung der Gemeinschaft Uentrop/Rhynern zählt als Personalkörper für rund 18 000 Einwohner zur zweiten Gemeindegruppe.

Abb. 18: *Personaldichte der Gemeinden von 12 000 bis unter 20 000 Einwohnern (vor und nach der Neuordnung)*

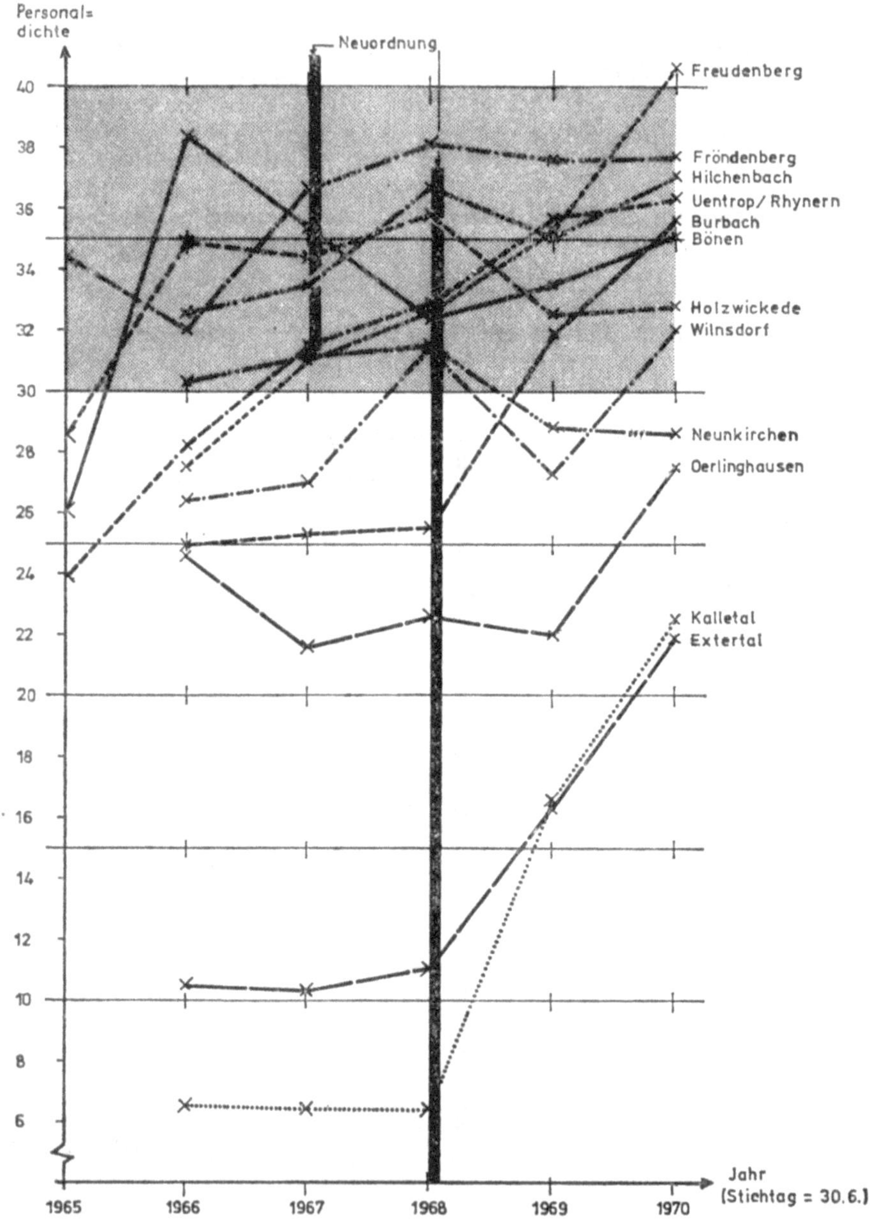

Quelle: **Stellenpläne der Gemeinden.**

Neuordnung für das Gemeindegebiet tätigen Bediensteten die Zahl der Verwaltungsangehörigen auch im zweiten Jahr nach der Reform noch geringer war als vorher. Bei den meisten übrigen Gemeinden der *zweiten Gruppe* wurden nach der Neugliederung mehr Beamte und Angestellte der eigentlichen Verwaltung gezählt, so daß die Personaldichte im allgemeinen zunahm und zwischen 20 und 40 Bediensteten pro 10 000 Einwohner lag. Einzelheiten können der Abbildung und Tabelle A 20 entnommen werden.

(4) Auch in der Stadt *Eiserfeld* hat sich das Personal der eigentlichen Verwaltung nach dem Zusammenschluß rechnerisch verringert. In den anderen drei Gemeinden der *dritten Gruppe* war vor allem eine relativ starke Zunahme der Angestelltenstellen zu beobachten[4], so daß auch hier die Personaldichte eine allgemein steigende Tendenz aufweist.

Abb. 19: *Personaldichte der Gemeinden von 20 000 bis unter 35 000 Einwohnern (vor und nach der Neuordnung)*

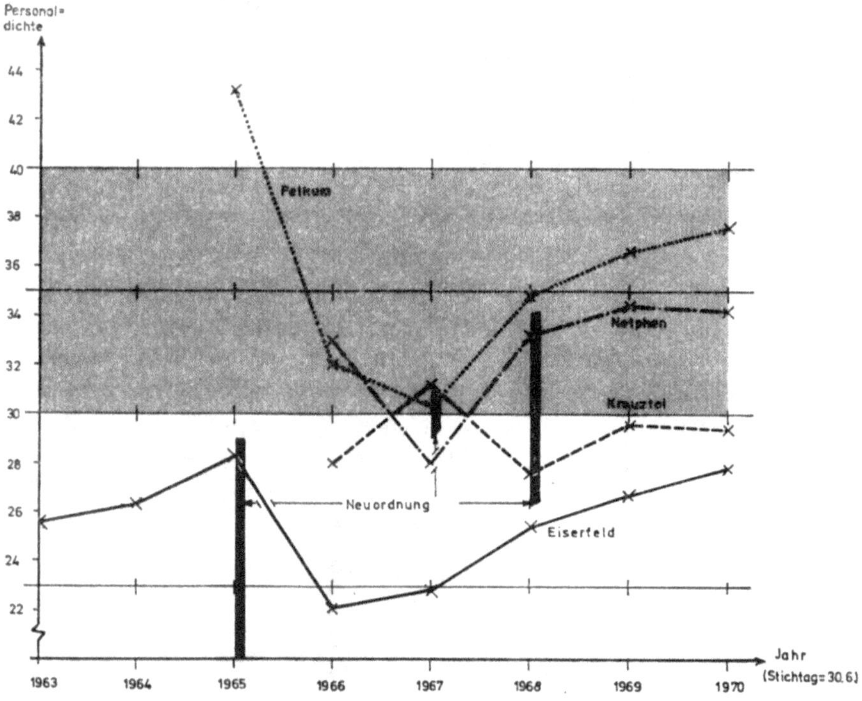

Quelle: Stellenpläne der Gemeinden.

[4] Vgl. Tab. A 21.

(5) Bei den Städten der *vierten Gemeindegruppe* ergaben sich in mehreren Fällen nennenswerte rechnerische Personaleinsparungen[5]. In den Städten *Hüttental* und *Unna* wurden vor allem bei den Angestelltenstellen größere Schwankungen beobachtet, in der Stadt *Kamen* eine Abnahme der Zahl der Beamten des gehobenen Dienstes. Die sinkende Personaldichte in mehreren Gebietskörperschaften, die aus der folgenden Abbildung ersichtlich ist, rührt daher, daß die Entwicklung der Personalkörpers nicht der Zunahme der Wohnbevölkerung entsprach.

Abb. 20: *Personaldichte der Gemeinden von über 35 000 Einwohnern (vor und nach der Neuordnung)*

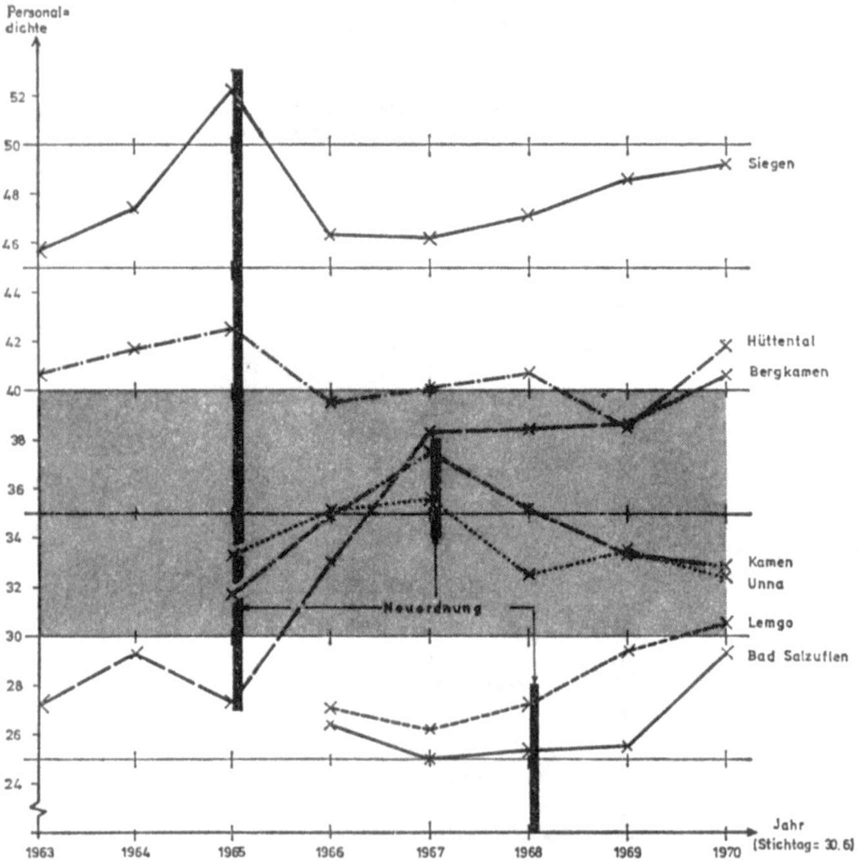

Quelle: Stellenpläne der Gemeinden.

[5] Vgl. Tab. A 22.

(6) Im Zuge der Neuordnung sind in den Verwaltungen der *Kreise* Lemgo, Siegen und Unna nennenswerte rechnerische (= Soll-) Personaleinsparungen, aber auch ein tatsächliches Stellenminder zu verzeichnen gewesen[6]. Der Rückgang der Zahl der Bediensteten in der Kreisverwaltung Lemgo von 1967 auf 1968, also vor der Neuordnung, wurde bereits mit dem erstmaligen Aufbau hauptamtlicher Gemeindeverwaltungen im Bereich des Kreises Lemgo begründet. Aber trotz dieser Verringerung von Soll- und Ist-Stellen bei den Kreisverwaltungen könnte man nur dann von echten, durch die Neuordnung erwirkten Personaleinsparungen sprechen, wenn die Gesamtheit aller kommunalen Bediensteten (Angestellte und Beamte der eigentlichen Verwaltungen in Gemeinde- und Kreisverwaltungen) sich vermindert hätte. Das ist jedoch nur in unerheblichem Maße der Fall, wie auch aus Abbildung 21 zu ersehen ist:

— Stellenminder Untersuchungsraum Siegen 1966/67: 15 Stellen;
— Stellenminder Untersuchungsraum Unna 1967/68: 8 Stellen.

Von 1968 auf 1969 wird der Vergleich durch den Aufbau von Gebietsrecheneinheiten in den Untersuchungsräumen verzerrt. Das muß beachtet werden, wenn die „*Gesamt-Personaldichte*" berechnet wird, die definiert

Abb. 21: *Gesamt-Personaldichte der Untersuchungsräume (vor und nach der Neuordnung)*

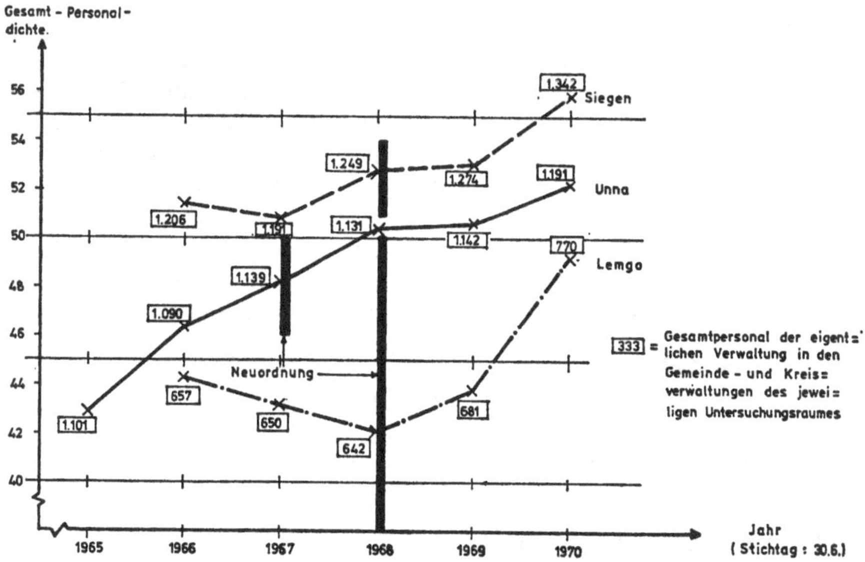

Quelle: Stellenpläne aus den Untersuchungsräumen.

[6] Vgl. Tab. A 23.

sei als numerischer Ausdruck für die Anzahl der Angestellten und Beamten der eigentlichen Verwaltung der kreisangehörigen Gemeinden und des Kreises (= Untersuchungsraumes) im Verhältnis zu einer fixierten Einwohnergröße (hier ebenfalls: 10 000). Diese Gesamt-Personaldichte zeigt eine steigende Tendenz.

(7) Die Bestandsaufnahme erlaubt an dieser Stelle ein *Zwischenergebnis:*

— Die Personaldichte hat in den meisten neuen Gebietseinheiten der Untersuchungsräume zugenommen. Das bedeutet in der überwiegenden Mehrzahl der Fälle, daß die Zahl der Angestellten und Beamten der eigentlichen Verwaltung rascher gewachsen ist als die Zahl der Einwohner.

— Die Personaldichte in vor der Neuordnung ausschließlich oder überwiegend ehrenamtlich verwalteten Gemeinden (Kreis Lemgo) liegt auch zwei bis drei Jahre nach der Reform trotz überdurchschnittlicher Steigerungen unter den Werten vergleichbarer Gemeinden.

— Die Neuordnung führte im allgemeinen nicht zu Personaleinsparungen in der eigentlichen Verwaltung.

3.12. Personalstärke ausgewählter Einzelabteilungen der Gemeindeverwaltungen

(1) Wegen der unterschiedlichen Organisation der Verwaltungen ist es kaum möglich, einzelne Ämter oder Abteilungen mehrerer Gemeinden miteinander zu vergleichen. Vor allem wenn — wie in weiten Teilen des Kreises Lemgo — vor der Neuordnung keine hauptamtliche Verwaltung existierte, ist ein solcher Vergleich nicht mehr sinnvoll. Es gibt allerdings Bereiche, in denen die Aufgabenstellung für die Gemeinden die gleiche ist, wie z. B. in der Haupt- und der Finanzverwaltung; dennoch können auch diese noch teilweise in ihrer Gliederung voneinander abweichen. Mit diesen Einschränkungen also wird nunmehr die Personalstärke der Haupt-, der Finanz- und der Bauverwaltung der Gemeinden erfaßt.

Unter dem Begriff „*Hauptverwaltung*" sind zusammengefaßt:

— die Allgemeine Verwaltung (Haupt- und Personalamt),
— das Standesamt,
— die Schulverwaltung und
— die Kulturverwaltung.

Mit „*Finanzverwaltung*" sind gemeint:

— die Kämmerei,
— die Kasse,
— die Steuerverwaltung,

— die Grundstücksverwaltung und
— die Vermögensverwaltung.

Der Terminus „*Bauverwaltung*" beinhaltet:

— die Bauverwaltung,
— den Hochbau,
— den Tiefbau[7],
— die Bauaufsicht und
— die Planung[8].

Als Vergleichsjahr wird das Jahr 1970 gewählt, da anzunehmen ist — auch die Datenerhebung schloß mit dem Jahr 1970 ab —, daß die Organisationsform und -stärke in diesem Jahr ihren vorläufig endgültigen Zustand erreichte, die Phase des Aufbaus oder der Umstrukturierung also beendet war.

(2) Ein Vergleich der personellen Ausstattung der ausgewählten Abteilungen zeigt für die *erste Gemeindegruppe* u. a. folgende Ergebnisse, die auch aus der nachstehenden Abbildung hervorgehen:

Abb. 22: *Personalstärke ausgewählter Einzelabteilungen in den Gemeinden von unter 12 000 Einwohnern am 30. 6. 1970*

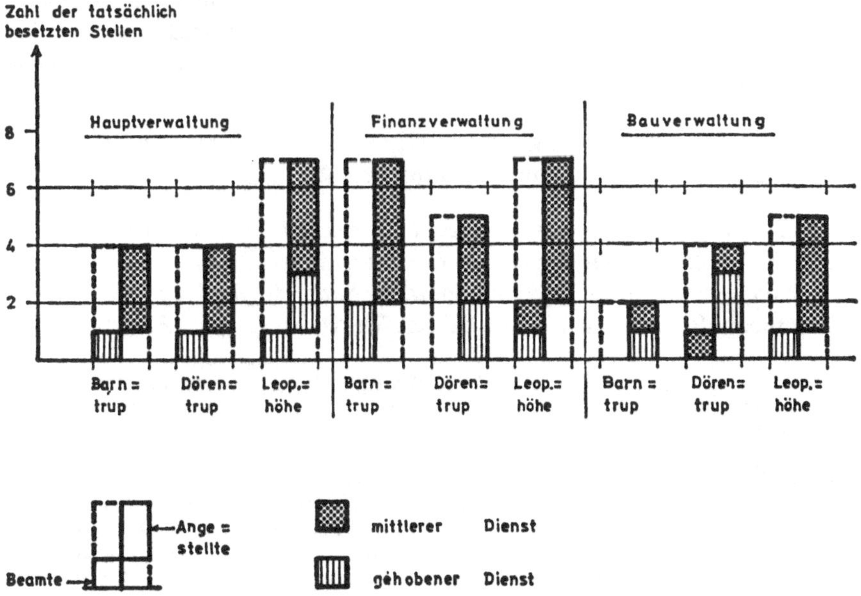

Quelle: Stellenpläne der Gemeinden.

---

[7] Ohne Schachtmeister.

[8] Nur in dieser Zusammenfassung läßt sich eine Vergleichbarkeit zwischen den einzelnen Verwaltungen der meisten untersuchten Gemeinden herstellen.

— Die Hauptverwaltung war in der Gemeinde Leopoldshöhe am besten ausgestattet, und zwar sowohl in bezug auf die Personalstärke als auch hinsichtlich der Tatsache, daß hier zwei Angestellte des gehobenen Dienstes[9] tätig waren.

— Die Finanzverwaltung beschäftigte in Barntrup wie in Leopoldshöhe sieben Bedienstete, doch zählte in der letztgenannten Gemeinde zu diesen ein Beamter des mittleren Dienstes.

— Die Bauverwaltung war in Barntrup vergleichsweise am schlechtesten ausgestattet.

(3) Für die Gemeinden der *zweiten Gruppe* einschließlich der Verwaltungsgemeinschaft Uentrop/Rhynern gilt es hinsichtlich der Bauverwaltung zu beachten, daß die fünf Gemeinden des Kreises Siegen in der Bauaufsicht teilprivilegiert[10] sind, während die Verwaltungsgemeinschaft Uentrop/Rhynern als einzige der hier besprochenen Verwaltungen ein vollprivilegiertes Bauamt hat[11].

Trotzdem waren die nichtprivilegierten Bauverwaltungen der Gemeinden Bönen und Stadt Fröndenberg zum Vergleichszeitpunkt — was aus der nachstehenden Abbildung zu ersehen ist — personell stärker ausgestattet als die teilprivilegierten Siegener Gemeinden. Am schwächsten besetzt waren die vor der Neuordnung überwiegend ehrenamtlich verwalteten Gemeinden Extertal und Kalletal, aber auch die Bauverwaltung der Stadt Oerlinghausen.

Dieses trifft gleichermaßen für die Finanzverwaltung und bei Extertal und Kalletal ebenfalls für die Hauptverwaltung zu[12].

(4) Der Vergleich der ausgewählten Abteilungen für die *dritte Gruppe* ist in Abbildung 24 dargestellt. In der Stadt Eiserfeld ist die Haupt- mit der Finanzverwaltung zusammengefaßt; dadurch wird auf den ersten Blick nicht deutlich, daß diese beiden Verwaltungen in Eiserfeld per-

---

[9] Die im öffentlichen Dienst nicht übliche Einteilung der Angestelltenpositionen in „Dienstebenen" erfolgte in Anlehnung an die vergleichbaren Besoldungsgruppen der Beamten.

[10] Nach Auskunft der Gemeindeverwaltungen sind die Gemeinden Burbach und Neunkirchen teilprivilegiert. Für Freudenberg, Hilchenbach und Wilnsdorf vgl.: Verordnung über die teilweise Übertragung der Aufgaben der unteren Bauaufsichtsbehörden auf die Städte Freudenberg, Hilchenbach und Kreuztal sowie auf die Gemeinden Netphen und Wilnsdorf des Landkreises Siegen vom 30. 12. 1968 (GV. NW. 1969 S. 18, SGV. NW. 232; Inkrafttreten: 18. 1. 1969).

[11] Vgl. Verordnung über die Übertragung der Aufgaben der unteren Bauaufsichtsbehörde auf die Gemeinde Rhynern (Uentrop), Landkreis Unna, vom 8. 1. 1969 (GV. NW. S. 6, SGV. NW. 232; Inkrafttreten: 1. 2. 1968).

[12] Diese Feststellungen korrespondieren mit den niedrigen Personalkosten für die eigentliche Verwaltung (vgl. Abb. 14).

Abb. 23: *Personalstärke ausgewählter Abteilungen in den Gemeinden von 12 000 bis unter 20 000 Einwohnern am 30. 6. 1970*

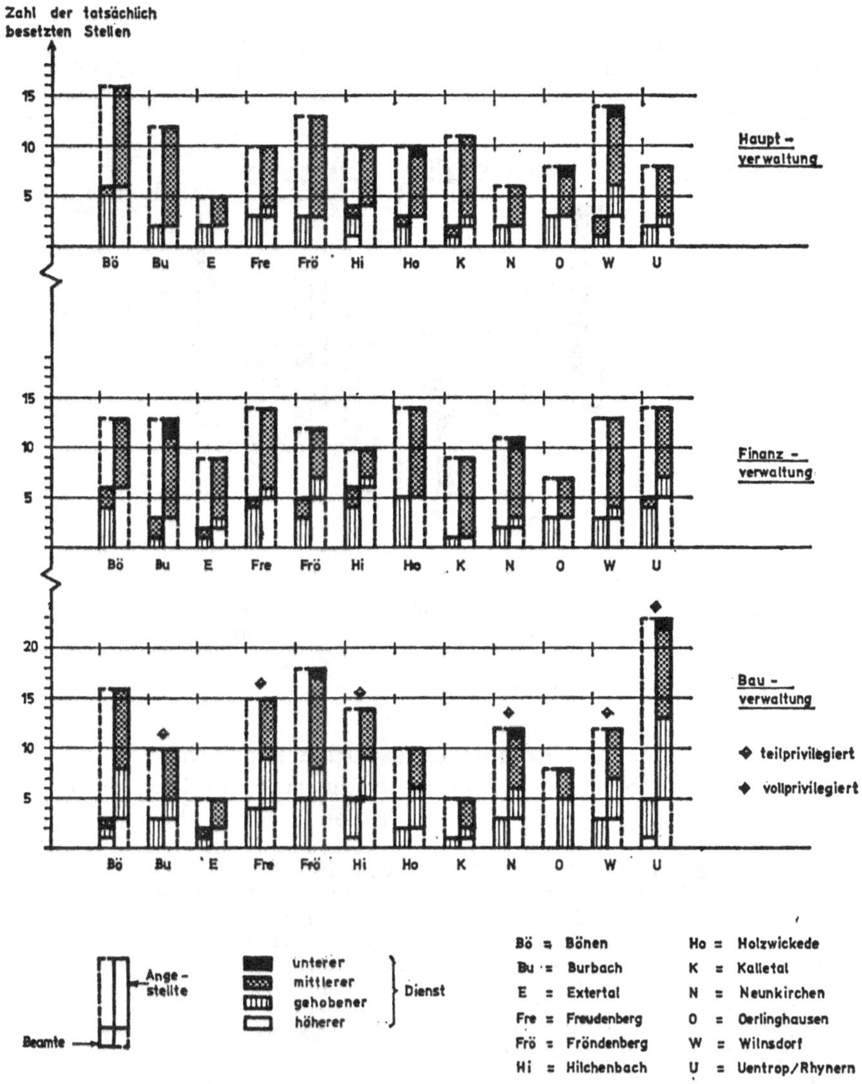

Quelle: Stellenpläne der Gemeinden.

sonell am schwächsten besetzt sind. In der Bauaufsicht wurden die Stadt Kreuztal und die Gemeinde Netphen teilprivilegiert[13], während die Stadt

[13] Vgl. Anm. 3.9.

Eiserfeld und die Gemeinde Pelkum vollprivilegierte untere Bauaufsichtsbehörde sind[14].

Abb. 24: *Personalstärke ausgewählter Einzelabteilungen in den Gemeinden von 20 000 bis unter 35 000 Einwohnern am 30. 6. 1970*

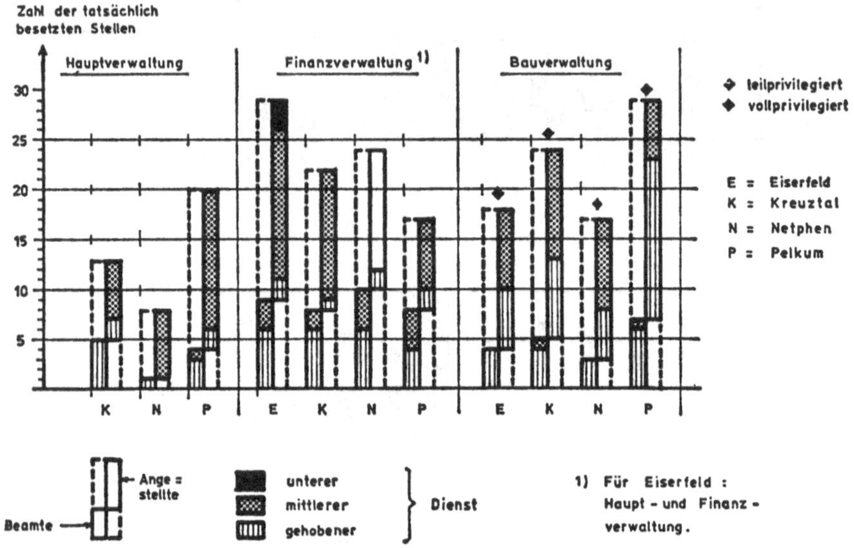

Quelle: Stellenpläne der Gemeinden.

(5) Die Bauämter der Städte Bad Salzuflen und Lemgo waren als einzige innerhalb der *vierten Gemeindegruppe* zum Vergleichszeitpunkt (30. 6. 1970) noch nicht privilegiert[15]. In den Bauverwaltungen dieser

---

[14] Für Kreuztal und Netphen vgl.: VO vom 30. 12. 1968 (Anm. 3.10.); für Eiserfeld vgl.: Verordnung über die Übertragung der Aufgaben der unteren Bauaufsichtsbehörden auf die kreisangehörigen Ämter und auf die kreisangehörigen Städte Eiserfeld, Hilchenbach und Hüttental des Landkreises Siegen vom 1. 7. 1966 (GV. NW. S. 395, SGV. NW. 232; Inkrafttreten: 15. 7. 1966); nach Auskunft der Stadtverwaltung ist Eiserfeld lediglich teilprivilegiert; für Pelkum vgl.: Verordnung über die Übertragung der Aufgaben der unteren Bauaufsichtsbehörde auf die Gemeinde Pelkum, Landkreis Unna, vom 21. 1. 1968 (GV. NW. S. 19, SGV. NW. 232; Inkrafttreten: 6. 2. 1968).

[15] Die Privilegierung wurde für Lemgo erst zum 1. 1. 1972 ausgesprochen durch die Verordnung über die Übertragung der Aufgaben der unteren Bauaufsichtsbehörde auf die Stadt Lemgo vom 5. 8. 1971 (GV. NW. S. 236, SGV. NW. 232).

Für Bad Salzuflen vgl.: Verordnung über die Übertragung der Aufgaben der unteren Bauaufsichtsbehörde auf die Stadt Bad Salzuflen, Kreis Lemgo, vom 24. 9. 1970 (GV. NW. S. 710, SGV. NW. 232; Inkrafttreten: 1. 11. 1970);

für Bergkamen vgl.: Verordnung über die Übertragung der Aufgaben der unteren Bauaufsichtsbehörde auf die Stadt Bergkamen, Landkreis Unna, vom 9. 11. 1965 (GV. NW. S. 332, SGV. NW. 232; Inkrafttreten: 1. 1. 1966);

Abb. 25: *Personalstärke ausgewählter Einzelabteilungen in den Gemeinden von über 35 000 Einwohnern am 30. 6. 1970*

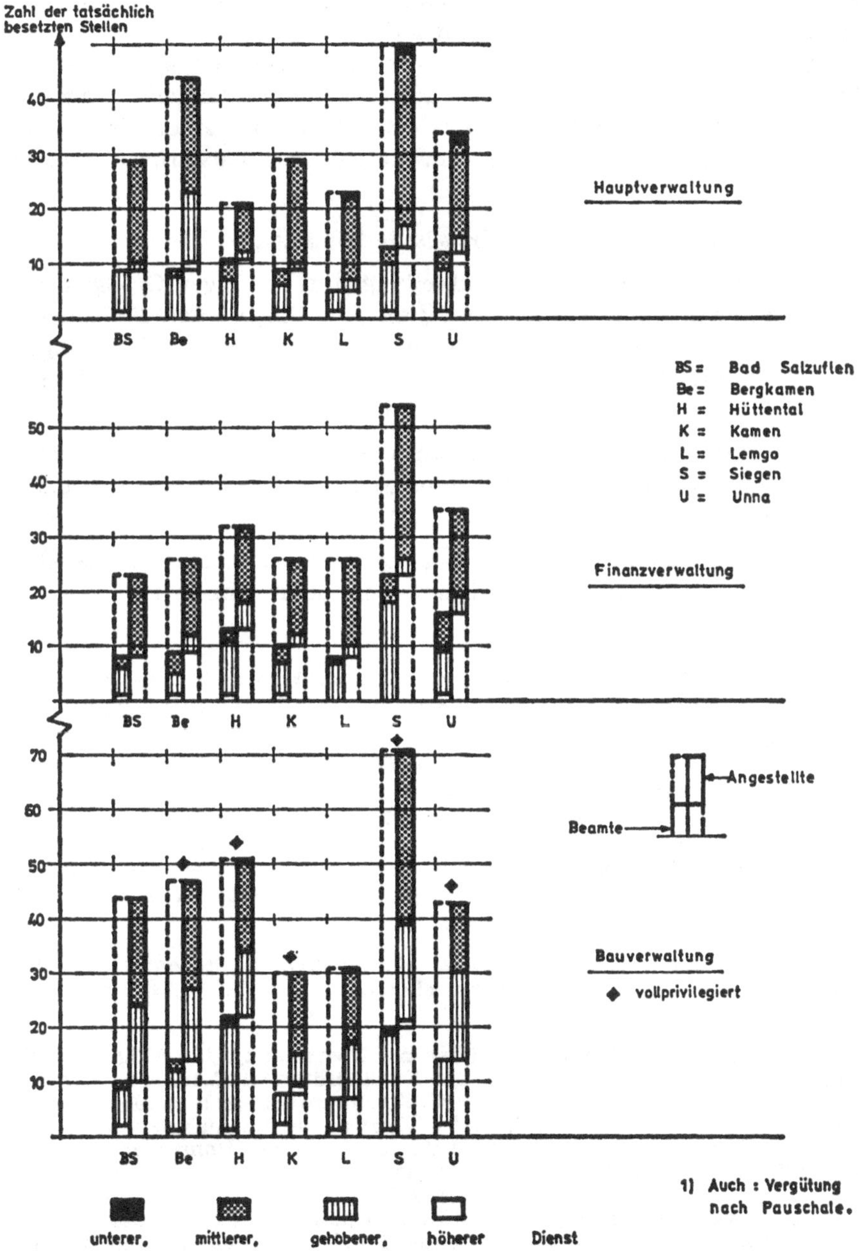

Quelle: Stellenpläne der Städte.

Gruppe ist — wie die folgende Abbildung zeigt — eine Massierung höherbezahlter Kräfte (Angestellte und Beamte des höheren und gehobenen Dienstes) besonders deutlich. Die Stadt Siegen ist wegen ihres Sonderstatus sowohl in dieser als auch in der Haupt- und in der Finanzverwaltung personell am stärksten ausgestattet. Die Stadt Bergkamen nimmt hinsichtlich der Hauptverwaltung[16] insofern eine Sonderstellung ein, als sie ein mit 13 Bediensteten ausgestattetes Kulturamt unterhält, eine in den Untersuchungsräumen sonst unbekannte Personalstärke in diesem Bereich.

(6) Als weiteres *Zwischenergebnis* ist festzuhalten:

— Für den Vergleich von Einzelabteilungen der heutigen Großgemeinden untereinander wurden die Haupt-, die Finanz- und die Bauverwaltung ausgewählt, eigens definiert und in ihrer zahlenmäßigen Stärke und Gliederung in Dienstebenen vorwiegend zeichnerisch dargestellt.

— Je größer die Gemeinden, desto stärker differieren Stärke und Zusammensetzung der bezeichneten Abteilungen innerhalb ihrer Gemeindegruppe.

— In der Bauverwaltung sind im allgemeinen relativ mehr höherbezahlte Kräfte eingesetzt als in der Haupt- oder der Finanzverwaltung.

3.13. Personalveränderungen ausgewählter Einzelabteilungen der Kreisverwaltungen

(1) „*Infolge der Verwaltungsreform* werden 46 Stellen ... eingespart. Von den einzusparenden Stellen konnten im Stellenplan 1969 22 Stellen, die nicht besetzt sind, gestrichen werden. Weitere 19 Stellen wurden mit dem Vermerk ‚kw (Einsparung)‘ versehen und werden, sobald sie frei werden, nicht wieder besetzt. 3 Stellen, die ebenfalls durch die Verwaltungsreform eingespart wurden, sind nach Abt. 90 für die zusätzlichen Aufgaben ‚weißer Kreis‘ verlagert.

Eine A 11-Stelle (Amtmann Schötmar) wurde schon im Stellenplan 1966 im Hinblick auf die Verwaltungsreform eingespart. Die 46. Stelle ergibt sich

---

für Hüttental vgl.: Verordnung über die Übertragung der Aufgaben der unteren Bauaufsichtsbehörde auf die Stadt Hüttental, Landkreis Siegen, vom 12. 8. 1967 (GV. NW. S. 147, SGV. NW. 232; Inkrafttreten: 1. 10. 1967);

für Kamen vgl.: Verordnung über die Übertragung der Aufgaben der unteren Bauaufsichtsbehörde auf die Stadt Kamen, Landkreis Unna, vom 7. 2. 1968 (GV. NW. S. 28, SGV. NW. 232; Inkrafttreten: 1. 3. 1968);

für Siegen vgl.: § 77 Abs. 1 Ziff. 3 a BauO NW;

für Unna vgl.: Verordnung über die Übertragung der Aufgaben der unteren Bauaufsichtsbehörde auf die Stadt Unna, Landkreis Unna, vom 29. 1. 1968 (GV. NW. S. 19, SGV. NW. 232; Inkrafttreten: 6. 2. 1968).

[16] Vgl. Definition im Abschnitt (1).

durch die Freistellung des Personalratsvorsitzenden von seinen bisherigen Aufgaben[17]."

Aus der zitierten Darstellung der *Kreisverwaltung Lemgo* ist zu ersehen, daß per Saldo 41 Stellen — davon ein Arbeiter — gestrichen werden konnten bzw. künftig wegfallen sollen. Im einzelnen ergibt sich nach dem Stellenplan 1969 folgendes Bild:

Abteilung	eingesparte Stellen	davon: gestrichen	kw (Einsp.)
Haupt- und Personalabteilung	4[18]	4	—
Planungsstelle	2	1	1
Amtmänner	8	3	5
Ordnungsabteilung	2	2	—
Sozialabteilung	10	5	5
Abteilung Jugend und Sport	1	1	0
Abteilung Lastenausgleich	3	3	0
Bauabteilung	7	1	6
Vermessungs- und Katasterabteilung	1	1	0
Kreiskasse	3	1	2
	41	22	19

Anhand der tatsächlichen Personalentwicklung in den oben angesprochenen (Unter-) Abteilungen für die Jahre 1968 bis 1970 soll nun geprüft werden, ob die theoretische Einsparung von 19 Beamten- bzw. Angestelltenstellen aufgrund der Neuordnung in dieser Zeit realisiert werden konnte (vgl. Tab. 14).

Aus der Überprüfung geht hervor, daß sich im Jahr nach der Neuordnung die Zahl der Stellen in den betreffenden Abteilungen der Kreisverwaltung Lemgo tatsächlich um 19 verminderte. In anderem Zusammenhang (Tabelle A 23) wurde festgestellt, daß die Gesamtzahl der Bediensteten der eigentlichen Verwaltung im Jahre 1969 (1. 1. 1970) um 9 unter der des Jahres 1968 (30. 6. 1968) lag, wobei es sich ausschließlich um Angestellte handelte. Im nicht überprüften Bereich der eigentlichen Verwaltung sind also 10 Kräfte — 4 Beamte und 6 Angestellte — zusätzlich beschäftigt worden. Die Personalstärke der Prüfungsabteilung ist während des gesamten Untersuchungszeitraumes gleich geblieben (5 Beamte, 2 Angestellte).

(2) In den Stellenplänen der Kreisverwaltung Siegen und Unna fehlen leider die entsprechenden kw- und Einsparungsvermerke sowie die Erläuterungen zu den Stellenplänen. Die Analyse kann deshalb für diese

[17] Haushaltsplan Kreis Lemgo 1969, Anl. 13, S. 197 (Hervorhebung: V. W.).

[18] Davon: 1 Arbeiter.

Tabelle 14: Personalentwicklung in Einzelabteilungen der Kreisverwaltung Lemgo 1968 - 1969

Abteilung	Zahl der tatsächlich besetzten Stellen (Gesamt/Beamte, Angestellte)		Veränderung 1968 - 1970
	30.6.1968	1.1.1970	
Haupt- und Personalabteilung	69/18,51	67/18,49	- 2
Planungsstelle[1]	7/ 1, 6	6/ 2, 4	- 1
Amtmänner	11/ 3, 8	-	-11
Ordnungsabteilung	24/ 8,16	26/ 8,18	+ 2
Sozialabteilung	25/ 8,17	18/ 6,12	-.7
Abteilung Jugend und Sport	18/ 8,10	19/ 9,10	+ 1
Abteilung Lastenausgleich	38/12,26	37/12,25	- 1
Bauabteilung	36/16,20	38/16,22	+ 2
Vermessungs- und Katasterabteilung	33/ 7,26	32/ 7,25	- 1
Kreiskasse	10/ 4, 6	9/ 3, 6	- 1
insgesamt	271/85,186	252/81,171	-19/-4,-15

1 Seit Stellenplan 1970: Amt für Wirtschaftsförderung und Strukturentwicklung.

Quelle: Eigene Zusammenstellung aus Stellenplänen des Kreises Lemgo.

beiden Verwaltungen nur verkürzt vorgenommen werden. Im Falle des *Kreises Siegen* sind wegen der getrennt durchgeführten Neuordnung[19] die Jahre 1966 und 1967 einerseits und andererseits die Jahre 1968 und 1969 zu vergleichen, und zwar — außer der Planungsstelle und den Amtmännern — hinsichtlich der gleichen Abteilungen wie im Falle des Kreises Lemgo (vgl. Tab. 15).

Wie vorher berechnet (Tabelle A 23), waren im Jahre 1967 in der gesamten eigentlichen Verwaltung des Kreises Siegen 30 Bedienstete we-

[19] Vgl. Pkt. 1.2. dieser Untersuchung.

Tabelle 15: <u>Personalentwicklung in Einzelabteilungen der Kreisverwaltung Siegen 1966 - 1969</u>

Abteilung	Zahl der tatsächlich besetzten Stellen (Gesamt/Beamte, Angestellte)		Veränderung 66-67	Zahl der tatsächlich besetzten Stellen (Gesamt/Beamte, Angestellte)		Veränderung 68-69
	30.6.1966	30.6.1967		30.6.1968	30.6.1969	
Haupt- und Personalabteilung	60/ 22, 38	49/ 24, 25	- 11	50/ 25, 25	66/ 24, 42	+ 16
Ordnungsabteilung	23/ 10, 13	23/ 10, 13	± 0	23/ 9, 14	24/ 10, 14	+ 1
Sozialabteilung	16/ 6, 10	16/ 6, 10	± 0	16/ 6, 10	16/ 6, 10	± 0
Jugendamt	18/ 6, 12	18/ 6, 12	± 0	19/ 7, 12	25/ 9, 16	+ 6
Abteilung LAG	33/ 14, 19	33/ 14, 19	± 0	33/ 14, 19	30/ 12, 18	- 3
Bauabteilung	40/ 19, 21	46/ 25, 21	+ 6	44/ 23, 21	43/ 20, 23	- 1
Kataster- und Vermessungsamt	63/ 9, 54	58/ 11, 47	- 5	59/ 12, 47	65/ 12, 53	+ 6
Kreiskasse	7/ 2, 5	7/ 2, 5	± 0	7/ 2, 5	7/ 2, 5	± 0
insgesamt	260/ 88,172	250/ 98,152	- 10/ +10,-20	251/ 98,153	276/ 95,181	+ 25/ -3,+28

<u>Quelle:</u> Eigene Zusammenstellung aus Stellenplänen des Kreises Siegen.

niger[20] — 2 Beamte mehr, 32 Angestellte weniger — beschäftigt als 1966. Im nicht überprüften Bereich wurden also weitere 20 Kräfte — 8 Beamte und 12 Angestellte — eingespart.

Im Jahre 1969 beschäftigte der Kreis Siegen in seiner eigentlichen Verwaltung 4 Kräfte — 3 Beamte, 1 Angestellten — mehr als 1968. Im — durch die obige Tabelle — nicht erfaßten Bereich sind mithin 21 Bedienstete eingespart worden; das bedeutet hier eine Zunahme der Beamtenstellen um 6 gegenüber einer Verminderung der Angestelltenpositionen um 27. Die Prüfungsabteilung blieb im Untersuchungszeitraum im wesentlichen unverändert (30. 6. 1963: 4 Beamte, 5 Angestellte; ab 30. 6. 1966: 5 Beamte, 4 Angestellte).

(3) Für den *Kreis Unna* ist es angezeigt, wegen der Neuordnung zum 1. 1. 1968 den Vergleich auf die Jahre 1967 und 1968 zu beschränken. Aus diesem Grunde taucht die Katasterabteilung nicht auf, die erstmalig im Stellenplan 1970 ausgewiesen ist.

Tabelle 16: Personalentwicklung in Einzelabteilungen der Kreisverwaltung Unna 1967 - 1968

Abteilung	Zahl der tatsächlich besetzten Stellen (Gesamt/ Beamte, Angestellte)		Veränderung 1967 - 1968
	30.6.1967	30.6.1968	
Haupt- und Personalabteilung	67/14,53	72/16,56	+ 5
Ordnungsabteilung	16/ 7, 9	15/ 6, 9	- 1
Sozialabteilung	23/ 9,14	18/ 7,11	- 5
Abteilung Jugend und Sport	8/ 4, 4	10/ 5, 5	+ 2
Lastenausgleichsabteilung	31/ 9,22	29/ 8,21	- 2
Bauabteilung	84/21,63	77/16,61	- 7
Kreiskasse	9/ 2, 7	7/ 2, 5	- 2
insgesamt	238/66,172	228/60,168	-10/-6,-4

Quelle: Eigene Zusammenstellung aus Stellenplänen des Kreises Unna.

[20] Wie ein Blick auf Tabelle A 15 zeigt, ist diese Zahl vermutlich überhöht (Problem des Stichtags). Vgl. auch OKD des Kreises Siegen (Hrsg.): Kreis Siegen 1964 - 1969, S. 89.

Aus den Berechnungen der Tabelle A 23 geht hervor, daß die gesamte eigentliche Verwaltung des Kreises Unna im Jahre 1968 4 Stellen weniger aufwies als 1967 bzw. 7 Beamtenstellen weniger und 3 Angestelltenpositionen mehr. Daraus folgt, daß in den bisher unbeachtet gebliebenen Bereichen dieser Verwaltung zusätzlich 1 Beamtenstelle eingespart, jedoch 7 Angestellte mehr eingesetzt wurden.

Das Gemeinde-Rechnungsprüfungsamt der Kreisverwaltung Unna nahm im Untersuchungszeitraum folgende Entwicklung:

30. 6. 1965:	4 Beamte, 1 Angestellter,
30. 6. 1966:	5 Beamte, 1 Angestellter,
30. 6. 1967:	6 Beamte, 1 Angestellter,
30. 6. 1968:	6 Beamte, 1 Angestellter,
30. 6. 1969:	6 Beamte,
30. 6. 1970:	8 Beamte.

(4) Die detaillierte Überprüfung der pauschalen Feststellungen, die im Rahmen der Aussage über die Gesamtpersonaldichte getroffen worden waren[21], führte zu folgendem *Zwischenergebnis:*

— Aufgrund der territorialen Neugliederung der Gemeinden sank das Personal der Kreisverwaltungen (tatsächlich besetzte Stellen) in den Untersuchungsräumen geringfügig: in ausgewählten Abteilungen, die von der Kreisverwaltung Lemgo begründet und aus Vergleichszwecken für die Kreise Siegen und Unna gleichermaßen untersucht wurden[22], waren zu verzeichnen

  — in der Kreisverwaltung Lemgo von (von 1968 auf 1969) 19 Einsparungen,

  — in der Kreisverwaltung Siegen nach der Neuordnung des Hüttentals (von 1966 auf 1967) 10 Einsparungen,

  — in der Kreisverwaltung Unna (von 1967 auf 1968) 10 Einsparungen.

— Die Gemeinde-Rechnungsprüfungsämter wiesen keine signifikanten Änderungen auf.

3.2. Bewertung der personellen Entwicklung

Der Personalmaßstab kann bereits in diesem Stadium der Bestandsaufnahme definiert und die festgestellte Entwicklung anschließend mit seiner Hilfe bewertet werden.

[21] S. o. Pkt. 3.11. (6) dieser Untersuchung.

[22] Es handelt sich um Bereiche, die für den Bezug zur Gemeindeebene relevant sind.

3.21. Maßstäbe der Bewertung

Die Quellen der Bezugsbasis[23] liefern einige konkrete Anhaltspunkte für die hier zu entwickelnden Maßstäbe: „Die Gemeinden sollen ... die Tragfähigkeit für eine eigene hauptamtliche und hinreichend spezialisierte Verwaltung besitzen ...[24].“ „Das Ausmaß der planerischen Tätigkeit und der in erheblichem Umfange notwendige Ausbau der kommunalen Infrastruktur zwingen zu möglichst großen, leistungsfähigen gemeindlichen Einheiten, die eine fachlich spezialisierte und gut qualifizierte Verwaltung tragen können[25].“ Dabei liegt „die unterste Grenze einer für interne Leistungen selbstgenügsamen Kommunalverwaltung ... bei etwa 20 Bediensteten“[26].

Aufgrund dieser Anhaltspunkte und ihres gedanklichen Hintergrundes[27] werden die Maßstäbe des genannten Maßstabssets definiert.

3.211. Entwicklung der Maßstäbe

Der Maßstabsset „Personalmaßstab“ bezieht sich ausschließlich auf die eigentliche Verwaltung der Gemeinden; die juristische Unterscheidung der öffentlich Bediensteten zwischen Angestellten und Beamten wird in diesem Zusammenhang nicht nachvollzogen, wohl aber die Einteilung in vier Laufbahnkategorien (unterer, mittlerer, gehobener, höherer Dienst).

Ein erster Maßstab könnte der Bezugsbasis konkret entnommen werden, nach der eine territoriale Neugliederung ohne die ausnahmslose Einrichtung einer hauptamtlichen Verwaltung nicht sinnvoll wäre. Dieser mögliche Maßstab wird jedoch nicht in den Maßstabsset übernommen, weil die Tatsache der Bildung von Einheitsgemeinden mit hauptamtlichen Verwaltungen gesetzlich vorgeschrieben ist, die Einrichtung solcher Verwaltungen durch Gesetzesvollzug mithin keine Auswirkung der Neuordnung in dem sonst in dieser Untersuchung gemeinten Sinn darstellt. Das

---

[23] Vgl. Pkt. 1.53. dieser Untersuchung.

[24] Innenminister des Landes NW (Hrsg.): Grundsätze der Neugliederung ..., S. 24; entspricht: Vorschlag Aachen-Gesetz, S. 18 f.

[25] Vgl. ebd., S. 26 (Vorschlag Aachen-Gesetz, S. 20). Diese Forderungen finden sich vielfach in ähnlichen Formulierungen wieder: „... groß genug ..., um eine hauptberufliche, mit geschulten Fachkräften besetzte Verwaltung tragen zu können“ (Gutachten A, S. 18). — „Beschäftigung von hauptamtlichem Personal“ (Frido Wagener: Neubau der Verwaltung, S. 291). „Hoher Spezialisierungsgrad des Personals“ (Frido Wagener: Neubau ..., S. 288). — „... hauptamtliche Verwaltung mit beruflichen Fachkräften“ (KGSt [Hrsg.]: Zusammenarbeit zwischen Gebietskörperschaften, Köln 1969, S. 21).

[26] Frido Wagener: „Gemeindeverwaltung und Kreisverwaltung“, in: Archiv für Kommunalwissenschaften 2/1964, S. 237 - 258, hier: S. 249.

[27] Dazu gehört auch: KGSt (Hrsg.): Zwischengemeindliche Zusammenarbeit II, Köln 1966, S. 81 (Faktoren der Verwaltungskraft: Personal).

Auslassen dieses Maßstabs bedeutet keine Benachteiligung irgendeiner Gemeinde bei der Beurteilung ihrer bisherigen Entwicklung seit der Reform, da alle neuen Gebietskörperschaften die gleiche Bewertung erhielten. Zudem ist es nicht Aufgabe dieser Untersuchung, Vor- und Nachteile hauptamtlicher Amtsverwaltungen gegenüber hauptamtlichen Verwaltungen von Einheitsgemeinden abzuwägen, wie es in den Kreisen Siegen und Unna weitgehend erforderlich wäre: dazu war der Zeitraum seit der territorialen Neugliederung zu kurz. Es besteht indes m. E. kein Zweifel, daß

— die Verwaltung einer Einheitsgemeinde vorteilhafter wirken kann als eine Amtsverwaltung, nicht zuletzt wegen der umfangreicheren Kompetenzen, und
— eine hauptamtliche Verwaltung als solche leistungsfähiger ist als eine ehrenamtliche.

Insofern haben vor allem die Einwohner des Kreises Lemgo Vorteile aus der Gemeindereform gezogen[28].

Wenn also die Tatsache der ausnahmslosen Einrichtung hauptamtlicher Verwaltungen nicht als Maßstab definiert wird, so kann doch geprüft werden, ob die jeweiligen neuen Verwaltungen Bedingungen entsprechen, wie sie von den „Reformern“ beabsichtigt waren. Der Bezugsbasis kann direkt entnommen werden, daß eine konkret zu bestimmende Mindestanzahl von Bediensteten eine der Grundbedingungen für eine leistungskräftige Verwaltung ist. Daraus läßt sich ein erster Maßstab ableiten:

1. Maßstab: Das Gesamtpersonal der eigentlichen Verwaltung von neuen Großgemeinden hat eine bestimmte Mindeststärke, die vor der Neuordnung nicht erreicht war.

Andererseits gilt es zu prüfen, ob der manchmal erhobene allgemeine Vorwurf, der Personalkörper im öffentlichen Dienst sei zu sehr aufgebläht, auf die neugeordneten Gemeinden zutrifft, wobei in diesem Zusammenhang außer acht gelassen wird, worauf eine Überbesetzung der Verwaltung zurückzuführen wäre.

2. Maßstab: Die Personaldichte der Gemeinden in neuegeordneten Räumen liegt in einem bestimmten Intervall, in dem sie vor der Neuordnung nicht lag.

Mit diesem Maßstab wird also neben der absoluten auch die relative Stärke des Verwaltungspersonals beurteilt. Zur ersteren ist ein weiterer Gesichtspunkt beachtenswert.

3. Maßstab: Die territoriale Neugliederung führt zu Personaleinsparungen.

---

[28] Natürlich waren diese potentiellen Vorteile mit erheblichen Mehrkosten verbunden (vgl. Pkt. 2.123. dieser Untersuchung).

Die geforderte hinreichende Spezialisierung der Verwaltung — besser: ihre zunehmende Spezialisierung — kann bei entsprechender Bereitschaft der Beteiligten im einzelnen festgestellt werden[29]. Ein Schluß auf den Spezialisierungsgrad ist jedoch auch pauschal möglich, wenn man die Tatsache berücksichtigt, daß höher-spezialisiertes im allgemeinen zugleich höher-bezahltes Personal ist. Auf diesem Gedankengang beruht der folgende Maßstab.

4. Maßstab: In den Verwaltungen der neugeordneten Großgemeinden nimmt der Anteil an höherbezahltem Personal zu.

Der Nachholbedarf vieler Gemeinden an kommunalen Einrichtungen führt auf dem personellen Sektor zu erhöhten Personalanforderungen, besonders im Bereich der Leistungsverwaltung. Da die kommunale Ausstattung einer Gemeinde und die Unterhaltung der Infrastruktureinrichtungen immer mit baulichen Maßnahmen einhergehen, ist hier vor allem die Bauverwaltung angesprochen. Die Bediensteten dieser Verwaltung sollten deshalb einen bestimmten Mindestanteil am Gesamtpersonal der eigentlichen Verwaltung ausmachen:

5. Maßstab: Die Bauverwaltung in neugeordneten Großgemeinden ist relativ gut besetzt.

Bei der Bauverwaltung kommt es aus dem gleichen Grund mehr als bei den übrigen Teilen der eigentlichen Verwaltung auf eine hohe Spezialisierung des Personals an. Sie sollte deshalb an einem weiteren Maßstab gemessen werden.

6. Maßstab: Die Bauverwaltung neugeorneter Großgemeinden hat einen höheren Prozensatz an höherbezahlten Kräften als das Gesamt der eigentlichen Verwaltung.

Dieser Maßstabsset könnte noch erweitert[30] und verfeinert werden; doch reichen die Maßstäbe für die Zwecke dieser Untersuchung und zur Kennzeichnung der Bestandteile des „Personalmaßstabs" aus.

3.212. Gliederung der Maßstäbe

Der Personalmaßstab läßt sich in vier Ebenen gliedern. Vier der sechs oben entwickelten Maßstäbe sagen etwas über die „Gesamtpersonalstärke der eigentlichen Verwaltung" aus, zwei messen den „Spezialisierungsgrad der eigentlichen Verwaltung" (4. und 6. Maßstab). Die Gesamtpersonalstärke der eigentlichen Verwaltung wird anhand von drei Kriterien bewertet: der „Personaleinsparung" (3. Maßstab), der „Perso-

[29] Eine solch detaillierte Analyse war jedoch im Rahmen dieser Untersuchung nicht zu leisten.

[30] Vgl. dazu Pkt. 4.311. dieser Untersuchung (15. bis 18. Maßstab).

naldichte" (2. Maßstab) und der „Mindeststärke", die mit zwei Maßstäben gemessen wird (1. und 5. Maßstab).

Der Personalmaßstab wird also wie folgt gegliedert[31]:

(1.) Personalmaßstab
(1.1.) Gesamtpersonalstärke
(1.11.) Mindeststärke
(1.111.) eigentliche Verwaltung insgesamt (1. Maßstab)
(1.112.) relative Stärke Bauverwaltung (5. Maßstab)
(1.12.) Personaldichte (2. Maßstab)
(1.13.) Personaleinsparung (3. Maßstab)
(1.2.) Spezialisierungsgrad
(1.21.) Anteil höherbezahlter Kräfte insgesamt (4. Maßstab)
(1.22.) relativer Anteil Bauverwaltung (6. Maßstab).

Das folgende Schema gibt diese Gliederung graphisch wieder.

Abb. 26: *Gliederung des Teilsets „Personalmaßstab"*

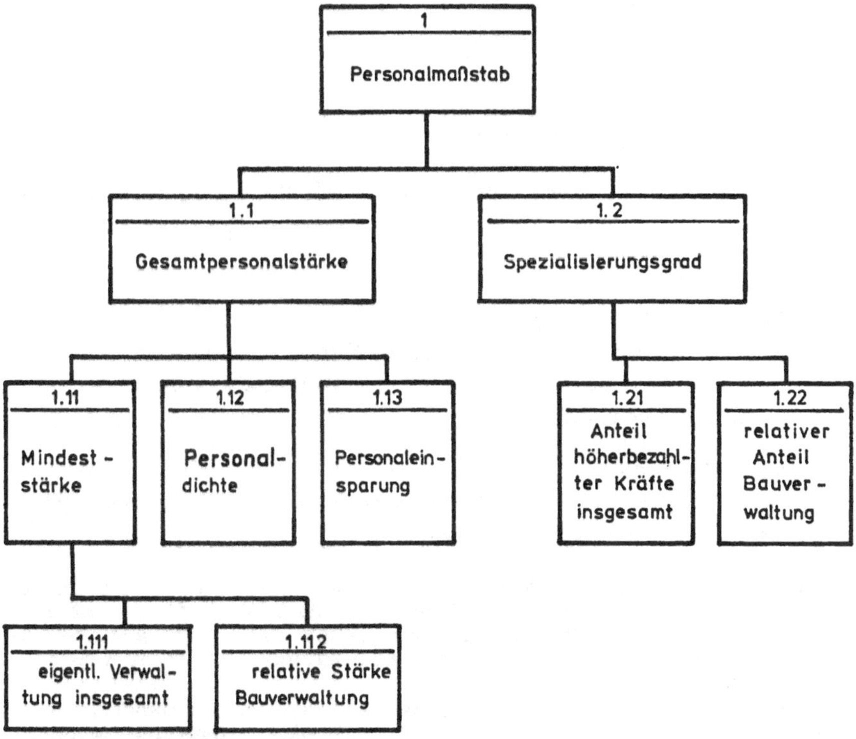

Quelle: Eigene Zusammenstellung.

[31] Vgl. Abb. 26. Von jetzt ab werden nur noch die folgenden Gliederungsziffern gebraucht.

3.213. Operationalisierung und Skalierung der Maßstäbe

(1) Durch die Bewertung soll geprüft werden, inwieweit die in der Bestandsaufnahme festgestellte Entwicklung mit den oben definierten Maßstäben[32] des ersten Teilsets übereinstimmt. Dazu sind diese indes noch nicht genügend handhabbar. Sie müssen deshalb operationalisiert werden, nachdem angegeben ist, nach welcher *allgemeinen Bewertungsskala* beim Messen[33] des Grades der Übereinstimmung vorgegangen werden soll.

Tabelle 17: Allgemeine Bewertungsskala (Schlüssel)

Grad der Übereinstimmung	Wertungsziffer
völlige Übereinstimmung	5
hohe Übereinstimmung	4
mittlere Übereinstimmung	3
geringe Übereinstimmung	2
keine Übereinstimmung	1

Quelle: Eigene Zusammenstellung.

(2) Der Maßstabsset „Personalmaßstab" wird wie folgt *operationalisiert* und *skaliert:*

— *Maßstab 1.111.:*

Definitionswiederholung:

Das Gesamtpersonal der eigentlichen Verwaltung von neuen Großgemeinden hat eine bestimmte Mindeststärke, die vor der Neuordnung nicht erreicht war.

Operationalisierung:

Im zweiten Jahr nach der Neuordnung (Stichtag: 30. 6.) beträgt die Mindeststärke der eigentlichen Verwaltung

[32] Maßstäbe können auch „Ziele" genannt werden. Geprüft wird dann der „Zielrealisierungsgrad". Vgl. z. B. Albrecht Nagel: Leistungsfähige Entscheidungen in Politik und Verwaltung durch Systemanalyse, Ein generell anwendbares Verfahren zur systematischen Erarbeitung vertretbarer Tagesentscheidungen, Berlin 1971, S. XXIII.

[33] „Messen" wird hier verstanden in der Definition von Campbell: „Zuordnung von Zahlenwerten zur Wiedergabe solcher Eigenschaften von Forschungsobjekten, die nicht selbst numerisch sind, und im Hinblick auf die Gesetze, denen diese Eigenschaften unterliegen" (N. R. Campbell: An Account of the Principles of Measurement and Calculation, London 1938, S. 176, zitiert nach: Erwin K. Scheuch: „Skalierungsverfahren in der Sozialforschung", S. 348).

— für Gemeinden von unter 12 000 Einwohnern 25,
— für Gemeinden von 12 000 bis unter 20 000 Einwohnern 30,
— für Gemeinden von 20 000 bis unter 35 000 Einwohnern 50,
— für Gemeinden von über 35 000 Einwohnern 100 Bedienstete[34].

Im Jahr vor der Neuordnung war die Mindeststärke zu weniger als 25,0 % erreicht.

Skalierung:

Wertungsziffer 5: (siehe Operationalisierung);

Wertungsziffer 4: Mindeststärke nach der Neuordnung voll, vorher zu zwischen 25,1 und 50,0 % erreicht;

Wertungsziffer 3: Mindeststärke nach der Neuordnung voll, vorher zu zwischen 50,1 und 75,0 % erreicht;

Wertungsziffer 2: Mindeststärke nach der Neuordnung voll, vorher zu mehr als 75,0 % erreicht;

Wertungsziffer 1: Mindeststärke vor und nach der Neuordnung nicht erreicht; oder: Mindeststärke nach der Neuordnung nicht, vor der Neuordnung voll erreicht.

— *Maßstab 1.112.:*

Definitionswiederholung:

Die Bauverwaltung in neugeordneten Großgemeinden ist relativ gut besetzt.

Operationalisierung:

Der Anteil der Bediensteten der Bauverwaltung[35] an der Gesamtpersonalstärke der eigentlichen Verwaltung beträgt in einem bestimmten Vergleichsjahr — hier: 1970[36] (Stichtag: 30. 6.) —

---

[34] Bei diesen Angaben handelt es sich um Faustzahlen. Angesichts der wachsenden Aufgabenlast der öffentlichen Hand und der zunehmenden Technisierung der Verwaltung scheint eine Mindeststärke von 20 Bediensteten für die kleinsten Gemeinden (vgl. das in Anm. 3.26 belegte Zitat) nicht mehr auszureichen. Für die zweite Gemeindegruppe, deren Bevölkerung um bis zu 67 % höher liegt, scheint ein Mehrbedarf von 5 Kräften (20 %) angemessen. Das relativ starke Anwachsen in der dritten Gruppe liegt darin begründet, daß Gemeinden von über 20 000 Einwohnern zusätzliche Aufgaben übertragen werden (vgl. Anm. 2.7.). Erst recht trifft das auf Gemeinden der vierten Gruppe zu, die z. B. ausnahmslos vollprivilegierte untere Bauaufsichtsbehörde sind und als Städte Aufgaben anderer Größenordnung (z. B. Gesamthochschule) und Intensität (z. B. Müll-, Abwässerbeseitigung) zu bewältigen haben.

[35] Vgl. Definition unter Pkt. 3.12. (1) dieser Untersuchung.

[36] Dieses war für die meisten Gemeinden das zweite Jahr nach der Neuordnung. Es wird angenommen, daß der Aufbau / die Umstellung der Verwaltung einer neugeordneten Gemeinde in diesem Jahr abgeschlossen werden kann.

— bei Nichtprivilegierung mindestens 20,0 %,
— bei Teilprivilegierung mindestens 22,5 %,
— bei Vollprivilegierung mindestens 25,0 %.

Skalierung:

Wertungsziffer 5: (siehe Operationalisierung);

Wertungsziffer 5: Anteil zwischen 17,6 und 19,9 % bzw.
zwischen 20,1 und 22,4 % bzw.
zwischen 22,6 und 24,9 %;

Wertungsziffer 3: Anteil zwischen 15,1 und 17,5 % bzw.
zwischen 17,6 und 20,0 % bzw.
zwischen 20,1 und 22,5 %;

Wertungsziffer 2: Anteil zwischen 12,6 und 15,0 % bzw.
zwischen 15,1 und 17,5 % bzw.
zwischen 17,6 und 20,0 %;

Wertungsziffer 1: Anteil bis zu 12,5 % bzw.
15,0 % bzw.
17,5 %.

— *Maßstab 1.12.:*

Definitionswiederholung:

Die Personaldichte der Gemeinden in neugeordneten Räumen liegt in einem bestimmten Intervall, in dem sie vor der Neuordnung nicht lag.

Operationalisierung:

Im zweiten Jahr nach der Neuordnung (Stichtag: 30. 6.) beträgt die Personaldichte der Gemeinden von 30,0 bis zu 40,0 (‱)[37]; im Jahr vor der Neuordnung lag sie außerhalb dieses Intervalls.

Skalierung:

Wertungsziffer 5: (siehe Operationalisierung);

Wertungsziffer 4: Personaldichte nach der Neuordnung von 25,0 bis zu 29,9, vorher außerhalb des Intervalls;

Wertungsziffer 3: Personaldichte vor und nach der Neuordnung innerhalb des Intervalls;

Wertungsziffer 2: Personaldichte nach der Neuordnung unter 25,0 bzw. über 40,0, vorher außerhalb des Intervalls;

Wertungsziffer 1: Personaldichte nach der Neuordnung außerhalb, vor der Neuordnung innerhalb des Intervalls.

---

[37] Aufgrund des Sonderstatus der Stadt Siegen erhöht sich das Intervall für Siegen um 10,0.

— *Maßstab 1.13.:*

Definitionswiederholung:

Die territoriale Neugliederung führt zu Personaleinsparungen.

Operationalisierung:

Im ersten und/oder zweiten Jahr nach der Neuordnung (Stichtag: 30. 6.) ist für die Einwohner der neugeordneten Großgemeinde weniger Personal der eigentlichen Verwaltung tätig als insgesamt im Jahr vor der Neuordnung.

Skalierung:

Wertungsziffer 5: (siehe Operationalisierung);

Wertungsziffer 4: Anstieg der Gesamtpersonalstärke bis zu 15,0 %;

Wertungsziffer 3: Anstieg der Gesamtpersonalstärke zwischen 15,1 und 20,0 %;

Wertungsziffer 2: Anstieg der Gesamtpersonalstärke zwischen 20,1 und 25,0 %;

Wertungsziffer 1: Anstieg der Gesamtpersonalstärke um mehr als 25,0 %.

— *Maßstab 1.21.:*

Definitionswiederholung:

In den Verwaltungen der neugeordneten Großgemeinden nimmt der Anteil an höherbezahltem Personal zu.

Operationalisierung:

Der Anteil der Bediensteten des gehobenen und des höheren Dienstes an der Gesamtpersonalstärke der eigentlichen Verwaltung beträgt im zweiten Jahr nach der Neuordnung (Stichtag: 30. 6.) mindestens 35,0 % und ist höher als im Jahr vor der Neuordnung.

Skalierung:

Wertungsziffer 5: (siehe Operationalisierung);

Wertungsziffer 4: Anteil zwischen 30,0 und 34,9 %, aber höher als vor der Neuordnung;

Wertungsziffer 3: Anteil unter 30,0 %, aber höher als vor der Neuordnung;

Wertungsziffer 2: Anteil mindestens 30,0 %, aber tiefer als vor der Neuordnung;

Wertungsziffer 1: Anteil unter 30,0 %, aber tiefer als vor der Neuordnung.

— *Maßstab 1.22.:*

Definitionswiederholung:

Die Bauverwaltung neugeordneter Großgemeinden hat einen höheren Prozentsatz an höherbezahlten Kräften als das Gesamt der eigentlichen Verwaltung.

Operationalisierung:

Der Anteil der Bediensteten des gehobenen und höheren Dienstes an der Gesamtpersonalstärke der Bauverwaltung beträgt in einem bestimmten Vergleichsjahr — hier: 1970[38] (Stichtag: 30. 6.) — mindestens 55,0 %.

Skalierung:

Wertungsziffer 5: (siehe Operationalisierung);

Wertungsziffer 4: Anteil zwischen 50,0 und 54,9 %;

Wertungsziffer 3: Anteil zwischen 45,0 und 49,9 %;

Wertungsziffer 2: Anteil zwischen 40,0 und 44,9 %;

Wertungsziffer 1: Anteil unter 40,0 %.

3.22. Durchführung der Bewertung

Die Bewertung der personellen Entwicklung der Gemeinden wird gemeinsam für alle vier Gruppen durchgeführt und in der folgenden Tabelle dargestellt.

3.3. Zwischenergebnis

Nach einer Interpretation der Wertungstabelle (Tab. 18) wird im folgenden festgehalten, welche personellen Auswirkungen der territorialen Neugliederung der Gemeinden in dieser Untersuchung bisher ermittelt wurden.

3.31. Interpretation der Wertungstabelle

Wenn die Gemeinden in den Untersuchungsräumen dem Personalmaßstab voll entsprochen hätten, wären bei allen sechs Teilmaßstäben je 5 Wertungspunkte vergeben worden. Die Gebietskörperschaften erreichten jedoch durchschnittlich nur 22,6 von 30 möglichen Punkten. Im einzelnen ergibt sich folgendes Bild:

Die Mindeststärke des eigentlichen Verwaltungspersonals (Maßstab 1.111.) ist im zweiten Jahr nach der Neuordnung lediglich in drei neu-

[38] Vgl. Anm. 3.36.

geordneten Großgemeinden und war in ihrem Bereich auch vor der Neuordnung nicht erreicht, nämlich in Barntrup, Dörentrup und Extertal. Die Gemeinden Kalletal und Leopoldshöhe, deren Gebiet vor der Reform ausschließlich ehrenamtlich verwaltet wurde, entsprechen mit der Personalstärke ihrer heutigen Verwaltungen den Mindestanforderungen. In fast allen übrigen Gemeinden reicht die Zahl der in den verschiedenen Verwaltungen Tätigen rechnerisch auch vor der Neugliederung aus.

Gleichfalls in hohem Maße verwirklicht ist der Maßstab 1.112. Das bedeutet, daß die Bauverwaltung in fast allen neugeordneten Großgemeinden relativ gut besetzt ist. Eine bemerkenswerte Ausnahme macht lediglich das nichtprivilegierte Bauamt der Stadt Barntrup, das am 30. 6. 1970 mit nur zwei Angestellten besetzt war. Leicht unterbesetzt waren am gleichen Stichtag ebenso das Bauamt der nichtprivilegierten Gemeinde Kalletal und die Bauverwaltung der vollprivilegierten Stadt Kamen.

Die gesetzte Personaldichte[39] (Maßstab 1.12.) findet in der Realität eine mittlere Entsprechung. Hier lohnt es sich, die einzelnen Gemeindegruppen zu betrachten. Die Personaldichte in allen Gemeinden der ersten Gruppe, die in diesem Teilset nur von den Gemeinden Barntrup, Dörentrup und Leopoldshöhe gebildet wird, sowie in den Gemeinden Extertal und Kalletal ist zu gering[40]. Die Verwaltung der Stadt Freudenberg war am Stichtag (30. 6. 1970) leicht über-, die der Gemeinde Neunkirchen[41] ein wenig unterbesetzt, was in beiden Bereichen vor der Neuordnung (Amtsverwaltungen) nicht der Fall war. Umgekehrt ist das Verhältnis in den Gemeinden Burbach und Wilnsdorf: vor der Reform leicht unterversorgt, wurde die geforderte Personaldichte nach der Neuordnung erreicht. Dies trifft ebenso auf die Städte Bergkamen und Lemgo zu. Nach wie vor ein wenig zu gering war die Personaldichte am Stichtag in den Städten Oerlinghausen, Eiserfeld, Kreuztal und Bad Salzuflen, nach wie vor zu hoch in Hüttental. Alle übrigen Verwaltungen waren an den Stichtagen vor und nach der Neuordnung weder zu gering noch zu stark besetzt. Im von jeher amtsfreien Raum des Kreises Lemgo hatte im zweiten Jahr nach der Neuordnung also lediglich die Stadt Lemgo ihr Verwaltungspersonal in ausreichendem Maße verstärkt, die Städte Bad Salzuflen und Oerlinghausen noch nicht ganz. Die restlichen fünf hauptamtlichen Verwaltungen, die sich noch im Aufbau befanden — in

---

[39] Die These Heemanns (Der Einfluß der Größe eines Verwaltungsbezirkes ..., S. 129), mit zunehmender Einwohnerzahl wachse der Anteil der Bediensteten je Einwohner, kann aufgrund der Daten dieser Untersuchung (Abb. 17 bis 20) nicht verifiziert werden.

[40] Ein Vergleich mit dem Maßstab 1.111 zeigt, daß hier höhere Anforderungen gestellt werden, oder anders: die erreichte Mindeststärke einer Verwaltung (z. B. in Leopoldshöhe) ist nicht gleichzustellen mit ausreichender Besetzung.

[41] Das ist in Neunkirchen auf eine bewußte Personalpolitik zurückzuführen.

Tabelle 18: Bewertung der personellen Entwicklung der Gemeinden mittels Wertungsziffern

Gemeinde (Gebiet)	Maßstab (Gliederungsziffer)[1]						
	1.111	1.112	1.12	1.13	1.21	1.22	Gesamtzahl der Wertungspunkte für 1 (Personalmaßstab)
Barntrup	1	1	2	4	1	4	14
Dörentrup	1	5	2	1	5	4	21
Leopoldshöhe	4	5	2	1	4	1	22
Uentrop/Rhynern	2	5	3	4	2	5	22
Bönen	2	5	3	5	1	2	19
Burbach	2	4	5	4	3	4	23
Extertal	1	4	2	1	3	1	15
Freudenberg	2	5	1	4	2	5	20
Fröndenberg	2	5	3	4	5	2	22
Hilchenbach	2	5	3	4	5	5	25
Holzwickede	2	5	3	5	5	5	26
Kalletal	4	3	2	1	3	2	20
Neunkirchen	2	5	1	5	5	4	23
Oerlinghausen	2	5	4	1	5	5	23
Wilnsdorf	2	5	5	1	5	5	24
Eiserfeld	2	5	4	5	5	5	27
Kreuztal	2	5	4	4	5	4	25

Netphen	2	5	3	4	4	3	22
Pelkum	2	5	3	3	5	5	24
Bad Salzuflen	2	5	4	3	5	4	25
Bergkamen	2	5	5	2	2	4	21
Hüttental	2	5	2	5	5	5	25
Kamen	2	3	3	5	5	4	23
Lemgo	2	5	5	4	5	4	27
Siegen	2	5	3	5	5	4	25
Unna	2	5	3	5	5	5	26
Durchschnitt Gemeinden von unter 12.000 Einwohnern	2	3,7	2	2	3,3	3	19
Durchschnitt Gemeinden von 12.000 bis unter 20.000 E.	2,1	4,7	2,9	3,3	3,7	3,8	22
Durchschnitt Gemeinden von 20.000 bis unter 35.000 E.	2	5	3,5	4	4,8	4,3	24,6
Durchschnitt Gemeinden von über 35.000 Einwohnern	2	4,7	3,6	4,1	4,6	4,3	24,6
Durchschnitt Kreis Lemgo	2,1	4,1	2,9	2	3,9	3,1	20,9
Durchschnitt Kreis Siegen	2	4,9	3,1	4,1	4,4	4,4	23,9
Durchschnitt Kreis Unna	2	4,8	3,3	4,1	3,8	4	23
Durchschnitt Untersuchungsräume	2	4,6	3,1	3,5	4	3,9	22,6

1 Vgl. Abb. 26.

Quelle: Eigene Berechnungen aus: Abb. 17 - 20 (für Maßstäbe 1.111, 1.112 und 1.13), Abb. 22 - 25 (für Maßstäbe 1.112 und 1.22) und Tab. A 19 - A 22 (für Maßstab 1.21).

Leopoldshöhe und Kalletal ohne jeglichen hauptamtlichen Vorgänger —, waren trotz enormer Personal- und Personalkostensteigerungen[42] noch stark unterbesetzt.

Bei der Feststellung, es sei in einigen Verwaltungen nach der Neuordnung Personal eingespart worden (Maßstab 1.13.), darf nicht übersehen werden, daß dieser Schluß jeweils auf einem Vergleich der Großgemeindeverwaltung mit ihrer fiktiven Vorgängerin basiert, nämlich der als eine Verwaltung betrachteten Summe aller für den Raum der neugeordneten Gemeinde tätigen Verwaltungskräfte aus Gemeinde- und Amtsverwaltungen. Es handelt sich deshalb — bis auf eine Ausnahme (Holzwickede) — um nur rechnerische Einsparungen. Nach der Teilung der Amtsverwaltung Burbach wurde in der Gemeinde Neunkirchen bewußt versucht, mit weniger Personal auszukommen als vergleichbare Gemeinden. Im Durchschnitt aller Gemeinden der Untersuchungsräume erhöhte sich die Zahl der tatsächlich besetzten Personalstellen im ersten und/oder zweiten Jahr nach der Neuordnung um jeweils mehr als 15 %[43]. Natürlich sind auch anhand dieses Maßstabs die meisten Neueinstellungen bei Gemeindeverwaltungen im Aufbau (Kreis Lemgo) nachzuweisen.

Die Besetzung der Verwaltungen mit höherspezialisiertem Personal (Maßstab 1.21.) ist im Gesamtdurchschnitt nicht optimal, kommt dem Maßstab aber nahe. Eine gewisse Ausnahme bilden Barntrup und Bönen auf der einen und Uentrop/Rhynern, Freudenberg und Bergkamen auf der anderen Seite, die — am Stichtag im zweiten Jahr nach der Neuordnung — eine Verschlechterung gegenüber den Verhältnissen vor der Reform aufzuweisen hatten. Eine Verbesserung, aber noch immer nicht genügend höherspezialisiertes Personal war in Burbach, Extertal und Kalletal einerseits und Leopoldshöhe und Netphen andererseits zu verzeichnen. Die Spezialisierung der übrigen Verwaltungen als Ganzes genügte den Mindestanforderungen. Insgesamt gesehen also nimmt der Spezialisierungsgrad der Verwaltungen neugeordneter Großgemeinden zu, und es überrascht nicht, daß dies in Gemeinden von über 20 000 Einwohnern eher der Fall ist als in kleineren.

Die letzte Aussage gilt auch für den Spezialisierungsgrad der Bauverwaltungen (Maßstab 1.22.). Zu wenig höherspezialisierte Kräfte beschäftigten am Stichtag zwar 16 von 26 Verwaltungen, doch nur fünf Bauämter wiesen einen Anteil von „Spezialisten" auf, der um mehr als 10 % unter dem Erfordernis des Maßstabs lag: Leopoldshöhe und Extertal sowie Bönen, Fröndenberg und Kalletal.

[42] Vgl. Pkt. 2.123. dieser Untersuchung.

[43] Von einem Vergleich der Soll-Stellen, der größere theoretische Einsparungen nachgewiesen hätte, wurde wegen der anders gearteten Personalplanung der Gemeinden vor und nach der Neuordnung, vor allem aber von Amtsverwaltungen gegenüber Großgemeindeverwaltungen, abgesehen.

3.32. Personelle Auswirkungen

Die durch die bisherige Analyse festgestellten Erkenntnisse über personelle Auswirkungen der territorialen Neugliederung der Gemeinden werden in Leitsätzen zusammengefaßt:

(11) In nahezu allen neugeordneten Gemeinden von über 12 000 Einwohnern werden bzw. sind bis zum dritten Jahr nach der Neuordnung Verwaltungen eingerichtet, deren Personalstärke ein für die einzelnen Gemeindegrößenklassen vertretbares theoretisches Minimum nicht unterschreitet.

(12) Die Personaldichte der Gemeinden aus Gebieten, in denen vor der Neuordnung keine Ämter eingerichtet waren (Kreis Lemgo), ist in mittlerer Frist nach der Neuordnung (vier bis fünf Jahre) noch zu gering oder an der untersten Grenze vergleichbarer Gemeinden aus Gebieten, in denen zuvor — mit der Neuordnung aufgelöste — Ämter existierten.

(13) Die durch die Neuordnung bedingte Zusammenlegung mehrerer relativ großer Verwaltungen zu einer neuen führt tendenziell zu einer quantitativen Überbesetzung der neuen Verwaltung bei gleichzeitiger qualitativer Unterbesetzung. Diese Tendenz verstärkt sich noch, wenn die Dienstgebäude der neuen Verwaltung zahlreich und im Gemeindegebiet verteilt sind.

(14) Die Neuordnung führt in den weitaus meisten Fällen nicht zu Personaleinsparungen in der eigentlichen Verwaltung, auch bei der Zusammenlegung mehrerer Verwaltungen zu einer neuen nicht. Wesentlich geringere Steigerungsraten als in vergleichbaren Gemeinden oder rechnerische Einsparungen sind Ergebnis mangelnden Arbeitskräfteangebots oder defensiver Personalpolitik. — Die größte Stellenvermehrung gegenüber dem Zustand vor der Neuordnung tritt natürlich dort auf, wo eine gegliederte hauptamtliche Verwaltung neu aufgebaut werden muß, also vor allem in Gebieten, in denen keine Ämter existieren (Kreis Lemgo).

(15) Die Verwaltungen neugeordneter Gemeinden sind, vor allem in der Bauverwaltung, tendenziell höherspezialisiert als die ihrer Rechtsvorgänger. Diese Tendenz ist in Gemeinden von mehr als 20 000 Einwohnern stärker als in kleineren.

4. Qualität der Verwaltungsleistung der Gemeinden

Nach der mehr quantitativen Bestandsaufnahme des Verwaltungspersonals wendet sich der nächste Arbeitsschritt der qualitativen Seite dieses Verwaltungsapparates zu, indem versucht wird, seine Leistungen zu beurteilen. Natürlich kann damit nicht gemeint sein, Aussagen über die Gesamtqualität oder -qualifikation einer Verwaltung bzw. über deren Leistungsausstoß (output) zu formulieren; denn bei „den zahlreichen und verschiedenartigen Aufgaben, insbesondere bei denen der Kommunalverwaltung, ist für einzelne Bereiche deren Effektivität überhaupt nicht quantifizierbar"[1], mithin die „Berechnung einer einheitlichen Kennziffer über die Wirtschaftlichkeit einer gesamten Verwaltung ... nicht möglich"[2]. Aber trotz der Beschränkung auf Beispiele aus Teilbereichen wird eine (Teil-)Bewertung der Leistungsfähigkeit angestrebt (nicht jedoch eine Effizienz- oder Produktivitätsmessung, die es bislang „im deutschen Verwaltungsbereich" nicht gibt[3]). Dieser muß allerdings eine Abgrenzung der — in der Literatur oftmals wahllos verwendeten — Begriffe Effektivität, Wirtschaftlichkeit, Effizienz, Leistungsfähigkeit vorausgehen.

4.1. Veranstaltungskraft als Ausdruck der Leistungsfähigkeit

Die genannten Begriffe sollen also auf ihre Brauchbarkeit für diese Untersuchung geprüft werden. Eine Analyse der *Effizienz* einer Verwaltung — d. h. des Grades der Eignung (Beziehung zwischen Aufwand und Ertrag) ihrer Handlungen und Vorrichtungen im Hinblick auf vorgegebene Ziele[4] — verfolgt einen anderen Impetus als diese Arbeit: Der Effizienz-Begriff betont zu sehr die wirtschaftliche Seite der Verwaltungstätigkeit. Ihm nahe verwandt ist der Begriff der *Wirtschaftlichkeit* der Verwaltung[5]; eine Verwaltung handelt wirtschaftlich, wenn sie mit

---

[1] KGSt (Hrsg.): Verwaltungsorganisation der Gemeinden, Teil I: Aufgabengliederungsplan, 4. Aufl., Köln 1967, S. 38.

[2] Ebd., S. 36 f.

[3] Vgl. Forschungsinstitut der Hochschule für Verwaltungswissenschaften (Hrsg.): Effizienz der öffentlichen Verwaltung, Einleitung eines längerfristigen Forschungsprogramms, Hektografie, Speyer (Juli) 1972.

[4] Vgl. Meyers Handbuch über die Wirtschaft, Mannheim 1966, S. 687 (Stichwort „Effizienz"). Der Begriff „efficiency" hat einen anderen Inhalt.

[5] Vgl. z. B.: Adolf Hüttl: „Das Wirtschaftlichkeitsprinzip in der öffentlichen Verwaltung", in: Bundesrechnungshof (Hrsg.): 250 Jahre Rechnungsprüfung,

der geringstmöglichen Anzahl von Arbeitskräften — Arbeitern, Angestellten, Beamten — und Arbeitsstunden ein Programm durchführt[6]. Dieses ökonomische Prinzip formulierte Simon unter dem Terminus „Leistungsstärke" (efficiency): „Das Kriterium der Leistungsstärke verlangt diejenige Entscheidung unter den Alternativen, die das größte Resultat für die gegebene Anwendung der Mittel bewirkt[7]." An anderer Stelle spricht er von der Maximierung der Zielerreichung durch den Gebrauch knapper, neutraler Mittel[8], eine Formulierung, die von vielen Autoren wieder aufgenommen wurde. So will Siedentopf die Verwaltungstätigkeit auf „efficiency" prüfen durch einen „Vergleich zwischen den festgesetzten Tätigkeitszielen und dem Grad der Erreichung dieser Ziele" mit der Absicht, einen Index für den Grad der Zielerreichung zu entwickeln[9]. Dieses Vorhaben erprobte jüngst Nagel mit der Berechnung von „Zielrealisierungsgraden" und dem Aufbau einer „Zielrealisierungsmatrix"[10].

In diesem gedanklichen Zusammenhang gebraucht Meyer den Begriff *„Leistungsfähigkeit"*[11], den er definiert als „Ausdruck des Grades der Übereinstimmung des gesetzten Zieles mit dem wirklich erreichten Ergebnis"[12]. Der gleiche Terminus wird bei Wagener gebraucht als Teilmaßstab der „Effektivität", deren anderer Teilmaßstab die Wirtschaftlichkeit sei[13].

Eine Überprüfung der Wirtschaftlichkeit der Verwaltungen in den Untersuchungsräumen — und das legen die vier Begriffe in ihren bisherigen Definitionen sämtlich nahe — kann mit den Mitteln, die für diese Untersuchung zur Verfügung standen, und mit der daraufhin gewählten

---

Frankfurt (M.) 1964, S. 205 - 221, und: ders.: „Wirtschaftlichkeit", in: Fritz Morstein Marx (Hrsg.): Verwaltung, eine einführende Darstellung, Berlin 1965, S. 282 - 296; sowie immer noch: Niklas Luhmann: „Kann die Verwaltung wirtschaftlich handeln?", in: Verwaltungsarchiv 2/1960, S. 97 - 115.

[6] Vgl. Bureau of the Budget: „Measuring Productivity of Federal Government Organizations", in: Robert T. Golembiewski / Frank Gibson / Goeffrey Y. Cornog (Hrsg.): Public Administration Readings in Institutions, Processes, Behavior, Chicago 1966, S. 66 - 73, hier: S. 66.

[7] Herbert A. Simon: Das Verwaltungshandeln, Stuttgart 1955, S. 116.

[8] Vgl. ders. / Donald W. Smithburg / Victor A. Thompson: Public Administration, 9. Aufl., New York 1966 ([1]1950), S. 511, sowie vorher: ders.: Das Verwaltungshandeln, S. 113.

[9] Heinrich Siedentopf: Wirtschaftlichkeit in der öffentlichen Verwaltung, Baden-Baden 1969, S. 18.

[10] Albrecht Nagel: Leistungsfähige Entscheidungen in Politik und Verwaltung durch Systemanalyse.

[11] So meinen Wirtschaftlichkeit und Leistungsfähigkeit (korrekt übertragen aus „efficiency") nach diesem Gedankengang dasselbe.

[12] Poul Meyer: Die Verwaltungsorganisation, Vergleichende Studien über die Organisation der öffentlichen Verwaltung, Göttingen 1962, S. 53.

[13] Vgl. Frido Wagener: Neubau der Verwaltung, S. 311.

Methode nicht geleistet werden. Um dennoch wertend etwas über die Verwaltungsleistung sagen zu können, soll der Begriff „Leistungsfähigkeit" als der am weitesten führende noch einmal aufgenommen und anders als bisher abgegrenzt werden.

Der Terminus *„Leistungsfähigkeit"* ist in der Tat der schillerndste und der gebräuchlichste. Ohne Kommentar taucht er bereits in der Gemeindeordnung (§ 5 GO NW) auf. Wagener erklärt — in einer früheren Abhandlung — die Steuerkraft einer Gemeinde und ihre Ausgabenbelastung im Durchschnitt ihrer Gemeindeklasse für Merkmale der kommunalen Leistungsfähigkeit[14]. Morgen hält die Aktivität und Intelligenz der Bevölkerung für gleichfalls wichtig[15]. Diskutiert wird der Begriff auch unter dem Synonym „Verwaltungskraft"[16]. In einem unveröffentlichten Gutachten unterscheidet Wagener zwischen interner — technische und personelle Grundausstattung zur Erfüllung der internen Existenzaufgaben der Verwaltung — und externer Verwaltungskraft — Verwaltungsleistungen zugunsten des einzelnen Bürgers —[17]. Für die externe Verwaltungskraft wurde von Köttgen der Begriff „Veranstaltungskraft" geprägt, der — obwohl nicht unmittelbar verständlich — übernommen werden soll[18], weil er dem Ziel dieses Untersuchungsabschnitts entspricht. Er sei definiert nach Loschelder, der den Begriff ebenfalls aufgreift:

Die kommunale *Veranstaltungskraft* ist „die Fähigkeit der Gemeinde, die öffentlichen Einrichtungen der verschiedensten Art für die Einwohnerschaft zu erstellen und zu unterhalten"[19].

Der Landkreistag Nordrhein-Westfalen bezeichnet die Veranstaltungskraft zusammenfassend als „externe Verwaltungskraft für Planungen und Leistungen"[20].

Mit anderen Worten: Es genügt in dem erreichten Teilabschnitt dieser Untersuchung, auf die Veranstaltungskraft der Gemeinden einzugehen,

---

[14] Frido Wagener: Die Städte im Landkreis, Göttingen 1955, S. 255.

[15] Herbert Morgen u. a.: Die ländliche Großgemeinde in geschichtlicher, rechtlicher, verwaltungsmäßiger und soziologischer Sicht gesehen, Hannover 1959, S. 59.

[16] Vgl. z. B. KGSt (Hrsg.): Verwaltungskraft, Köln 1967, und Erhard Mäding: „Verwaltungskraft", in: DÖV 10/1967, S. 325 - 328.

[17] Frido Wagener: „Bestimmung der unteren Grenze der Verwaltungskraft", in: Hellmuth Krüger (Hrsg.): Denkschrift über eine Verwaltungsreform im Landkreis Lemgo, S. 23 ff.

[18] Auf ein neues Kunstwort soll verzichtet werden.

[19] Innenminister des Landes Schleswig-Holstein (Hrsg.): Sachverständigen-Gutachten zur lokalen und regionalen Verwaltungsneuordnung in Schleswig-Holstein (Loschelder-Gutachten), Köln/Berlin 1968, S. 165, Ziff. 252.

[20] LKT NW (Hrsg.): Zur Neuordnung der Verwaltung in Nordrhein-Westfalen, Düsseldorf 1966, S. 14.

die verstanden wird als ein Ausdruck ihrer Leistungsfähigkeit. Zu fragen ist im folgenden deshalb nach den öffentlichen Einrichtungen und Leistungen dieser Gemeinden und nach ihrer Planungskapazität.

4.2. Bestandsaufnahme

Die Bestandsaufnahme geht zunächst ein auf den Stand der Daseinsvorsorge[21] im Jahr vor der Neuordnung und am 31. Dezember 1970, also auf das, was zutreffend auch mit kommunaler Infrastruktur bezeichnet wird. Die Planungskapazität der Gemeinden wird sodann am Beispiel der Bauleitplanung abgehandelt. Den Abschluß der Bestandsaufnahme bilden die Problembereiche „EDV-Benutzung" und „Entwicklungsimpulse durch das Verwaltungspersonal".

4.21. Kommunale Infrastruktur

Die Daten zur Ausstattung der Gemeinden mit kommunalen Einrichtungen sind — für das Jahr vor der Neuordnung — meistens den jeweiligen Gesetzentwürfen der Landesregierung entnommen und im Gespräch mit den einzelnen Verwaltungen nötigenfalls korrigiert worden; zum anderen stammen sie im wesentlichen aus den Antworten auf den Fragebogen 2[22]. Wichtigster Gesichtspunkt bei der Bestandsaufnahme war es zu klären, ob und inwieweit Änderungen der kommunalen Infrastruktur auf die territoriale Neugliederung bzw. auf die neu etablierten Verwaltungen zurückzuführen sind[23]. Im folgenden wird deshalb jede Gemeinde in den Bereichen Schulwesen, Sport, Kindergärten, Wasserversorgung und Abwässerbeseitigung auf diese Frage hin untersucht.

4.211. Gemeinden von unter 12 000 Einwohnern

(1) In der Gemeinde *Dörentrup*[24] hatte sich mit der Schulreform — also noch vor der Neuordnung — ein *Hauptschul-Zweckverband* formiert, dessen Aufgaben heute von der Gemeinde wahrgenommen werden. In

---

[21] Dieser Begriff findet sich zuerst bei Ernst Forsthoff: Die Verwaltung als Leistungsträger, Stuttgart/Berlin 1938. Vgl. ders.: Rechtsfragen der leistenden Verwaltung, Stuttgart 1959.

[22] Vgl. Anlage 1.

[23] Der Stichtag des Bestandes vor der Neugliederung ist nicht exakt zu bestimmen, da er in den Gesetzentwürfen regelmäßig nicht angegeben ist. Es ist aus den Tabellen A 24 - A 27 zu ersehen, ob und welche Änderungen sich ergeben haben, wenn man den Bestand zu den beiden Stichtagen miteinander vergleicht.

[24] Die Stadt Barntrup gehört zu den Gemeinden, deren Verwaltung die Fragebögen leider nicht zurückschickte; der Hauptverwaltungsbeamte konnte deshalb auch nicht um ein Interview gebeten werden.

absehbarer Zeit wird diese eine Vereinbarung mit der Stadt Barntrup über eine gemeinsam zu betreibende Hauptschule zu treffen haben[25].

Die Zahl der *Sportplätze* hat sich in Dörentrup nicht verändert. Da in anderem Zusammenhang die Inangriffnahme zweier Sportanlagen kurz vor der Neuordnung festgestellt wurde[26], müssen die Planungen dieser Maßnahmen bereits in den Bestand der Anlagen mitaufgenommen worden sein bzw. sind als Sportplätze benutzte Rasenflächen mitgezählt worden. Die Großgemeinde hat am 20. 3. 1972 beschlossen, ein neues Sportzentrum zu errichten: der erste Bauabschnitt — eine Sporthalle für ca. DM 1,5 Mill. — soll Ende 1972 abgeschlossen werden.

Zu dem bereits betriebenen *Kindergarten* im Ortsteil Bega wird ein — nach Angaben der Verwaltung sehr kostenaufwendiges, von der Altgemeinde kaum zu finanzierendes — Neubauprojekt in Humfeld verwirklicht[27]. Im Ortsteil Hillentrup ist im April 1971 ein zweigruppiger Kindergarten der Bestimmung übergeben worden[28].

Die *Wasserversorgung* wurde vor dem Zusammenschluß von drei Wasserwerken geregelt: von dem Wasserbeschaffungsverband Hillentrup für die Ortsteile (selbständigen Gemeinden) Hillentrup, Schwelentrup und Wendlinghausen sowie von den Wasserwerken der Gemeinden Bega und Humfeld. Diese Werke wurden von der Großgemeinde Dörentrup organisatorisch zusammengefaßt. Um die Wasserversorgung der Bevölkerung zu verbessern, installierte sie eine Verbundleitung zwischen den Ortsteilen Hillentrup und Humfeld. Wegen ungünstiger Abmessungen der bestehenden Leitungen ist für den Ausgleich und die Versorgung bei Spitzenbelastungen eine Zweitleitung erforderlich, die eventuell im Zuge von Kanalbaumaßnahmen mitdurchgeführt wird.

Um die *Abwasserbeseitigung* kümmerte sich vor der Neuordnung der — mit dem Gemeindegebiet identische — Abwasserverband Begatal. Der 1966 bereits begonnene Bau einer (mechanisch-biologischen) Kläranlage konnte erst am 21. 3. 1972 mit der Abnahme abgeschlossen werden. Zwar wurde auch der Hauptsammler inzwischen verlegt, doch fehlen noch die Nebensammler und die Hausanschlüsse, um die Anlage in Betrieb zu nehmen. So werden — abgesehen von zwei unbedeutenden mechanischen Kläranlagen — nach wie vor im gesamten Gemeindegebiet Dörentrup die Abwässer über Hauskläranlagen und gemeindeeigene Kanäle in öffentliche Gewässer (Bega) abgeleitet.

---

[25] Die (organisatorisch) einzige Hauptschule Dörentrups befindet sich zur Zeit noch in zwei Gebäuden (vgl. Rudolf Hartog: Planung für die Großgemeinde Dörentrup, Bergkirchen/Dörentrup [Aug.] 1969, S. 22).

[26] Vgl. Pkt. 2.1221. (1) dieser Untersuchung.

[27] Träger (wie in Bega): Kirchengemeinde Bega; Kostenbeteiligung in Humfeld: ca. DM 100 000,— (vgl. Karl Vieregge: „Dörentrup hat ...“).

[28] Träger: Kirchengemeinde Hillentrup (vgl. ebd.).

(2) Die heutige *Hauptschule* in der Großgemeinde *Leopoldshöhe*, die sämtliche Hauptschüler der Gemeinde aufnimmt, war vor zehn Jahren die erste Dörfergemeinschaftsschule in Nordrhein-Westfalen[29], getragen von einem Schulzweckverband „Dörfergemeinschaftsschule Leopoldshöhe" der Gemeinden Krentrup, Leopoldshöhe, Nienhagen und Schuckenbaum. Im Bereich der *Grundschulen* wird es nach der Planung der Gemeinde notwendig werden, die einzügige Schule im Ortsteil Greste aufzulösen und in der Nähe der jetzigen Hauptschule im Ortsteil Leopoldshöhe ein neues Gebäude zu errichten, das entweder eine dreizügige Grundschule aufnehmen soll oder die Hauptschule. Gedacht ist daran, den entstehenden Gebäudekomplex zu einem Gesamtschulzentrum (Sekundarstufe I) auszubauen.

Ein geplantes *Sportzentrum* in unmittelbarer Nähe, für das ein Planungswettbewerb vorgesehen ist, wurde zugunsten der Schulbaumaßnahmen vorerst zurückgestellt. „Im südlichen Bereich der Großgemeinde ... wurde schon in früheren Jahren sehr viel für den Sport getan[30]."

Was *Kindergärten* anbelangt, so war die Großgemeinde Leopoldshöhe absolutes „Entwicklungsgebiet"[31]: Erst im Sommer 1972 wurde der erste kommunale Kindergarten in Betrieb genommen, ein zweiter befindet sich im Stadium der Planung.

Im Bereich der *Wasserversorgung* wurde vor der Neuordnung zum Teil aneinander vorbeigewirtschaftet. So weigerte sich eine Altgemeinde, die trotz mehrerer Bohrungen nicht fündig geworden war, die Versorgung ihrer Bevölkerung durch eine Vereinbarung mit einer Nachbargemeinde sicherzustellen. Vor dem Zusammenschluß bestanden eigene Wasserversorgungsanlagen in den Gemeinden Asemissen, Leopoldshöhe und im Norden der heutigen Großgemeinde (Verbund). Die Gemeinden Greste und Schuckenbaum waren gänzlich ohne zentrale Wasserversorgung — auch Gemeinden mit eigenem Wasserwerk waren zum Teil unzureichend versorgt. Die Großgemeinde Leopoldshöhe hat inzwischen nach Aufstellung eines Gesamt-Wasserversorgungsplans (Auftragsarbeit) fast alle Haushalte (ca. 85 %) an eine zentrale Versorgung angeschlossen; dazu waren Investitionen von ca. DM 2,5 - 3 Mill. nötig (u. a. eine dritte Bohrung am Teutoburger Wald[32]). Für das Jahr 1972 stehen weitere Ausgaben für

---

[29] Vgl. Gustav Führing: „Neue Betriebe werden in Leopoldshöhe ansässig", in: Lippische Landes-Zeitung Nr. 192 vom 21. 8. 1971 (Unsere lippischen Großgemeinden — wie sie arbeiten, 20. Folge).

[30] Gustav Führing: „Neue Betriebe ...".

[31] Wörtlich nach Tonbandprotokoll.

[32] „Eine vierte Bohrung ist noch notwendig." (August Landermann: „Bildung der Großgemeinde Leopoldshöhe war richtig", in: Lippische Landes-Zeitung Nr. 186 vom 14. 8. 1971, Unsere lippischen Großgemeinden — wie sie arbeiten, 19. Folge).

einen zusätzlichen Hochbehälter und Verbundleitungen in Höhe von DM 1,4 Mill. auf dem Programm.

Auch bei der *Abwässerbeseitigung* herrschten mitunter unnötige Konkurrenzverhältnisse: Die oben schon einmal erwähnten Gemeinden, die ihre Wasserversorgung nicht miteinander zu regeln vermochten, errichteten beide eine Kläranlage, wobei wegen der topographischen Verhältnisse im jeweiligen Gemeindegebiet jeder Kläranlage ein Pumpwerk zugeordnet werden mußte. Hätten diese Altgemeinden *eine* gemeinsame Anlage geplant und betrieben, wäre *kein* Pumpwerk nötig gewesen. An die in Leopoldshöhe-Greste am 22. 6. 1971 in Betrieb genommene Anlage sind inzwischen weite Teile der Ortsteile Asemissen, Greste und Bechterdissen angeschlossen[33], so daß nunmehr etwa 60 % der bebauten Grundstücke an eine zentrale Abwässerbeseitigung angeschlossen sind[34].

(3) Am 15. 10. 1967 gab es im Bereich der heutigen Gemeinde *Rhynern* fünf Volksschulen, und zwar je eine einklassige in den früheren Gemeinden Osterflierich und Wambeln, je eine dreiklassige in Hilbeck und Rhynern (alt) sowie eine zehnklassige in der Altgemeinde Rhynern[35].

„Gemäß Ratsbeschluß wurden mit Wirkung vom 1. 8. 1968 folgende *Schulen* eingerichtet:

Hauptschule Rhynern,

Grundschule Rhynern.

Die Schulen wurden wie folgt untergebracht:

Hauptschule Rhynern in dem Neubauteil der ehemaligen katholischen Schule (nach dessen Fertigstellung [s. u.]; V. W.), Grundschule Rhynern: 3 Klassen in der ehemaligen evangelischen Schule Rhynern, 4 Klassen in der ehemaligen katholischen Schule Rhynern und 2 Klassen in der ehemaligen Gemeinschaftsschule Hilbeck[36].“

[33] Ebd.

[34] Auskunft der Verwaltung. „Es bestehen folgende mechanisch-biologischen Kläranlagen:

Asemissen-Greste	für	5 000	Einwohnergleichwerte,
Bechterdissen	für	1 700	„
Leopoldshöhe	für	1 400	„
Nienhagen	für	500	„
Schuckenbaum	für	1 500	„ .“

(Heinz Ibrügger: Flächennutzungsplan der Gemeinde Leopoldshöhe, Erläuterungsbericht, o. O., o. J., S. 48).

[35] Vgl. Amt Rhynern (Hrsg.): Verwaltungsbericht der Amtsverwaltung Rhynern für das RJ 1967, Rhynern 1969, S. 93 (Hervorhebung: V. W.). Zum 1. 1. 1968 wird noch eine katholische Volksschule im Ortsteil Osttünnen nachgewiesen, die nach dem Verwaltungsbericht 1967 bereits aufgelöst war (vgl. Gemeinden Uentrop und Rhynern [Hrsg.]: Verwaltungsbericht der Gemeindeverwaltung Uentrop-Rhynern für die RJ 1968/1969, Rhynern 1971, S. 55).

[36] Verwaltungsbericht Uentrop-Rhynern 1968/1969, S. 55. Für 1971 werden in der Grundschule 14 Klassen gezählt (vgl. Gemeinde Rhynern [Hrsg.]: Stellungnahme der Gemeinde Rhynern zur kommunalen Neuordnung im Raum Unna/Hamm, o. O., o. J. [Rhynern 1971], S. 12).

„Nach der Neugliederung des Schulwesens wurden die Schulgebäude in den Ortsteilen Osterflierich, Osttünnen und Wambeln nicht mehr für schulische Zwecke genutzt. Die Klassenräume wurden der Feuerwehr und den Jugendgruppen zur Abhaltung von Übungs- bzw. Gruppenabenden zur Verfügung gestellt[37]."

Im Februar 1969 wurde der 1. Bauabschnitt der ehemaligen katholischen Schule in Rhynern — 8 Klassen und Turnhalle — fertiggestellt, die zu einer zweizügigen Hauptschule erweitert worden ist (Baubeginn 2. Bauabschnitt: Juli 1969; Gesamtkosten ca. DM 2,0 Mill.)[38]. Dieser Neubau wird sich als eine Fehlinvestition[39] erweisen, wenn die Stadt Hamm in ihrem an den Ortsteil Rhynern der Gemeinde Rhynern angrenzenden Stadtteil Berge eine Gesamtschule errichtet und wenn die Gemeinde Rhynern im Zuge einer weiteren Territorialreform im Raume Hamm (Neuordnung Münster/Hamm) ganz oder teilweise nach Hamm eingegliedert wird.

Die Zunahme der *Sportstätten* um zwei Turnhallen geht zurück auf eine weitere Turnhalle im Ortsteil Rhynern (Hauptschule) und eine Halle im Ortsteil Hilbeck[40], die im Unna-Gesetzentwurf noch nicht nachgewiesen sind[41]. Die Sportplätze werden im Gesetzentwurf in den Altgemeinden Hilbeck, Osttünnen, Rhynern und Süddinker verortet; in der Stellungnahme der (Groß-)Gemeinde werden außer vier Plätzen in den Ortsteilen Hilbeck, Rhynern (2) und Süddinker drei behelfsmäßige Sportplätze — in den Ortsteilen Osterflierich, Osttünnen und Wambeln — genannt[42]. „Südlich der Autobahn in Rhynern ist der Bau eines Sportzentrums geplant. In der 1. Ausbaustufe soll ein Freibad mit einem Schwimmbecken von 21 × 50 m gebaut werden[43]."

Zu dem bestehenden *Kindergarten* im Ortsteil Rhynern ist ein kleiner dimensionierter (50 Plätze) im Ortsteil Hilbeck hinzugekommen[41].

Die *Wasserversorgung* ist in der Großgemeinde Rhynern intensiv aufgrund der vorhandenen Planungen verbessert worden, so z. B. in der Zeit von Dezember 1967 / Mai 1968 bis September 1969 in den Ortsteilen Allen, Süddinker und Wambeln sowie in der damals noch selbständigen Ge-

---

[37] Ebd., S. 56.

[38] Vgl. Verwaltungsbericht Uentrop-Rhynern 1968/1969, S. 76. Nach Mitteilung der Verwaltung wurde der konsequente Ausbau der Hauptschulen in beiden Gemeinden durch die vor der kommunalen Neuordnung bestehenden Schulverbände eher erschwert.

[39] Befürchtung der Verwaltung.

[40] Die Turnhalle in Hilbeck wurde noch 1966 fertiggestellt (vgl. Verwaltungsbericht Amt Rhynern 1967, S. 139).

[41] Vgl. Lt.-Drs. VI/462, S. 70, mit Stellungnahme der Gemeinde Rhynern ..., S. 13.

[42] Vgl. Stellungnahme ..., S. 13.

[43] Verwaltungsbericht Uentrop-Rhynern 1968/1969, S. 78.

meinde Sönnern[44] durch das Verlegen von Wasserleitungen mit einem Kostenaufwand von rund DM 880 000,—. Für 1971 konnte somit festgestellt werden: „Bis auf einige wenige Streusiedlungen sind alle Haushaltungen an die öffentliche Wasserversorgung (Stadtwerke Hamm; V. W.) angeschlossen[45]."

Nicht ganz so günstig ist der Zustand bei der *Abwässerbeseitigung*. Im RJ 1967 wurde berichtet:

„Die Planung für die Herstellung einer Ortskanalisation (in der Gemeinde Wambeln; V. W.) wurde weiterbetrieben. Da über den Standort der Kläranlage noch keine Einigung zu erzielen war, konnten die Arbeiten bis zum Jahresende nicht zum Abschluß gebracht werden[46]."

Für weitere Ortsteile befanden sich die Kanalisationsmaßnahmen im Stadium der Planung. Im Jahr 1971 war folgender Stand erreicht:

„Im Ortsteil Rhynern besteht eine ... vollbiologische Kläranlage. Im Ortsteil Hilbeck ist eine zentrale Kanalisation mit vollbiologischer Kläranlage im Bau. ... Für den Ortsteil Osttünnen ist die Kanalisationsplanung vom Regierungspräsidenten genehmigt. Der Beginn des Baues ... steht unmittelbar bevor[47]."

(4) Die *Schulsituation* in der Gemeinde *Uentrop* stellt sich wie folgt dar: Am 15. 10. 1967 bestanden auf dem Gebiet der heutigen Gemeinde sechs Volksschulen, und zwar eine einklassige in der Altgemeinde Norddinker, eine vierklassige in Werries, eine siebenklassige in Braam-Ostwennemar neben drei je neunklassigen, also voll ausgebauten Schulen in Braam-Ostwennemar, Uentrop (alt) und Werries[48].

„Auf Beschluß des Rates wurden mit Wirkung vom 1. 8. 1968 folgende Schulen eingerichtet:
Hauptschule Braam-Ostwennemar,
Hauptschule Werries,
Grundschule Braam-Ostwennemar,
Grundschule Uentrop,
Grundschule Werries[49]."

„Nach der Neugliederung des Schulwesens wurde das Schulgebäude im Ortsteil Norddinker nicht mehr für schulische Zwecke genutzt. Es ist der Feuerwehr und den Jugendgruppen ... zur Verfügung gestellt worden[50]."

---

[44] Vgl. Soest-Gesetz, § 4 Abs. 1.

[45] Stellungnahme ..., S. 14.

[46] Verwaltungsbericht Amt Rhynern 1967, S. 149.

[47] Stellungnahme ..., S. 14. In den Jahren 1968 bis 1970 wurden in den Ortsteilen Hilbeck und Rhynern für Kanalisationsmaßnahmen rund DM 1,2 Mill. ausgegeben (vgl. Verwaltungsbericht Uentrop-Rhynern 1968/1969, S. 87 f.).

[48] Vgl. Verwaltungsbericht Amt Rhynern 1967, S. 93.

[49] Verwaltungsbericht Uentrop-Rhynern 1968/1969, S. 51.

[50] Verwaltungsbericht 1968/1969, S. 52.

„Am 20. 3. 1968 hat der Rat der Gemeinde Uentrop einstimmig die Errichtung einer Realschule beschlossen. Mit Erlaß vom 16. 7. 1968 erteilte der Kultusminister hierzu seine Genehmigung. Zu Beginn des Schuljahres 1968/69 konnte der Unterricht ... aufgenommen werden[51]."

„Der Rat hat am 3. 4. 1968 beschlossen, ... eine Sonderschule zu errichten. Mit Erlaß vom 19. 6. 1968 hat der Kultusminister der Errichtung zugestimmt. Jedoch konnte erst nach langwierigen Verhandlungen mit Beginn des Schuljahres 1969/70 der Schulbetrieb aufgenommen werden, da erst zu diesem Zeitpunkt ein geeigneter Schulleiter zur Verfügung stand[52]."

Die für Gemeinschaftsschulen projektierten Erweiterungs- bzw. Neubauten, die nach der Schulreform den Hauptschulen zur Verfügung gestellt werden konnten, wurden fast zeitgleich mit der territorialen Neugliederung fertiggestellt: der Erweiterungsbau der Dag-Hammarskjöld-Gemeinschaftsschule in der Altgemeinde Braam-Ostwennemar im Juli 1967, Turnhalle und Lehrschwimmbecken im November 1968 (Kosten: ca. DM 1,8 Mill.), der Neubau einer 14klassigen Gemeinschaftsschule in Uentrop-Werries im März 1968 (Gesamtausgaben: rund DM 1,6 Mill.)[53].

„Die Gemeinde Uentrop beabsichtigt, im Ortsteil Werries ... (nahe der Hammer Stadtgrenze; V. W.) ein neues Gemeindezentrum zu errichten. Hier ... (entsteht; V. W.) unter anderem ein Schulzentrum, bestehend aus einer zweizügigen Hauptschule, zweizügigen Realschule, Dreifach-Turnhalle und Aula ... Der Endausbau soll eine Gesamtschule umfassen. Das Raumprogramm wurde von der Regierung genehmigt. Die Gesellschaft für kommunale Anlagen mbH Düsseldorf wurde mit der Planung bis zur Baureife beauftragt[54]."

Die Verwaltung in Uentrop/Rhynern weist darauf hin, daß trotz der Raumnähe dieses Zentrums zur Stadt Hamm das Vorhaben — gemessen an übergeordneter Regionalplanung[55] — gerechtfertigt sei und keine Fehlinvestition[56], da es — auch und gerade nach einer möglichen Eingliederung der Gemeinde Uentrop oder von Teilen dieser Gemeinde in die Stadt Hamm bei der Neugliederung des Raumes Münster/Hamm — als Schulzentrum Hamm-Ost dienen könne.

Bei den *Sporteinrichtungen* in der Gemeinde Uentrop ergibt sich eine Diskrepanz zwischen verschiedenen Quellen: während sowohl der Gesetz-

---

[51] Verwaltungsbericht 1968/1969, S. 53.

[52] Ebd.

[53] Vgl. Verwaltungsbericht 1968/1969, S. 75.

[54] Verwaltungsbericht 1968/1969, S. 77.

[55] Vgl. SVR (Hrsg.): Gebietsentwicklungsplan 1966, 2. Aufl., Köln 1966, hier: Zeichnerische Darstellung.

[56] Erforderliche Mittel für Schulbauten: DM 12 Mill. (s. Gemeinde Uentrop [Hrsg.]: Neuordnung — so?, Stellungnahme der Gemeinde Uentrop zum Gutachten des Forschungsinstituts der Friedrich-Ebert-Stiftung zur territorialen Neuordnung im Raum Hamm, Uentrop [Mai] 1971, S. 12) bis DM 14 Mill. (Auskunft der Verwaltung).

entwurf[57] als auch die Verwaltung[58] fünf Sportplätze angeben, sich die Zahl also im Vergleichszeitraum nicht geändert hätte, verzeichnet die Stellungnahme der Gemeinde sieben Sportplätze in den Ortsteilen Braam-Ostwennemar, Uentrop und Werries, dazu noch einen behelfsmäßigen Platz in Norddinker[59]. Die vier Turnhallen stehen in den Ortsteilen Braam-Ostwennemar (2), Uentrop und Werries[60]. Bei dem Hallenbad handelt es sich um eine Kleinschwimmhalle (8,00 × 16,66 m, mit versenkbarem Boden) und eine Sauna[61].

Für die *Wasserversorgung* der Großgemeinde Uentrop gilt der Gemeinde Rhynern entsprechendes. Vom Dezember 1968 bis November 1969 wurden im Ortsteil Norddinker die Wasserleitungen verlegt (Kosten: über DM 0,320 Mill.)[62]. Damit ist, „bis auf geringe ländliche Bereiche", die zentrale Wasserversorgung „bis in den entferntesten Winkel gesichert"[63], und zwar durch Gelsenwasser und die Stadtwerke Hamm[64].

Zentrale *Kanalisation* mit Kläranlagen — Träger: Lippeverband — besteht hingegen nur „in den dicht bevölkerten Teilen"[65] der Gemeinde. Für diese — genauer für die Ortsteile Braam-Ostwennemar, Uentrop und Werries — wurden von Ende 1967 bis Ende 1970 rund DM 1,5 Mill. für Kanalisationsmaßnahmen ausgegeben[66].

4.212. Gemeinden von 12 000 bis unter 20 000 Einwohnern

(1) Im Vordergrund der Kommunalpolitik der Gemeinde *Bönen*[67] steht das *Schulwesen.*

„Mit Beginn des Schuljahres 1969 hat ... (die) dreizügige gemeindliche Realschule den Unterricht aufgenommen.

---

[57] Lt.-Drs. VI/462, S. 64.

[58] Antwort auf die entsprechende Frage im Fragebogen 2. Vgl. Anlage 1.

[59] Vgl. Neuordnung — so?, Stellungnahme ..., S. 13. Ebenso: WFG/Kreis Unna (Hrsg.): Kreisentwicklungsplan, Teil I b: Analysen, Prognosen, Entwicklungsmodelle zur Siedlungs- und Infrastruktur, Unna (März) 1971, S. 34, Tab. 100. Anders Karte 22 nach S. 34: 3 Sportplätze.

[60] Vgl. ebd.

[61] Vgl. Kreisentwicklungsplan, Teil I b, S. 14.

[62] Verwaltungsbericht Uentrop-Rhynern 1968/1969, S. 89.

[63] Neuordnung — so? Stellungnahme ..., S. 15.

[64] Vgl. WFG/Kreis Unna (Hrsg.): Kreisentwicklungsplan, Teil I b, S. 66 f. und Karte 32.

[65] Ebd. Vgl. WFG/Kreis Unna (Hrsg.): Kreisentwicklungsplan, Teil I b, S. 69 ff. und Tab. 113.

[66] Vgl. Verwaltungsbericht Uentrop-Rhynern 1968/1969, S. 85 - 87. Die Prozentzahl im Gesetzentwurf (Lt.-Drs. VI/462, S. 64: 75,5) ist offensichtlich nicht zutreffend.

[67] Zur kommunalen Ausstattung des Ortsteils Nordbögge vor der Neuordnung vgl. Jürgen Kraft / Heinrich Rosenbaum: Die erforderliche Grundausrüstung ländlicher Räume, II. Teil, bes. S. 71 f.

In der Hauptschule wird mit Beginn des ... Schuljahres (1971/72; V. W.) das zehnte Schuljahr eingeführt. An einer Grundschule wurde eine Übergangsklasse für die Kinder der türkischen Einwohner eingerichtet[68]."

Nach der Neuordnung des Schulwesens mußten einige Schulen geschlossen werden, z. B. in den Ortsteilen Nordbögge und Flierich.

„Inzwischen hat die Gemeinde eine neue Schulkonzeption erarbeitet. Diese wurde erforderlich, um einer Schulraumrot vorzubeugen. Das erarbeitete Konzept gilt für die nächsten 10 bis 20 Jahre. Es ist geplant, ein Schulzentrum (für ca. DM 10,0 Mill.; V. W.) unter Einbeziehung der jetzigen Hauptschule zu bauen. Das Schulzentrum soll im Endausbau eine fünfzügige Hauptschule und die Realschule umfassen. Zum Schulzentrum soll eine Doppelturnhalle und eine Aula gehören[69]."

In zentraler Lage befindet sich in der Gemeinde Bönen ein *Sportzentrum*, bestehend aus einem Freibad, einer Kleinschwimmhalle, einer Turnhalle und einer Sauna. Bei dem Hallenbad (vgl. Tab. A 25) handelt es sich um eben diese Kleinschwimmhalle, die im Gesetzentwurf als Lehrschwimmbecken gezählt ist; bei den Sportplätzen um einen mit und drei ohne Rundbahn sowie ein Kleinspielfeld[70]. Die zusätzliche Turnhalle wurde nach der Neuordnung im Ortsteil Bramey-Lenningsen neugebaut, um eine Bedarfslücke zu schließen. Der Wunsch war in der Altgemeinde schon lange vorher lautgeworden, doch vermochte ihn erst die Großgemeinde relativ zügig zu verwirklichen[71].

Außer den vier *Kindergärten* (konfessionelle Träger) wird noch ein gemeindeeigener Schulkindergarten betrieben.

Im Bereich der *Be- und Entwässerung* brauchte die Großgemeinde keine außergewöhnlichen Erstinvestitionen zu tätigen[72].

(2) Im Bereich der Großgemeinde *Burbach* wurden wegen der Schulreform drei *Schulgebäude* frei. In diesen Gebäuden wurden jeweils Kindergärten eingerichtet (Gilsbach, Lippe, Lützeln), im Ortsteil Lippe außerdem ein Dorfgemeinschaftsraum, in Lützeln ein Schulkindergarten. Gleich nach der Territorialreform wurde mit dem Bau einer dreizügigen Hauptschule begonnen, die im Jahre 1971 eingeweiht wurde (Baukosten: DM 3,1 Mill.). Diese Schule war gemeinsam mit einer entsprechenden Einrichtung für die Gemeinde Neunkirchen von der Amtsverwaltung

---

[68] Jakob Wienhusen: „Zwischen Vergangenheit und Zukunft, Bönen im Aufbruch", in: Vorwärts vom 8. 7. 1971, Sonderbeilage Bönen, S. 18.

[69] Ebd.

[70] Unklar blieb die Herkunft des 6. Platzes im Gesetzentwurf (Lt.-Drs. VI/462, S. 80).

[71] Auskunft der Gemeindeverwaltung.

[72] Die nominelle Abnahme der Prozentzahl bei den Anschlüssen an die zentrale Wasserversorgung geht mit großer Wahrscheinlichkeit auf eine ungenaue Berechnung zurück.

Burbach geplant worden[73]. Inzwischen wurde in der Großgemeinde Burbach damit begonnen, die einzügige Realschule zweizügig auszubauen.

Im Ortsteil Holzhausen wurde nach der Neuordnung ein neuer Sportplatz angelegt, mit dessen Bau Planungen der Altgemeinde verwirklicht wurden. Damit war eine Bedarfslücke im sog. Hickengrund geschlossen. An weiteren *Sporteinrichtungen* sind eine Dreifach-Turnhalle[74] im Ortsteil Burbach geplant und eine Turnhalle im Ortsteil Wahlbach sowie eine Erweiterung der Halle in Holzhausen.

Nachdem die Zahl der *Kindergärten* von fünf auf acht angewachsen ist — sämtlich von freien gemeinnützigen Trägern unterhalten —, ist der Bedarf an Kindergartenplätzen in der Großgemeinde Burbach als einer der ersten Gemeinden in Nordrhein-Westfalen voll gedeckt[75].

Über Einzelheiten der Maßnahmen auf den Gebieten der *Wasserversorgung* und der *Entwässerung*[76] kann nichts mitgeteilt werden, außer daß im Jahr 1972 ein Zentralwasserplan für den Hickengrund vorgelegt wurde, der vor der Neugliederung veranlaßt war.

(3) Die *Schulsituation* der Großgemeinde *Extertal* stellte sich am Tage des Zusammenschlusses (1. 1. 1969) wie folgt dar: Im Ortsteil Bösingfeld war für die zweizügige Realschule[77] ein neues Schulgebäude im Rohbau fertiggestellt. Im Ortsteil Asmissen befand sich eine Grundschule im Bau, die — vor der Schulreform als Volksschule geplant — nach Fertigstellung jedoch die Sonderschule aufnahm[78], während die Grundschule das alte Gebäude der Sonderschule bezog. Im Ortsteil Silixen war der Bau einer Haupt- und Grundschule abgeschlossen; hier war noch die finanzielle Abwicklung zu erledigen. Die Gemeinde wurde inzwischen von der Auffassung der Aufsichtsbehörde unterrichtet, daß der Betrieb von zwei knapp zweizügigen Hauptschulen (Bösingfeld, Silixen) und vier Grundschulen

---

[73] Dazu siehe unten Abschnitt (9).

[74] Der Standort der fünften Turnhalle wurde nicht geklärt. Es steht je eine Halle in den Ortsteilen Burbach, Holzhausen, Niederdresselndorf und Würgendorf, dazu eine Gymnastikhalle in Lützeln. Vermutlich befindet sich die fünfte Turnhalle im Ortsteil Gilsbach: siehe Statistisches Landesamt NW (Hrsg.): Statistische Rundschau für den Kreis Siegen, Düsseldorf 1970, Karte 16.

[75] Vgl. Zweites Gesetz zur Ausführung des Gesetzes für Jugendwohlfahrt (Kindergartengesetz — KgG —) vom 21. 12. 1971 (GV. NW. S. 534, SGV. NW. 216), § 6 Abs. 2 Ziff. 2.

[76] Außer dem Hickengrund (Holzhausen, Lützeln, Nieder- und Oberdresselndorf) waren alle Gemeinden des Amtes Burbach Mitglieder des Abwasserverbandes Hellerthal (vgl. Lt.-Drs. VI/480, S. 74); s. u. Gemeinde Neunkirchen.

[77] Nach Mitteilung der Gemeindeverwaltung Extertal besuchen zur Zeit 115 Schüler aus Barntrup die Realschule in Extertal.

[78] Vor der territorialen Neugliederung waren 13 Gemeinden zu einem Sonderschul-Zweckverband zusammengeschlossen. Heute besteht eine öffentlich-rechtliche Vereinbarung mit den Gemeinden Barntrup und Dörentrup.

(Almena, Asmissen, Bösingfeld, Silixen) für Externtal zu aufwendig sei. Die Ratsvertretung beschloß daraufhin, neben der Realschule im Ortsteil Bösingfeld eine neue Hauptschule zu bauen — die Absicht ist, hier ein zur Gesamtschule ausbaufähiges Schulzentrum mit Sportzentrum entstehen zu lassen — und dort, nach deren voraussichtlicher Fertigstellung im Frühsommer 1975 — die von einem Architekten erarbeiteten Pläne liegen zur Zeit dem Regierungspräsidenten in Detmold zur Genehmigung vor — die Hauptschulen Bösingfeld und Silixen zusammenzufassen, um danach folgendes Revirement bei den Grundschulen vorzunehmen: Die Grundschulen Asmissen und Bösingfeld sollen im Schulgebäude Bösingfeld zu einer vierzügigen Grundschule zusammengelegt werden, während im Gebäude der heutigen Grundschule und Hauptschule Silixen die heutigen Grundschulen Almena und Silixen zu einer dreizügigen Grundschule zusammengefaßt werden sollen. „Alle frei werdenden Schulgebäude könnten dann einem bereits jetzt angestrebten Schulkindergarten dienen[79].“

Die Gemeinde Extertal investierte von 1969 bis 1971 rund DM 11,0 Mill. für Maßnahmen im *Sportbereich*. Die Mittel dienten u. a. dazu, ein vorhandenes Schwimmbecken im Ortsteil Laßbruch umzuplanen und zu einem beheizten Freibad auszubauen. Bei den Lehrschwimmbecken (vgl. Tab. A 25) handelt es sich um Kleinstschwimmhallen. Die zusätzlichen Turnhallen sind an der Realschule in Bösingfeld und an der Sonderschule in Asmissen neu entstanden. Die Planung des Sportzentrums, das neben dem geplanten Schulzentrum angelegt werden soll, ist abgeschlossen und liegt der Regierung vor; sie wurde von einem Architekten ausgeführt und mit der Sportstätten-Beratungsstelle[80] in Köln abgestimmt. Möglicherweise entsteht ein „weiteres kleines Sportzentrum ... im Bereich Silixen, Laßbruch, Kükenbruch, Almena ...“[81]. Die Finanzierung beider Zentren ist allerdings noch nicht sichergestellt.

Um den Anforderungen des *Kindergartengesetzes* zu genügen, müssen noch mindestens 150 Plätze zur Verfügung gestellt werden[82]. Die Pläne für den Bau eines Kindergartens im Ortsteil Silixen liegen zur Genehmigung vor; ein Kindergarten für drei Gruppen wird für den Bereich Asmissen/Bösingfeld geplant, ein weiterer für zwei Gruppen in Bösing-

---

[79] Heinrich Senke: „Ein echtes Gemeinschaftsleben wird angestrebt“, in: Lippische Landes-Zeitung Nr. 133 vom 12. 6. 1971 (Unsere lippischen Großgemeinden — wie sie arbeiten, 10. Folge).

[80] Deutscher Sportbund — Institut für Sportstättenbau, Zentrale Beratungsstelle für den kommunalen Sportstättenbau, Institut an der Deutschen Sporthochschule Köln, Köln-Müngersdorf, Carl-Diem-Weg.

[81] Heinrich Senke: „Ein echtes Gemeinschaftsleben ...“.

[82] OKD des Kreises Lemgo — Abteilung für Strukturentwicklung — (Hrsg.): Entwicklungskonzeption für den Kreis Lemgo (Entwurf), Lemgo (August) 1971, S. 151.

feld. Der bestehende Kindergarten in diesem Ortsteil wurde von 50 auf 90 Plätze erweitert, der im Ortsteil Almena soll von 55 auf 85 Plätze erweitert werden.

Die *Wasserversorgung* der Gemeinde Extertal wird von den gemeindeeigenen Wasserwerken, einem Zusammenschluß der Werke der Altgemeinden, sichergestellt, in Streulagen aber auch noch von sog. Interessentenvereinigungen aus Brunnenanlagen. Die Großgemeinde ergriff dazu folgende Maßnahmen: eine Tiefenbohrung im Bereich Asmissen/Bösingfeld; ein neuer Hochbehälter in Bösingfeld; die gesamte Wasserversorgung im Ortsteil Bremke einschließlich Brunnen, Filteranlagen und Hochbehälter; Ausbesserung des Ortsnetzes einer Interessentenvereinigung in Laßbruch; Ausbau einer Tiefenbohrung in Silixen. An Planungen liegt ein Ausbauentwurf für den Bereich Göstrup/Laßbruch vor, der Investitionen in Höhe von DM 1,8 Mill. vorsieht. Ein Ingenieurbüro wurde beauftragt, einen Generalwasserversorgungsplan zu entwickeln, der besonders Lösungsmöglichkeiten der zentralen Versorgung bisher nicht angebundener Bereiche — außer dem Ortsteil Göstrup vor allem Streulagen in Asmissen und Schönhagen — prüfen soll. Dabei ist abzusehen, daß allein die Versorgung des Südbereiches (Asmissen, Schönhagen) DM 2,5 bis 3,0 Mill. kosten wird. Die Einnahmen werden in keinem Fall kostendeckend sein, so daß eine weitere Erhöhung des Wasserpreises, der seit 1969 bereits von DM 0,50 und weniger auf heute DM 0,90 anstieg, abzusehen ist.

Was die *Entwässerung* angeht, so ist nach einem Blick auf eine politische oder topografische Karte der Gemeinde klar, daß eine Zentralkläranlage für das gesamte Gemeindegebiet nicht wirtschaftlich betrieben werden könnte. Deshalb wurden von der Großgemeinde Teilplanungen an verschiedene Ingenieurbüros vergeben, die inzwischen sämtlich abgeschlossen sind, d. h. es existieren „ausbaufähige Entwürfe für die kanalisationsfähigen Gebiete“[83]. Der eng bebaute Bereich Bösingfeld/Asmissen ist voll kanalisiert und seit 1964 an eine mechanisch-biologische Kläranlage angeschlossen. Diese muß allerdings erweitert werden, ebenso die Anlagen in Almena und Nalhof. Im Ortsteil Bremke befand sich beim kommunalen Zusammenschluß eine Kläranlage im Bau, die von der Gemeinde Extertal fertiggestellt wurde. Im Jahr 1972 wurde mit dem Bau einer mechanisch-biologischen Anlage für 2 700 bis 2 800 Einwohnergleichwerte für den Raum Kükenbruch/Laßbruch/Silixen begonnen, die einen Aufwand — 1. Bauabschnitt: DM 1,0 Mill. — von DM 6,0 Mill. erfordern wird. Auch hier werden die Einnahmen nicht ausreichen, so daß die Gebühren im gesamten Gemeindegebiet der tatsächlichen Kostenlage Zug um Zug angepaßt werden müssen.

---

[83] Wörtlich nach Tonbandprotokoll.

(4) Mit der *Schulreform* wurde im Bereich des damaligen Amtes *Freudenberg*[84], der weitgehend dem heutigen Stadtgebiet entspricht, die Mehrzahl der ein- bis dreiklassigen Zwergschulen — die meistens mit einer Lehrerwohnung gekoppelt waren — stillgelegt. Das Gebäude in der Altgemeinde Hohenhain, in dem eine Sonderschule eingerichtet wurde, steht ab August 1972 leer. Aus dem Klassenraum im heutigen Ortsteil Mausbach wurde ein Dorfgemeinschaftsraum, aus der Schule in Oberheuslingen ein Kindergarten. Im Gebäude der Schule in Oberholzklau, die heute als Filiale der Grundschule Alchen fungiert, soll ebenfalls ein Kindergarten untergebracht werden. Die Räume der Schule in Plittershagen wurden zu einer Wohnung ausgebaut[85]. Nach einigen Neu- und Erweiterungsbauten — 1965: Niederndorf, 1968: Oberfischbach, 1968: Freudenberg (Erweiterung) — befindet sich zur Zeit im Stadtteil Büschergrund ein (additives) Schulzentrum im Bau, das eine jeweils zweizügige Grund-, Haupt- und Realschule beherbergen soll[86]. Über die anschließende Verwendung der heutigen Schulgebäude ist noch nicht entschieden.

Die Abnahme der *Sporteinrichtungen* um ein Freibad (vgl. Tab. A 25) erklärt sich dadurch, daß eines der beiden Bäder praktisch nicht mehr verwendbar ist und bisher nicht umgebaut wurde. Ein Hallenbad (Kleinstschwimmhalle), das im Schulzentrum gebaut wird, steht vor der Fertigstellung. Von den vier Sportplätzen sind zwei ohne Rundbahn, zwei ohne leichtathletische Anlagen. Es ist unter anderem geplant, eine Bezirkssportanlage zu errichten als Ersatz für den Sportplatz im Stadtteil Freudenberg, der dem Erweiterungsbau des 1967/68 gebauten Krankenhauses weichen muß. Die Zahl der Turnhallen, von denen eine sich in privater Hand befindet und dringend der Renovierung bedarf, wird um eine Großturnhalle im Schulzentrum wachsen.

Die Situation bei den *Kindergärten* in der Stadt Freudenberg stellt sich wie folgt dar: Der im Stadtteil Freudenberg befindliche Kindergarten wurde 1966/67 errichtet. Wie oben bereits erwähnt, wurde im Stadtteil Oberheuslingen ein Kindergarten in der ehemaligen Schule untergebracht, die aus dem Jahre 1914 stammt. Nach 1970 wurde im Stadtteil Büschergrund ein Neubau errichtet; geplant oder im Bau sind Kindergärten in Alchen, Niederndorf und Oberfischbach. Noch ein weiterer Neubau ist erforderlich, um das Soll nach dem Kindergartengesetz annähernd zu erreichen.

---

[84] Die Städte Freudenberg und Fröndenberg gehören zu den Gemeinden, deren Verwaltungen die Fragebögen leider nicht zurückschickten.

[85] Gleichfalls geschlossen wurde die Schule im heutigen Stadtteil Lindenberg. Ihre jetzige Verwendung ist nicht bekannt.

[86] Geschätzte Baukosten: DM 18,5 Mill.; Zuschüsse: etwa 65 % der anerkannten Baukosten. Die Gymnasiasten der Stadt Freudenberg besuchen Schulen in Betzdorf, Hüttental, Olpe und Siegen.

Bei der *Wasserversorgung* ist eine Gesamtplanung in Angriff genommen, aber noch nicht abgeschlossen. Zur Verbesserung der Versorgung werden noch Hochbehälter auf der Wilhelmshöhe und in den Stadtteilen Bühl und Lindenberg sowie Verbundleitungen erforderlich sein[87]. Die Stadt Freudenberg ist Vollmitglied des Wasserverbandes Siegerland.

Die Planung der *Abwässerbeseitigung* wurde zum Teil schon im Amt Freudenberg vorgenommen, so daß z. B. im Zuge von Straßenbaumaßnahmen in einigen Fällen gleichzeitig Hauptsammler planmäßig verlegt werden konnten. Im übrigen aber befindet sich die Stadt Freudenberg auf diesem Gebiet in einer mißlichen Lage, die noch dadurch verschärft wird, daß die weitgehende Streubebauung der Stadt die Kosten für eine zentrale Abwässerbeseitigung in die Höhe treibt: erst im Jahre 1972 nämlich wurde im Stadtteil Lindenberg die erste Kläranlage der Stadt abgenommen[88], deren Errichtung durch den Bau der Autobahn „Sauerlandlinie“ forciert wurde.

(5) Die Stadt *Fröndenberg* verfügt heute über eine Gesamtschule[89]. „Sie wird nach dem Auslaufen der Volksschuloberstufen und Hauptschulen ... die einzige weiterführende Schule dieses Ortes sein[90].“

Wegen mangelnder Mitarbeit der Stadtverwaltung ist über die neuere Entwicklung der übrigen kommunalen Ausstattung der Stadt Fröndenberg — abgesehen von den eruierten Daten (Tabelle A 25) — nichts bekannt. Aus dem Jahre 1966 liegt folgender Bericht vor:

„Mit dem Bau der Wasserleitung in Altendorf 1964 ist auch die letzte Gemeinde des Amtes an zentrale Wasserversorgung angeschlossen. Kanalisiert sind Fröndenberg und die Ortsteile Langschede und Dellwig (der damaligen Gemeinde Langschede; V. W.). Der Ortsteil Ardey (der gleichen Gemeinde; V. W.) ist in der Bauausführung. Gemeindeeigene Kläranlagen haben Billmerisch[91] und Frömern, deren Kanalnetzausbau kurz vor dem Abschluß steht. In Strickherdicke, Neimen, Frohnhausen und Warmen ist 1965 mit dem Kanalbau begonnen worden. Für die übrigen Gemeinden liegen die Entwässerungsplanungen entweder bereits vor, oder ihre Vorlage ist in Kürze zu erwarten[92].“

---

87 Es ist trotzdem anzunehmen, daß der Prozentsatz der Versorgung sich nicht wesentlich verändert hat.

88 Es ist nicht bekannt, ob die Übernahme der Anlage gleichzeitig deren Inbetriebnahme bedeutete.

89 Vgl. J. Lohmann: Schulzentrum Fröndenberg, Gutachten über die didaktische und bauliche Planung, Fröndenberg 1968, sowie: Günter Bechert: Schulzentren für die weiterführenden Schulen, Erste Stufe eines Schulentwicklungsplanes für den Landkreis Unna, Unna 1967.

90 WFG/Kreis Unna (Hrsg.): Kreisentwicklungsplan, Teil I b, S. 16.

91 Heute Stadtteil von Unna.

92 Heinrich Klammer: „Das Amt Fröndenberg“, in: Gerhard Stalling AG (Hrsg.): Der Landkreis Unna, Geschichte, Landschaft, Wirtschaft, Oldenburg (Oldb.) 1966, S. 250 - 255, hier S. 253.

(6) In der Stadt *Hilchenbach* wurden mit der *Schulreform* sechs Zwergschulen geschlossen, von ihnen jedoch zwei als Filialen anderer Grundschulen weitergenutzt. Es ist geplant, die beiden Hauptschulen der Stadt zu einer sechszügigen Schule zusammenzufassen, und zwar in einem Neubau neben dem Mädchengymnasium Stift Keppel[93], wobei — nach der erwarteten entsprechenden gesetzlichen Regelung — das Ziel einer Gesamtschule der Sekundarstufe I verfolgt wird. Das zweite Gymnasium, das als Aufbaugymnasium begonnen hatte und dann um einen grundständigen Zug für Jungen erweitert wurde, soll am 1. 1. 1973 aus der Trägerschaft des Landes Nordrhein-Westfalen in die der Stadt Hilchenbach übergehen.

Trotz der Zahlenunterschiede in der Tabelle A 25 hat sich bei den *Sporteinrichtungen* der Stadt bisher kaum eine Änderung ergeben: „Um so intensiver sind unsere Planungen[94].“ So sollen beim Schulzentrum ein oder zwei neue Sportplätze errichtet werden; außerdem steht der Bau einer Groß- und einer Normalturnhalle auf dem Programm. Den je sieben bisherigen Turnhallen sind zwei (1967) bzw. vier (1970) Gymnastikhallen hinzuzufügen. Im Gesetzentwurf[95] müssen — nach Meinung der Stadtverwaltung — außer den fünf bestehenden Sportplätzen auch fünf Bolzplätze als Sportplätze[96] gezählt worden sein, weil die Kategorien noch nicht so eindeutig bestimmt gewesen seien wie im Goldenen Plan. Den drei Freibädern in öffentlicher Trägerschaft ist ein privates Freibad hinzuzurechnen. Der Bau des Hallenbades wurde in anderem Zusammenhang bereits erwähnt — vgl. Pkt. 2.1221. (2) —.

Die Entwicklung im *Kindergartenbau* beschränkt sich bisher auf Planungen.

Bei der *Wasserversorgung* waren die wichtigsten Änderungen organisatorischer Art. Die Altgemeinden unterhielten zum Teil eigene Wasserwerke, zum Teil waren sie Mitglieder des Wasserverbandes Siegerland:

„Eigene Wasserversorgungsanlagen werden nur noch von den Gemeinden Allenbach, Lützel und Müsen unterhalten. Die Gemeinden Dahlbruch, Grund, Öchelhausen und demnächst auch Ruckersfeld sind lediglich Verteiler des bezogenen Fremdwassers; zum überwiegenden Teil trifft das auch für die Gemeinde Allenbach zu. ... Die Gemeinden Hadem und Vormwald sind in das Wasserwerk der Stadt Hilchenbach eingeschlossen. Die Gemeinden Helber-

---

[93] Öffentlich-rechtliche Stiftung unter Aufsicht des Landes.

[94] Wörtlich nach Tonbandprotokoll.

[95] Lt.-Drs. VI/480, S. 43.

[96] Nach anderen Quellen gibt es in Hilchenbach nur vier Sport- und zwei oder drei Bolzplätze (vgl. Statistische Rundschau für den Kreis Siegen, Karte 17, und Erhebung über Infrastruktureinrichtungen, Stadt Hilchenbach, Teil VII).

hausen und Oberndorf werden durch eine private Genossenschaft mit Trinkwasser versorgt[97]."

Vor der territorialen Reform war die Bildung eines Amtswasserwerks geplant — eine Absicht, die von der und durch die Neuordnung überholt wurde. Heute wird die Wasserversorgung durch die Stadtwerke Hilchenbach (Betriebszweig Wasserversorgung) sichergestellt.

Als Folge der kommunalen Neugliederung in organisatorischer Hinsicht gilt das Vorhaben, auch die *Abwässerbeseitigung,* die Müllabfuhr und die Straßenreingung in die Stadtwerke einzugliedern. Maßnahmen der Abwässerbeseitigung werden nach einem Zentralentwässerungsplan des 1963 gegründeten Abwasserverbandes Oberes Ferndorftal durchgeführt. Die Prozentzahl in Tabelle A 25 (56,0) besagt lediglich, daß 1970 56 % der bebauten Grundstücke an eine Kanalisation angeschlossen waren, die bis heute die Abwässer über einen zentralen Kanal in öffentliche Gewässer ableitet. Die Inbetriebnahme des mechanischen Teils (1. Bauabschnitt) der ersten Kläranlage ist erst Ende 1972 erfolgt.

(7) Die Gemeinde *Holzwickede* hat in dreijähriger Bauzeit mit einem Kostenaufwand von DM 6,5 Mill. eine Hauptschule errichtet; eine Handelsschule befindet sich zur Zeit im Bau. Nach der *Schulreform* wurden einige nicht mehr verwendbare Schulgebäude abgerissen.

Das Freibad der Gemeinde wurde zur Zeit der kommunalen Neugliederung umfassend ausgebaut; in einem weiteren Bauabschnitt müssen jetzt noch die sanitären Anlagen erstellt werden[98].

Das Gelände um das Freibad soll in ein Freizeitzentrum — u. a. mit Rollschuhbahn / Eisfläche, Rundwanderwegen, Naturlehrpfad, Trimm-Dich-Anlage — ausgebaut werden[99]. Bei dem Hallenbad (vgl. Tab. A 25) handelt es sich um eine Kleinstschwimmhalle (Lehrschwimmbecken) an der Hauptschule mit höhenverstellbarem Boden, die nachmittags der Bevölkerung zur Verfügung steht. Gleichfalls an der Hauptschule wurde 1971/72 der fünfte Sportplatz der Gemeinde für mehr als DM 300 000,— angelegt. Einer der vier vorhandenen Plätze[100] wurde zu einem Aschenplatz ausgebaut. Von der Großgemeinde sind bisher zwei Turnhallen — eine weitere befindet sich zur Zeit im Bau — neuerrichtet worden, so daß

---

[97] Hans Christhard Mahrenholz: Zur kommunalen Neugliederung im Raum Keppel-Hilchenbach, unveröffentlichtes internes Manuskript, Dezember 1966, S. 5 f.

[98] Vgl. Gemeinde Holzwickede — Kultur- und Sportamt — (Hrsg.): Ergebnis einer Meinungsumfrage in der Bevölkerung der Gemeinde Holzwickede über das Freibad „Schöne Flöte" (Juni/Juli 1969), Holzwickede (1. 8.) 1969.

[99] Plananregung durch den SVR.

[100] Einer dieser Plätze ist Eigentum der Bundeswehr.

heute insgesamt drei Hallen unterhalten werden. Das rege *Sportleben* in der Gemeinde soll durch ein Sportzentrum weiter gefördert werden[101].

Einer der beiden zusätzlichen *Kindergärten* wurde mit 60 Plätzen in der ehemaligen katholischen Volksschule im Ortsteil Opherdicke eingerichtet; bei dem anderen handelt es sich um einen Neubau.

Bei Bildung der Großgemeinde existierte kein Kanalbestandsplan, auch war die Lage der Wasserleitungen unbekannt. Diese Bestandsaufnahme wurde in mühsamer Arbeit — zum Teil unter Mithilfe aus der Bevölkerung — nachgeholt. Im übrigen konnte der Prozentsatz der zentralen *Wasserversorgung,* die von den Stadtwerken Dortmund sichergestellt wird, auf dem bisherigen Stand gehalten werden.

Die in Holzwickede betriebene mechanisch-biologische Kläranlage der Emscher-Genossenschaft reicht für die Gesamtgemeinde nicht aus, ebensowenig die vorhandene Kanalisation. Deshalb werden kontinuierlich *Entwässerungsmaßnahmen* durchgeführt; so begann Anfang 1972 der 1. Bauabschnitt für die Zentralentwässerung der Gemeindemitte.

(8) Die vom „Schulverband August-Dreves-Schule Hohenhausen" geplante Mittelpunktschule wurde nach der *Schulreform* in eine Hauptschule umgeplant und der Bau weitgehend unter der Regie der Großgemeinde *Kalletal* durchgeführt. Für den 2. Bauabschnitt (1969 - 1972) waren rund 2,8 Mill. aufzubringen[102]. Diese Hauptschule ist der Grundstein eines Schulzentrums in Kalletal-Hohenhausen. Im 3. Bauabschnitt (1970 bis 1972) ist ein Fachzentrum oder Sonderklassentrakt — mathematisch-naturwissenschaftliche und Werkräume[103] — für die Haupt- und die Realschule[104] mit einem bisherigen Kostenaufwand von rund DM 2,2 Mill.[105] errichtet worden.

„Der vierte Bauabschnitt sieht den (Neu-)Bau einer Realschule mit zwölf Klassenräumen vor. ... In weiteren Bauabschnitten sind im Schulzentrum Hohenhausen der Bau einer Schwimmhalle mit einer weiteren Turnhalle

---

[101] Die Gemeinde hofft, ein geeignetes Grundstück zu erwerben, wenn eine projektierte Autobahntrasse das Übungsgelände der Bundeswehr durchschneidet.

[102] Siehe Aufstellung über die seit der kommunalen Neugliederung durchgeführten und begonnenen wesentlichen Maßnahmen in der Gemeinde Kalletal, S. 3.

[103] Gemeinde Kalletal (Hrsg.): Mehrjahresprogramm (verwaltungsinterne Zusammenstellung), o. O., o. J. (Kalletal 1971), S. 27.

[104] Bei der zweiten Realschule (vgl. Tab. A 25) handelt es sich um eine private Institution für Jungen (auf Schloß Varenholz) mit Internat (vgl. Statistisches Landesamt NW [Hrsg.]: Statistische Rundschau für den Landkreis Lemgo, Düsseldorf 1968, S. 58).

[105] Aufstellung über die ..., S. 3.

(27 x 45 m; V. W.) und einer Sportanlage sowie der Bau einer Sonderschule vorgesehen[106]."

Durch Ratsbeschluß vom 16. 7. 1970 sind die Grundschulen der Gemeinde Kalletal zu drei Bezirken zusammengefaßt worden mit Sitz in den Ortsteilen Bavenhausen, Hohenhausen und Langenholzhausen. Das hatte zur Folge, daß die Schulgebäude in Bavenhausen und Langenholzhausen um acht bzw. vier Klassen erweitert werden müssen (Gesamtkosten etwa DM 1,0 Mill.), womit im zuletzt erwähnten Ortsteil 1972 begonnen wurde. Bis dahin jedoch bleiben die Schulgebäude in den Ortsteilen Erder und Varenholz als Filialen der Grundschule Langenholzhausen und die Gebäude in Lüdenhausen und Talle als Filialen der Grundschule Bavenhausen bestehen. Insgesamt fünf ehemalige Volksschulen wurden aufgelöst, und zwar in Asendorf, Bentorf, Heidelbeck, Kalldorf und Stemmen; die Gebäude wurden entweder vermietet (1), verpachtet (1) oder verkauft (2) bzw. sind zum Verkauf vorgesehen (1). In dem Gebäude der früheren Volksschule in Westorf wurde die Sonderschule untergebracht. Das noch genutzte Gebäude in Erder ist als Jugendheim vorgesehen, das in Varenholz wird in einen Kindergarten umgewandelt[107], das Gebäude in Talle soll ebenfalls einen Kindergarten und einen Dorfgemeinschaftsraum aufnehmen. Die ehemalige Volksschule in Lüdenhausen könnte ein Verkehrserziehungs-Bildungszentrum (Verkehrswacht, Kreis, Polizei) für den Kreis Lemgo werden.

Neue *Sportstätten*, die von der Großgemeinde errichtet oder deren Bau von ihr beendet wurde, sind der bereits in anderem Zusammenhang erwähnte Sportplatz im Ortsteil Stemmen[108] und zwei Turnhallen, von denen eine im Ortsteil Langenholzhausen[109], die andere im Schulzentrum Hohenhausen[110] entstand. Die „Großflächigkeit dieses Bereichs" macht die „Errichtung weiterer Sportplätze" sowie „zwei weiterer Freibäder ... notwendig"[111]. Nicht erwähnt wurden bisher 7 Sporthäuser[112].

---

[106] Karl Kraft: „Aus dem Kalletal wird kein Industriegebiet", in: Lippische Landes-Zeitung Nr. 150 vom 3. 7. 1971 (Unsere lippischen Großgemeinden — wie sie arbeiten, 13. Folge).

[107] Als Alternative ist der Verkauf und ein Neubau für den Kindergarten im Gespräch.

[108] Vgl. Pkt. 2.1221. (2) dieser Untersuchung (und: Gemeinde Kalletal [Hrsg.]: Mehrjahresprogramm, S. 49).

[109] Ebd. bereits erwähnt.

[110] Gesamtkosten: DM 1 350 624,— (siehe Aufstellung über die ..., S. 4).

[111] Gemeinde Kalletal (Hrsg.): Kommunale Neugliederung, S. 8 (Hervorhebung: V. W.). Weitere Sportstätten entstehen beim Schulzentrum (s. o.). Dazu vgl. auch Gemeinde Kalletal (Hrsg.): Mehrjahresprogramm, S. 38 ff. und 44 ff.

[112] Vgl. Gemeinde Kalletal (Hrsg.): Mehrjahresprogramm, S. 44 - 46.

„Aus dem Nachholbedarf auf den verschiedensten Gebieten ist ... der Mangel an *Kindergärten*[113] zu erwähnen. Der bisher einzige Kindergarten in der Gemeinde befindet sich in Hohenhausen. Er wird von der ev. Kirchengemeinde betrieben[114]."

Aber erst 1972 konnte mit dem Bau des zweiten Kindergartens begonnen werden, der im Ortsteil Langenholzhausen entsteht. Fünf weitere sollen in Lüdenhausen, Stemmen/Varenholz, Talle, Kalldorf und Hohenhausen errichtet werden (Reihenfolge = Rangfolge)[115]. „Die ev. Kirchengemeinden lehnen eine Trägerschaft ab[116]."

Die 16 Gemeinden, die zur Großgemeinde Kalletal zusammengeschlossen wurden, unterhielten vor der Neuordnung zwölf *Wasserwerke* und zwei Wasserbeschaffungsverbände auf privater Basis[117]. Die genannten Verbände existieren noch heute — neben dem gemeindeeigenen Wasserwerk — in den Ortsteilen Hohenhausen und Langenholzhausen. Die Großgemeinde verlegte 1969 die Wasserleitungen im Ortsteil Brosen — Kostenaufwand der Gemeinde: DM 289 756 —, baute die Wasserversorgung in Heidelbeck aus (DM 89 473) und erweiterte darüber hinaus das Rohrnetz im Gemeindegebiet durch Verbundleitungen (DM 327 960)[118].

„Bei den notwendigen Verbesserungen der Infrastruktur steht die *Abwässerbeseitigung* im Vordergrund. Sie stellt für die Gemeinde Kalletal mit ihrer Großflächigkeit und den topographischen Gegebenheiten ein schwieriges und kostenaufwendiges Problem dar. Allein zehn Klärwerke sind erforderlich, von denen erst fünf[119] vorhanden sind. Eines davon[120] wurde im ... Jahr (1970; V. W.) errichtet, ein weiteres[121] befindet sich im Bau[122]."

Zur hunderprozentigen Entsorgung der Gemeinde durch zentrale Abwässerbeseitigung werden noch mindestens DM 19,0 Mill. zu investieren sein[123], wenn man berücksichtigt, daß von 1969 bis 1972 für den Bau von Kläranlagen und Kanalisationsmaßnahmen bereits rund DM 4,9 Mill. ausgegeben wurden[124]. Vier Kläranlagen werden noch zu bauen sein: in

---

113 Nach einer Berechnung des Kreises Lemgo fehlen 240 Plätze bei 90 vorhandenen (vgl. OKD des Kreises Lemgo [Hrsg.]: Entwicklungskonzeption ..., S. 152).

114 Karl Kraft: „Aus dem Kalletal ...".

115 Vgl. Gemeinde Kalletal (Hrsg.): Mehrjahresprogramm, S. 54.

116 Gemeinde Kalletal (Hrsg.): Kommunale Neugliederung, S. 8.

117 Die Altgemeinden Brosen und Osterhagen waren ohne eine zentrale Wasserversorgung.

118 Siehe Aufstellung über die ..., S. 12.

119 In Bavenhausen, Bentorf, Hohenhausen, Lüdenhausen und Talle.

120 Das Klärwerk in Bavenhausen.

121 Die Kläranlage Kalldorf. Sie wurde noch von der Altgemeinde geplant und — Baubeginn 1971 — im Jahr 1972 in Betrieb genommen.

122 Karl Kraft: „Aus dem Kalletal ..." (Hervorhebung: V. W.).

123 Vgl. Gemeinde Kalletal (Hrsg.): Kommunale Neugliederung, S. 8.

124 Siehe Aufstellung über die ..., S. 14.

den Ortsteilen Erder, Heidelbeck, Langenholzhausen und Stemmen/Vahrenholz; die Anlage in Hohenhausen ist erweiterungsbedürftig[125]. Planerisch sind die Entwässerungsvorhaben abgeschlossen.

(9) Seit der Neuordnung des *Schulwesens* 1968 wurde das Schulgebäude im heutigen Ortsteil Wiederstein der Großgemeinde *Neunkirchen* nicht mehr für schulische Zwecke genutzt. In dem Gebäude wurden ein Dorfgemeinschaftssaal und im Jahr 1970 ein Kindergarten eingerichtet[126]. Auch die Schule im Ortsteil Zeppenfeld steht vor der Stillegung und dann u. a. für einen Kindergarten bereit — sie wird zur Zeit als Filiale der Grundschule Neunkirchen genutzt —, wenn der Neubau der Hauptschule Neunkirchen auf dem Rassberg (Zeppenfeld) bezogen wird[127]. Diese dreizügige Hauptschule war gemeinsam mit der in Burbach von der Amtsverwaltung Burbach geplant worden, und zwar so, daß das Gebäude in Neunkirchen-Zeppenfeld am Tage der kommunalen Neuordnung einen Planungsvorsprung von etwa einem Monat hatte. Dennoch nahmen die Weiterplanung und Bau der Schulen in den beiden Gemeinden einen derart unterschiedlichen Verlauf, daß mit dem Bau der Schule in Neunkirchen kaum begonnen war, als die Hauptschule in Burbach bereits bezogen wurde[128]. Die Folge dieser Verzögerung ist, daß die Einrichtung in Neunkirchen statt DM 3,1 Mill. wahrscheinlich DM 4,4 Mill. kosten wird[129]. Das Gebäude ist noch nicht bezogen. — Die Gemeinde Neunkirchen hat keine Schulkindergärten[130] eingerichtet, unterhält aber im Gebäude der Grundschule im Ortsteil Struthütten neben einer Vorschulklasse einen Vorschulkindergarten. Eine neue Grundschule wird auf dem Rassberg errichtet werden, wenn die dort geplante Bebauung und Besiedlung (1 000 Wohneinheiten) weit genug vorangetrieben sind. Aus den bestehenden —zweizügige Realschule; zweizügiges, in absehbarer Zeit dreizügiges (2 neusprachliche, 1 naturwissenschaftlich-mathematischer Zug), zur Zeit noch staatliches Gymnasium (Neubau 1969) — und den im Bau befindlichen (Hauptschule) bzw. geplanten Gebäuden (Grundschule) könnte dort ein Schulzentrum (Gesamtschule) entstehen.

---

[125] Vgl. Gemeinde Kalletal (Hrsg.): Mehrjahresprogramm, S. 63 - 68.

[126] Vgl. Gemeinde Neunkirchen (Hrsg.): Neunkirchen zwischen 1970 und 1980, Anl. 13 C.

[127] Vgl. Gemeinde Neunkirchen (Hrsg.): Neunkirchen ..., S. 23 und Anl. 11.

[128] Der Grund dafür kann in der relativ hohen personellen Fluktuation im Bauamt der Gemeinde Neunkirchen in der Anfangszeit gesehen werden. Dadurch war z. B. die Eigeninitiative im Planungssektor stark beeinträchtigt.

[129] Vgl. Gemeinde Neunkirchen: Investitionsplan für die Rechnungsjahre 1970 - 1974, Neunkirchen (April) 1971, S. 5.

[130] 1968 gab es in NW 74 Schulkindergärten, 1972 sind es bereits 718 mit insgesamt 16 792 Kindern: „Schulkindergärten", in: Unsere Zukunft an Rhein und Ruhr (hrsg. von der Gesellschaft für Wirtschaftsförderung in Nordrhein-Westfalen, Düsseldorf), Heft 6/1972, S. 23.

Was die *Sporteinrichtungen* anlangt, so sind die Zahlen des Goldenen Planes hinsichtlich der Freibäder in der Großgemeinde Neunkirchen mehr als erfüllt: bei den drei Anlagen (vgl. Tab. A 25) handelt es sich um ein beheizbares Freibad im Ortsteil Salchendorf mit regionalem Besucherkreis (mehr als 130 000 pro Jahr) und zwei weniger frequentierten Bädern (15 000 - 20 000 Besucher) in den Ortsteilen Altenseelbach und Struthütten. Mit dem Hallenbad ist die in anderem Zusammenhang[131] bereits erwähnte Kleinschwimmhalle (8,00 x 16,66 m) im Ortsteil Salchendorf gemeint, die — an der Hauptschule Salchendorf errichtet — nachmittags der Bevölkerung zur Verfügung steht. Nach wie vor ist ein Hallenbad in der Ortsmitte geplant. — Neue Sportplätze liegen in den Ortsteilen Altenseelbach — der Platz wurde vor der Neugliederung begonnen und 1969 von der Großgemeinde fertiggestellt; er wurde anstelle eines alten Platzes angelegt, der der Bebauung weichen mußte — und Salchendorf: dieser Sportplatz[132] gehört zu einem Sport- und Erholungszentrum, das außerdem das oben angeführte beheizbare Freibad, ein Sportheim, eine Tennis- und eine Minigolfanlage umfaßt. Ein neu angelegter Sportplatz im Ortsteil Wiederstein, der nach der Neuordnung nur noch abgerechnet werden mußte, wäre von der Großgemeinde wegen seiner peripheren Lage wahrscheinlich nicht gebaut worden. — Die fünfte Turnhalle Neunkirchens wurde 1971 bei der Hauptschule im Ortsteil Salchendorf eingeweiht[133]. Außerdem wurde auf dem Rassberg eine Großturnhalle, bestehend aus einer Dreifach- und einer Normalturnhalle, gebaut und 1972 in Betrieb genommen[134].

Im Ortskern Neunkirchens befinden sich zwei *Kindergärten*, von denen einer unbrauchbar, der andere nur vorläufig zugelassen ist; eine Nachfolgeeinrichtung ist im Bau. Ein neuer gemeindeeigener Kindergarten für drei Gruppen ist bereits im Ortsteil Neunkirchen entstanden (1971), ein weiterer im Ortsteil Struthütten (1969; Träger: ev. Kirchengemeinde Herdorf/Rheinland-Pfalz), dazu die Neueinrichtung in der ehemaligen Volksschule Wiederstein (1970; s. o.). Dieser Kindergarten soll erweitert und nach Freiwerden der Schule in Zeppenfeld auch dort ein Kindergarten untergebracht werden (s. o.). Als Fernziel ist ein Kinderzentrum in der Nähe des geplanten Hallenbades in Aussicht genommen.

---

[131] Vgl. Pkt. 2.1221. (2) dieser Untersuchung.

[132] Der vorhandene Sporptplatz wird weiterbenutzt.

[133] Zusammen mit der Kleinschwimmhalle gebaut (vgl. Pkt. 2.1221. (2) dieser Untersuchung).

[134] Den Zahlen kann eine Gymnastikhalle im Ortsteil Altenseelbach hinzugefügt werden. Die Forderungen des Goldenen Planes sind nach Angaben der Gemeindeverwaltung zu etwa 230 % erfüllt.

Die *Wasserversorgung* in der Großgemeinde Neunkirchen wird vom gemeindeeigenen Wasserwerk — einem Zusammenschluß von sechs vor der Neuordnung selbständigen Anlagen[135] — und, für den Ortsteil Wiederstein, vom Wasserverband Siegerland sichergestellt. Den wachsenden Bedarf in der Zukunft[136], dem nicht nur mit den geplanten Verbundleistungen begegnet werden kann, könnte das Wasserwerk der Gemeinde nicht ohne Erschließung neuer Vorkommen befriedigen; für solche Investitionen würde das Land aber keine Beihilfen mehr zahlen. Deshalb wird Neunkirchen in absehbarer Zeit Vollabnehmer im Wasserverband Siegerland.

„Die *Abwasserbeseitigung* wird nach Erstellung der Kläranlage unterhalb Herdorfs und der Verlegung der Hauptsammler durch den Abwasserverband Hellertal durchgeführt[137]."

Wegen der Schwierigkeiten der Planung und Kooperation über Ländergrenzen hinweg konnte die Kläranlage nicht vor Ende 1972 in Betrieb genommen werden, nachdem die Gemeinden Herdorf und Neunkirchen das Ortsnetz (Nebensammler und Hausanschlüsse) für 8 000 bis 10 000 Einwohner verlegt hatten (jährliche Kosten einschließlich Zuschüssen: DM 0,8 bis 1,0 Mill.). Bis dahin waren etwa 50 % der bebauten Grundstücke Neunkirchens (Ortsteile Neunkirchen, Salchendorf, Zeppenfeld) an die zentrale Kläranlage angeschlossen[138], bis 1975 sollen sämtliche Grundstücke angeschlossen sein[139].

(10) Die Stadt *Oerlinghausen* ist im Grundschulbereich an ihrer Kapazitätsgrenze angelangt. Bei einer Überprüfung des baulichen Zustandes der öffentlichen Gebäude ergab sich zudem, daß an der 1962/63 errichteten *Schule* im Stadtteil Lipperreihe umfangreiche Renovierungsarbeiten, u. a. an Fenstern, Fußböden und Beleuchtung, durchgeführt werden müssen, die — nach Preisen von 1971 — ca. DM 0,6 Mill. kosten und nach

---

[135] Wie in anderen Gemeinden gab es auch hier Aversionen, die verhinderten, daß eine Altgemeinde sich von einer anderen versorgen ließ.

[136] Vgl. „Wasserbedarfsrechnung 1970, 1980 und 2000", in: Gemeinde Neunkirchen (Hrsg.): Neunkirchen zwischen 1970 und 1980, Anl. 9.

[137] Gemeinde Neunkirchen (Hrsg.): Neunkirchen zwischen 1970 und 1980, S. 25 (Hervorhebung: V. W.). Mitglieder des Abwasserverbandes (Wasser- und Bodenverbandes) bei der Gründung 1965: Amt Burbach (außer Hickengrund; vgl. Anm. 4.76.), Gemeinde Wilden (Amt Wilnsdorf), Gemeinde Herdorf (Rheinland-Pfalz). Zur Gründung war ein Staatsvertrag zwischen den Ländern Nordrhein-Westfalen und Rheinland-Pfalz erforderlich.

[138] Die Prozentzahl aus Tabelle A 25 widerspricht dem nicht. Sie besagt, daß 1970 ca. 70 % der bebauten Grundstücke ihre Abwässer über Kanalisationsleitungen in öffentliche Gewässer ableitet.

[139] „... ist zu bedenken, daß nach Ablauf von 10 Jahren seit Gründung des Abwasserverbandes Hellertal (1965) die dann noch nicht ausgebauten Ortsnetze vom Abwasserverband auf Kosten der jeweiligen Gemeinde erstellt werden." (Gemeinde Neunkirchen [Hrsg.]: Neunkirchen zwischen 1970 und 1980, S. 25).

Mehrjahresplänen vorgenommen werden sollen. Vordringlich erscheint jedoch die Errichtung eines Neubaus für das Gymnasium, der seit 1966 im Gespräch ist. Zunächst war der Standort zwischen der Gemeinde Helpup und der Stadt Oerlinghausen umstritten; dieser Streit konnte 1968 beigelegt werden durch eine „Standortkommission", die ein zu einem Schulzentrum geeignetes Gelände in Augenschein nahm. 1969 wurde ein Wettbewerb für die Planung des Gymnasiums ausgeschrieben; Anfang 1970 mußte diese umgestellt werden, weil nunmehr zu berücksichtigen war, daß die Hauptschule in Oerlinghausen alle Nebenräume in Klassenräume umfunktioniert hatte und in akuter Platznot war. Das Projekt — jetzt Neubauprojekt Schulzentrum — verzögerte sich durch diese Planumstellung und durch schwierige Grundstücksverhandlungen, die sich etwa über ein Jahr hinzogen. „Am Gymnasium ... (wurden deshalb; V. W.) zur Behebung der Klassenraumnot 5 Pavillons mit 10 Klassen (in Fertigbauweise[140]; V. W.) für eine gewisse Übergangszeit aufgestellt[141]." Gleichzeitig wurde im Schnellverfahren ein Bebauungsplan erstellt, um die Voraussetzungen zur Einleitung eines Enteignungsverfahrens zu schaffen. Schließlich kam doch noch ein Vergleich zwischen Verwaltung und Grundstückseigentümer zustande, so daß endlich die Feinplanung für das Schulzentrum in Auftrag gegeben werden konnte, die Mitte 1972 mit Hochdruck betrieben wurde. Dieses soll nunmehr das Gymnasium, das zur Zeit in einem Gebäude aus dem Jahre 1889 untergebracht ist, ganz aufnehmen und ausreichende Fachklassen auch für die Hauptschule bereitstellen, für die außerdem vier neue Klassen errichtet werden.

Das Schulzentrum wird durch eine *Großturnhalle* ergänzt werden. Die bestehenden Turnhallen befinden sich im Stadtteil Helpup, an der Grundschule in Lipperreihe und an der Hauptschule in Oerlinghausen; dazu kommen zwei Gymnastikhallen[142] an der Sonderschule in Oerlinghausen und im Hallenbad Helpup[143]. Dieses Hallenbad wurde bereits beschrieben[144]. Von den vier Sportplätzen befinden sich zwei im Stadtteil Oerlinghausen — einer von ihnen ist ein Kleinfeldsportplatz an der Hauptschule, der außerschulisch fast nur für Tennis benutzt wird[145] —, einer im Stadtteil Helpup — allerdings in ungünstiger „Randlage innerhalb

---

[140] Beschluß des Rates der Stadt Oerlinghausen vom 27. 4. 1970. Vgl. Genehmigungsantrag an den Regierungspräsidenten in Detmold vom 4. 5. 1970.

[141] Heinz Ibrügger: Flächennutzungsplan der Stadt Oerlinghausen, Erläuterungsbericht, Oerlinghausen/Minden 1970, S. 54.

[142] Schulturngärten sind eingerichtet an den Grund- und der Hauptschule (vgl. Heinz Ibrügger: Flächennutzungsplan ..., S. 55, T. 12).

[143] Vgl. Werner Könemann: Spiel- und Sportanlagen in Oerlinghausen, o. O., o. J., S. 2 - 11.

[144] Vgl. Pkt. 2.1221. (2) dieser Untersuchung.

[145] Vgl. Werner Könemann: Spiel- und Sportanlagen ..., S. 4.

des Ortsteils“[146] — und einer bei der Grundschule in Lipperreihe, ein Platz, der Ende 1968 fertiggestellt wurde.

Die *Kindergartensituation* in der Stadt Oerlinghausen besserte sich erst 1971[147] mit der Eröffnung eines katholischen Kindergartens in Oerlinghausen-Süd, der die bis dahin einzige Einrichtung dieser Art (Träger: DRK, 50 Plätze) im Stadtteil Oerlinghausen (-Mitte) entlastete. Ein Provisorium wurde im August 1972 im ehemaligen Verwaltungsgebäude der Gemeinde Helpup, das von dieser gemeinsam mit Turnhalle und Hallenbad (s. o.) gebaut worden war, von der AWO eröffnet (50 Plätze). Diese provisorische Einrichtung soll aufgelöst werden, wenn der Kindergarten der evangelischen Kirche in Helpup (90 Plätze) fertiggestellt ist; danach plant die AWO einen Neubau im Stadtteil Lipperreihe. „Die ev.-ref. Kirche baut einen weiteren Oerlinghauser Kindergarten auf dem Röden[148].“

Die Stadt Oerlinghausen und die Gemeinde Helpup wurden vor der Neuordnung durch eigene *Wasserwerke* (Anschlußgrad 1967: 100 bzw. 97,87 %[149]) versorgt, die Gemeinde Lipperreihe durch die Stadtwerke Bielefeld (64,21 %). Daran hat sich — abgesehen vom organisatorischen Zusammenschluß der Wasserwerke in der Großgemeinde Oerlinghausen — nichts geändert. Der Versorgungsgrad betrug 1970 im Stadtteil Oerlinghausen 99 %, im Stadtteil Helpup 97 % und im Stadtteil Lipperreihe 69 %[150].

„Die Wasserversorgung darf auch für die Zukunft als gesichert angesehen werden. Der Ausbau des Leitungsnetzes folgt der angestrebten Siedlungsentwicklung[151].“

Zur Verbesserung der unbefriedigenden Verhältnisse bei der *Abwässerbeseitigung* wurden vor der Neuordnung mit Unterstützung durch die Bezirksregierung zwei Abwässerverbände gebildet, die das Gebiet der heutigen Stadt Oerlinghausen erfassen. Im Ortsteil Mackenbruch der früheren Gemeinde Helpup wurde eine mechanisch-biologische Schreiber-Kläranlage für 1 500 Einwohnergleichwerte betrieben, im Ortsteil Wellenbruch eine gleiche Anlage für 1 100 Einwohnergleichwerte, die überlastet und ohne befriedigende Klärwirkung war. U. a. zur Ablösung dieser Anlagen errichtete der Abwasserverband Haferbach

---

[146] Werner Könemann: Spiel- und Sportanlagen . . ., S. 8.

[147] Der Kreis errechnete für Oerlinghausen einen Fehlbedarf von 295 Plätzen: OKD des Kreises Lemgo (Hrsg.): Entwicklungskonzeption . . ., S. 154.

[148] Heinz Ibrügger: Flächennutzungsplan . . ., S. 84.

[149] Einzelangaben in Lt.-Drs. VI/479, S. 42.

[150] Heinz Ibrügger: Flächennutzungsplan . . ., S. 58. Eine Vollversorgung ist angesichts der Streubebauung in Lipperreihe nicht vertretbar.

[151] Heinz Ibrügger: Flächennutzungsplan . . ., S. 86.

die Groß-Kläranlage Ohrsen (20 000 Einwohnergleichwerte; Baubeginn: 1968), die 1971 in Betrieb genommen wurde.

Die Gemeinde Helpup begann gleichzeitig mit dem Bau der Haupt- und Nebensammler, während die Hausanschlüsse im wesentlichen nach 1969 verlegt wurden[152]. Die Arbeiten sind noch nicht abgeschlossen. „Auf der Nordseite der ehemaligen Stadt Oerlinghausen ist (und bleibt; V. W.) eine mechanisch-biologische Kläranlage für 5 400 E. G. W. in Betrieb[153].“ Eine provisorische Anlage gleichen Typs (5 000 Einwohnergleichwerte) wurde in Oerlinghausen-Süd unterhalten; sie war bald überlastet. Als Ausweg errichtete der Abwasserverband Oerlinghausen/Senne/Sende eine Groß-Kläranlage in Sende (24 000 Einwohnergleichwerte), die Ende 1972 übergeben wurde[154]. Die Stadt Oerlinghausen (alt) war vollkanalisiert[155]. Die Gemeinde Lipperreihe war bis zur Neuordnung völlig ohne eine zentrale Abwässerbeseitigung. Durch den Bau des Hauptsammlers zur Kläranlage Sende, der entlang der Hauptstraße durch den Ort verlegt wurde, war der Anschluß dieses Stadtteils kein Problem, so daß Lipperreihe heute bis auf Teilbereiche vollkanalisiert ist. Größere Investitionen werden auf die heutige Kommune Oerlinghausen zukommen, wenn mittlerweile unterdimensionierte Kanalleitungen ausgetauscht werden müssen und die Abwässerbeseitigung in diesen Gebieten dann gleichzeitig vom Misch- auf das Trennsystem[156] umgestellt werden kann.

(11) In der Großgemeinde *Wilnsdorf* sind drei *Hauptschulbezirke* eingerichtet: die entsprechenden Schulgebäude stehen in den Ortsteilen Niederdielfen, Rudersdorf und Wilnsdorf.

„Erklärtes schulpolitisches Ziel des Gemeinderates war die Erhaltung der drei Hauptschulen im Bereich der Gemeinde, um u. a. die Schüler vor allzu langen An- und Abfahrtswegen zu bewahren[157].“

Wie in Oerlinghausen wurde auch in Wilnsdorf der akuten Schulraumnot durch die Aufstellung von Pavillons (an der Hauptschule Wilnsdorf und der Grundschule Gernsdorf) vorläufig begegnet. Der Rat beschloß 1969 die Errichtung einer neuen dreizügigen Hauptschule als Anfang eines möglichen Schulzentrums im Ortsteil Wilnsdorf, 1970 wurden die

---

[152] Zentrale Abwässerbeseitigung 1967: 39,15 % (Lt.-Drs. VI/479, S. 42).

[153] Heinz Ibrügger: Flächennutzungsplan . . ., S. 61.

[154] Zentrale Abwässerbeseitigung 1967: 55,96 % (Lt.-Drs. VI/479, S. 42).

[155] Hier gilt Anm. 4.138 entsprechend.

[156] Beim Trennsystem wird das Regenwasser unmittelbar in öffentliche Gewässer abgeleitet, so daß die Kläranlage nur das Schmutzwasser zu verarbeiten hat.

[157] Gemeinde Wilnsdorf: Verwaltungsbericht des Gemeindedirektors für das Jahr 1969, Anlage Nr. 1 zu Punkt 5 b der Niederschrift über die Ratssitzung am 28. Januar 1970, S. 2.

Planungen abgeschlossen und von der Bezirksregierung in Arnsberg genehmigt, 1971 begannen die Arbeiten des 1. Bauabschnitts.

„Für Gernsdorf ist ebenfalls der Neubau eines Schulgebäudes mit Turnhalle vorgesehen und beschlossen. Damit ist baulich eine Abrundung auf dem Gebiet der Grund- bzw. Hauptschulen festzustellen, nachdem im vergangenen Jahr die Hauptschule Niederdielfen in Betrieb genommen werden konnte[158]."

Die Gemeinde Wilnsdorf besitzt kein Freibad im üblichen Sinn, sondern einen ausgebauten ehemaligen Naturweiher im Ortsteil Wilgersdorf[159], über dessen Zustand ein Gutachten 1970 urteilte:

„Das bestehende Freibad stellt eine Einfachbauweise dar (betoniertes Schwimmer- und Nichtschwimmerbecken ohne Auskleidung). Der bauliche Zustand ist mangelhaft, die Becken sind undicht. Eine Wasseraufbereitung ist nicht vorhanden, das Beckenwasser wird durch ständigen Zulauf aus einem Bach erneuert. Dadurch ist die Beckenwassertemperatur sehr niedrig, eine Annehmlichkeit wohl selten zu erreichen. Nebenanlagen ... fehlen ganz. ... Wegen der ... Unfallgefahr sollten die Sprunganlagen abgebaut werden. Es wird in diesem Zusammenhang auch weiterhin auf die Verkehrssicherungspflicht hingewiesen, da das gesamte Freibadgelände nicht eingezäunt ist[160]."

Im Jahr 1972 fand sich eine Baufirma, die bereit war, eine Garantie für die Abdichtungsarbeiten zu übernehmen, so daß mittlerweile mit einem Kostenaufwand von rund DM 100 000,— der erste Abschnitt des Freibadausbaus beendet ist. In einem weiteren Bauabschnitt müssen eine Umwälzanlage und die sanitären Anlagen installiert werden. — Von den elf Sportplätzen der Großgemeinde waren Ende 1970 vier nicht mehr benutzbar; sie wurden zum Teil noch nicht renoviert[161]. Außer in vier Turnhallen — in den Ortsteilen Niederdielfen, Obersdorf, Wilgersdorf und Wilnsdorf — können Schüler und Bevölkerung in zwei Gymnastikhallen — Oberdielfen, Rinsdorf — Sport treiben. „Außerdem steht das Haus Heimat in Rudersdorf für den Schulsportunterricht zur Verfügung[162]." Der Ausbau der *Sportanlagen* richtet sich an der Sportstätten-Leitplanung aus.

Die Großgemeinde Wilnsdorf richtete in dem relativ neuen Schulgebäude im Ortsteil Obersdorf einen *Kindergarten* ein, den sie 1971 für drei Gruppen ausbaute. Im gleichen Jahr wurde der Rudersdorfer Kindergarten auf drei Gruppen erweitert. Wenn die „drei Neubau-

---

[158] Ebd.

[159] Über das ganze Gemeindegebiet verstreut gibt es weitere kleine Naturweiher.

[160] Deutscher Sportbund — Institut für Sportstättenbau: Sportstätten-Leitplanung für die Gemeinde Wilnsdorf, Köln (November) 1970, S. 12.

[161] Die Gutachter erkannten bei einer Ortsbesichtigung am 30. 7. 1970 lediglich vier Plätzen die Bewertung „guter Bauzustand" zu (S. 10 f.).

[162] Verwaltungsbericht 1969, S. 3.

Vorhaben in Niederdielfen, Wilgersdorf und Wilnsdorf", die „endgültig mit dem Landschaftsverband abgestimmt"[163] sind, verwirklicht werden, wird das Angebot an Plätzen ausreichen.

„Auf dem Versorgungssektor bereitete die *Wasserversorgung* (während der Trockenzeit 1969; V. W.) in fast allen Ortsteilen erhebliche Schwierigkeiten[164]." Die Großgemeinde trat deshalb dem Wasserverband Siegerland als Vollabnehmer bei und übertrug ihm die Wassergewinnungsanlagen der Gemeinde mit Wirkung vom 1. 7. 1970[165]. Der Verband verlegte u. a. eine Direktleitung aus dem nördlichen Siegerland nach Niederdielfen. Der Ortsteil Gernsdorf wurde bis 1971 noch von einem Wasserbeschaffungsverband aus Netphen-Werthenbach versorgt.

„Nachdem das Wasserwerk ‚Oberes Johannland' im Laufe des Sommers (1971; V. W.) die Wasserlieferung wegen Wassermangels einstellte, wurde die Wasserabnahme gekündigt, da einmal das Wasser teurer als vom Wasserverband geliefert wird und in Zeiten von Wassermangel die Lieferung sehr ungewiß ist[166]."

Der Ausbau der Versorgung richtet sich am steigenden Bedarf und an der Bevölkerungszunahme aus.

„Eine zentrale *Abwasserbeseitigung* für das Gemeindegebiet besteht noch nicht. Vereinzelt sind Sammler, die das in häuslichen Kleinkläranlagen vorgeklärte Abwasser in die Vorfluter bringen, vorhanden[167]."

Diese Hauskläranlagen müssen etwa zweimal jährlich gereinigt werden, wodurch dem wilden Abkippen des Faulschlamms in die freie Flur Vorschub geleistet wird. Für die Errichtung von Zentralentwässerungsanlagen bestanden in allen Altgemeinden Pläne, die nach entsprechender Überarbeitung — besonders nach Anpassung an die Erfordernisse neuer Baugebiete — in einer Art Generalabwasserplan der Gemeinde Wilnsdorf zusammengefaßt werden konnten. Dieser soll zu einem Bestands- und (5-Jahres-)Entwicklungsplan ausgearbeitet werden[168]. Aber erst die Territorialreform ermöglichte die konzentrierte Realisierung. Es müs-

---

163 Gemeinde Wilnsdorf: Verwaltungsbericht für das Jahr 1971, Anlage Nr. 2 zur Niederschrift über die Sitzung des Rates der Gemeinde Wilnsdorf am 19. Januar 1972, S. 9.

164 Verwaltungsbericht 1969, S. 3 (Hervorhebung: V. W.).

165 Vgl. Gemeinde Wilnsdorf: Verwaltungsbericht für das Jahr 1970, S. 11. Die Wasserbeschaffung und -aufbereitung ist Sache des Wasserverbandes, während die Gemeinden das Wasser bevorraten und verteilen.

166 Verwaltungsbericht 1971, S. 14.

167 Gemeinde Wilnsdorf: Flächennutzungsplan, o. O., o .J., S. 14 (Hervorhebung: V. W.).

168 Vor der kommunalen Neuordnung bestand in Teilbereichen der heutigen Großgemeinde die vage Absicht, die Abwässerprobleme gemeinsam zu lösen; zu einer Verbandsbildung kam es aber nicht mehr.

sen vier Klärsysteme errichtet werden: auf Siegener Gelände wird für die Ortsteile Anzhausen, Flammersbach, Gernsdorf, Niederdielfen, Oberdielfen, Rudersdorf und Wilgersdorf eine gemeinsame Kläranlage errichtet, die in etwa zwei Jahren in Betrieb genommen werden kann. Die Hauptsammler in diesem Bereich — Bauleitung: Kulturbauamt des Kreises Siegen — sind bereits weitgehend verlegt[169].

„Für die Abwasserbeseitigung der Ortsteile Wilnsdorf und Rinsdorf ist die Errichtung einer Kläranlage unterhalb von Rinsdorf geplant. Der Ortsteil Obersdorf muß aus technischen Gründen eine eigene Kläranlage erhalten, deren Standort für den Bereich unterhalb der Bebauung in Nähe der Autobahnbrücke geplant ist. Der Ortsteil Wilden soll an die Großkläranlage Herdorf[170] angeschlossen werden[171].“

Die Prozentzahl in Tabelle A 25 besagt mithin lediglich, daß Ende 1970 ca. 60 % der bebauten Grundstücke an eine Kanalleitung angeschlossen (jedoch ohne zentrale Kläranlage) waren.

4.213. Gemeinden von 20 000 bis unter 35 000 Einwohnern

(1) Nach der *Schulreform* (1968) wurden in der Stadt *Eiserfeld*[172] drei Schulen geschlossen und anderen Zwecken zugeführt. Im Gebäude der Schule im Stadtteil Oberschelden wurde ein Gemeinschaftsraum hergerichtet, der meist von der Feuerwehr genutzt wird. Ein Gebäude der Burgschule im Stadtteil Niederschelden wurde zum Kindergarten umgebaut. Aus der Hitzfeldschule im Stadtteil Eiserfeld wurde ein Jugendzentrum; ein Gemeinschaftsraum in diesem Gebäude steht vorwiegend dem Musikverein und dem DRK zur Verfügung. — Im Jahre 1967 wurde die Hubenfeldschule, eine der drei heutigen Hauptschulen, die — im Stadtteil Niederschelden errichtet — seit 1963 geplant war, ihrer Bestimmung übergeben. Am 18. 9. 1971 wurde die Richerfeldschule, ein Komplex aus zwei zweizügigen Hauptschulen, in Eiserfeld eingeweiht. In der Urkunde zur Grundsteinlegung heißt es:

„Wegen der Schulraumnot in Eiserfeld trug sich anfangs der 60er Jahre die damalige Gemeindevertretung mit dem Gedanken, eine neue Schule zu errichten und sie vorausplanend im Bebauungsplan vorzusehen. ... Anstelle der ehemals geplanten Volksschule wird nun eine Hauptschule (Gemeinschaftsschule) hier entstehen[173].“

---

[169] Pro Jahr war ein Mitteleinsatz zwischen DM 0,6 und 0,7 Mill. erforderlich. Verlegt wurden im Jahr 1970: 860 m Hauptsammler, 930 m Nebensammler, 190 m Anschlußleitungen (insgesamt 1 980 m Kanäle), 1971: 1 200 m / 1 630 m / 250 m (= 3 080 m): siehe Verwaltungsbericht 1971, S. 13.

[170] Abwasserverband Hellerthal.

[171] Gemeinde Wilnsdorf: Flächennutzungsplan, S. 36.

[172] Die Gemeinden Eiserfeld und Pelkum gehören zu den Gemeinden, deren Verwaltungen sich außerstande erklärten, die Fragebögen zu beantworten.

[173] Stadt Eiserfeld (Hrsg.): Einweihung Richerfeldschule Eiserfeld, Eiserfeld (September) 1971, o. S.

Im Mai 1967 wurde die Planung einem Architekten übertragen, 1968 der letzte Grunderwerb getätigt. Im Juni 1969 begannen die Bauarbeiten, zum Schulbeginn 1971 konnte der Unterricht aufgenommen werden. — Die Realschule der Stadt war 1952 als einzügige Amtsrealschule für Jungen und Mädchen gegründet worden. Wegen des ständigen Anwachsens der Schülerzahl war die Stadt gezwungen, einen zweiten Zug anzugliedern und die Raumknappheit provisorisch „durch Aufstellen zweier zweiklassiger Pavillons zu beheben“[174].

„Die ... Überbelastung der Realschule ... kann zu einem Teil erst mit der Inbetriebnahme eines neuen Gymnasiums gelindert werden[175].“ Die Errichtung dieses neusprachlichen Gymnasiums für Jungen und Mädchen hat der Rat der Stadt Eiserfeld 1969 beschlossen; im Herbst 1970 begann der Schulbetrieb mit zwei Sexten im Gebäude der ehemaligen Gilberg-Volksschule im Stadtteil Eiserfeld, das 1971 durch den Bezug der Richerfeld-Hauptschule ganz frei wurde. 1972 wurde mit der Errichtung des Gymnasium-Neubaus auf dem Gelände des geplanten „Schulzentrums Eiserfeld I“ im Stadtteil Niederschelden begonnen. Das Gebäude muß bis zum Jahr 1975 bezugsfertig sein, da nach Prognosen der Stadt die Kapazitätsgrenze der bestehenden Schulen dann erreicht sein wird.

„Mit Erlaß vom 23. 10. 1968 hat der Kultusminister ... für die Errichtung einer Sonderschule in Eiserfeld seine Genehmigung erteilt. Diese Schule wurde mit Beginn des Schuljahres 1969 eröffnet[176].“

Wegen der (finanziellen) Engagements der Stadt auf dem Schulsektor konnten die *Sportstätten* nicht optimal ausgebaut werden. So waren es meistens Schulsportanlagen, die zunächst neu entstanden: z. B. eine Turnhalle und ein Lehrschwimmbecken an der Hubenfeldschule, eine Sporthalle (21 × 42 m) an der Richerfeldschule. An den Sportplätzen im Stadtgebiet wurden meist leichtathletische Anlagen, teils Umkleidehäuser und ein Sportheim errichtet. In Zukunft sollen z. B. eine Rundsporthalle (Dreifach-Turnhalle) beim Gymnasium und ein Hallenbad[177] entstehen, letzteres allerdings erst nach Fertigstellung des Gymnasiums.

Die *Kindergärten* im Stadtgebiet befinden sich sämtlich in der Trägerschaft der Kirchen oder von Verbänden. Neubauten sind — zusätzlich zu den drei dort bestehenden Kindergärten — im Stadtteil Eiserfeld (90

---

[174] Klaus Huboi / Klaus Klimmeck (Lenz Planen + Beraten GmbH): Erläuterungsbericht zum Flächennutzungsplan der Stadt Eiserfeld/Sieg, Wiesbaden 1970, S. 28.

[175] Ebd.

[176] Stadt Eiserfeld (Hrsg.): Einweihung Richerfeldschule ..., o. S.

[177] Der Standort dieses Bades war zwischen den Stadtteilen Eiserfeld und Niederschelden umstritten. Auf Empfehlung der Gesellschaft für Bäderwesen, Essen, wird es in der geplanten Stadtmitte Eiserfeld entstehen.

Plätze) und im Stadtteil Niederschelden (72) errichtet worden. Zwei Kindergärten (in Eiserfeld und Gosenbach) sind neubaubedürftig. Nach einer Bedarfsrechnung der Stadtverwaltung sind noch weitere sieben Kindergarten-Neubauten erforderlich[178]. — In Eiserfeld befindet sich ein Sonderkindergarten für 30 Kinder.

Vor dem Zusammenschluß war die Gemeinde Eiserfeld Mitglied des Wasserverbandes Siegerland, die anderen Gemeinden Selbstversorger. Damit wurde die Stadt Eiserfeld Teilabnehmer im Wasserverband. Nach der Stadtwerdung wurde die Versorgung im Stadtteil Eisern erneuert und der Verbund zwischen Gosenbach und Niederschelden erweitert. Im Trockenjahr 1971 war der an den Wasserverband angeschlossene Stadtteil Eiserfeld auf die Unterstützung des stadteigenen Wasserwerks angewiesen, was die Stadt offensichtlich dazu veranlaßte, nicht vor Vollendung der Obernau-Talsperre[179] die *Wasserversorgung* voll in die Trägerschaft des Wasserverbandes zu übergeben, obwohl der „zukünftige Wasserbedarf ... weder mengen- noch qualitätsmäßig ausreichend von den Wasserversorgungsanlagen der einzelnen Ortsteile gedeckt wird“[180].

Zur langfristigen Lösung der *Abwässerbeseitigung* wurde am 12. 5. 1972 der Abwasserverband Eiserfeld/Mudersbach/Brachbach gegründet, nachdem jahrelang verhandelt und ein Staatsvertrag zwischen den Ländern Nordrhein-Westfalen und Rheinland-Pfalz abgeschlossen worden war. Dieser Verband wird eine gemeinsame Kläranlage bei Büdenholz/ Brachbach errichten, die fast das gesamte Stadtgebiet entsorgen wird. „Ein Teil von Alt-Dreisbach wird dagegen an die neue Siegener Kläranlage angeschlossen[181].“ Diese Vorhaben folgen dem Zentralentwässerungsplan eines Düsseldorfer Ingenieurbüros, der bereits im Jahre 1967 für das Verbandsgebiet aufgestellt worden war und von den zuständigen Wasserwirtschaftsämtern in Hagen und Koblenz genehmigt ist. Bis heute werden — abgesehen von kleineren Gruppenkläranlagen, die die vorgeklärten Abwässer aber auch Vorflutern zuführen — „die Abwässer über Hauskläranlagen entweder in Sickergruben oder in die als Vorfluter benutzten Flüsse Sieg, Eiser, Schelden- und Gosenbach geleitet“[182]. Allerdings waren die Altgemeinden und ist die Stadt im Kanalbau nicht untätig geblieben: Entsprechend den bestehenden Planungen wurden

---

178 Vgl. Bedarfsplan für Kindergärten im Bereich der Stadt Eiserfeld, verwaltungsinterne Zusammenstellung, o. D.

179 Dazu s. u. Netphen.

180 Huboi/Klimmeck: Erläuterungsbericht ..., S. 24.

181 Huboi / Klimmeck: Erläuterungsbericht ..., S. 25.

182 Ebd.

bisher rund 45 km Kanalrohre im Stadtgebiet verlegt. Hauptaufgabe ist jetzt der Bau des Hauptsammler zur Verbandskläranlage[183].

(2) Im Bereich der heutigen Stadt *Kreuztal* konnten nach Inkrafttreten der *Schulreform* zwei Volksschulgebäude nicht als Grund- oder Hauptschule verwendet werden; in eines dieser Gebäude zog die Sonderschule für Lernbehinderte um, das andere wurde stillgelegt.

„Der zunehmende Drang zu den höheren Schulen und damit die stark anwachsende Zahl der Fachschüler ... zu den Gymnasien in Siegen, Weidenau, Stift Keppel und Hilchenbach ... erweckten schon vor einem Jahrzehnt den Wunsch nach einem Kreuztaler Gymnasium. Als 1963 die Bemühungen scheiterten, Kreuztal zum Standort eines privaten evangelischen Gymnasiums der Synode Siegen zu machen, stellte die Amtsverwaltung im November des gleichen Jahres beim Kultusminister ... den Antrag, in Kreuztal ein staatliches Jungen-Gymnasium vorzusehen. Aber alle Bemühungen, auch in der Folgezeit, führten nicht zum Ziel, und 1968 wurde klar, daß vor 1975 keine Aussicht auf Verwirklichung der Pläne bestand. ... Diese Situation führte im April 1968 zur Gründung einer Interessengemeinschaft der Eltern ‚Gymnasium Kreuztal'. Im Dezember 1968 änderte sich die fast hoffnungslose Situation durch das Eingreifen des Ehrenbürgers der Gemeinde Kreuztal, ... Dr. Friedrich Flick, der zur Errichtung einer Stiftung ‚Gymnasium Kreuztal' 3 Mill. DM zur Verfügung stellte. Zweck der Stiftung ist, in Kreuztal ein mathematisch-naturwissenschaftliches/neusprachliches Gymnasium als Ersatzschule zu errichten[184]."

Der Schulbetrieb wurde zu Beginn des Schuljahres 1969/70 mit zwei Sexten aufgenommen. — Im Jahr 1972 wurde in Kreuztal mit dem Bau eines geplanten Schulzentrums (integrierte Gesamtschule) begonnen, das voraussichtlich DM 37,0 Mill. kosten wird.

Größere Investitionen werden auch noch bei den *Schwimmbädern* der Stadt erforderlich sein. Bei den Freibädern in Kreuztal (vgl. Tab. A 26) handelt es sich um vier Badeweiher mit behelfsmäßigen Umkleidekabinen, aber nur um eine „sportgerechte Schwimmbadanlage"[185], die — noch vor der Neuordnung im heutigen Stadtteil Buschhütten fertiggestellt — inzwischen eine Wassererwärmungsanlage erhielt. Die wichtigste Planung auf diesem Gebiet ist der Bau eines Hallenbades beim Schulzentrum. — Die Sportplätze der Stadt wurden von der Großgemeinde zum Teil renoviert und z. B. mit Stehtribünen oder mit einer Flutlichtanlage ausgerüstet. Neue Plätze sind geplant oder im Bau, z. B. im Stadtteil Eichen (Kampfbahn B). Bei den Turnhallen handelt es sich in vier Fällen um Mehrzweck-, in sechs Fällen um Schulturnhallen.

---

[183] Die Prozentzahl in Tabelle A 26 besagt also, daß 1970 etwa 60 % der Haushalte an eine Kanalisation angeschlossen waren.

[184] Werner Wied: Kreuztal, junge Stadt am Kindelsberg, Kreuztal 1969, S. 86.

[185] Stadt Kreuztal (Hrsg.): Vorhandenes und Erstrebenswertes in Zahlen und Übersichten, o. O., o .J., S. 59.

Ein neuer *Kindergarten* entstand im Stadtteil Kreuztal (Am Wäldchen), andere Einrichtungen wurden ausgebaut. Es ist der Neubau von mindestens fünf weiteren Kindergärten geplant.

Die Stadt Kreuztal „ist dem *Wasserband* Siegerland angeschlossen und entnimmt aus 15 Anschlüssen im Stadtgebiet Talsperrenwasser... Buschhütten, Kredenbach und Krombach bezogen (1968; V. W.) fast nur Talsperrenwasser, völlig aus eigenen Anlagen versorgten sich Burgholdinghausen, Littfeld und Oberhees[186]."

Durch einen konzentrierten Einsatz der Arbeitskräfte (mehr als 40 Stadtarbeiter) und Finanzmittel hat die Stadt Kreuztal „all' die Mißstände beseitigt, zu denen die kleinen Gemeinden früher finanziell nicht in der Lage waren"[187].

„Die Gemeinden Burgholdinghausen, Mittelhees, Oberhees und Osthelden hatten noch keine *Entwässerungsanlagen*. Die Gemeinde Kredenbach war dem Amtsverband ‚Oberes Ferndorftal' in Hilchenbach angeschlossen. Die Gemeinden Buschhütten, Eichen[188], Fellinghausen, Ferndorf, Kreuztal, Krombach und Littfeld bildeten (1957; V. W.) den Klärwerkszweckverband Kreuztal[189]."

Der mechanische Teil der Kläranlage wurde 1965 in Betrieb genommen. Das Kanalnetz, das 1970 rund 70 % der Haushalte erfaßte, entspricht in seiner Ausdehnung dem der Stadt Hagen[190].

(3) Die *Schulreform* brachte für die zur Großgemeinde *Netphen* zusammengeschlossenen Altgemeinden eine Reihe von Schulstillegungen mit sich. Im Gebäude der ehemaligen Volksschule in Afholderbach wurde ein Gemeinschaftsraum eingerichtet; die Schule in Brauersdorf mußte dem Bau der Obernau-Talsperre weichen; in den Gebäuden in Eschenbach und Hainchen[191] sollen Kindergärten eingerichtet werden; eine Heimatstube und eine Herberge für Obdachlose wurden in Grissenbach untergebracht; und im Gebäude der ehemaligen Volksschule in Unglinghausen nahm im Herbst 1969 die Sonderschule ihren Lehrbetrieb auf. — Nach der territorialen Neugliederung entstand in Netphen ein neues Grundschulgebäude, das — nach organisatorischen Änderungen — jetzt eine Hauptschule beherbergt. Die Deuzer Grundschule wurde erweitert. — Mit der Entscheidung über die Errichtung einer Gesamtschule will die

---

186 Werner Wied: Kreuztal, S. 77 (Hervorhebung im Original).

187 Wörtlich nach Tonbandprotokoll.

188 Im Juli 1960 schlossen sich die Gemeinden Bockenbach, Eichen und Stendenbach zur Gemeinde Eichen zusammen (vgl. Werner Wied: Kreuztal, S. 40).

189 Stadt Kreuztal (Hrsg.): Vorbericht und Erläuterungen zum Haushaltsplan 1969, S. 5. Osthelden trat dem Verband später bei.

190 Auskunft der Stadtverwaltung.

191 Zur Zeit wird das Gebäude noch als Filiale der Hauptschule Deuz genutzt.

Gemeindevertretung warten, bis die Schulkonzeption des Landes endgültig feststeht.

„Mit dem Bau der (am 16. 3. 1972 eingeweihten; V. W.) *Sporthalle* hat die ... Gemeinde Netphen (nach knapp zweijähriger Bauzeit[192]; V. W.) ihr erstes bedeutsames Vorhaben seit der kommunalen Neuordnung im Rahmen des von ihr entwickelten Sportstättenleitplans verwirklicht[193]."

Die in Tabelle A 26 aufgeführte fünfte Turnhalle in der Gemeinde Netphen wurde bei der Hauptschule im Ortsteil Niedernetphen errichtet. Außerdem befinden sich in der Großgemeinde insgesamt 3 Gymnastikhallen[194]. Fünf der neun benutzbaren Sportplätze in der Gemeinde Netphen wurden seit dem Zusammenschluß renoviert oder ausgebaut. Ein Sportzentrum wird im Zuge eines geplanten Freizeitzentrum bei der Obernau-Talsperre entstehen, dessen Finanzierung zur Zeit jedoch nicht gesichert ist.

Neubauten für *Kindergärten* sind in den Ortsteilen Dreis-Tiefenbach, Eckmannshausen und Netphen geplant; eventuell wird auch im Ortsteil Salchendorf ein Kindergarten errichtet. Danach (und mit den Einrichtungen in ehemaligen Schulgebäuden) müßte — so die Gemeindeverwaltung — der Bedarf in etwa erfüllt sein.

Die Großgemeinde Netphen ist der *Hauptwasserlieferant* für den Kreis Siegen.

„Als 60. Talsperre Nordrhein-Westfalens hat NRW-Landwirtschaftsminister Deneke am ... (7. 11. 1972; V. W.) die Obernautalsperre bei Netphen ... ihrer Bestimmung übergeben. Die Kosten des 60 Meter hohen und 300 Meter langen Staudamms, der in fünfjähriger Bauzeit errichtet wurde, betragen rund 67 Millionen DM. Insgesamt kann die Trinkwasser-Talsperre maximal 15 Millionen Kubikmeter Wasser aufnehmen. ... Aus der Obernautalsperre sollen künftig das oft von Trockenheit bedrohte Siegerland und Teile des Wittgensteiner Landes mit Trinkwasser versorgt werden[195]."

Die Gemeinde Netphen wird als Teilabnehmer zu 80 % vom Wasserverband Siegerland versorgt. Die Versorgung der Ortsteile wird fort-

---

[192] Zeitplan: „Beschlußfassung zum Bau der Sporthalle durch den Beauftragten für die Aufgaben des Rates und des Bürgermeisters ... am 18. 3. 1969. Genehmigung durch den Regierungspräsidenten in Arnsberg am 25. 5. 1970. Erteilung der Baugenehmigung durch den Kreis Siegen am 13. 10. 1970. Beginn der Erd- und Gründungsarbeiten am 9. 11. 1970 ... Grundsteinlegung am 9. 7. 1971. Fertigstellung des Bauvorhabens im Februar 1972. Einweihung am 16. 3. 1972. Gesamtbauzeit ca. 16 Monate." (Gemeinde Netphen [Hrsg.]: Sporthalle Netphen, Eröffnung 16. März 1972, o. O., o. J., o. S.). Es handelt sich um eine Dreifach-Großturnhalle (21 × 42 m) mit Tribüne.

[193] Ebd. (Hervorhebung: V. W.).

[194] Vgl. Lt.-Drs. VI/480, S. 55. Die vier bestehenden Turnhallen waren (sind): 2 Schulturnhallen (Deuz, Hainchen), 1 Mehrzweckhalle (Dreis-Tiefenbach, Hauptschule) und die „Kulturhalle Netphen".

[195] WAZ Nr. 259 vom 8. 11. 1972. Bauherr der Talsperre: Wasserverband Siegerland.

gesetzt verbessert durch den Bau von Verbundleitungen und Hochbehältern.

Die *Abwässerbeseitigung* wurde seit 1954/55 vom Amt Netphen gesteuert und in Dreis-Tiefenbach begonnen. Diese Altgemeinde ging einen Zweckverband ein mit der Gemeinde Geisweid und der Stadt Weidenau (heute Stadtteile von Hüttental). Der Stand des Anschlusses an eine zentrale Kläranlage war Ende 1966 für die einzelnen Altgemeinden der folgende: Brauersdorf und Deuz: 50 %, Dreis-Tiefenbach: 75 %, Niedernetphen: 70 %, Obernetphen: 80 %[196]. Acht der übrigen Altgemeinden waren selbst ohne Kanalisation. Erst Ende 1972 waren etwa 55 % der Haushalte an die zentrale Abwässerbeseitigung angeschlossen. Eine Klärwerksplanung für die Gesamtgemeinde befindet sich in Arbeit[197].

4.214. Gemeinden von über 35 000 Einwohnern

(1) Die Großgemeinde *Bad Salzuflen* legte nach dem Zusammenschluß die Grundschule im Stadtteil Biemsen-Ahmsen still — sie wurde organisatorisch mit der Schule im Stadtteil Lockhausen vereinigt — und richtete dort die Sonderschule ein. Der Neubau einer 15-klassigen Hauptschule wurde im Stadtteil Schötmar fertiggestellt. In diesem Stadtteil befindet sich auch eine Aufbaurealschule. Im übrigen — so ein Beteiligter — wurde in Bad Salzuflen bis zur kommunalen Neuordnung auf *schulpolitischem Gebiet* viel versäumt — ein Umstand, der der künftigen Entwicklung aber eher zugutekommt. So plant die Stadt, zwei Schulzentren — Hauptschule, Realschule, Gymnasium — zu errichten, die, mit dazugehörigen Sportzentren, Bad Salzuflen „eine Chance ... (geben; V. W.), um die uns Städte gleicher Größe beneiden"[198].

Der *Sportstätten*-Leitplan der Stadt Bad Salzuflen[199] kommt in seiner Bestandsaufnahme zu Ergebnissen, die von den in Tabelle A 27 wiedergegebenen Zahlen zum Teil abweichen. Er zählt 15 allgemeine Sportanlagen (Sportplätze) und 18 Turnhallen auf[200]. Neue Einrichtungen

---

[196] Vgl. Lt.-Drs. VI/480, S. 55.

[197] Wegen Pelkum vgl. Anm. 4.172. Zur kommunalen Ausstattung des Ortsteils Sandbochum vor der Neuordnung vgl. Jürgen Kraft / Heinrich Rosenbaum: Die erforderliche Grundausrüstung ländlicher Räume, II. Teil, passim, bes. S. 70 f.

[198] Heinrich Welslau: „Bad Salzuflen richtet sich auf das Jahr 2000 ein", in: Lippische Landes-Zeitung Nr. 84 vom 10. 4. 1971 (Unsere lippischen Großgemeinden — wie sie arbeiten, 1. Folge). Vgl. Günter Bechert: Schulentwicklungsplan Stadt Bad Salzuflen, Bad Salzuflen (Juli) 1970.

[199] Herwart Meyer: Grünordnung Stadt Bad Salzuflen, Teil II: Sportstätten-Leitplanung, Leopoldshöhe o. J. (1969).

[200] Ebd., S. 20. Dieser Widerspruch wurde von der Stadtverwaltung nicht geklärt. Bechert (Schulentwicklungsplan ..., S. 45) gibt 14 Sportplätze und 13 Turnhallen an.

sind dagegen allenfalls an der im Herbst 1970 fertiggestellten Hauptschule in Schötmar entstanden, andere wurden ausgebaut oder renoviert[201].

Im Jahr 1972 war die Zahl der *Kindergärten* auf 11 angewachsen, von denen sich 3 in der Trägerschaft der Stadt befanden. Dennoch war mit 38 % noch nicht einmal der Landesdurchschnitt an Kindergartenplätzen (42 %), geschweige denn das langfristige Ziel des NWP 75 (75 %), erreicht[202].

„Für die Stadtgebiete wird deswegen eine weitere Einrichtung ... im Zusammenhang mit dem Verwaltungszentrum vorgeschlagen; im Umlandgebiet je ein Kindergarten in Retzen, in Wülfer-Bexten und in Biemsen-Ahmsen. Die Kindergärten in Wüsten und in Lockhausen können evtl. erweitert werden[203]."

„Das öffentliche *Wasserversorgungswerk* für die Großgemeinde ist nach Ortsteilen gegliedert und in zwei Gewinnungsanlagen konzentriert: Einmal die Städtischen Wasserwerke Bad Salzuflen[204] mit den Brunnen in Wüsten (Waldemeine) und der Wasserverband Begatal zwischen Ehrsen und Grastrup ... Außer den öffentlichen Wasserentnahmen erfolgen private Wasserentnahmen besonders der Industrie in den wasserführenden Gebieten[205]."

In den Stadtteilen Bad Salzuflen und Schötmar wurden bereits vor der Neuordnung sämtliche bebauten Grundstücke zentral versorgt, im Stadtteil Papenhausen keines. Die Gesamtversorgung wird nach und nach dem Bedarf und den — technischen und finanziellen — Möglichkeiten angepaßt.

Entwässerungspläne waren — außer in der Stadt Bad Salzuflen[206] — vor der Neuordnung in fast allen Altgemeinden vorhanden. „Vom Wasserwirtschaftsamt ist ein Generalentwässerungsplan empfohlen worden"[207], der inzwischen in Arbeit gegeben wurde. Während vor dem Zusammenschluß drei Altgemeinden völlig ohne Anschluß an eine zentrale Abwässerbeseitigung waren, sind heute „mit einigen kleinen Ausnahmen in Außengebieten ... sämtliche Ortsteile an Kläranlagen angeschlossen"[208].

---

201 Insofern ist die Zahl aus dem Gesetzentwurf (Lt.-Drs. VI/479, S. 57 und 64: 6 Turnhallen) offensichtlich falsch und wurde deshalb eingeklammert.

202 Vgl. Rudolf Hartog: Flächennutzungsplan der Stadt Bad Salzuflen, Erläuterungsbericht, Bad Salzuflen/Bergkirchen 1972, S. 38 f.

203 Rudolf Hartog: Flächennutzungsplan ..., S. 39.

204 Zusammenschluß der vor der Neuordnung selbständigen 8 Wasserwerke.

205 Rudolf Hartog: Flächennutzungsplan ..., S. 49 (Hervorhebung: V. W.).

206 In diesem Stadtteil ist heute noch nicht der Verlauf sämtlicher Kanalleitungen bekannt.

207 Rudolf Hartog: Flächennutzungsplan ..., S. 70.

208 Ebd., S. 49. Zu diesem Zweck war z. B. im Stadtteil Holzhausen eine Investition von rund DM 1,7 Mill. erforderlich.

(2) In der Großgemeinde *Bergkamen* wurden im Schuljahr 1967/68 zwei Volksschulen zu einem System zusammengelegt; zuvor war eine evangelische Volksschule im Stadtteil Rünthe aufgelöst worden.

„Mit Auflösung des Schulverbandes Overberge zum 30. Juni 1967 wurde die Gemeinde Overberge Rechtsnachfolgerin dieses Verbandes ... (Sie) übernahm alle Rechte und Pflichten, die der Schulverband eingegangen war, einschließlich der Pflicht zur Errichtung einer neuen Volksschule[209] ... "

Mit Beginn des Schuljahres 1968/69 *(Schulreform)* wurde der Betrieb in einer ehemaligen zweiklassigen Volksschule im Stadtteil Heil eingestellt. Dort richtete der Kreis eine Sonderschule für geistig behinderte Kinder ein. Im Schuljahr 1970/71 wurden die drei Sonderschulen um eine verringert, indem zwei der Schulen in einen Neubau im Stadtteil Weddinghofen einzogen. Im Bereich dieses Schulzentrums wurde auch der Gymnasium-Neubau errichtet, dessen erster Trakt im Oktober 1969, der zweite Ende des Schuljahres 1970/71 bezogen wurde. In den Untersuchungszeitraum fällt auch der Bau einer Hauptschule im Stadtteil Oberaden und einer Grundschule im Stadtteil Overberge. Mehrere Schulgebäude wurden erweitert.

In der Stadt Bergkamen hat die Zahl der *Sportstätten* nach 1970 weiter zugenommen. So wurde im Mai 1972 — Planungen reichen bis in die Altgemeinde Weddinghofen zurück — im Rahmen eines geplanten Freizeitzentrums ein Freibad (Wellenbad und Acht-Bahnen-Olympiabad) im Stadtteil Weddinghofen eröffnet. Eines der beiden Hallenbäder (vgl. Tab. A 27) ist eine Kleinschwimmhalle im Stadteil Oberaden, die am 17. 5. 1968 eröffnet wurde. Das eigentliche Hallenbad steht im Stadtteil Bergkamen-Mitte und wurde am 27. 10. 1969 seiner Bestimmung übergeben[210]. Das sechste Lehrschwimmbecken wurde für die Freiherr-vom-Stein-Realschule im gleichen Stadtteil errichtet. Dort entstand gleichzeitig eine der vier neuen Turnhallen; eine andere wurde der Schiller-Grundschule zugeordnet, zwei Hallen wurden im Stadtteil Oberaden errichtet[211]. Eine weitere Turnhalle wurde nach 1970 im Stadtteil Weddinghofen gebaut. Außerdem befinden sich in Bergkamen-Oberaden eine ältere und eine neue Gymnastikhalle.

Zehn der zwölf *Kindergärten* sind in konfessioneller Trägerschaft. In einem der beiden stadteigenen — Neubau 1966 — richtete die Stadt ab 1. September 1970 einen Modellkindergarten ein. „Dadurch mußte die Platzzahl ... auf 100 Kinder — 4 Gruppen zu 25 Kindern — be-

---

[209] Stadt Bergkamen (Hrsg.): Verwaltungsbericht 1966 - 1970, Bergkamen (Oktober) 1971, S. 73.

[210] Vgl. Verwaltungsbericht 1966 - 1970, S. 111.

[211] Vgl. Verwaltungsbericht 1966 - 1970, S. 89 und 111.

schränkt werden, damit der Modellversuch ordnungsgemäß durchgeführt werden kann[212]."

Die *Wasserversorgung* der Stadt Bergkamen wird von „Gelsenwasser" betrieben. Aufgabe der Stadt war es, den Stadtteil Heil an die zentrale Versorgung anzuschließen; das ist in den Jahren 1966 und 1967 mit einem Kostenaufwand von rund DM 230 000,— geschehen[213]. Das Leitungsgerüst wird nach Bedarf im Einvernehmen zwischen Gelsenwasser und der Stadt Bergkamen an Entwicklungsschwerpunkten ergänzt.

Langfristig überarbeitungsbedürftig sind die zentralen *Entwässerungspläne* der sechs Altgemeinden, dem ein entsprechender Ausbau des teilweise unterdimensionierten Kanalisationsnetzes folgen muß. Bisher wurden in Kanalbaumaßnahmen (in den Jahren 1966 bis 1970) mehr als DM 13,5 Mill. investiert, darunter in den Bau der — noch von der Altgemeinde beschlossenen — Kanalisation im Stadtteil Rünthe und einer Kläranlage im Stadtteil Heil. Darüber hinaus „wurden in allen Stadtteilen Kanalisationsmaßnahmen durchgeführt, um die Entwässerung im gesamten Stadtgebiet zu erweitern bzw. zu ergänzen"[214].

(3) In der Stadt *Hüttental* wurden seit der Neuordnung bisher — abgesehen von einer Modellschule (Grund- und Hauptschule) auf dem Haarder Berg (1972) — keine Schulneubauten errichtet. Man will erst Gewißheit über die künftige Schulplanung des Landes erhalten. In der Nähe der Realschule kann ein Schulzentrum entstehen, für welches von der Stadt bereits 5 ha Bauland erworben wurden. Diese Ausgaben eingeschlossen, errechnet die Stadt einen künftigen Investitionsbedarf im *Schulwesen* von rund DM 55,0 Mill.[215]. — Im Zuge der Schulreform wurde die Zwergschule im Stadtteil Langenholdinghausen geschlossen und als Feuerwehrschulungsraum von Vereinen weiterbenutzt; die Gymnastikhalle dieser Schule steht Turnvereinen zur Verfügung. Die ehemalige Volksschule in Sohlbach dient als Filiale der Grundschule in Geisweid; auch im Stadtteil Weidenau wurden zwei Grundschulen organisatorisch zusammengefaßt. — In der Stadt Hüttental gibt es eine Reihe weiterer Schulen: Berufs-, Berufsfach-, Fachober-, Techniker- und Ingenieurschulen, die teilweise in der 1972 gegründeten Gesamthochschule Siegen aufgingen.

Bei dem neuen *Sportplatz* (vgl. Tab. A 27) handelt es sich um einen noch von einer Altgemeinde geplanten Tennenplatz, der 1970 fertiggestellt

[212] Verwaltungsbericht 1966 - 1970, S. 108.

[213] Vgl. Verwaltungsbericht 1966 - 1970, S. 160.

[214] Ebd.

[215] Vgl. Stadt Hüttental (Hrsg.): Schulorganisation und langfristige Schulbauplanung, Ratsvorlage vom 24. 2. 1970, S. 46 ff.

wurde und noch erweitert wird: Ende 1972 sollen ein Rasenplatz mit Tribünen und Parkplätze fertig sein. Ebenfalls in diesem Jahr wurden eine Großturnhalle (Dreifach-Turnhalle, 26 × 45 m) bei der Modellschule Haardter Berg und eine Turnhalle bei der Grundschule in Geisweid ihrer Bestimmung übergeben.

Trotz des Vorhandenseins von zwölf *Kindergärten* — der letzte entstand in Hüttental-Weidenau (Haardter Berg) in der Trägerschaft der evangelischen Kirchengemeinde — hat die Stadtverwaltung prognostiziert, daß noch weitere 13 Kindergärten gebaut werden müssen, wenn 75 Plätze je 100 Kinder angeboten sein sollen[216].

Die Stadt Hüttental wird als Teilabnehmer — die Stadtteile Langenholdinghausen und Setzen haben noch eigene Wassergewinnungsanlagen — vom Wasserverband Siegerland versorgt[217]. Da die eigenen *Wasservorkommen* jedoch als nicht unbedenklich gelten und deshalb größere Investitionen erforderlich wären, muß Hüttental aus wirtschaftlichen Gründen Vollabnehmer werden.

Die Stadt Hüttental wird nach verschiedenen *Klärwerken* entwässert. Der Ausbau der Kanalisation wird seit der Neuordnung kontinuierlich fortgesetzt; schon in den Jahren 1964/65 wurden die Altgemeinden Birlenbach, Dillnhütten und Langenholdinghausen an die Anlagen des Abwasserverbandes Weidenau/Geisweid/Dreis-Tiefenbach angeschlossen, während die Kanalisation in Buchen und Sohlbach im Jahr 1966 im Bau war. Die größten Kosten in dem Programm, mit dem die Stadt Hüttental die Arbeiten weiterführte, verursachte die Verlegung des Hauptsammlers für Nieder- und Obersetzen zum Klärwerk Kreuztal-Buschhütten, die 1972 abgeschlossen werden konnte[218]. Als einziger Stadtteil ist der 1969 eingegliederte Ort Meiswinkel nach wie vor völlig ohne Kanalisation und Anschluß an eine Zentralentwässerung, was sich in absehbarer Zeit auch nicht ändern wird.

(4) Die Stadt *Kamen* ist die zweite Gemeinde des Kreises Unna, die — neben Fröndenberg — über eine Gesamtschule[219] im Aufbau verfügt, zur Zeit noch mit einer Zweigstelle im Stadtteil Heeren-Werve. Der Neubau für die ersten 57 Klassen dieser Gesamtschule, von der eine

---

[216] Vgl. Stadt Hüttental (Hrsg.): Einrichtung weiterer Kindergärten und Errichtung von Kindertagesstätten, Ratsvorlage vom 18. 3. 1971, S. 7.

[217] Die Gemeinde Geisweid (Klafeld) wurde 1956 an die Breitenbachtalsperre angeschlossen.

[218] DM 270 000,—. Vgl. „‚Heißer Herbst‘ für Kanalbauer", in: Hüttental im Blickpunkt, Unsere Stadt im Spiegel von Berichten, Bildern und Meinungen, 14. Jg., Heft 3/1971, S. 19.

[219] Vgl. J. Lohmann: Schulentwicklungsplanung Stadt Kamen, Kamen 1968, und Günther Bechert: Schulzentren für die weiterführenden Schulen.

erhebliche Integrationswirkung für die Großgemeinde erhofft wird, ist im April 1972 begonnen worden. „Durch die Inbetriebnahme dieser ... (Schule) laufen die Kamener Hauptschulen sukzessiv aus[220]." Das Gymnasium — ein Neubau mit Konzert-Aula (828 Sitzplätze) — bleibt als weiterführende Schule erhalten.

„Zusammenfassend läßt sich die *Schulsituation* der Stadt Kamen folgendermaßen beschreiben: Bezüglich des Bildungswesens übt Kamen bis heute keine Zentralfunktion aus. Die Stadt ist als Nebenzentrum zu Unna und Bergkamen anzusehen[221]."

Im Bereich des *Sports,* der kontinuierlich gefördert wird, ist noch zu erwähnen die Sportschule Kaiserau des Fußball- und Leichtathletikverbandes Westfalen in Kamen-Methler, für die im Jahr 1971 ein neues Unterkunftsgebäude errichtet wurde. — Das Lehrschwimmbecken (Kleinschwimmhalle) im Stadtteil Heeren-Werve wird auch von der Bevölkerung frequentiert (Besucher 1970 insgesamt: 25 314[222]). — Eine der beiden neuen Turnhallen ist eine Doppelturnhalle für alle Disziplinen; neben den Turn- und Sporthallen gibt es in Kamen drei Gymnastikhallen.

Im Zusammenhang mit *Kindergärten* spricht ein Gutachten von einem „akuten Konfliktfall"[223] in der Stadt Kamen und errechnet einen Fehlbedarf von 765 Plätzen[224] bei einem Angebot (1969) von 39 % des erforderlichen Bedarfs[225].

„Die *Wasserversorgung* der Stadt Kamen wird durch das Wasserwerk ‚Gelsenwasser' (Wasserwerk für das nördliche, westfälische Kohlenrevier) durchgeführt. Die Stadt Kamen gehört zu den Gemeinden im Kreis Unna, die eine vollständige Wasserversorgung haben[226]."

Vor der Neuordnung war der Ausbau der *Abwässerbeseitigung* in der Altgemeinde Methler mit 90,7 % am weitesten fortgeschritten, die Gemeinde Derne und Rottum waren — und sind nach wie vor — ohne Zentralentwässerung[227].

„Die Abwasserbeseitigung ... obliegt dem Lippeverband. Sie erfolgt überwiegend mittels offener Bachläufe, die eine Sohlung und eine Wandung auf-

---

[220] Volkmar Ballhorn u. a. (regioplan, Institut für Strukturanalyse, Orts- und Regionalplanung GmbH): Gutachten zur Flächennutzungs- und Entwicklungsplanung der Stadt Kamen, Berlin (Dezember) 1970, S. 199.

[221] Ebd., S. 200 (Hervorhebung: V. W.). Genauere Angaben über Veränderungen im Bereich des Schulwesens konnten nicht erlangt werden.

[222] Siehe Statistisches Amt der Stadt Kamen (Hrsg.): Kamen, die schnelle Stadt, Statistische Information Nr. 3, 1970, Kamen (Mai) 1971, S. 140.

[223] Volkmar Ballhorn u. a.: Gutachten ..., S. 220.

[224] Ebd.

[225] Volkmar Ballhorn u. a.: Gutachten ..., S. 221.

[226] Volkmar Ballhorn u. a.: Gutachten ..., S. 275 (Hervorhebung: V. W.).

[227] Vgl. Lt.-Drs. VI/462, S. 85.

weisen. Davon laufen alle Bäche, bis auf den Braunebach, bei der Kläranlage Kamen-Körnebach zusammen. Die Kläranlage hat noch eine mechanische Funktionsweise und ist kapazitativ weitgehend ausgelastet. ... Wegen dieser schon heute außergewöhnlichen Belastung und den zukünftig weiter steigenden Anforderungen sind an einigen kritischen Punkten ... dringend Verbesserungen notwendig (z. B. Verrohrung des Hauptabwasserbaches; V. W.)[228]."

(5) Die Zentralfunktion der Kreisstadt *Lemgo* kommt im *Schulwesen* deutlich zum Ausdruck, z. B. auf dem Gebiet der berufsbildenden Schulen. Vorhanden bzw. in Vorbereitung befindlich sind: Gewerbliche Berufsschule, Kreishandelsschule, Höhere Handelsschule, Kaufmännische Berufsschule, Schule für Gewerbe, Land- und Hauswirtschaft, Malerfachschule, Krankenpflegeschule, Staatliche Ingenieurschule (Fachhochschule Lippe), Bibel- und Missionsschule. „Für die Ingenieurschule, deren Unterbringung bisher in mehreren Gebäuden erfolgt, befindet sich der Neubaukomplex auf dem Lüttfeld im Bau[229]." Auf dem gleichen Areal ist die Errichtung des Schulzentrums Lemgo-Süd der Sekundarstufe I (30 Klassen als Haupt- und Realschule) geplant, für das ein Planungswettbewerb ausgeschrieben ist. — Die Realschule der Stadt Lemgo, die seit 1960 provisorisch untergebracht war, konnte Anfang 1969 einen Neubau beziehen. Mit der Schulreform wurden die Zwergschulen in vier Altgemeinden[230] geschlossen; im Stadtteil Lüerdissen wird heute eine Zweigstelle der Sonderschule Lemgo betrieben, in Leese soll eine Sonderschule für geistig behinderte Kinder eingerichtet werden[231].

Nach 1970 konnten in Lemgo neue *Sporteinrichtungen* in Betrieb genommen werden, z. B. ein Lehrschwimmbecken, zwei Sportplätze und eine Großturnhalle[232]. Ein Hallenbad ist im Bau. Die bestehenden Sportplätze werden teilweise mit Sporthäusern versehen.

Was das Angebot an *Kindergärten* angeht, so besteht in Lemgo ein echter Nachholbedarf, den die Stadt bis etwa 1977 befriedigen zu können hofft. Der Rohbau der ersten Neueinrichtung seit der Territorialreform wurde Ende 1972 im Stadtteil Entrup fertiggestellt. Für 1973 sind Neubauten in Lemgo-Stadt (Großen-Brede) und Matorf geplant, für 1974

---

[228] Volkmar Ballhorn u. a.: Gutachten ..., S. 276.

[229] Stadt Lemgo (Hrsg.): Erläuterungsbericht zum Flächennutzungsplan der Alten Hansestadt Lemgo, Lemgo o. J. (1972), S. 38.

[230] Entrup, Leese, Lüerdissen, Wahmbeck.

[231] Sieben Klassen für diese Kinder werden bisher in der Heilpädagogischen Sonderschule der Heilerziehungs- und Pflegeanstalt Eben-Ezer in Lemgo betrieben (vgl. Statistisches Landesamt NW [Hrsg.]: Statistische Rundschau für den Landkreis Lemgo, S. 58).

[232] Das Anwachsen der Zahl der Turnhallen von 3 (Lt.-Drs. VI/479, S. 73) auf 10 (Angabe der Stadtverwaltung) konnte nicht nachvollzogen werden. Nach einer weiteren Information der Stadtverwaltung wurden von 1968 bis 1970 nur zwei Hallen fertiggestellt.

im Stadtteil Hörstmar, für 1975 in den Stadtteilen Voßheide und Wahmbeck, eventuell in Lieme. Insgesamt plant die Stadt den Bau bzw. die Förderung von 9 weiteren Kindergärten.

Am 1. 1. 1969 wurden vier gemeindeeigene *Wasserwerke* — der Altgemeinden Brake, Entrup, Lüerdissen und Voßheide — und die Anlagen von zwei Wasserbeschaffungsverbänden — Matorf/Brüntorf und Wahmbeck/Wiembeck — von den Stadtwerken Lemgo übernommen. „Sehr vorteilhaft wirkt sich hierbei der schon seit Jahren bestehende Verbund mit Brake, Entrup, Lüerdissen und dem WBV Matorf-Brüntorf (für den Stadtteil Lemgo-Stadt; V. W.) aus“[233], half er doch im Sommer 1971, die Versorgung für diesen Stadtteil sicherzustellen. Fast ohne (Leese) bzw. völlig ohne (Lieme, Welstorf) zentrale Wasserversorgung sind noch drei Stadtteile. „Die geplante Wasserversorgung von Lieme und Leese soll demnächst durch die Stadtwerke Lemgo erfolgen[234].“

Weder in diesem noch im Bereich der *Abwässerbeseitigung* kann die Stadt Lemgo nach einem Gesamtplan vorgehen, denn solche wurden bisher nicht fixiert. Man kann allerdings weitgehend auf Pläne und Beschlüsse noch aus der Zeit vor der Neuordnung zurückgreifen.

„Lemgo und Brake sind bis auf wenige Randgebiete kanalisiert, wobei die Abwässer von Brake in das Kanalnetz von Lemgo geleitet werden. Die Abwässer werden in einer mechanischen Kläranlage gereinigt. Der Umbau auf biologische Reinigung ist (wegen der zögernden Investitionsneigung der Stadt Lemgo vor der Neuordnung erst jetzt; V. W.) im Gange.

An die Abwasservereinigung von Lemgo werden Entrup, Matorf-Brüntorf und Welstorf angeschlossen. Die Arbeiten (am Hauptsammer; V. W.) sind bereits im Gange und bis in den Ortsteil Matorf vorgetragen[235].“

In den Jahren 1973/74 wird hier die innere Erschließung — Nebensammler, Hausanschlüsse — folgen. Überhaupt werden die Stadtteile Lemgo/Brake, Lieme, Hörstmar und Matorf-Kirchheide als Schwerpunkte des Wohnungsbaus auch die meisten Entwässerungsmaßnahmen erfordern.

„Lieme und Hörstmar sind größtenteils kanalisiert. Die Abwässer werden je einer mechanisch-biologischen Kläranlage zugeführt. Eine weitere Kläranlage — im Ortsteil Wahmbeck — befindet sich im Bau. Für den weiteren Ausbau des Kanalnetzes ... sind noch hohe Investitionen erforderlich[236].“

Davon werden allerdings die bisher nicht erwähnten kleineren Stadtteile — Lüerdissen war schon vor der Neuordnung mit der Anlage in Lemgo verbunden — vorerst weniger profitieren, da sie auch künftig keine zentrale Abwässerbeseitigung erhalten sollen.

---

233 Stadt Lemgo (Hrsg.): Erläuterungsbericht ..., S. 25.

234 Ebd.

235 Stadt Lemgo (Hrsg.): Erläuterungsbericht ..., S. 27.

236 Ebd.

(6) Zum Zeitpunkt der Wiedereinkreisung unterhielt die Stadt *Siegen* (alt) 14 Volksschulen, die eingegliederten Gemeinden sechs, der später eingegliederte Stadtteil Feuersbach eine[237]. Am 10. 6. 1966 wurde eine 12-klassige Schule neu eröffnet, die nach der *Schulreform* eine Grund- und eine Hauptschule aufnahm. Im Zuge dieser Reform wurden vier Zwergschulen geschlossen oder mit anderen zusammengelegt. — Die zweite Realschule in Siegen nahm am 1. 8. 1967 im Gebäude der ehemaligen Ingenieurschule für Bauwesen — diese war in neue Räume nach Hüttental-Weidenau umgezogen — ihren Betrieb auf. Das zweite städtische Gymnasium wurde am 1. 8. 1969 mit einem neusprachlichen Zweig eröffnet, während der altsprachliche und der mathematisch-naturwissenschaftliche Zweig im alten Gymnasium weitergeführt wurden. — In Siegen existieren außerdem noch eine Abend- und eine Aufbaurealschule[238], letztere seit 1969.

Aus den Zahlen über die *Sporteinrichtungen* der Stadt Siegen einschließlich der eingemeindeten Stadtteile (Tabelle A 27) geht nicht hervor, welche Entwicklung die Zahl der städtischen Anlagen genommen hat; die größten Änderungen jedenfalls sind im privaten und vereinseigenen Bereich vor sich gegangen. Im Jahr 1965 unterhielt die Stadt Siegen nur das Leimbach-Stadion[239]. Am 5. 8. 1967 wurde die Sportanlage Breitenbachtal in Betrieb genommen[240]. Im Jahr 1971 wurde ein weiterer Sportplatz fertiggestellt. — Die Zahl der städtischen Schulturnhallen wuchs kontinuierlich: 1965 sieben, 1966 acht, 1968 neun, seit 1970 zehn. — Die alte Badeanstalt in Siegen wurde 1966 geschlossen[241], das neue Hallenbad „Löhrtor" wurde am 15. 1. 1967 eröffnet[242].

Die *Kindergärten* in der Stadt Siegen waren im Jahre 1972 bis auf zwei (Kreis) in der Trägerschaft der Kirchen und freier gemeinnütziger Verbände. Den angeführten Einrichtungen (Tabelle A 27) müssen noch ein Kinderhort (Kreis) und drei Sonderkindergärten hinzugerechnet werden. 1966 waren in den eingegliederten Gemeinden zwei Kindergärten vorhanden, und zwar je einer in Burbach und Kaan-Marienborn. Vier

---

[237] Vgl. Stadt Siegen (Hrsg.): Statistischer Bericht der Stadt Siegen 1966, Siegen (März) 1967, S. 57, im Gegensatz zu: Stadt Siegen (Hrsg.): Verwaltungsbericht ... 1965 - 1968/69, S. 55, wo nur fünf übernommene Schulen bezeichnet werden.

[238] Abgesehen von den weiterführenden Schulen. Über Planungen im Schulsektor konnte nichts eruiert werden.

[239] Aus Vereinfachungsgründen wird dieses Stadion als 1 Sportplatz gezählt; es besteht aber aus 2 Plätzen und leichtathletischen Anlagen (siehe Stadt Siegen [Hrsg.]: Verwaltungsbericht ... 1965 - 1968/69, S. 57).

[240] Vgl. Stadt Siegen (Hrsg.): Statistischer Bericht der Stadt Siegen 1967, Siegen (März) 1968, S. 55.

[241] Vgl. Stadt Siegen (Hrsg.): Verwaltungsbericht ... 1965 - 1968/69, S. 59.

[242] Vgl. Stadt Siegen (Hrsg.): Statistischer Bericht ... 1966, S. 10 und 81.

Neubauten wurden seitdem im Stadtgebiet Siegen (alt) errichtet[243]. Von 1973 bis 1977 ist der Bau von 9 bis 10 weiteren Kindergärten geplant, unter denen auch Einrichtungen in den bisher nicht versorgten eingemeindeten Stadtteilen sein werden: Am 17. 10. 1972 beschloß der Jugendwohlfahrtsausschuß der Stadt Siegen für 1973 die Förderung des Neubaus eines Kindergartens der AWO im Stadtteil Seelbach (90 Plätze) und der evangelischen Kirche im Neubaugebiet „Fischbacher Berg" (altes Stadtgebiet Siegen; 90 Plätze). Außerdem soll im gleichen Jahr ein Altbau der evangelischen Kirche im Stadtgebiet durch einen Neubau ersetzt werden, dieser Kindergarten wird dann von 75 auf 90 Plätze erweitert werden können[244]. 1974 wird im Stadtteil Trupbach ein weiterer Neubau errichtet werden (AWO; 90 Plätze). Darüber hinausgehende Absichten sind noch nicht konkretisiert.

„Aufgrund der Gesetze der Neugliederung des Landkreises Siegen wurden die ... *Wasserwerke* der (eingegliederten; V. W.) Gemeinden von den Stadtwerken übernommen[245]." Der relativ gute Versorgungszustand konnte in den folgenden Jahren gehalten werden; die meisten Investitionen waren allerdings im eigentlichen Stadtgebiet erforderlich. Insgesamt wurden in den Jahren 1966 bis 1970 28,6 km Wasserhauptleitungen neuverlegt (16,5 km) bzw. ausgewechselt (12,1 km)[246]. Die Stadt ist Vollabnehmer im Wasserverband Siegerland.

Die *Abwässerbeseitigung* war weder in den eingegliederten Gemeinden noch auch im alten Stadtgebiet voll ausgebaut. Im Jahr 1968 begann der Bau eines neuen Zentralklärwerkes[247], dessen mechanischer Teil im April 1970 in Betrieb genommen wurde[248]. Die Schwerpunkte im Kanalbau lagen u. a. in folgenden Maßnahmen:

— 1966: Erschließung des Stadtteils Achenbach, Herstellung des Hauptsammlers „von der Kläranlage bis zur Eintracht"[249];

— 1967: Bau eines Nebensammlers im Stadtteil Trupbach[250];

---

243 1966: 1, 1967: 1, 1971: 2.

244 Für diese drei Bauvorhaben sind Grundstücke vorhanden.

245 Stadt Siegen (Hrsg.): Verwaltungsbericht... 1965 - 1968/69, S. 109 (Hervorhebung: V. W.).

246 Vgl. Stadt Siegen (Hrsg.): Statistischer Bericht der Stadt Siegen 1966, 1967, 1968, 1969 und 1970, Siegen 1967, 1968, o. J., 1971 und 1971.

247 Vgl. Stadt Siegen (Hrsg.): Verwaltungsbericht... 1965 - 1968/69, S. 95: „Gesamtkosten der Anlage: DM 9 300 000,—."

248 Vgl. Stadt Siegen (Hrsg.): Statistischer Bericht... 1970, S. 111.

249 Stadt Siegen (Hrsg.): Statistischer Bericht ... 1966, S. 98; neu verlegte Kanäle (insgesamt): 2,9 km (altes Stadtgebiet) plus 1,6 km.

250 Vgl. Stadt Siegen (Hrsg.): Statistischer Bericht ... 1967, S. 105; neu verlegte Kanäle insgesamt: 3,2 km (S. 104).

— 1968: Verlängerung der Kanalisation im Stadtteil Seelbach[251]; Erweiterung der Kanalisation in den Ortsteilen Trupbach und Seelbach mit Anschluß der Autobahnraststätten[252];

— 1970: Erweiterungen des Kanalnetzes um 1,8 km[253].

(7) Die *Schulsituation* in den mit der Kreisstadt Unna (alt) zur neuen Stadt *Unna* zusammengeschlossenen Gemeinden hat sich nach der Neuordnung — besonders in den Ostgemeinden — verbessert. Die Gebäude in den Stadtteilen Lünern und Mühlhausen mußten erweitert werden; allerdings werden Schüler aus dem alten Stadtgebiet Unna nach Mühlhausen gefahren[254], um eine andere Regelung bei den Grundschulen zu vermeiden. Eines der beiden Schulgebäude im Stadtteil Hemmerde wurde geschlossen, das andere mit der Neuordnung im Schulwesen als Grundschule weitergeführt.

„Zwei Klassenräume im alten Schulgebäude in Unna-Afferde wurden zu einem Feuerwehrgerätehaus umgebaut und ein Raum im Obergeschoß der Schule als Tagungsraum für die Feuerwehr und die Gemeinde hergerichtet[255].“

In diesem Gebäude werden noch 20 Unterkünfte für Gäste aus den Partnerstädten der Stadt Unna eingerichtet. Im Stadtteil Billmerich wurde am 30. 8. 1969 eine neue Grundschule ihrer Bestimmung übergeben:

„Nunmehr verfügte die Liedbachschule zwar über das neueste Schulgebäude in Unna, aber ein geordneter Schulbetrieb war bei 90 Kindern nicht gegeben[256].“

Dieser konnte erst durch „schulorganisatorische Maßnahmen“[257] gewährleistet werden. Eine weitere Grundschule wird im Durchgangswohnheim Unna-Massen betrieben. — Mit Beginn des Schuljahres 1968/69 wurde in der Stadt Unna neben dem staatlichen ein drittes städtisches Gymnasium — bei provisorischer Unterbringung in Räumen der Realschule und der neuen Hansa-Berufsschule — eröffnet. Die beiden anderen Gymnasien wurden zum Grundstein des Schulzentrums Unna-Süd fusioniert, nachdem man beschlossen hatte, als Schulzentrum Nord ein vierzügiges Gymnasium und eine fünfzügige Hauptschule mit den dazu-

[251] Vgl. Stadt Siegen (Hrsg.): Statistischer Bericht ... 1968, S. 111; neu verlegte Kanalisation insgesamt: 4,1 km.

[252] Vgl. Stadt Siegen (Hrsg.): Statistischer Bericht ... 1969, S. 118; neu verlegte Leitungen insgesamt: 4,5 km.

[253] Vgl. Stadt Siegen (Hrsg.): Statistischer Bericht ... 1970, S. 110.

[254] Die Schülerbeförderungskosten machen teilweise erhebliche Posten des Ausgabeetats aus.

[255] Stadt Unna (Hrsg.): Verwaltungsbericht 1969, Unna (November) 1970, S. 103.

[256] Stadt Unna (Hrsg.): Verwaltungsbericht 1969, S. 100.

[257] Ebd.

gehörigen Sportanlagen neu zu errichten[258]. Mit der Planung des Raumprogramms wurde die Gesellschaft für kommunale Anlagen (GkA) beauftragt, mit dem Bau Mitte 1972 begonnen[259].

Im *Sportbereich* beschränkte sich die Stadt Unna in den ersten Jahren nach der Neuordnung im wesentlichen auf den Ausbau und die Verbesserung der bestehenden Anlagen. So wurde das Freibad im Stadtteil Massen mit einer Warmwasseranlage versehen; so wurde der Sportplatz in Unna-Hemmerde ausgebaut und soll zu einem kleinen Sportzentrum komplettiert werden. Auch der Bau einer Turnhalle ist geplant. Im Stadtteil Lünern ist ein Lehrschwimmbecken in Vorbereitung. Im übrigen sollen, wenn der Rat einem Sportgutachten für die Stadt folgt, künftige größere Anlagen in der Stadtmitte konzentriert werden.

Alle *Kindergärten* in Unna sind in der Trägerschaft von Kirchen und Verbänden und werden nach dem üblichen Modus von der Stadt bezuschußt. Seit der Neuordnung wurden insgesamt zwei Kindergärten neu errichtet, und zwar in den Stadtteilen Billmerich und Lünern.

Die *Wasserversorgung* der Stadt Unna obliegt dem Wasserwerk Gelsenwasser. Wie der Tabelle A 27 zu entnehmen ist, folgt der Ausbau des Leitungsnetzes in etwa der Siedlungsentwicklung.

„Um die ordnungsgemäße *Entwässerung* des Stadtgebietes zu gewährleisten, wurde ein Teil des Zentralentwässerungsplanes[260] (vom Tiefbauamt; V. W.) überarbeitet und die Planung hierzu abgeschlossen[261]."

Im Stadtteil Afferde wurde 1972 der letzte Bauabschnitt des Kanalbaus durchgeführt (DM 80 000,—), im gleichen Jahr mit dem ersten Bauabschnitt (DM 850 000,—; 2. BA: ca. DM 800 000,—) der Kanalisation in Unna-Kessebüren begonnen, das bis dahin an keine Zentralentwässerung angeschlossen war.

„Die im Jahre 1968 begonnene Planung von Hochwasserschutzmaßnahmen im Einzugsbereich der Wasserläufe (Vorfluter; V. W.) im südl. Stadtgebiet wurde weiter fortgesetzt[262]."

---

258 Vgl. J. Lohmann: Schulentwicklungsplanung in der Stadt Unna, Unna 1969.

259 Geschätzte Baukosten: DM 25,0 Mill.; Zuschuß: 60 %.

260 Z. B. für die Stadtteile Billmerich, Hemmerde und Stockum.

261 Stadt Unna (Hrsg.): Verwaltungsbericht 1969, S. 163 (Hervorhebung: V. W.). „Für Kanalbaumaßnahmen werden jetzt nur noch die Kanäle in Unna-Uelzen und Unna-Mühlhausen mit Landesbeihilfen bezuschußt, da deren Bau bereits vor der Neuordnung genehmigt war ... Alle anderen Kanalbaumaßnahmen sind nicht mehr beihilfefähig." (Erfahrungsbericht über die Neuordnung der sog. Ostgemeinden, Schreiben der Stadt Unna an den OKD des Kreises Unna vom 20. 10. 1971, S. 4.)

262 Ebd.

Hier sollen Regenrückhaltebecken und Naßhaltebecken angelegt werden, die — zum Teil mit Fischen besetzt — u. a. den Freizeitwert dieses Gebietes steigern werden. In diesem Zusammenhang wurde bereits der Massener Bach, ein Wasserlauf II. Ordnung, über ein Länge von 2,2 km kanalisiert — eine Maßnahme (DM 1,6 Mill.), über deren Planung die Altgemeinde mangels Eigenmitteln nicht hinausgekommen war.

4.215. Zwischenergebnis

Um dem Anspruch einer relativ transparenten Analyse gerecht zu werden, wurde in der vorstehenden Bestandsaufnahme der Versuch unternommen, die einschlägigen Antworten aus Fragebögen und Interviews so wiederzugeben, daß aufgrund dieser Informationen die noch ausstehende Bewertung auch in diesem Bereich nachvollziehbar wird. Die Veranstaltungskraft der neugeordneten Gemeinden bzw. ihrer Verwaltungen wurde jeweils mit fünf Beispielen angesprochen:

— Die territoriale Neugliederung fiel in weiten Bereichen mit der Umorganisation und der Konsolidierung im *Schulwesen* zusammen. Ohne auf die Bildung von Zweckverbänden angewiesen zu sein, konnten die neuen Gemeinden diese Schulreform vorantreiben, Zwergschulen stillegen, sie anderen Zwecken zuführen und erforderliche Neu- und Ausbauten durchführen.

— Bei den *Sporteinrichtungen* führten die neuen Großgemeinden im großen und ganzen Beschlüsse der Altgemeinden aus, dies jedoch meist wesentlich früher, als es den Rechtsvorgängern finanziell möglich gewesen wäre. Von größerer Bedeutung für die künftige Entwicklung der Untersuchungsräume indes ist die durch die Neuordnung eröffnete Möglichkeit, bei der Planung des Nachholbedarfs zentralörtliche Erfordernisse zu berücksichtigen.

— Das gleiche gilt auch und gerade für Planung, Bau und Förderung von *Kindergärten.* Erst die neugeordneten Gemeinden bilden oft eine genügend tragfähige Basis für Sozialeinrichtungen aller Art.

— Im Bereich der *Wasserversorgung* brachte die territoriale Neugliederung in vielen Gemeinden lediglich organisatorische Änderungen mit sich, nämlich den Zusammenschluß der bestehenden Wasserwerke. In anderen jedoch wurden sofort Besserungen sichtbar, z. B. dadurch, daß politische Hindernisse für die Versorgung von Nachbarorten entfielen.

— Im übrigen aber liegt die Wasserversorgung wie die *Abwässerbeseitigung* vielerorts in der Hand von größeren, z. T. regionalen Verbänden. Nichtsdestoweniger bedeutete die Bildung von Großgemeinden in manchen anderen Fällen den Beginn der Planung und Durchführung, zumindest aber der beschleunigten Abwicklung der notwendigen Entsorgungsmaßnahmen.

4.22. Planungskapazität am Beispiel der Bauleitplanung

Die Prüfung der Planungskapazität der Gemeinden beschränkt sich auf das Bauamt der jeweiligen Verwaltung bzw. auf den Bereich der Bauleitplanung. U. a. ist festzustellen, welche Kräfte in den Gemeindeverwaltungen oder außerhalb vor der Neuordnung für die Selbstverwaltungsangelegenheit Bauleitplanung (§ 2 Abs. 1 BBauG) eingesetzt wurden und welche Kräfte diese Aufgabe heute wahrnehmen. Dabei werden nach Möglichkeit, d. h. soweit es die Stellenpläne zulassen, die Abteilungen Bauverwaltung, Liegenschaften und Bauaufsicht von der Betrachtung in diesem Zusammenhang ausgenommen.

Einen Einblick in die vollzogene Bauleitplanung der Gemeinden, die aus eigener Kraft oder mit fremder Hilfe durchgeführt wurde, liefern im Anhang wiedergegebene Übersichten über den Stand der Bauleitplanung — gemessen an der Zahl der Bauleitpläne — am Tage vor Inkrafttreten des jeweiligen Neugliederungsgesetzes und am 31. 12. 1970[263].

(1) Wie aus Tabelle A 28 hervorgeht, war die so gemessene Tätigkeit in der Bauleitplanung in den Gemeinden der *ersten Gruppe* bis Ende 1970 eingeschränkt. In der Stadtverwaltung *Barntrup* bestand das Stadtbauamt vor (1965) wie nach der Neuordnung (1970) aus einem technischen (BAT IV b) und einem Verwaltungsangestellten (IX bzw. VII)[264]. Aufgrund dieser personellen Ausstattung ist die eigene Planungskapazität dieser Gemeinde relativ gering zu veranschlagen. Sie war und ist zur Erfüllung ihrer Planungsaufgaben weitestgehend auf Architekten und die Kreisplanung angewiesen.

Auf dem Gebiet der Gemeinde *Dörentrup* hatte nur die Altgemeinde Hillentrup seit 1966 einen hauptamtlichen Gemeindedirektor, dem sechs Angestellte zur Seite standen. Von diesen war keiner speziell für die Planung abgestellt[265]. In der Verwaltung der Großgemeinde sind im Jahre 1970 das Ordnungs- und das Bauamt organisatorisch zusammengefaßt worden. In der „Arbeitsgruppe" Bauamt sind ein Bau-Ingenieur (IV b) und zwei Angestellte (V b und V c) tätig[266]. Planerische Leistungen werden von diesem Amt so gut wie nicht erbracht. Die Gemeinde ist —

---

263 Vgl. Tab. A 28 - A 31.

264 Stellenpläne 1966 und 1971.

265 Stellenplan 1968.

266 Geschäftsverteilungsplan in Verbindung mit Stellenplan 1972.

wie die Altgemeinden vorher — z. B. bei der Aufstellung des Flächennutzungs- und von Bebauungsplänen auf die Arbeit von Architekten, Ingenieurbüros und Siedlungsgesellschaften angewiesen[267].

Die von der Großgemeinde *Leopoldshöhe* eingerichtete Bauverwaltung war am 1. 3. 1969 mit zwei Kräften (V c und VI b) besetzt[268]. Bis zum 31. 12. 1971 war dieses Amt auf fünf Kräfte angewachsen, nämlich 1 Beamten (A 12), 1 Techniker (V c) und 3 Verwaltungsangestellte (V b, V c, VIII)[269]. Doch auch diese Personalausstattung begründet natürlich noch keine nennenswerte Planungspotenz: der Flächennutzungsplan[270], die Bebauungspläne — 1971 wurden sechs bearbeitet[271] —, der Gesamt-Wasserversorgungsplan, der Gesamtplan für die Straßenbeleuchtung usw. wurden und werden für die Gemeinde in Auftragsarbeit gefertigt.

(2) Die Verwaltung der Verwaltungsgemeinschaft *Uentrop/Rhynern* hatte in der Amtsverwaltung Rhynern ihre nominelle direkte Vorgängerin, so daß ein Verfolgen der personellen Entwicklung des jeweiligen Bauamtes[272] angezeigt ist:

Amt Rhynern:

— 30. 6. 1965:	8 Beamte,	8 Angestellte[273],
— 30. 6. 1966:	7 Beamte,	15 Angestellte[274],
— 30. 6. 1967:	7 Beamte,	14 Angestellte[275];

Verwaltungsgemeinschaft Uentrop/Rhynern:

— 30. 6. 1968:	5 Beamte,	14 Angestellte[276],
— 30. 6. 1969:	5 Beamte,	16 Angestellte[277],
— 30. 6. 1970:	5 Beamte,	18 Angestellte[278],
— 30. 6. 1971:	6 Beamte,	16 Angestellte[279].

---

[267] Vgl. Rudolf Hartog: Planung für die Großgemeinde Dörentrup.

[268] Stellenplan 1969.

[269] Stellenplan 1972.

[270] Vgl. bibliografische Angabe in Anm. 4.34.

[271] Vgl. August Landermann: „Bildung der Großgemeinde ...".

[272] Natürlich konnten Amtsbauverwaltungen nicht aufgrund originärer Kompetenz Bauleitplanung betreiben. Sie werden trotzdem immer wieder zum Vergleich herangezogen, was insofern berechtigt ist, als neben den Kreisverwaltungen, Architekten und Ingenieurbüros natürlich auch die Bauämter der Amtsverwaltungen bauleit-planerisch für die Gemeinden tätig wurden, soweit ihre personelle Ausstattung dies zuließ.

[273] Stellenplan 1966.

[274] Stellenplan 1967.

[275] Stellenplan (der Gemeinde Uentrop) 1968.

[276] Stellenplan 1969.

[277] Stellenplan 1970.

[278] Stellenplan 1971.

[279] Stellenplan 1972.

Von den 22 Kräften im Jahre 1971 waren 2 Verwaltungsbeamte und 5 Verwaltungsangestellte, so daß an technischem Personal 4 Beamte (1, 3, 0, 0) und 11 Angestellte (0, 6, 5, 0) zur Verfügung standen[280]. Insgesamt waren 4 Beamte voll und ein Angestellter halb speziell in dem Sachgebiet „Städtebau und Planung" (Haushaltsplan Abschnitt 61) tätig. Doch wird vorausgesetzt, daß das gesamte Bauamt die Planungskapazität darstellt insofern, als die Planungsabteilung sich je nach Bedarf der Hilfe der anderen Abteilungen bedient. — Die Räte der Gemeinden Uentrop und Rhynern beauftragten das Gemeindebauamt alsbald nach der Neuordnung mit der Aufstellung der beiden Flächennutzungspläne[281]. Gleichzeitig setzte eine „Fabrikation von Bebauungsplänen"[282] ein; keine Gemeinde im Kreis Unna, auch nicht die Stadt Hamm, habe derart viele qualifizierte Bebauungspläne aufgestellt und bis zur Offenlegung durchgefochten wie die Gemeinde(n) Uentrop/Rhynern[283]. Der vorbereitende Teil der Bauleitplanung (Flächennutzungspläne) und der überwiegende Teil der verbindlichen Bauleitplanung (Bebauungspläne) werden also heute von der Verwaltung selbst — vorher meist von externen Kräften — geleistet, während Sonderplanungen (z. B. Zentrumsplanung Uentrop)[284] und Spezialplanungen anderer Fachgebiete (z. B. Schulentwicklungsplanung)[285] außenstehenden Fachleuten übertragen werden.

In einem der Gebäude, die heute die Gemeindeverwaltung *Bönen* beherbergen, war vor der Neuordnung des Kreises Unna die Amtsnebenstelle Altenbögge-Bönen der Amtsverwaltung Pelkum untergebracht. Diese gab jedoch sämtliche Aufgaben im Bereich der Bauleitplanung an die Bauverwaltung in der Amtshauptstelle ab[286]. — In der Gemeindeverwaltung Bönen bildet eine Planungsstelle in der Vermessungsabteilung den Planungskern des Bauamtes. Diese Vermessungsabteilung ist Teil des Hochbau-, Tiefbau- und Vermessungsamtes, das 1972 mit 9 technichen Angestellten (1 BAT III, 2 IV a, 1 IV b, 1 V b, 3 V c, 1 VI b) besetzt war[287]. Kleinere Planungsvorhaben — z. B. Routine-Bebauungs-

---

280 Ebd.

281 Verwaltungsbericht Uentrop-Rhynern 1968/1969, S. 70, Neuordnung — so?, Stellungnahme ..., S. 6, und Stellungnahme der Gemeinde Rhynern ..., S. 10.

282 Wörtlich nach Tonbandprotokoll.

283 Meinung der Verwaltung.

284 Dipl.-Ing. Einsele, Gladbeck: siehe Verwaltungsbericht Uentrop-Rhynern 1968/1969, S. 71.

285 Günter Bechert / H. Keller: Schulentwicklungsplan Uentrop, Unna 1969.

286 Die Gemeinde Pelkum wurde aus 6 Gemeinden der Ämter Pelkum und Rhynern gebildet. Rechtsnachfolgerinnen dieser Ämter sind die Gemeinden Pelkum und Uentrop, weshalb die Frage der Planungskapazität (der Bauverwaltung) dieser Amtsverwaltungen im Zusammenhang mit diesen Gemeinden abgehandelt wird.

287 Stellenplan 1972.

pläne — werden von der Gemeindeverwaltung Bönen selbst durchgeführt — die Verwaltung beschäftigt „hochqualifizierte Ingenieure“[288] —, während größere Planungen — Flächennutzungsplan, Schulzentrum, Freizeitzentrum[289] — an den Kreis, Architekten oder Ingenieurbüros vergeben werden.

Die Gemeinden *Burbach* und Neunkirchen sind aus den Gemeinden des Amtes Burbach hervorgegangen. Das Amt „Bauverwaltung, Hoch- und Tiefbau, Planung“ der Amtsverwaltung Burbach war 1967 mit 5 Beamten (1, 4, 0, 0) und 11 Angestellten (0, 2, 9, 0) besetzt; von den letzten waren 6 technische Angestellte, davon einer Tiefbauingenieur (BAT VI a), drei Hochbautechniker (V a, 2 VI a), einer Wasserfachwart und einer technischer Zeichner (beide VI a)[290]. — Das Bauamt der Gemeinde Burbach beschäftigte am 1. 4. 1969 2 Beamte (0, 2, 0, 0) und 7 Angestellte (0, 1, 6, 0); von ihnen war einer als Planer tätig (A 11 LBO), einer als Tiefbauingenieur (BAT IV a) angestellt, drei waren technische Angestellte (2 V c, VIII)[291]. Am 30. 6. 1970 war das Bauamt der Gemeinde mit einem Beamten mehr besetzt: 3 Beamte (1 A 12, 2 A 10), 4 technische Angestellte (2 IV a, V c, VII) und 3 Verwaltungsangestellte (VI b, 2 VII)[292]. In der Bauleitplanung ist die Gemeinde Burbach weitgehend auf fremde Hilfe angewiesen; der Flächennutzungsplan z. B. wird — gemäß einer Absprache im ganzen Kreis Siegen — vom Kreisplanungsamt aufgestellt[293]. Aufgrund persönlicher Kontakte gelang es unmittelbar nach der Neuordnung, im Rahmen der Gemeindeentwicklungsplanung Seminare und Arbeitsgruppen der Technischen Hochschulen Berlin und München mit Planungs- und Strukturuntersuchungen zu beauftragen.

Die Großgemeinde *Extertal* richtete eine Bauverwaltung ein[294], die am 30. 6. 1969 mit 1 Beamten (A 10) und 2 Angestellten (VII, VIII) besetzt war[295]. Am 30. 6. 1971 war dieses Amt auf seine Sollstärke von 2 Beamten (A 11, A 6) und 4 Angestellten (IV b, 2 V c, VII) angewachsen[296]. Bebauungspläne werden von der Bauverwaltung teils selbst erarbeitet, teils

---

288 Wörtlich nach Tonbandprotokoll.

289 Z. B.: L. Czinki / A. Kirchlechner (Agrar- und Hydrotechnik GmbH, Studienabteilung): Erholungsgebiet Mergelberg der Gemeinde Bönen/Westf., Maximalprogramm für ein Vorprojekt, o. O., o. J. (Essen 1970).

290 Stellenplan 1968.

291 Stellenplan 1969.

292 Stellenplan 1971.

293 Ob die Gemeinde durch ihr Bauamt kleinere Bebauungspläne selbst erarbeitet, konnte nicht eruiert werden.

294 Der einzige hauptamtliche Vorgänger, die Verwaltung des Fleckens Bösingfeld, unterhielt keine spezielle Bauverwaltung.

295 Stellenplan 1970.

296 Stellenplan 1972.

— „mit den unterschiedlichen Erfahrungen“ [297] — von Architekten, mit denen in einigen Fällen — aus der Zeit vor der territorialen Reform — noch vertragliche Abmachungen bestehen. Der Flächennutzungsplan wurde von einem Architektenbüro in Sennestadt konzipiert, ebenso der Generalverkehrsplan. Gleichfalls in Auftragsarbeit enstanden die Entwässerungsplanungen und der Sportstätten-Leitplan.

Die Stadtverwaltung *Freudenberg* ist direkt aus der Verwaltung des Amtes Freudenberg hervorgegangen. Deren Bauabteilung gehörten am 30. 6. 1967 2 Beamte (0, 2, 0, 0) und 8 Angestellte (0, 3, 5, 0) an, darunter 3 Bauingenieure (IV b)[298]. Dieses Bauamt war am 30. 6. 1969 auf 3 Beamte (0, 3, 0, 0) und 9 Angestellte (0, 4, 5, 0) — darunter 3 Hochbau-, 2 Tiefbauingenieure und 1 Bautechniker — angewachsen[299]. Zum 30. 6. 1971 war zu dem technischen Fachpersonal ein Bautechniker hinzugekommen bei folgender Gesamtzusammenstellung des Bauamtes: 3 Beamte (A 11, A 10, A 9), davon einer Tiefbauingenieur (A 10), 1 weiterer Tiefbau- (IV b), 2 Hochbauingenieure (IV b), 2 Bautechniker (VI b), 1 Baustellenkontrolleur (VII) und 8 Verwaltungsangestellte (III, 2 V b, VI b, 3 VII, VIII)[300]. Inwieweit in der Stadt Freudenberg die Planung an außenstehende Fachkräfte delegiert wird, ist nicht bekannt.

Das gleiche gilt für die Stadt *Fröndenberg,* weshalb lediglich auf die Zusammensetzung der Bauverwaltungen des Amtes und der Stadt Fröndenberg eingegangen werden kann. Das Amt beschäftigte innerhalb der Bauverwaltung am 30. 6. 1966 4 technische Beamte (0, 4, 0, 0) und 5 technische Angestellte (0, 3, 2, 0), davon 3 Bauingenieure (2 IV a, IV b)[301]. Die Stadt Fröndenberg setzte (Stichtag: 30. 6. 1970) die gleiche Anzahl von Kräften ein, davon 3 technische Beamte (A 11, 2 A 10) und 4 technische Angestellte (IV a, V c, VI b, VII) in den Abteilungen Städteplanung, Tiefbau und Hochbau des Bauamtes; die Abteilung Städteplanung allein bildeten 1 Bauamtmann und 2 technische Zeichner[302].

Das Bauamt der gemischten Verwaltung der Stadt *Hilchenbach*/Amt Keppel bestand am 30. 6. 1967 aus 11 Kräften, nämlich 4 Beamten (1, 2, 1, 0) und 7 Angestellten (0, 4, 3, 0)[303]. Für die städtebauliche Planung wurde von der Großgemeinde 1 Beamter zusätzlich eingestellt. Einschließlich weiterer Verwaltungsangestellter setzte sich das Bauamt der Stadt Hilchenbach am 30. 6. 1970 wie folgt zusammen:

---

[297] Wörtlich nach Tonbandprotokoll.
[298] Stellenplan 1968.
[299] Stellenplan 1970.
[300] Stellenplan 1972.
[301] Stellenplan 1967.
[302] Stellenplan 1971.
[303] Stellenplan 1968.

— Abteilung Bauverwaltung, Planung:	3 Beamte	(1, 2, 0, 0),
	3 Angestellte	(0, 0, 3, 0),
— Abteilung Hochbau und Bauaufsicht:	4 Angestellte	(0, 3, 1, 0),
— Abteilung Tiefbau:	2 Beamte	(0, 2, 0, 0),
	2 Angestellte	(0, 1, 1, 0)[304].

Die Bauleitplanung wird sowohl von diesem Bauamt als auch von verschiedenen Architekten in Auftragsarbeit durchgeführt.

Die drei zur Großgemeinde *Holzwickede* zusammengeschlossenen Gemeinden waren bereits zum 31. 12. 1966 aus dem Amtsverband Unna-Kamen[305] ausgeschieden. Das Bauamt der Verwaltungsgemeinschaft Holzwickede/Hengsen/Opherdicke begann seine Arbeit mit 7 Kräften im technischen Dienst (A 11 LBO; BAT: 2 IV a, VI b/V a, 3 VI b; Stichtag: 30. 6. 1967)[306]. Der Stellenplan 1967 sah für die Abteilungen Hochbau und Tiefbau außer dem Amtsleiter (A 11) insgesamt 5 Angestellte vor. Am 30. 6. 1971 waren 1 technischer Beamter (Bauamtsleiter, A 12) und 4 Angestellte im technischen Dienst (2 III, V b, VI b) beschäftigt[307]. Der Stellenplan 1972 weist für die genannten Abteilungen wie 1967 5 Angestellte aus (2 III, V b, V c/V b, VI b), von denen je einer Tiefbau- und Hochbauingenieur ist. Der Leiter des Amtes (A 13) vereint beide Fachrichtungen und Kenntnisse aus einer Grundausbildung als Planer in sich. So wurde der Flächennutzungsplan der Großgemeinde Holzwickede vom Bauamt der Gemeindeverwaltung konzipiert, ebenfalls entsteht ein Teil der Bebauungspläne dort. Von Planungsbüros und Architekten werden bzw. wurden z. B. der Zentralentwässerungsplan und ein Generalverkehrsplan erarbeitet. Auch die konkrete Stadtentwicklungsplanung kann nicht von der Verwaltung selbst ausgeführt werden[308].

Von den sechzehn zur Gemeinde *Kalletal* zusammengeschlossenen Altgemeinden besaß keine eine hauptamtliche Verwaltung. Erst im Jahr 1968 wurden in der Gemeinde Hohenhausen Einstellungen vorgenommen zum Aufbau der künftigen Gemeindeverwaltung. Das Bauamt dieser Verwaltung war am 30. 6. 1969 mit 1 Bau(ober)inspektor (A 9/10) und 3 Angestellten (VI b, VII, VIII) personell ausgestattet[309]. Bis zum 1. 7. 1971 war es um 2 Angestellte (IV a, V b, 2 VI b, VII) gewachsen[310].

---

304 Stellenplan 1971.

305 Rechtsnachfolgerin des Amtes ist die Stadt Unna; zum Bauamt der Amtsverwaltung vgl. deshalb dort.

306 Stellenplan 1968.

307 Stellenplan 1972.

308 Wie andere Gemeinden holt die Gemeinde Holzwickede zu den verschiedensten Fragen Gutachten ein, z. B.: Gisela Eickelberg (Institut Gewerbebetriebe im Städtebau — ingesta —): Holzwickede, Gutachten zur Gewerbeplanung, Köln (Januar) 1968.

309 Stellenplan 1969.

Planungsarbeit kann unter diesen Bedingungen nur in sehr geringem Umfang geleistet werden; Kalletal ist weitgehend auf externen Sachverstand angewiesen: so wurden Gemeindeentwicklungsplanungen, ein sozioökonomisches Gutachten, Friedhofs-, Grün- und Sportstättenleitplanung in Auftrag gegeben. Bebauungspläne werden von Architektenbüros aufgestellt.

Die Großgemeinde *Neunkirchen* ist aus der Zweiteilung der Altgemeinden des Amtes Burbach entstanden[311]. Ein Teil des Personals der Amtsverwaltung wurde von dieser Gemeinde übernommen[312]. Am 30. 6. 1969 hatte das Bauamt der Verwaltung in Neunkirchen eine Stärke von 4 Beamten (0, 4, 0, 0) und 6 1/2 Angestellten (0, 1, 5 1/2, 0)[313]. Zwei Jahre später arbeiteten dort die gleiche Anzahl von Beamten (A 12, 2 A 11, A 9/10) und 4 Angestellte mehr (3 IV b, V c, 4 1/2 VII, 2 VIII)[314]. Doch auch Neunkirchen ist auf dem Gebiet der Bauleitplanung auf außenstehende Planungskapazitäten angewiesen; im eigenen Haus werden allerdings kleinere Bebauungspläne sowie Änderungen an Bebauungsplänen in Angriff genommen.

Zwei der drei zur Großgemeinde (Stadt) *Oerlinghausen* zusammengefaßten Altgemeinden unterhielten eine hauptamtliche Verwaltung, jedoch wies nur die Stadtverwaltung Oerlinghausen (alt) ein Bauamt auf. Die technischen Angestellten dieses Amtes waren am 30. 9. 1967 ein Stadtbaumeister (IV a) sowie ein Hochbau- und ein Tiefbauingenieur (je IV b); dazu kamen ein Verwaltungsangestellter (VII) und eine Stenotypistin (VIII)[315]. Die Gemeinde Helpup beschäftigte einen Tiefbauingenieur (IV a)[316]. Am 30. 9. 1971 war die Stelle des Tiefbauingenieurs in der neuen Stadtverwaltung Oerlinghausen vakant, ebenso die Stelle eines Technikers in der Abteilung Stadtplanung. Somit waren nur 4 Angestellte in den Abteilungen Stadtplanung, Hochbau und Tiefbau tätig: 1 Stadtplaner (III), 1 Hochbauingenieur (IV b) und 2 Verwaltungsangestellte (VII, VIII)[317]. Der Rat der Stadt hat die Verwaltung aufgefordert, möglichst bis zu den Stellenplanberatungen anläßlich der Behandlung des Haushaltsplans 1973 eine Aufgabenprojektion — vor allem für die technischen Abteilungen — zu erarbeiten, damit auf dieser Grundlage über

---

[310] Stellenplan 1972.

[311] Zum Bauamt der Amtsverwaltung Burbach s. o. (Gemeinde Burbach in diesem Abschnitt).

[312] Vgl. Aufteilungsprotokoll der Amtsverwaltung Burbach vom 18. 12. 1968 (Akten der Gemeindeverwaltung Burbach).

[313] Stellenplan 1970.

[314] Stellenplan 1972.

[315] Stellenplan 1968.

[316] Mitteilung der Stadtverwaltung.

[317] Stellenplan 1972.

den Ausbau des Bauamtes entschieden werden kann[318]. Bisher jedenfalls können anstehende Aufgaben größeren Umfangs im Bereich der Bauleitplanung auf keinen Fall mit eigenen Kräften bewerkstelligt werden. Den Flächennutzungsplan erarbeitete ein Mindener Planungsbüro; die Aufträge zur Ortskernplanung Helpup und Lipperreihe sowie zur Stadtkernsanierung bleiben ebenfalls freischaffenden Architekten vorbehalten. Kleinere Planungen, z. B. die Verlegung von Nebensammlern und Hausanschlüssen, werden im Bauamt entwickelt.

Die Großgemeinde *Wilnsdorf* ist aus den Altgemeinden der Ämter Netphen und Wilnsdorf gebildet worden und Rechtsnachfolgerin des letzteren. Die Bauabteilung des Amtes Wilnsdorf beschäftigte 2 Beamte und 2 Angestellte im technischen Dienst (A 11, A 10; IV a, V b; Stichtag: 30. 6. 1967) sowie 4 Verwaltungsangestellte (V b, VI b, 2 VII)[319]. Am 30. 6. 1969 wurden für die Bauabteilung der Großgemeinde Wilnsdorf 2 Beamte (A 12, A 11) und 10 Angestellte (IV a, 3 V b, V c, VI b, 3 VII) ausgewiesen[320]. Tatsächlich besetzt waren am 30. 6. 1971 14 Stellen: 3 Beamte (A 12, A 11, A 6) und 11 Angestellte (4 IV a, 2 V b, 2 V c, 3 VII)[321]. Trotz dieser Aufstockung der Bauabteilung — genauer: Bauabteilung/Wirtschaftsförderung — ist es der Großgemeinde Wilnsdorf wie den meisten anderen Gemeinden der zweiten Gruppe nur begrenzt möglich, Bauleitplanung aus eigener Kraft zu leisten. Bebauungspläne werden je nach Bedeutung (= Schwierigkeitsgrad) von der Gemeindebauabteilung oder von Architekten- bzw. Ingenieurbüros aufgestellt; besonders vorwiegend technische Planungen — z. B. Generalentwässerungsplanung — vergibt die Gemeinde regelmäßig als Auftragsarbeit.

Die an der Zahl der Bauleitpläne gemessene Tätigkeit der Bauämter bzw. ihrer Auftragnehmer ist — wie aus Tabelle A 29 hervorgeht — auch in der *zweiten Gemeindegruppe* unterschiedlich stark. Sie hängt nicht zuletzt von der Prioritätensetzung durch die Verwaltungsspitze ab.

(3) Ein gleiches ist aus Tabelle A 30 für die *dritte Gruppe* zu entnehmen. Wie bei den meisten Gemeinden der ersten beiden Gruppen ist auch bei den Gemeinden dieser Gruppe ein Planungsamt nicht eigens ausgewiesen. Der Planungskapazität kann deshalb nur indirekt durch Überprüfung von Teilen des Bauamtes oder seiner Gesamtheit nachgespürt werden.

Die Stadt *Eiserfeld* ist aus den Gemeinden des Amtes Eiserfeld und je einer Gemeinde der Ämter Freudenberg und Wilnsdorf gebildet wor-

---

[318] Nach einer Information der Stadtverwaltung beschäftigte das Bauamt im Juli 1971 1 Planer, 1 Hochbau-, 2 Tiefbauingenieure und 4 Techniker.

[319] Stellenplan 1968.

[320] Stellenplan 1970.

[321] Stellenplan 1972.

den[322] und Rechtsnachfolgerin des erstgenannten Amtes. Dieses Amt beschäftigte im Jahr vor der Neuordnung (1. 4. 1966) im technischen Dienst seiner Bauverwaltung 3 Beamte (A 12, 2 A 10) und 7 Angestellte, davon 2 Hochbauingenieure (IV a), 3 Tiefbauingenieure (2 IV a, IV b) und 2 technische Zeichner (VI a, VII)[323]. Am 1. 7. 1966 waren zwei Stellen der Tiefbauingenieure nicht besetzt bei — gegenüber der Amtsverwaltung — sonst unveränderter Personalstärke des Stadtbauamtes[324]. Fünf Jahre später war das Stadtbauamt wie folgt besetzt: 2 technische Beamte (A 11, A 10), 1 Verwaltungsbeamter (A 9), 4 Bauingenieure (IV a), 2 Schachtmeister (V c), 4 (sonstige) technische Angestellte (IV a, IV b, 2 VI b), 4 Verwaltungsangestellte (2 VII, 2 VIII)[325].

Vergleicht man diese Aufstellung mit den Angaben in Abbildung 24, stellt man eine Vakanz von drei Stellen fest[326]. Nach Auffassung der Verwaltung ist diese Unterbesetzung im gesamten Verwaltungsapparat der Stadt Eiserfeld zu verzeichnen und mit der Unattraktivität vor allem des Beamtenberufs und mangelnden Aufstiegsmöglichkeiten in Verwaltungen dieser Größe zu erklären. Dennoch versucht das Bauamt, einen Großteil der Bebauungspläne selbst aufzustellen, die vor der Neuordnung von Architekten oder vom Kreisplanungsamt erarbeitet wurden. Auch die Sonderschule wurde „im Hause" geplant, größere Bauvorhaben — Hubenfeld-, Richerfeldschule — und Planungen[327] dagegen von Architekten. Auch Gesamtplanungen werden meist externen Fachkräften zur Durchführung übertragen: z. B. der Flächennutzungsplan dem Kreisplanungsamt, der Generalverkehrsplan einem Ingenieurbüro in Eiserfeld (vorgelegt 1971), ein Gutachten zur Stadtentwicklung einem Büro in Wiesbaden[328]. Zur Erstellung eines Standortprogramms[329] hat die Stadt Kontakt mit Regionalplanern in Bad Homburg v. d. H. aufgenommen.

In der Amtsverwaltung Ferndorf — die Stadt *Kreuztal* ist aus den Gemeinden dieses Amtes und zwei Gemeinden des Amtes Freudenberg[330] hervorgegangen und Rechtsnachfolgerin des zuerst angeführten Amtes —

[322] Zum Bauamt der Amtsverwaltungen Freudenberg und Wilnsdorf s. o. Gemeinden Freudenberg und Wilnsdorf.

[323] Stellenplan 1966.

[324] Stellenplan 1967.

[325] Stellenplan 1972.

[326] Abb. 24 führt keine Schachtmeister auf.

[327] Z. B. die Planung für das Sanierungsgebiet Ortsmitte Eiserfeld.

[328] D. Nordmann: Strukturgutachten zur Entwicklung zentraler Schwerpunktbildungen in der Stadt Eiserfeld, Wiesbaden 1968.

[329] „Standortprogramme werden ab 1975 Voraussetzung für die Förderung mit Landesmitteln in den Bereichen Städtebau, Wohnungsbau, Verkehrswegebau, Industrieansiedlung und Bildungseinrichtungen sein." (Landesregierung Nordrhein-Westfalen [Hrsg.]: NWP 75, S. 86.)

[330] Zum Bauamt der Amtsverwaltung Freudenberg s. o. Stadt Freudenberg.

waren am 30. 6. 1967 im technischen Dienst 4 Beamte (0, 4, 0, 0) und 5 Angestellte (0, 5, 0, 0) tätig[331]. Die Stellenpläne der Stadt Kreuztal erlauben eine genauere Zuordnung: Danach waren in den Abteilungen Hochbau und Tiefbau am 30. 6. 1969 2 technische Beamte (A 11, A 10) und 7 Angestellte — 3 Hochbau-, 4 Tiefbauingenieure (alle IV a) — beschäftigt[332]. Ein Jahr später wurde zusätzlich ein Bauzeichner in der Abteilung Tiefbau ausgewiesen (V b)[333]. Das Bauamt der Stadt Kreuztal ist „an allen Planungen beteiligt" und nimmt — „soweit die Leistungsfähigkeit ausreicht"[334] — die Einzelplanungen selbst vor, ein eigentliches Planungsamt ist nicht vorhanden. Bebauungspläne werden in den meisten Fällen von freischaffenden Architekten aufgestellt, auch Gesamtplanungen wurden nicht innerhalb der Verwaltung erarbeitet, sondern in Auftrag gegeben: so der Flächennutzungsplan, der Generalverkehrsplan, der zentrale Wasserversorgungsplan, der Generalentwässerungsplan, ein Stadtentwicklungsplan. Diese Pläne liegen inzwischen vor.

Das Bauamt der Amtsverwaltung Netphen, deren Rechtsnachfolgerin die Gemeinde *Netphen* ist, beschäftigte am 30. 6. 1967 13 Kräfte im technischen Dienst, und zwar außer dem Leiter, einem Diplom-Ingenieur (II): 4 technische Beamte (A 10), 2 Bauingenieure (IV a), 2 Bautechniker (V c), 4 Bauzeichner (2 VII, 2 VIII)[335]. Ebenfalls 13 Kräfte wurden am 30. 6. 1969 ausgewiesen: 1 Diplom-Ingenieur (II), 3 Beamte (2 A 11, A 10), 4 Ingenieure — Planung, Vermessung, Hochbau, Tiefbau — (IV a, 3 IV b), 2 Bautechniker (V b, VII), 3 Bauzeichner (VII, 2 VIII)[336]. Am 30. 6. 1971 konnte sich die Bauverwaltung in Netphen auf nur 11 Kräfte im technischen Dienst stützen: 2 technische Beamte (A 11), 5 Ingenieure — Planung, Vermessung, Hochbau, 2 Tiefbau — (IV a), 2 Techniker (V b, VI b), 2 Zeichner (VI b, VII)[337].

Die Aufgaben der Bauleitplanung werden in dieser Gemeinde vorwiegend mit eigenen Kräften erfüllt. Seit der Neuordnung ist nur eine Ausschreibung erfolgt, nämlich für das geplante Verwaltungs- und Geschäftszentrum.

Die Verwaltung der Großgemeinde *Pelkum* hatte personalmäßig zwei Vorläufer, nämlich die Amtsverwaltung in Pelkum und die Verwaltung der ab 1. 7. 1965 amtsfreien Gemeinde Herringen. Im Amt Pelkum waren am 1. 1. 1967 in der Bauverwaltung 7 Beamten- und 23 Angestellten-

---

[331] Stellenplan 1968.

[332] Stellenplan 1970.

[333] Stellenplan 1971.

[334] Wörtlich nach Tonbandprotokoll.

[335] Stellenplan 1968.

[336] Stellenplan 1970.

[337] Stellenplan 1972.

stellen besetzt[338]. Die Bauverwaltung in Herringen beschäftigte 1966 1 technischen Beamten (A 11), 4 technische Angestellte (2 IV b, VI b, VII) und 3 Verwaltungsangestellte (V b, VII, VIII)[339]. Die Gemeinde Pelkum weist in ihrem Stellenplan 1968 insgesamt 27 Soll-Stellen[340] für die Bauverwaltung aus, und zwar 6 Beamte (1, 5, 0, 0) und 21 Angestellte (0, 11, 10, 0). Es wird eine Planungsabteilung innerhalb der Bauverwaltung als mit 2 Angestellten (IV b, VII) besetzt angegeben. Die Zahl der Soll-Stellen ist im Stellenplan 1972 auf 29 (7 Beamte, 22 Angestellte) angewachsen. Aus der Planungsabteilung ist die Abteilung „Städtebau und -planung, Vermessungswesen, Katasteramt" geworden, besetzt mit 3 Beamten (2 A 12, A 11) und 9 Angestellten (2 IV a, 2 IV b, 3 V b, 2 VI b)[341].

(4) Von den zur Großgemeinde *Bad Salzuflen* zusammengeschlossenen Gemeinden hatten vier eine hauptamtliche Verwaltung: die Städte Bad Salzuflen (alt) und Schötmar sowie die Gemeinden Werl-Aspe und Wüsten. Bauämter gab es jedoch nur in den beiden Stadtverwaltungen. Im technischen Dienst dieser beiden Stadtbauämter waren am 30. 9. 1967 insgesamt 16 Kräfte beschäftigt, nämlich: in der Stadt Bad Salzuflen (alt) 3 Beamte (1, 2, 0, 0) und 8 Angestellte (0, 6, 2, 0), davon 4 Bauingenieure[342]; in der Stadt Schötmar 1 Beamter (A 12) und 4 Angestellte (0, 2, 2, 0), davon 2 Bauingenieure[343]. Die Großgemeinde Stadt Bad Salzuflen verzeichnet für den 30. 6. 1969 18 technische Beamte bzw. Angestellte, davon 11 Bauingenieure; das neu ausgewiesene Stadtplanungsamt ist erst mit 1 technischen Zeichner besetzt[344]. Am 30. 6. 1971 waren 30 Kräfte im technischen Dienst beschäftigt, unter ihnen 14 Ingenieure (darunter 1 Statiker und 1 Vermessungsingenieur); das Stadtplanungsamt war mit 6 Kräften besetzt: dem Amtsleiter, einem technischen Angestellten (BAT II), 1 Beamten (A 11), 1 Bauingenieur (IV b), 1 Vermessungstechniker (IV b) und 2 technischen Zeichnern (VII)[345]. Trotz dieser personellen Ausstattung des Bauamtes[346] ist der Flächennutzungsplan

[338] Stellenplan 1967. Leider ist aus diesem Plan nicht ersichtlich, wieviel Kräfte dem technischen Dienst angehörten.

[339] Stellenplan 1967. Amt Pelkum und Herringen zusammen: 38 Stellen in der Bauverwaltung besetzt.

[340] Die Zahl der tatsächlich besetzten Stellen und die Zahl der Kräfte im technischen Dienst sind aus den Stellenplänen der Pelkumer Verwaltung für die einzelnen Ämter leider nicht zu entnehmen.

[341] Da die Gemeindeverwaltung weder schriftlich (Fragebögen) noch mündlich (Interview) noch durch Material zur Unterstützung dieser Untersuchung bereit war — Begründung: personelle Situation angesichts der „wahrscheinlichen Eingemeindung nach Hamm" —, ist eine Beurteilung der Aktivierung dieser Planungskapazität nicht möglich.

[342] Stellenplan 1968.

[343] Stellenplan 1968.

[344] Stellenplan 1970.

[345] Stellenplan 1972.

[346] Gesamtpersonal am 30. 6. 1970 vgl. Abb. 25.

der Stadt Bad Salzuflen[347] nicht von eigenen Kräften konzipiert worden; auch Bebauungspläne werden „von Zeit zu Zeit“[348] von freischaffenden Architektenbüros erstellt. Zur Stadtentwicklung ist eine Reihe von Analysen und Gutachten durch externe Fachleute erarbeitet worden[349].

Die Großgemeinde *Bergkamen* wurde aus sechs Gemeinden der Ämter Pelkum und Unna-Kamen gebildet[350], die vor der Neuordnung von deren Bauverwaltungen einen Teil der benötigten Unterstützung in Planungsfragen erhielten. Für die Altgemeinden Bergkamen und Rünthe z. B. stellte die Planungsabteilung der Amtsverwaltung Pelkum gemeinsam mit der Vermessungsabteilung vor der Verabschiedung des Bundesbaugesetzes[351] die Baustufenpläne[352] auf und bearbeitete federführend eine Anzahl von Bebauungsplänen innerhalb dieser ausgewiesenen Gebiete[353]. — Innerhalb des Amtes für Bauverwaltung richtete die Stadt[354] Bergkamen ein Planungs- und Vermessungsamt ein, das 1966[355] mit 6 Kräften — 1 Beamten (A 11) und 5 Angestellten (IV a, 2 IV b, 2 VI b) — besetzt war[356]. Für 1969 wurde ein Angestellter (Ingenieur nach IV a) mehr ausgewiesen[357]. 1971 war die Zahl auf 9 Kräfte angewachsen (A 11, A 7; III, 3 IV a, V b, V c, VI b)[358]. Das Planungs- und Vermessungsamt er-

---

[347] Rudolf Hartog: Flächennutzungsplan ...

[348] Wörtlich nach Tonbandprotokoll.

[349] Rugolf Hartog: Planung für Bad Salzuflen, Bergkirchen (Juli) 1969. Der Auftrag zu diesem Gutachten wurde im September 1968 vom Rat der alten Stadt erteilt und nach der Neuordnung erweitert zur Aufstellung des Flächennutzungsplans für die Großgemeinde. Von dem Gutachter (Stadtplaner) wurden folgende Fachplanungen angeregt: Hellmut Schubert: Generalverkehrsplan Bad Salzuflen, 2 Bände, Hannover (Mai) 1970; Herwart Meyer: Grünordnung Stadt Bad Salzuflen, Teil I: Grün- und Landschaftsplanung, Leopoldshöhe 1969; Teil II: Sportstätten-Leitplanung; Teil III: Friedhofsplanung, Sondergutachten, Leopoldshöhe o. J. (1969). Außerdem liegt vor: W. Juretzky /U. Kühne / K. M. Stolley (Metra Divo, Stadt- und Regionalforschung): Strukturuntersuchung und Bedarfsanalyse zur Dimensionierung und Ausstattung von Zentren in der Stadt Bad Salzuflen, Frankfurt/M. (Sept.) 1971. — Auch Gutachten zur Schulentwicklung, zur Sozialplanung und zur Generalentwässerungsplanung wurden bzw. werden erstellt.

[350] Die Bauämter der genannten Amtsverwaltungen werden behandelt bei den Gemeinden Pelkum und Stadt Unna.

[351] BBauG vom 23. 6. 1960 (BGBl. I S. 341).

[352] Entsprechen den Bauleitplänen gemäß BBauG.

[353] Vgl. Haushaltsrede 1961 des damaligen Amtsdirektors des Amtes Pelkum (Alfred Gleisner), unveröffentlichtes Manuskript, S. 22 (das dem Verfasser dankenswerterweise zur Verfügung gestellt wurde).

[354] Stadtrechte seit dem 14. 6. 1966.

[355] Die Stellenpläne der Stadt Bergkamen vermitteln nicht die Einzelheiten, wie sie für diese Untersuchung wünschenswert wären. Es ist deshalb auch nicht sinnvoll, auf die gesamte Bauverwaltung abzustellen. Vgl. dennoch Abb. 25.

[356] Stellenplan 1967.

[357] Stellenplan 1970.

[358] Stellenplan 1972.

arbeitet nahezu sämtliche Bebauungspläne selbst; eine gewisse Ausnahme bildet die Gestaltung des neuen Stadtzentrums, für das ein qualifizierter Bebauungsplan auf der Grundlage von „drei gutachtlichen Entwürfen“[359] aufgestellt wurde. Der heute gültige Flächennutzungsplan wurde bereits 1959 als gemeinsamer Leitplan der sechs Altgemeinden in Auftrag gegeben; die Plandurchführung oblag danach dem Kreisbauamt Unna unter Mitwirkung eines Planungsbeirats — Vorsitz: Kreis Unna — aus „je zwei Vertreter(n) aus den sechs Gemeinden, ... (den) beiden Amtsdirektoren und ... (den) beiden Amtsbauräte(n) der Ämter Pelkum und Unna-Kamen“[360]. Bei der Entwässerungsplanung ist die Stadt Bergkamen noch auf freischaffende Ingenieurbüros angewiesen, die Planung öffentlicher Gebäude — vorwiegend Schulen — wird überwiegend von Architekten durchgeführt. Der Generalverkehrsplan wurde von einem Ordinarius der TH Aachen erarbeitet.

Die Stadt *Hüttental* wurde aus Gemeinden der Ämter Ferndorf, Freudenberg, Netphen und Weidenau gebildet und ist Rechtsnachfolgerin des letzteren[361]. Zwei der Altgemeinden unterhielten eigene hauptamtliche Verwaltungen: die Stadt Weidenau und die Gemeinde Geisweid (früher: Klafeld). Am 30. 6. 1965 beschäftigte die Gemeinde Geisweid im technischen Dienst 7 Beamte (A 12, 3 A 10, 3 A 9), 1 Bauingenieur (IV b) und 2 technische Zeichnerinnen (VI b, VII)[362], die Stadt Weidenau zum gleichen Zeitpunkt 5 Beamte (A 13, A 11, A 10, 2 A 9), 2 Vermessungs-, 4 Bauingenieure, 3 technische Zeichner (VI b, 2 VII) und 1 weiteren technischen Angestellten (VI b)[363]. Im bautechnischen Dienst der Amtsverwaltungen Weidenau wurden am gleichen Tag 5 Beamte (4 A 10, A 9), 3 Bauingenieure (2 IV a, IV b), 2 Bauzeichner (VII) und 4 weitere technische Angestellte (V b, 2 VI b, VII) nachgewiesen[364]. In den drei Verwaltungen waren also insgesamt 39 technische Kräfte (17 Beamte, 22 Angestellte) beschäftigt. In der Stadtverwaltung Hüttental waren diese Stellen am 1. 9. 1966 auf 32 reduziert: 16 Beamte (A 13, A 12, A 11, 10 A 10, 3 A 9), 1 Vermessungsingenieur (IV a), 6 Bauingenieure (3 IV a, 3 IV b), 9 tech-

---

[359] Stadt Bergkamen (Hrsg.): Bergkamen, Stadtkernentwicklung, o. O., o. J., o. S. (Verfahrensgang für die Entwicklung des Stadtkerns).

[360] Ludwig Maduschka / Diedrich Pernice: Sechs-Gemeinden-Planung, Erläuterungsbericht zu den Flächennutzungsplänen der Gemeinden Bergkamen, Heil, Oberaden, Overberge, Rünthe, Weddinghofen, Im Auftrage der Gemeinden bearbeitet im Kreisbauamt Unna, Unna (Dezember) 1963, S. 3. Einer der beiden Autoren war bis 1973 Planer in der Stadtverwaltung Bergkamen.

[361] Für die Bauverwaltungen der drei erstgenannten Ämter siehe oben Kreuztal, Netphen und Freudenberg.

[362] Stellenplan 1966.

[363] Stellenplan 1966. Die Stadt hatte ein Planungsamt mit 4 Kräften (A 9; 2 IV a, VI b) besetzt.

[364] Stellenplan 1966.

nische Angestellte (5 VI b, 4 VII)[365]. Das Stadtplanungsamt war mit 4 1/2 Kräften besetzt: 3 technische Beamte (A 10), 1 technischer Zeichner (VII) und 1 Stenotypistin (VIII, Halbtagskraft). Zudem war eine Planungsabteilung im Tiefbauamt eingerichtet mit 1 technischen Beamten (A 10) und 2 technischen Zeichnern (VII)[366]. Zum 30. 6. 1971 war das Stadtplanungsamt auf 3 Beamte (A 12, A 11, A 10) und 5 Angestellte (2 IV a, 2 IV b: technische Zeichner, VII: Stenotypistin) angewachsen, die Planungsabteilung im Tiefbauamt auf 1 Beamten (A 10) und 3 technische Zeichner (VI b, 2 VII)[367]. — Die Bauleitplanung der Stadt Hüttental (Flächennutzungsplan, Bebauungspläne) wird durch das Planungsamt geleistet, wobei für größere Projekte ein Ideenwettbewerb externer Fachkapazitäten der eigenen Planung vorgeschaltet wird. Die Bestandsaufnahme, die nach der kommunalen Neuordnung auf den verschiedenen Gebieten — Kanalisation, Wasserversorgung, Straßen, Schulen — erforderlich war, wurde zum Teil von freischaffenden Ingenieurbüros durchgeführt. Die Schulentwicklungsplanung z. B. wurde nachfolgend „im eigenen Haus" aufgestellt, der Generalverkehrsplan durch einen Gutachter.

Die Großgemeinde Stadt *Kamen* wurde aus Gemeinden der Ämter Unna-Kamen und Pelkum sowie der amtsfreien Stadt Kamen zusammengeschlossen[368]. In der Stadtverwaltung Kamen (alt) waren am 30. 6. 1966 im bautechnischen Dienst 2 Beamten- und 5 Angestelltenstellen besetzt (gesamtes Bauamt: 5/17); die Planungsabteilung bestand aus 1 technischen Angestellten (II) und 1 Verwaltungsbeamten (A 9)[369]. In der Verwaltung der Stadt Kamen arbeiteten am 30. 6. 1968 im technischen Dienst der Bauverwaltung 7 Beamte und 9 Angestellte (gesamtes Bauamt: 8/28); die Planungsabteilung war mit vier technischen Angestellten besetzt (II, IV a, VI b, VII)[370]. Am 30. 6. 1971 ergab sich folgendes Bild:

— gesamtes Bauamt: 8 Beamte, 27 Angestellte;

— technischer Dienst: 5 Beamte, 18 Angestellte;

— Stadtplanungsamt: 1 technischer Beamter (A 13/14), 5 technische Angestellte (II, IV a, V c, VII)[371].

Die Stadt Kamen ließ sich das Gesamtkonzept der Stadtentwicklung von einem Berliner Institut erarbeiten und baut darauf alle anderen

---

[365] Stellenplan 1966/II.

[366] Ebd.

[367] Stellenplan 1972.

[368] Zu den Bauverwaltungen der Ämter Unna-Kamen und Pelkum vgl. Stadt Unna und Gemeinde Pelkum.

[369] Stellenplan 1967.

[370] Stellenplan 1968.

[371] Stellenplan 1972.

Planungen — besonders Bauleit- und Generalverkehrsplanungen[372] — auf; diese werden u. a. von einem Architekten erbracht, der seit langem mit der Stadt kooperiert. „Die Bebauungspläne wurden und werden von der Verwaltung selbst erarbeitet[373]."

Von den Altgemeinden der Stadt Lemgo unterhielten nur die Stadt *Lemgo* und die Gemeinde Brake eigene hauptamtliche Verwaltungen[374]. Das Bauamt der Stadt Lemgo (alt) beschäftigte am 30. 6. 1967 6 Beamte und 14 1/2 Angestellte; im Bereich „Stadtplanung und Bauordnung" waren 1 Beamter (A 9/10) und 4 Angestellte (IV b, VI b, 2 VII) tätig[375]. Ebenfalls am 30. 6. 1969 war das Stadtplanungsamt mit 5 Kräften — 1 Beamter, 4 Angestellte — besetzt; für das gesamte Bauwesen werden 7 Beamte und 21 3/4 Angestellte nachgewiesen[376]. Bis zum 30. 6. 1972 war die Bauverwaltung personell auf 9 Beamte und 31 3/4 Angestellte angewachsen; im Stadtplanungsamt waren 2 Beamte (A 13/14, A 11) und 6 Angestellte (2 IV a, V c, 2 VI b, VII) tätig[377]. — Während die Sanierungsplanung für die Kernstadt Lemgo in Auftragsarbeit erstellt wurde, ist der Flächennutzungsplan im Bauamt entwickelt worden; auch das Standortprogramm ist dort in Arbeit. Bebauungspläne werden — wenn nicht von Interessenten, z. B. Baugesellschaften — ebenfalls vom Bauamt aufgestellt.

Die Stadt *Siegen* wurde bei der Wiedereinkreisung und der Neuordnung des Restkreises um Gemeinden aus den Ämtern Netphen und Weidenau erweitert[378]. Eine hauptamtliche Verwaltung existierte außer in Siegen in der Altgemeinde Kaan-Marienborn. In der Bauverwaltung der Stadt Siegen — ohne Garten- und Friedhofsamt — waren am 30. 6. 1966 25 Beamte und 53 Angestellte beschäftigt; das Planungsamt war mit 1 Beamten (A 9/10) und 3 Angestellten (I b, IV a, VI b) besetzt[379]. Ein Jahr nach der kommunalen Neuordnung (30. 6. 1967) war 1 Ange-

---

[372] Letztere wurden von einem Bochumer Ingenieurbüro erarbeitet.

[373] Stadt Kamen (Hrsg.): Auswahlkriterien für Programme der städtebaulichen Sanierungsmaßnahmen nach dem Städtebauförderungsgesetz, Kamen (Januar) 1972, o. S., Ziff. 7 a).

[374] Die Gemeinde Wiembeck wurde von Brake in Verwaltungsgemeinschaft mitbetreut. — Leider ging aus der von der Stadtverwaltung Lemgo mitgeteilten Zusammensetzung des Verwaltungspersonals der Gemeinde Brake i. L. nicht die Verwaltungsgliederung hervor. Es wird jedoch vermutet, daß sich von den 7 vollbeschäftigten Angestellten wenigstens einer im technischen Dienst befand.

[375] Stellenplan 1968. Leider enthalten die Stellenpläne der Stadt Lemgo keine Angaben über den technischen Dienst.

[376] Stellenplan 1970.

[377] Stellenplan 1972.

[378] Zu den Bauverwaltungen der Ämter Netphen und Weidenau s. o. Gemeinde Netphen und Stadt Hüttental.

[379] Stellenplan 1967.

stellter (VII) im Planungsamt hinzugekommen; im gesamten Bauwesen waren 24 Beamte und 59 Angestellte tätig[380]. Die Zahlen für den 30. 6. 1971 lauten:

— gesamte Bauverwaltung: 22 Beamte, 60 Angestellte,
— Planungsamt: 2 Beamte (A 13, A 11), 4 Angestellte (III, IV a, IV b, VI b)[381].

Auch für die Kreisstadt Siegen gilt, daß der wesentliche Teil der Bauleitplanung in der eigenen Verwaltung erstellt wird.

Zur Großgemeinde *Unna* wurden — neben der amtsfreien Stadt Unna (alt) — Gemeinden der Ämter Fröndenberg und Unna-Kamen zusammengeschlossen[382]; Unna ist Rechtsnachfolgerin des letztgenannten Amtes. Dieses Amt beschäftigte in seiner technischen Verwaltung am 30. 6. 1966 3 Beamte und 18 Angestellte[383], die Stadt Unna am gleichen Tag 8 Beamte und 14 Angestellte; im Bereich „Städtebau und Planung" waren 1 technischer Beamter (A 11) und 6 technische Angestellte (IV a, IV b, V a, V b, 2 VI b) tätig[384]. Die technische Bauverwaltung der Großgemeinde war am 30. 6. 1968 mit 13 Beamten und 16 Angestellten besetzt, das Stadtplanungsamt mit 1 technischen Beamten (A 14) und 5 technischen Angestellten (IV a, IV b, 2 V b, VI b)[385]. Am 30. 6. 1971 ergab sich folgendes Bild:

— technischer Dienst: 13 Beamte, 22 Angestellte,
— Stadtplanungsamt: 1 technischer Beamter (A 14), 7 technische Angestellte (2 IV a, 2 IV b, V b, 2 VI b), 1 Stenotypistin[386].

Mit dieser personellen Ausstattung übernimmt auch in Unna die Bauverwaltung einen Großteil der Bauleitplanung.

Allein aufgrund der Größe, aber auch durch die dargestellte Planungskapazität bedingt, herrschte in den Gemeinden der *vierten Gruppe* eine aktive Planungstätigkeit, wie sie auch Tab. A 31 ausweist.

(5) Die Leistungsfähigkeit der neuen Großgemeinden — so lautet ein weiteres *Zwischenergebnis* — ist im Bereich der planenden Verwaltung weitgehend nur schwach entwickelt bzw. nur in Ansätzen vorhanden. Das ist vor allem auf die personelle Ausstattung der mit Planung be-

---

[380] Stellenplan 1968.

[381] Stellenplan 1972.

[382] Zur Bauverwaltung des Amtes Fröndenberg vgl. oben Stadt Fröndenberg.

[383] Stellenplan 1967.

[384] Stellenplan 1967.

[385] Stellenplan 1969.

[386] Stellenplan 1972.

faßten Stellen innerhalb der Verwaltung zurückzuführen, und zwar in doppelter Hinsicht, wie am Beispiel der Bauleitplanung dargestellt werden konnte:

— Allein die Zahl der „Planungskräfte" reicht in den meisten Verwaltungseinheiten nicht aus, um eine sach- und zeitgerechte Arbeit zu gewährleisten (quantitative Unterbesetzung).
— Dazu kommt in manchen Gemeinden ein Mangel an hochqualifiziertem Personal in ausreichender Anzahl, das nicht angeworben, vielfach auch nicht bezahlt werden kann (qualitative Unterbesetzung).

Diese Nachteile treffen voll auf Gemeinden von unter 12 000 Einwohnern zu, am wenigsten auf solche von über 35 000 Einwohnern; erstere sind deshalb am meisten von externem Sachverstand abhängig. Nichtsdestoweniger ist in den Untersuchungsräumen heute mehr höherqualifiziertes Personal tätig als vor der Neuordnung.

4.23. EDV-Benutzung

(1) Immer mehr programmierbare Verwaltungsgeschäfte der Gemeinden werden von elektronischen Datenverarbeitungsanlagen übernommen[387], die als *Gebietsrechenzentren* eingerichtet sind bzw. werden. Der Kreis Lemgo und seine Städte und Gemeinden z. B. sind Gesellschafter des Ende 1971 gegründeten „Kommunalen Rechenzentrums Minden-Ravensberg/Lippe" mit vorläufigem Sitz in Lemgo, in das der Kreis sein bereits bestehendes Rechenzentrum einbrachte[388]. Ein Übernahmekatalog regelt die Übertragung von Verwaltungsgeschäften auf EDV in drei Phasen (Anl. 4 des Gsellschaftsvertrages), die allerdings nicht reibungslos vollzogen werden kann.

Zwischen dem Kreis Unna und seinen Städten und Gemeinden wurde am 17. 3./1. 7. 1970 eine „Öffentlich-rechtliche Vereinbarung über die Errichtung und den Betrieb eines Rechenzentrums im Kreis Unna"[389] getroffen, nach der der Kreis sich verpflichtet, für die Beteiligten die Datenverarbeitung durchzuführen (§ 1). Mit Ausnahme der Rechtsform entspricht das Rechenzentrum in Unna dem in Lemgo[390]. Im Kreis Siegen

[387] In dieser Untersuchung wird der Übernahmestand Mitte 1972 wiedergegeben.

[388] Vgl. Gesellschaftsvertrag über interkommunale Datenverarbeitung im Bereich der Kreise Detmold, Herford, Lemgo, Lübbecke und Minden vom 1. 12. 1971, und dazugehörigen Schiedsvertrag (beide Verträge lagen dem Verfasser als Ablichtungen vor). Die Kreisverwaltung Lemgo stellt etwa 75 % des Personals der EDV-Anlage.

[389] In: Amtsblatt für den Regierungsbezirk Arnsberg Nr. 34 vom 22. 8. 1970, S. 324 ff., Ziff. 390.

[390] Oberstes Organ ist die „Arbeitsgemeinschaft" der Hauptverwaltungsbeamten (§ 4 Abs. 1 der Vereinbarung). Ein Drei-Phasen-Aufgaben- und Zeitplan wurde auch hier beschlossen (Anl. 1 der Vereinbarung).

wird die „Kommunale Datenzentrale (KDZ) Westfalen-Süd" betrieben[391], die dem Rechenzentrum in Unna völlig entspricht.

„Die Schwierigkeiten bei der Einführung der EDV in die Verwaltung liegen weniger im technischen Bereich als in der Bereitschaft und Fähigkeit zur Übernahme dieser neuen Arbeitstechnik[392]."

Die personellen Voraussetzungen in den Verwaltungen für die EDV-Benutzung durch die neuen Großgemeinden werden deshalb im folgenden überprüft.

(2) Erst ein Angehöriger der Gemeindeverwaltung *Dörentrup* wird durch Umschulung in die Lage versetzt, die Grundbesitzabgaben automationsgerecht zu erfassen. In der Gemeinde *Leopoldshöhe* hat bisher kein Verwaltungsangehöriger an einem einführenden oder fachspezifischen Seminar teilgenommen, die im allgemeinen von den hardware-Herstellern oder von der KGSt angeboten werden. Gleichfalls kein Angehöriger der Verwaltungsgemeinschaft *Uentrop/Rhynern* hat bisher eine besondere Schulung in Fragen EDV und Verwaltung erfahren. Mitte 1972 waren von dieser Verwaltung die Berechnung und Zahlung der Dienstbezüge sowie von Sozialhilfe und Mündelgeldern auf die Datenverarbeitungsanlage übertragen; das Meldewesen wurde noch mit der gemeindeeigenen Adrema bewältigt, denn „Gemeinden unter 25 000 Einwohnern sind unbeschadet ihrer Berechtigung von der Verpflichtung der gleichzeitigen Übernahme unbefristet befreit"[393]. In Dörentrup und Leopoldshöhe waren sowohl das Einwohnerwesen als auch die Berechnung und Zahlung der Personalkosten (Löhne, Gehälter, Vergütung) und die Gemeindeabgaben von der EDV übernommen.

(3) Bei den Verwaltungsangehörigen der *zweiten Gemeindegruppe* ist der Ausbildungsstand in Fragen, die mit der Einführung und dem Arbeiten mit der EDV zusammenhängen, teilweise höher als in der ersten Gruppe. Von der Gemeinde *Burbach* hat die KDZ Westfalen-Süd das Einwohnerwesen, die Berechnung und Zahlung der Bezüge von Angestellten und Beamten sowie die Bearbeitung der wichtigsten Gemeindeabgaben übernommen[394]. — Für die Gemeinde *Extertal* werden das Einwohnerwesen, die Personalkosten, die Grundsteuern und sonstigen Grundbesitzabgaben und die Verbrauchsgebühren von der EDV in Lemgo bearbeitet; die Übernahme der Zahlbarmachung der laufenden Sozialhilfe stand Mitte 1972 bevor. Der Leiter der Hauptabteilung hat an

---

[391] Vgl. „Öffentlich-rechtliche Vereinbarung über die Errichtung und den Betrieb einer kommunalen Datenzentrale durch den Kreis Siegen" (Die Vereinbarung lag dem Verfasser als Ablichtung vor.).

[392] Landesregierung NW (Hrsg.): NWP 75, S. 154.

[393] § 2 Abs. 2 der Vereinbarung (Unna).

[394] Über den Ausbildungsstand der Verwaltung wurde nichts bekannt.

einem einführenden Lehrgang teilgenommen; im übrigen richtet sich die Verwaltung nach Arbeitshilfen des Rechenzentrums. — Ein ähnlicher Stand war in der Stadt *Freudenberg* vorzufinden[395]. — Drei Angehörige der Stadtverwaltung *Hilchenbach* hatten vor ihrer Einstellung eine EDV-Ausbildung absolviert[396]; der Verwaltungschef nahm an einem Seminar der KGSt für Führungskräfte in der Verwaltung in Nürnberg teil. Neben dem Einwohnerwesen und den Personalkosten wird für Hilchenbach auch die Zahlbarmachung der laufenden Sozialhilfe von der Datenverarbeitung verwaltet. — Außer der zuletzt genannten Teilaufgabe des Sozialamtes hat die Gemeinde *Holzwickede* wie die Gemeinden Rhynern und Uentrop noch keine Verwaltungstätigkeit der Anlage in Unna übergeben; geplant ist, das Einwohnermeldewesen zu automatisieren. Der Gemeindedirektor, der Kassenleiter und zwei Sachbearbeiter haben Einführungsseminare besucht. — In der Gemeinde *Kalletal* trifft dies auf zwei Verwaltungsangehörige zu. Das Rechenzentrum Minden-Ravensberg/Lippe bearbeitet für Kalletal die gleichen Aufgaben wie für die Nachbargemeinde Extertal. — Die Gemeinde *Neunkirchen* hat zum 1. 4. 1970 die Gehaltsabrechnung (Personalkosten), zum 1. 1. 1971 das Einwohnermeldewesen[397] und inzwischen auch die gemeindlichen Abgaben an die EDV-Anlage in Siegen übergeben. Acht Angehörige der Verwaltung haben an einem vom Fernsehen ausgestrahlten Fortbildungskurs im Medienverbund („Einführung in die elektronische Datenverarbeitung") teilgenommen und mit einem Zertifikat abgeschlossen. Die Verwaltungsspitze fördert auch die Teilnahme an einschlägigen Kursen im Volksbildungswerk Herdorf. Der Gemeindedirektor und die Amtsleiter haben Kurzlehrgänge besucht. — Die Stadtverwaltung *Oerlinghausen* plant, im Hauptamt eine zentrale Stelle für Organisations- und EDV-Fragen einzurichten. Bisher haben erst einige Bedienstete an Seminaren teilgenommen. Seit dem 1. 1. 1972 werden die Personalkosten (einschließlich Stadtwerke) der Stadt von Lemgo aus verwaltet. — In der Gemeinde *Wilnsdorf* sind folgende Bereiche automatisiert: Einwohnerwesen, Personalkosten für Beamte und Angestellte, Verbrauchsgaben, Sozialhilfe (Zahlbarmachung). Etwa drei bis vier Verwaltungsangehörige sind durch Kurzlehrgänge und Seminare mit der Problematik vertraut. Der Hauptverwaltungsbeamte ist insofern sachverständig, als er bei der Einführung der EDV im Kreis (als Kreisbediensteter) mitgewirkt hat.

---

[395] „Wir geben an Aufgaben ab, was die EDV übernehmen kann, weil wir es einfach nicht mehr schaffen." (Wörtlich nach Tonbandprotokoll).

[396] Und zwar bei der Stadt Leverkusen, beim Landschaftsverband Rheinland und bei der Stadt Herten bzw. beim Oberbergamt.

[397] Vgl. Gemeinde Neunkirchen (Hrsg.): Neunkirchen zwischen 1970 und 1980, S. 41.

(4) Die Rechenzentrale in Siegen hat von der Stadtverwaltung *Eiserfeld* die Teilaufgaben Einwohnermeldewesen, Personalkosten und (Zahlbarmachung der) Sozialhilfe übernommen. Im Finanzwesen setzt die Stadt noch einen eigenen, 1967 angeschafften Kleincomputer ein, für den zwei Programmierer eigens ausgebildet sind. Insgesamt sechs Verwaltungsangehörige haben Lehrgänge an der zentralen Betriebsschule des Rechenzentrums in Siegen besucht; der Stadtdirektor hat an Kurzseminaren in Augsburg, Mainz und Moers teilgenommen. — Von der Stadtverwaltung *Kreuztal* wurde als übernommen bezeichnet: Einwohnermeldewesen, Personalkosten, Teile des Sozial- und des Schulwesens, Gemeindeabgaben[398]. — Die Gemeinde *Netphen* hatte bis Mitte 1972 übergeben: Einwohnermeldewesen „im Rahmen der jetzigen Möglichkeiten der EDV-Anlage“[399], Personalkosten (ab 1. 1. 1972), Zahlbarmachung der Sozialhilfe. Im übrigen wird der erst im Jahre 1969 erworbene Kleincomputer noch so viel wie möglich genutzt, z. B. für die Gemeindeabgaben. Die mit der Materie befaßten Sachbearbeiter der Verwaltung haben Einführungsseminare und Lehrgänge für Spezialprobleme beim Rechenzentrum und bei der KGSt absolviert; der Gemeindedirektor hat sich nicht auf diese Weise mit der Problematik befaßt.

(5) Der Stand der auf eine Datenverarbeitungsanlage übernommenen Verwaltungsgeschäfte in der *vierten Gemeindegruppe* entspricht dem oben für die anderen Gemeindegruppen dargestellten[400]. Die Ausbildung des Personals in diesem Sachbereich erschöpft sich auch in den Verwaltungen der Mittelstädte dieser Gruppe in Einführungsseminaren und Schulungskursen, die im besten Fall (Kamen) sowohl alle Amtsleiter und betroffenen Sachbearbeiter als auch die Verwaltungsspitze durchlaufen haben. Die Stadtverwaltung *Kamen* gab zwei Fachkräfte an das Rechenzentrum Unna ab. In der Kreisstadt *Lemgo* begegnet die Übernahme von Teilaufgaben durch das Rechenzentrum in Lemgo gewissen Schwierigkeiten, da sich ein erst 1969 erworbener Kleincomputer in der Stadtverwaltung noch nicht rentiert hat.

(6) Als *Zwischenergebnis* ist festzuhalten, daß die neuen Großgemeinden die Herausforderung der Verwaltung durch die automatische Datenverarbeitung im Vergleich zu allen anderen untersuchten Bereichen (Verwaltungsaufgaben) personell am ungenügendsten beantwortet haben. Abgesehen von einführenden Kurzseminaren beschränkt sich ihr

---

[398] Über den Ausbildungsstand der Verwaltung wurde nichts mitgeteilt.

[399] Wörtlich nach Tonbandprotokoll.

[400] Die Bildung der Großgemeinde *Bergkamen* fiel mit der Einrichtung der EDV des Kreises Unna — anfänglich in Moers — zusammen. Die Stadtverwaltung besteht zum großen Teil aus „intelligenten jüngeren Kräften“ mit „Verständnis für die EDV“ (wörtlich nach Tonbandprotokoll).

Beitrag zur Nutzung der EDV für programmierbare Verwaltungsgeschäfte im wesentlichen auf den Kontakt zu den Gebietsrechenzentren mittels sog. Arbeitskreise, die aus den jeweils zuständigen Bediensteten der Verwaltung und den Fachkräften der Rechenzentren gebildet werden, z. B. als Arbeitskreis für Organisationsfragen, für Personalwesen oder für Sozialwesen. Somit muß bezweifelt werden, ob jede Gemeinde- oder Stadtverwaltung in ausreichendem Maße für alle in Frage kommenden Sachgebiete die verwaltungsspezifischen Probleme automationsgerecht zu formulieren in der Lage ist. Für die erforderliche Spezialschulung fehlen in der Regel offensichtlich die Finanzmittel und die Ersatzkräfte, oft aber auch das nötige Verständnis der Verwaltungsspitze.

Die Übernahme von Verwaltungsabläufen auf EDV-Anlagen kann langfristig personaleinsparend wirken; während der Umstellungsphase indes bringt sie erhöhten Verwaltungs- und deshalb Personalaufwand mit sich.

4.24. Exkurs: Innovationsfähigkeit des Verwaltungspersonals

Die Qualität der Verwaltungsleistung einer Gemeinde wird mitbestimmt von der Fähigkeit ihrer Verwaltung, innovativ auf die allgemeine Entwicklung einzuwirken, einer Aufgabe, deren Legitimation nur bei extensiver Auslegung aus der Bestimmung in den Gemeindeordnungen abgeleitet werden kann, nach der der Hauptverwaltungsbeamte die Beschlüsse der Gemeindevertretung vorzubereiten hat. Eine solche extensive Interpretation geht von der idealtypischen Vorstellung aus, daß die Impulse durch die Verwaltung auf deren Sachverstand zurückzuführen sind und von Fall zu Fall durch die zuständigen, gleichfalls sachverständigen politischen Gremien in Form von ausführbaren Beschlüssen realisiert werden.

Wie wichtig diese Fähigkeit sein kann, geht z. B. daraus hervor, daß in weiten Teilen der Untersuchungsräume trotz zahlreicher politischer Körperschaften die Gemeinden — u. a. wegen mangelnder Leistungsfähigkeit der vorhandenen Verwaltungen — hinter der allgemeinen Entwicklung zurückblieben, was ein wesentliches Kriterium war bei der Entscheidung, diese Räume als erste in Nordrhein-Westfalen territorial neuzugliedern und ausnahmslos für eine hauptamtliche Verwaltung in Einheitsgemeinden zu sorgen.

Ansätze für die innovative Tätigkeit des Verwaltungspersonals, die wegen ihrer Bedeutung bei der Maßstabsbildung zu berücksichtigen sein wird, konnten im Rahmen dieser Untersuchung festgestellt werden, z. B. bei den Versuchen mancher Großgemeinden, die kommunale Infrastruktur zu verbessern, und im Bereich der Planungsaufgaben. Auch hinsichtlich der Bewältigung der zunehmend wichtiger werdenden Vorsorge für die Freizeit und der Wirtschaftsförderung wurden aufgrund der schriftlichen Befragung und der Interviews ähnliche Ergebnisse gewonnen.

4.3. Bewertung der Entwicklung der Leistungserbringung

Der Teilset „Leistungsmaßstab" kann nunmehr definiert und die Entwicklung der Leistungserbringung der Verwaltungen in den Untersuchungsräumen im Anschluß daran mit seiner Hilfe beurteilt werden.

4.31. Maßstäbe der Bewertung

Mit der kommunalen Neuordnung müssen „Gemeinden geschaffen werden, die von ihrer Einwohnerzahl, Fläche, Verwaltungs- und Veranstaltungskraft her in der Lage sind, für den Bürger eine befriedigende Grundausstattung bereitzuhalten, darüber hinaus aber auch Einrichtungen höherer Art im Versorgungsnahbereich zu tragen"[401].

An anderer Stelle wird die Grundausstattung präzisiert als „Grundausstattung an bestimmten kommunalen Einrichtungen und Dienstleistungen"[402], die wiederum enumerativ definiert wird u. a. im Gutachten A[403].

Die Gutachter erwarten von neugeordneten Gemeinden bzw. deren Verwaltungen z. B. eine wirksame Bauleitplanung und die Fähigkeit, ein modernes Schulwesen zu tragen („Unterhaltung allgemeinbildender weiterführender Schulen") sowie sich um eine einwandfreie Wasserversorgung und Abwässerbeseitigung zu kümmern[404].

Auf dieser Basis lassen sich die gesuchten Maßstäbe entwickeln; doch ist zuvor der Zusammenhang zwischen der Leistungserbringung durch Verwaltungsangehörige und der Ausstattung einer Gemeinde mit kommunalen Einrichtungen noch einmal klar herauszustellen.

Infrastrukturmaßnahmen scheinen vordergründig nur einen finanziellen Aspekt[405] zu haben, der mit der Neuordnung — durch die damit verbundene Möglichkeit des konzentrierten Einsatzes der vorhandenen Finanzmittel — beantwortet und erledigt ist; wenn bei kleineren Gemeinden eine Bereitschaft zum partiellen interlokalen Finanzverbund be-

---

401 Unna-Gesetz, S. 55; ähnlich: Lemgo-Gesetz, S. 33.

402 Innenminister NW (Hrsg.): Grundsätze der Neugliederung . . ., S. 24; entspricht: Vorschlag Aachen-Gesetz, S. 19.

403 Vgl. Gutachten A, S. 26 f.

404 Vgl. Gutachten A, S. 19 ff.

405 Diesen detailliert zu analysieren, stand nicht in den Möglichkeiten dieser Untersuchung.

standen hätte, hätte es noch nicht einmal einer territorialen Neugliederung bedurft, um eine brauchbare Infrastruktur zu schaffen (Zweckverbände, öffentlich-rechtliche Vereinbarungen). Dabei wird allerdings übersehen, daß auf solchem Wege noch nicht das erforderliche Fachpersonal zu Planung und Finanzierungsweise der Einrichtungen zur Verfügung gestanden hätte, das neben die Gemeindeverwaltungen hätte treten müssen. Durch die Großgemeindebildung ist der Finanzverbund per Gesetz hergestellt worden; nunmehr sollten die Gemeinden befähigt sein, mit dem Sachverstand von Bediensteten der eigenen Verwaltung die fehlende kommunale Ausstattung möglichst selbständig zu planen, und zwar in baulicher wie finanzieller Hinsicht. Ob diese Leistung erbracht wurde, läßt sich also u. a. an der Entwicklung der Infrastruktur ablesen (Indikator). Dies ist durch die Maßstäbe weiter zu präzisieren.

4.311. Entwicklung der Maßstäbe

Ihre Veranstaltungskraft muß eine Gemeinde vor allem auf den Gebieten des Kindergarten-, Sport- und Schulwesens sowie der Ver- und Entsorgung beweisen. Deshalb fällt in neugeordneten Räumen auf diese Bereiche ein besonderes Licht[406]. — Die Forderung nach Trägerschaft eines modernen Schulwesens beinhaltet folgender Maßstab.

7. Maßstab: Neugeordnete Großgemeinden übernehmen die Trägerschaft von allgemeinbildenden Schulen aller Art (außer Sonderschulen).

Ein modernes Schulwesen setzt möglichst moderne Schulbauten voraus. Nicht zuletzt wegen der Schulreform wurden an die Großgemeinden hier erhöhte Anforderungen gestellt:

8. Maßstab: Das Schulbauprogramm wird durch die territoriale Neugliederung positiv beeinflußt.

Schule und Sport sind eng miteinander gekoppelt — oder sollten es zumindest sein —, was u. a. bei Turnhallen und Sportplätzen deutlich wird. In Neuordnungsräumen sollten diese Bereiche mithin möglichst nicht unbeachtet bleiben:

9. Maßstab: Der Hallensport wird durch neugeordnete Großgemeinden wirksam gefördert.

10. Maßstab: Die Leichtathletik wird durch neugeordnete Großgemeinden wirksam gefördert.

---

[406] Es kann nicht erwartet werden, daß die Veranstaltungskraft auf allen Gebieten der Infrastruktur größer ist als vor der Neuordnung. Deshalb ist es insgesamt bereits als positiv anzusehen, wenn die Maßstäbe, so wie sie hier definiert sind, erreicht werden.

11. Maßstab: Der Schwimmsport wird durch neugeordnete Großgemeinden wirksam gefördert.

Die wichtigsten kommunalen Aufgaben im Bereich der Ver- und Entsorgung sind die Wasserversorgung und die Abwässerbeseitigung. Darauf zielen weitere Maßstäbe ab.

12. Maßstab: Die Wasserversorgung in Großgemeinden wird nach der Neuordnung verbessert.

13. Maßstab: Die Abwässerbeseitigung in Großgemeinden wird nach der Neuordnung verbessert.

Eine Aufgabe, die nach dem Subsidiaritätsprinzip die Kommunen nicht in erster Linie übernehmen, sind Bau bzw. Unterhaltung von Kindergärten. Trotzdem haben sie durch Zuschußgewährung einen nicht unerheblichen Anteil am Stand der Versorgung in diesem Bereich.

14. Maßstab: Das Kindergarten-Bauprogramm wird durch die territoriale Neugliederung positiv beeinflußt.

Der Teilset „Personalmaßstab" bedarf im Rahmen des „Leistungsmaßstabs" einer Ergänzung, die den Leistungsausstoß des zuvor erfaßten Personals zu beurteilen sucht. Dazu muß zuerst feststehen, ob die Planungskapazität der Gemeinden mehr intern oder mehr extern zu verorten ist.

15. Maßstab: Gesamtplanungen für neugeordnete Großgemeinden werden überwiegend von Fachkräften der eigenen Gemeindeverwaltung erbracht.

Aber auch zur Umsetzung der Gesamtplanungen in Einzelpläne sollten die Gemeindeverwaltungen in der Lage sein, vor allem im Bereich der Bauleitplanung.

16. Maßstab: Bebauungspläne werden in neugeordneten Gemeinden überwiegend von Fachkräften der eigenen Gemeindeverwaltung erstellt.

Die Tätigkeit dieser Fachkräfte, die sich mit externen Kräften zur Planungskapazität der Gemeinden vereingen, muß sich in meßbarer Leistung niederschlagen.

17. Maßstab: Innerhalb von höchstens zwei Jahren nach der Neuordnung kann in den neuen Großgemeinden eine Planungsleistung nachgewiesen werden.

Besonders wichtig für die Gesamtentwicklung einer Gemeinde ist die Existenz eines rechtskräftigen Flächennutzungsplanes.

18. Maßstab: Innerhalb von höchstens vier Jahren nach der Neuordnung ist der neue Flächennutzungsplan einer Großgemeinde rechtskräftig.

Beinahe zeitgleich mit der Großgemeindebildung in Nordrhein-Westfalen wurden im Lande Rechenzentren aufgebaut, auf die nach und nach immer mehr programmierbare Teilaufgaben übergehen. Im Hinblick darauf sollte in Neuordnungsräumen nach der Territorialreform eine weitere Bedingung erfüllt sein.

19. Maßstab: Neugeordnete Großgemeinden sind bessere EDV-Partner als die meisten ihrer Altgemeinden.

Auch sollte eine solche Gemeinde u. a. durch ihre Gemeindeverwaltung dazu beitragen können, daß sie von der allgemeinen Entwicklung nicht abgehängt wird.

20. Maßstab: Erst die Verwaltungen neugeordneter Großgemeinden sind recht eigentlich in der Lage, Entwicklungsimpulse zu geben.

Mit diesem Maßstabsset wird keine Vollständigkeit angestrebt oder beansprucht. Die Maßstäbe reichen jedoch für die Zwecke dieser Untersuchung und zur Kennzeichnung der Bestandteile des „Leistungsmaßstabs“ aus.

4.312. Gliederung der Maßstäbe

Der Leistungsmaßstab läßt sich in fünf Ebenen gliedern. Acht der vierzehn oben entwickelten Maßstäbe messen Leistungen im Bereich der „kommunalen Ausstattung“ (7. bis 14. Maßstab), sechs beziehen sich auf die „Planungsfähigkeit“ der Gemeinden (15. bis 20. Maßstab). Von den letzteren bestimmen zwei Maßstäbe Kriterien der „Planungskapazität“ (15. und 16. Maßstab), zwei weitere messen die „Planungsleistung“ anhand von Beispielen aus der Bauleitplanung (17. und 18. Maßstab); ebenfalls als Kriterien der Planungsfähigkeit angesehen — im Sinne des Gerüstetseins auf die künftigen Anforderungen an die leistungsfähige Verwaltung einer Großgemeinde — werden der Ausbildungsstand für das Arbeiten mit der EDV (19. Maßstab) und die innovative Tätigkeit des Verwaltungspersonals (20. Maßstab). — Leistungen im Bereich der kommunalen Ausstattung werden durch Infrastrukturmaßnahmen auf zwei Gebieten näher bestimmt: dem der „Ver- und Entsorgung“ (12. und 13. Maßstab) und „Jugend und Sport“ (7. bis 11. und 14. Maßstab). Der letztgenannten Gruppe werden also auch die Kindergärten zugeordnet (14. Maßstab), außerdem „Schulen“ (7. und 8. Maßstab) und „Sport“ (9. bis 11. Maßstab).

Der Leistungsmaßstab wird wie folgt gegliedert[407]:

(2.) Leistungsmaßstab
(2.1.) Kommunale Ausstattung
(2.11.) Jugend und Sport
(2.111.) Schulen
(2.1111.) Schulbau (8. Maßstab)
(2.1112.) Schulträgerschaft (7. Maßstab)
(2.112.) Sport
(2.1121.) Schwimmsport (11. Maßstab)
(2.1122.) Hallensport (9. Maßstab)
(2.1123.) Leichtathletik (10. Maßstab)
(2.113.) Kindergärten (14. Maßstab)
(2.12.) Ver- und Entsorgung
(2.121.) Wasser (12. Maßstab)
(2.122.) Abwässer (13. Maßstab)
(2.2.) Planungsfähigkeit
(2.21.) Planungskapazität
(2.211.) Gesamtplanungen (15. Maßstab)
(2.212.) Bebauungspläne (16. Maßstab)
(2.22.) Planungsleistung
(2.221.) Flächennutzungsplan (18. Maßstab)
(2.222.) Bebauungspläne (17. Maßstab)
(2.23.) EDV (19. Maßstab)
(2.24.) Impulsverwaltung (20. Maßstab)

Die nachstehende Abbildung gibt diese Gliederung grafisch wieder.

4.313. Operationalisierung und Skalierung der Maßstäbe

Die Operationalisierung der vierzehn neuen Maßstäbe muß in manchen Fällen relativ unscharf bleiben, so daß ihre Skalierung — die im übrigen wieder der fünfstufigen Einteilung folgt, welche in Tabelle 17 vorgegeben ist[408] — ein höheres Maß an Subjektivität einschließt als bisher.

— *Maßstab 2.1111.:*

Definitionswiederholung:

Das Schulbauprogramm wird durch die territoriale Neugliederung positiv beeinflußt.

[407] Vgl. Abbildung 27. Von jetzt ab werden nur noch die folgenden Gliederungsziffern gebraucht.

[408] Vgl. Pkt. 3.213. dieser Untersuchung.

Abb. 27: *Gliederung des Teilsets „Leistungsmaßstab"*

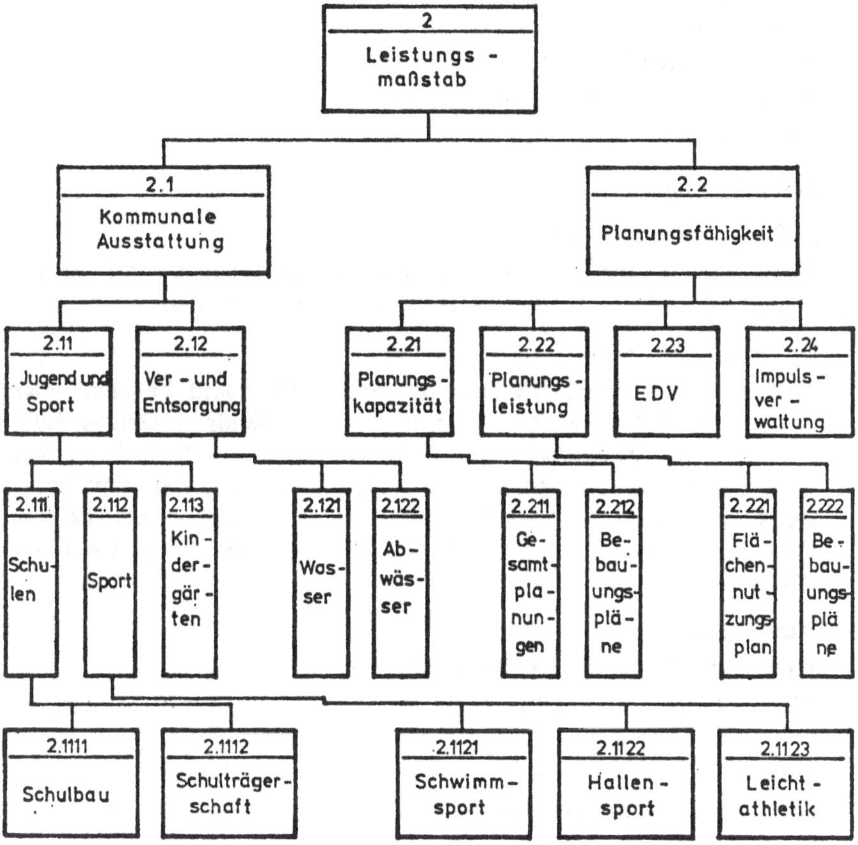

Quelle: Eigene Zusammenstellung.

Operationalisierung:

Gegenüber den Möglichkeiten vor der Neuordnung werden in neugeordneten Großgemeinden — u. a. aufgrund besserer Personaleinsatzmöglichkeiten — Schulneu- und -erweiterungsbaumaßnahmen sowie Renovierungen und Planungen beschleunigt durchgeführt, die vorher nicht oder nicht so schnell oder nicht so günstig für den Gesamtraum vorgenommen werden konnten[409].

[409] Allein die Auflösung von Schulzweckverbänden bedeutet schon eine Verwaltungsvereinfachung und damit nicht zuletzt eine Zeitersparnis.

Skalierung:

Wertungsziffer 5: (siehe Operationalisierung);

Wertungsziffer 4: Maßnahmen merklich gefördert;

Wertungsziffer 3: positiver Einfluß mittelmäßig;

Wertungsziffer 2: positiver Einfluß gering;

Wertungsziffer 1: kein positiver Einfluß.

— *Maßstab 2.1112.:*

Definitionswiederholung:

Neugeordnete Großgemeinden übernehmen die Trägerschaft von allgemeinbildenden Schulen aller Art (außer Sonderschulen).

Operationalisierung:

Spätestens im vierten Jahr nach der Neuordnung sind die Gemeinden Träger wenigstens je einer mindestens zweizügigen Grundschule, Hauptschule und Realschule (oder Gesamtschule) — Gemeinden von über 35 000 Einwohnern außerdem Träger eines mindestens zweizügigen Gymnasiums[410] — oder wären in der Lage, bestehende Einrichtungen dieser Art von staatlichen oder sonstigen Trägern zu übernehmen.

Skalierung:

Wertungsziffer 5: (siehe Operationalisierung);

Wertungsziffer 4: Realschule / Gymnasium nicht wenigstens zweizügig;

Wertungsziffer 3: keine Realschule / kein Gymnasium;

Wertungsziffer 2: Hauptschule(n) nicht wenigstens zweizügig;

Wertungsziffer 1: keine Hauptschule / Grundschule.

— *Maßstab 2.1121.:*

Definitionswiederholung:

Der Schwimmsport wird durch neugeordnete Großgemeinden wirksam gefördert.

Operationalisierung:

Spätestens im vierten Jahr nach der Neuordnung hat jede Großgemeinde eine eventuell bestehende Bedarfslücke an Schwimmanlagen geschlossen und unterhält wenigstens ein Freibad und ein Lehrschwimmbecken, Gemeinden von über 35 000 Einwohnern außerdem mindestens ein Hallenbad normaler Größe und Ausstattung.

---

[410] Zwei einzügige Schulen werden als eine zweizügige Einrichtung aufgefaßt, die vorübergehend in zwei Gebäuden untergebracht ist.

Skalierung:

Wertungsziffer 5: (siehe Operationalisierung);

Wertungsziffer 4: vorhandene Einrichtungen trotz Bedarf nicht ausgebaut / renoviert;

Wertungsziffer 3: Ausstattung und Außenanlagen nicht ausreichend; oder: vorher keine Bedarfslücke;

Wertungsziffer 2: kein Lehrschwimmbecken / Freibad / Hallenbad vorhanden[411];

Wertungsziffer 1: keine Schwimmanlagen vorhanden.

— *Maßstab 2.1122.:*

Definitionswiederholung:

Der Hallensport wird durch neugeordnete Großgemeinden wirksam gefördert.

Operationalisierung:

Spätestens im vierten Jahr nach der Neuordnung hat jede Großgemeinde eine eventuell bestehende Bedarfslücke an Turn- (besonders Schulturn-) und Gymnastikhallen durch Neu- und Ausbau geschlossen.

Skalierung:

Wertungsziffer 5: (siehe Operationalisierung);

Wertungsziffer 4: Bedarfslücke durch Neubau verringert;

Wertungsziffer 3: vor der Neuordnung keine Bedarfslücke entstanden;

Wertungsziffer 2: Bedarfslücke durch Ausbau vorhandener Einrichtungen verringert;

Wertungsziffer 1: Bedarfslücke nicht verringert.

— *Maßstab 2.1123.:*

Definitionswiederholung:

Die Leichtathletik wird durch neugeordnete Großgemeinden wirksam gefördert.

Operationalisierung:

Spätestens im vierten Jahr nach der Neuordnung hat jede Großgemeinde eine eventuell bestehende Bedarfslücke an Sportplätzen (und/ oder Sportstadien) durch Neu- und Ausbau geschlossen.

---

[411] Ein Hallenbad in einer Gemeinde wird einem Freibad gleichgestellt.

Skalierung:

Wertungsziffer 5: (siehe Operationalisierung);

Wertungsziffer 4: Bedarfslücke durch Neubau verringert;

Wertungsziffer 3: keine Bedarfslücke vor der Neuordnung;

Wertungsziffer 2: Bedarfslücke durch Ausbau vorhandener Plätze verringert;

Wertungsziffer 1: Bedarfslücke nicht verringert.

— *Maßstab 2.113.:*

Definitionswiederholung:

Das Kindergarten-Bauprogramm wird durch die territoriale Neugliederung positiv beeinflußt.

Operationalisierung:

Spätestens im zweiten Jahr nach der Neuordnung hat jede Großgemeinde eine eventuell bestehende Bedarfslücke an Kindergartenplätzen durch den Neu- oder Ausbau eigener und/oder entsprechende Förderung von Kindergärten nicht-kommunaler Träger geschlossen.

Skalierung:

Wertungsziffer 5: (siehe Operationalisierung);

Wertungsziffer 4: Bedarfslücke stark verringert;

Wertungsziffer 3: keine Bedarfslücke vor der Neuordnung;

Wertungsziffer 2: Bedarfslücke wenig verringert;

Wertungsziffer 1: Bedarfslücke nicht verringert.

— *Maßstab 2.121.:*

Definitionswiederholung:

Die Wasserversorgung in Großgemeinden wird nach der Neuordnung verbessert.

Operationalisierung:

Der Ausbau der zentralen Wasserversorgung in neugeordneten Großgemeinden wird durch die Neuordnung entscheidend erleichtert: spätestens im vierten Jahr nach der Neuordnung sind Maßnahmen beschleunigt durchgeführt — z. B. Verlegen von Verbundleitungen, Bau von Hochbehältern, Erschließen neuer Quellen; Anschluß an regionalen Wasserverband —, die vorher nicht oder nicht so schnell oder nicht so günstig für den Gesamtraum vorgenommen werden konnten.

Skalierung:

Wertungsziffer 5: (siehe Operationalisierung);

Wertungsziffer 4: Maßnahmendurchführung wesentlich erleichtert;

Wertungsziffer 3: Maßnahmendurchführung merklich erleichtert;

Wertungsziffer 2: Maßnahmendurchführung geringfügig erleichtert, oder: Maßnahmen im wesentlichen erst eingeleitet;

Wertungsziffer 1: Maßnahmendurchführung oder -einleitung nicht beeinflußt.

— *Maßstab 2.122.:*

Definitionswiederholung:

Die Abwässerbeseitigung in Großgemeinden wird nach der Neuordnung verbessert.

Operationalisierung:

Der Ausbau der zentralen Abwässerbeseitigung in neugeordneten Großgemeinden wird durch die Neuordnung entscheidend erleichtert bzw. erst ermöglicht: spätestens im vierten Jahr nach der Neuordnung sind Maßnahmen beschleunigt durchgeführt — z. B. Planung und Bau von Kläranlagen, Planung und Verlegen von Haupt- und Nebensammlern, Hausanschlüsse —, die vorher nicht oder nicht so schnell oder nicht so günstig für den Gesamtraum vorgenommen werden konnten.

Skalierung:

Wertungsziffer 5: (siehe Operationalisierung);

Wertungsziffer 4: Durchführung der Maßnahmen wesentlich erleichtert;

Wertungsziffer 3: Durchführung der Maßnahmen merklich erleichtert;

Wertungsziffer 2: Durchführung der Maßnahmen geringfügig erleichtert,
oder: Maßnahmen im wesentlichen erst eingeleitet;

Wertungsziffer 1: Durchführung oder Einleitung der Maßnahmen nicht beeinflußt.

— *Maßstab 2.211.:*

Definitionswiederholung:

Gesamtplanungen für neugeordnete Großgemeinden werden überwiegend von Fachkräften der eigenen Verwaltung erbracht.

Operationalisierung:

Das Bauamt bzw. die Planungsabteilung im Bauamt und gegebenenfalls weitere Fachabteilungen der Gemeindeverwaltung erstellen den Flächennutzungsplan selbständig und — falls erforderlich — weitere Gesamtplanungen, wie z. B. Schulentwicklungs-, Sportstättenleit-, Generalverkehrs-, Zentralentwässerungs- und Wasserversorgungsplan, überwiegend selbständig.

Skalierung:

Wertungsziffer 5: (siehe Operationalisierung);

Wertungsziffer 4: der Flächennutzungsplan wird selbständig, die übrigen Gesamtplanungen überwiegend unter Mithilfe des Kreises aufgestellt;

Wertungsziffer 3: der Flächennutzungsplan wird selbständig, die ürigen Gesamtplanungen überwiegend von Architekten, Ingenieurbüros und anderen Fachkräften außerhalb der Verwaltung erstellt;

Wertungsziffer 2: der Flächennutzungsplan wird vom Kreis, die anderen Gesamtplanungen überwiegend gleichfalls nicht selbständig erstellt;

Wertungsziffer 1: die Gesamtplanungen werden überwiegend in Auftrag gegeben, wobei der Flächennutzungsplan nicht von der Kreisplanung erarbeitet wird.

— *Maßstab 2.212.:*

Definitionswiederholung:

Bebauungspläne werden in neugeordneten Gemeinden überwiegend von Fachkräften der eigenen Gemeindeverwaltung erstellt.

Operationalisierung:

Das Bauamt bzw. die Planungsabteilung im Bauamt erstellt die Bebauungspläne für die Gemeinde überwiegend selbständig.

Skalierung:

Wertungsziffer 5: (siehe Operationalisierung);

Wertungsziffer 4: das Bauamt stellt die Pläne zum großen Teil selbst auf;

Wertungsziffer 3: die Pläne werden zum großen Teil in Auftrag gegeben;

Wertungsziffer 2: die Pläne werden überwiegend in Auftrag gegeben;

Wertungsziffer 1: die Verwaltung stellt keinen Bebauungsplan eigenständig auf.

— *Maßstab 2.221.:*

Definitionswiederholung:

Innerhalb von höchstens vier Jahren nach der Neuordnung ist der neue Flächennutzungsplan einer Großgemeinde rechtskräftig.

Operationalisierung:

(siehe Definition).

Skalierung:

Wertungsziffer 5: (siehe Definition);

Wertungsziffer 4: Plan liegt zur Genehmigung vor;

Wertungsziffer 3: Plan wird nach öffentlicher Einsichtnahme überarbeitet;

Wertungsziffer 2: Plan liegt zur öffentlichen Einsichtnahme aus;

Wertungsziffer 1: Ende der Planaufstellung steht bevor.

— *Maßstab 2.222.:*

Definitionswiederholung:

Innerhalb von höchstens zwei Jahren nach der Neuordnung kann in den neuen Großgemeinden eine Planungsleistung nachgewiesen werden.

Operationalisierung:

Innerhalb von zwei Jahren sind wenigstens drei Bebauungspläne zur Rechtskraft geführt worden.

Skalierung:

Wertungsziffer 5: (siehe Operationalisierung);

Wertungsziffer 4: mindestens 2 Pläne rechtskräftig; oder: mindestens 3 Pläne aufgestellt;

Wertungsziffer 3: mindestens 1 Plan rechtskräftig, oder: mindestens 2 Pläne aufgestellt;

Wertungsziffer 2: mindestens 1 Plan aufgestellt;

Wertungsziffer 1: kein Plan aufgestellt.

— *Maßstab 2.23.:*

Definitionswiederholung:

Neugeordnete Großgemeinden sind bessere EDV-Partner als die meisten ihrer Altgemeinden.

Operationalisierung:

Spätestens im vierten Jahr nach der Neuordnung sind einerseits mindestens drei — in Gemeinden von über 20 000 Einwohnern mindestens fünf — Verwaltungsangehörige durch eine entsprechende Ausbildung in die Lage versetzt, Verwaltungsprobleme automationsgerecht zu erkennen und zu formulieren, zum anderen hat der Hauptverwaltungsbeamte wenigstens ein Einführungsseminar absolviert; eine solche

Ausbildung zu veranlassen, wären die Verwaltungen der meisten Rechtsvorgänger nicht imstande gewesen.

Skalierung:

Wertungsziffer 5: (siehe Operationalisierung);

Wertungsziffer 4: Hauptverwaltungsbeamter ohne Einführungsseminar;

Wertungsziffer 3: nur eine Kraft bzw. drei Kräfte geschult;

Wertungsziffer 2: (wie Wertungsziffern 3 und 4) oder: keine EDV-Ausbildung, aber Hauptverwaltungsbeamter mit Einführungsseminar;

Wertungsziffer 1: keine EDV-Ausbildung bzw. -Einführung.

— *Maßstab 2.24.:*

Definitionswiederholung:

Erst die Verwaltungen neugeordneter Großgemeinden sind recht eigentlich in der Lage, Entwicklungsimpulse zu geben.

Operationalisierung:

Durch neues Personal, neue Maßnahmen und/oder neue Organisationsformen gehen von der Verwaltung Entwicklungsimpulse aus, u. a. zur Ansiedlung von Gewerbe und Industrie (Wirtschaftsförderung) und auf kulturellem und sportlichem Gebiet (Freizeitvorsorge), die von den Verwaltungen der Rechtsvorgänger nicht oder nicht so wirksam für den Gesamtraum ausgehen konnten und spätestens im vierten Jahr nach der Neuordnung erste Erfolge zeitigen.

Skalierung:

Wertungsziffer 5: (siehe Operationalisierung);

Wertungsziffer 4: Erfolge in nächster Zukunft zu erwarten;

Wertungsziffer 3: noch keine Erfolge abzusehen;

Wertungsziffer 2: wenig Initiativen aus der Verwaltung;

Wertungsziffer 1: „Impulsverwaltung“ nicht entwickelt.

4.32. Durchführung der Bewertung

Die Bewertung der Entwicklung der Leistungserbringung durch die Gemeindeverwaltungen wird gemeinsam für alle vier Gruppen durchgeführt[412] und in der folgenden Tabelle dargestellt.

---

[412] Trotz bestehender Informationslücken wird die Bewertung geschlossen durchgeführt. Geschätzte Wertungen sind durch ( ) gekennzeichnet. Die Gesamtwertung wird dadurch allenfalls unwesentlich verzerrt.

4.4. Zwischenergebnis

Nach einer Interpretation der nachstehenden Wertungstabelle (Tab. 19) wird im folgenden zusammengefaßt, welche Auswirkungen der territorialen Neugliederung der Gemeinden auf die Leistungserbringung des Verwaltungsapparats durch diese Untersuchung festgestellt wurden.

4.41. Interpretation der Wertungstabelle

Wenn alle Gemeinden der Untersuchungszeiträume dem Leistungsmaßstab voll entsprochen hätten, wären bei allen vierzehn Teilmaßstäben je 5 Wertungspunkte zu vergeben gewesen. Die neuen Großgemeinden erreichten jedoch durchschnittlich nur 41,3 von 70 möglichen Punkten. Im einzelnen ergibt sich folgendes Bild:

Die Annahme, das Schulbauprogramm werde von der Neuordnung positiv beeinflußt (Maßstab 2.1111.), hat sich als zutreffend erwiesen, wenn auch der positive Einfluß der meisten Gemeindeverwaltungen nicht sehr stark zu sein scheint; er wird allerdings bei größeren Gemeinden deutlicher. Am geringsten erschien die Einflußnahme in den Gemeinden Barntrup, Dörentrup, Fröndenberg, Hilchenbach, Holzwickede, Netphen und Pelkum.

Die neugeordneten Gemeinden sind besser als ihre Rechtsvorgänger geeignet, Schulträgerschaften aller Art zu übernehmen (Maßstab 2.1112). Eine weitergehende Aussage wird vermieden, da die zukünftige Entwicklung im Schulwesen noch nicht endgültig abzusehen ist.

Die Förderung des Sports — das ist an den Maßstäben 2.1121., 2.1122. und 2.1123. abzulesen — hat durch die Neuordnung keinen Rückschlag erlitten, wobei die in vielen Gemeinden vorzufindende Bedarfslücke bei Turn- und Gymnastikhallen vorwiegend durch Neubau, bei Schwimmbädern, Lehrschwimmbecken und Sportplätzen überwiegend durch den Ausbau vorhandener Anlagen verringert wurde.

Das Kindergarten-Bauprogramm ist im allgemeinen von den neuen Gemeinden nicht genug gefördert worden (Maßstab 2.113.). Offensichtlich wurden in den ersten vier Jahren meist andere Prioritäten gesetzt. Lediglich in der Gemeinde Burbach wurde die Bedarfslücke durch den Neu- oder Ausbau eigener oder entsprechende Förderung von Kindergärten nichtkommunaler Träger vorläufig geschlossen; stark verringert wurde die Lücke in Fröndenberg, Neunkirchen und Bad Salzuflen, nicht verringert in Uentrop, Bönen, Extertal, Hilchenbach, Kalletal, Netphen und Pelkum. In den restlichen Gemeinden wurde die teilweise beträchtliche Bedarfslücke nur wenig verringert.

Tabelle 19: Bewertung der Entwicklung der Leistungserbringung mittels Wertungsziffern

Gemeinde (Gebiet)	Maßstab (Gliederungsziffer)[1]														
	2.1111	2.1112	2.1121	2.1122	2.1123	2.113	2.121	2.122	2.211	2.212	2.221	2.222	2.23	2.24	Gesamtzahl der Wertungspunkte für 2 (Leistungsmaßstab)
Barntrup	(2)	3	(2)	(4)	(2)	2	(2)	(3)	1	1	(4)	(3)	(3)	(2)	34
Dörentrup	2	3	2	4	2	2	4	2	1	1	5	1	3	4	36
Leopoldshöhe	3	3	2	4	2	2	5	5	1	1	5	1	2	4	40
Rhynern	3	3	2	4	2	2	2	2	3	5	(3)	5	1	2	39
Uentrop	4	4	3	4	2	1	2	2	3	5	(3)	4	1	2	40
Bönen	4	4	3	5	3	1	1	1	1	2	(3)	5	(2)	5	40
Burbach	4	4	2	(1)	4	5	1	(2)	2	2	(3)	5	(2)	3	40
Extertal	3	5	3	4	1	1	5	4	1	2	(3)	5	2	2	41
Freudenberg	3	5	2	1	1	2	2	2	(2)	(2)	(3)	(4)	2	2	33
Fröndenberg	(2)	5	3	4	(2)	(4)	1	(2)	(1)	(2)	(3)	(4)	(2)	(2)	37
Hilchenbach	2	5	2	4	1	1	2	2	2	3	(3)	5	5	3	40
Holzwickede	2	3	3	4	2	2	1	2	3	3	(3)	4	3	3	38
Kalletal	4	5	2	4	4	1	3	5	1	1	3	5	2	4	44
Neunkirchen	3	5	3	5	2	4	1	2	2	2	(3)	3	5	2	42
Oerlinghausen	4	5	2	4	2	2	1	2	1	1	1	1	2	3	31
Wilnsdorf	4	3	2	2	2	2	4	5	2	2	1	3	2	4	38
Eiserfeld	5	5	3	4	2	2	2	2	2	4	(3)	(4)	5	3	46
Kreuztal	3	5	2	4	2	2	4	2	2	2	(3)	3	(3)	3	40
Netphen	2	5	2	4	2	1	2	2	2	5	1	4	4	2	38
Pelkum	(2)	5	3	(2)	(2)	(1)	(2)	(2)	(3)	(5)	(3)	(4)	(3)	4	41

Bad Salzuflen	5	5	2	4	2	4	2	3	1	4	3	5	(3)	2	45
Bergkamen	5	5	5	4	2	2	4	2	2	5	5	5	(4)	5	55
Hüttental	3	5	2	4	4	2	2	2	3	5	1	5	(4)	3	45
Kamen	3	5	2	4	3	2	2	2	1	5	(3)	5	5	5	47
Lemgo	3	5	2	4	2	2	3	2	3	5	5	(5)	(4)	3	48
Siegen	(3)	5	3	4	4	2	1	3	5	5	(3)	5	5	4	52
Unna	4	5	3	2	2	2	1	3	5	5	(3)	5	5	4	49
Durchschnitt Gemeinden von unter 12.000 E.	2,8	3,2	2,2	4	2	1,8	3	2,8	1,8	2,6	4	2,8	2	2,8	37,8
Durchschnitt Gemeinden von 12.-u.20.000 E.	3,2	4,5	2,5	3,5	2,2	2,3	2	2,6	1,6	2	2,6	4	2,6	3	38,6
Durchschnitt Gemeinden von 20.-u.35.000 E.	3	5	2,5	3,5	2	1,5	2,5	2	2,3	4	2,5	3,8	3,8	3	41,4
Durchschnitt Gemeinden von über 35.000 E.	3,7	5	2,7	3,7	2,7	2,3	2,1	2,4	2,9	4,9	3,3	5	4,3	3,7	48,7
Durchschnitt Kreis Lemgo	3,3	4,3	2,1	4	2,1	2	3,1	3,3	1,3	1,4	3,6	3,3	2,6	3	39,4
Durchschnitt Kreis Siegen	3,2	4,7	2,3	3,3	2,4	2,3	2,1	2,4	2,4	3,2	2,4	4,1	3,7	2,9	41,4
Durchschnitt Kreis Unna	3,2	4,3	3	3,7	2,3	1,9	1,8	2	2,4	4,1	3,2	4,6	2,9	3,6	43
Durchschnitt Untersuchungsräume	3,2	4,4	2,5	3,6	2,3	2,1	2,3	2,5	2,1	3,1	3	4	3,1	3,1	41.3

1 Vgl. Abb. 27.

Quelle: Eigene Berechnungen aus: Pkt. 4.21 und 4.22 (für alle Maßstäbe außer 2.23), Tab. A 28 - A 31 (für Maßstäbe 2.221 und 2.222), Fragebogen 2 (für Maßstab 2.1112), Pkt. 4.23 (für Maßstab 2.23) sowie Fragebögen 5 und 6 (für Maßstab 2.24).

Der Ausbau der zentralen Wasserversorgung (Maßstab 2.121.) ist, vor allem in den ländlichen Gebieten[413], durch die Neuordnung merklich erleichtert worden. Deshalb weisen die Gemeinden des Kreises Lemgo durchschnittlich die größte Übereinstimmung mit dem Maßstab auf. Den größten Vorteil in dieser Hinsicht zogen die Gemeinden Extertal und Leopoldshöhe aus der Neuordnung, aber auch Dörentrup, Wilnsdorf, Kreuztal und Bergkamen.

Ähnliches läßt sich von der zentralen Abwäserbeseitigung sagen (Maßstab 2.122.). Überhaupt erst ermöglicht wurde eine großräumige Lösung durch die Territorialreform in Leopoldshöhe, Kalletal und Wilnsdorf; wesentlich erleichtert wurden die erforderlichen Maßnahmen in Extertal, immerhin merklich gefördert in Barntrup, Bad Salzuflen, Siegen und Unna (eingegliederte Gemeinden).

Die Planungskapazität der Gemeinden ist durchschnittlich nicht sehr hoch zu veranschlagen. Sie nimmt allerdings mit wachsender Gemeinde- und damit Verwaltungsgröße zu[414] und ist bei Gemeinden von über 35 000 Einwohnern relativ am größten, bei Gemeinden aus vor der Neuordnung ämterlosen Landesteilen (Kreis Lemgo) erwartungsgemäß durchschnittlich am geringsten. Gemessen an den Gesamtplanungen (Maßstab 2.211.) verfügen über die geringste Planungskapazität die Gemeinden Barntrup, Dörentrup, Leopoldshöhe, Bönen, Extertal, Fröndenberg, Kalletal, Oerlinghausen, Bad Salzuflen und Kamen, über die höchste die Kreisstädte Siegen und Unna. Gemessen an der Aufstellung von Bebauungsplänen (Maßstab 2.212.) erfüllen die Bedingungen des Maßstabs die Verwaltungsgemeinschaft Uentrop/Rhynern, Netphen, Pelkum und alle Gemeinden der vierten Gruppe außer Bad Salzuflen.

Die Planungsleistung der Gemeinden liegt etwas höher, als aufgrund der Planungskapazität ihrer Verwaltungen zu erwarten wäre: aber natürlich werden nicht vorhandene eigene durch externe Fachkräfte ergänzt. Dabei erweist es sich, daß Widerstände bei der Aufstellung des Flächennutzungsplans (Maßstab 2.221.) im ländlichen Raum (Kreis Lemgo) und in Gemeinden von unter 12 000 Einwohnern offensichtlich eher zu überwinden sind als in mehr verdichteten Räumen oder größeren Gemeinden. Obwohl in den Mittelstädten unter den Großgemeinden (vierte Gruppe) eher und mehr Bebauungspläne für die weitere Stadtentwicklung erforderlich werden, sind die Anforderungen des Maßstabs 2.222. so niedrig gehalten, daß sie auch von den anderen Gemeinden hätten erreicht werden können. Das ist aber bei den Gemeinden von unter 12 000 Einwohnern nur in geringem Maße der Fall.

---

[413] Dort war der Nachholbedarf am größten.

[414] Die Gemeinden Rhynern und Uentrop verfälschen die Ergebnisse der ersten Gruppe ein wenig, da sie beim Maßstab 2.2 eigentlich als eine Gemeinde (Verwaltungsgemeinschaft) behandelt werden müßten.

Einen Vorteil „gewachsener" Verwaltungen gegenüber Verwaltungen im Aufbau, noch deutlicher großer gegenüber kleinen Verwaltungen spürt der Maßstab 2.23. auf: erstere sind die besseren EDV-Partner. Bemerkenswert sind gleichzeitig die Unterschiede innerhalb der einzelnen Gemeindegruppen, die darauf hinweisen, daß der „automationsgerechte" Ausbildungsstand einer Verwaltung keineswegs nur von öffentlich-rechtlichen Vereinbarungen oder Gesellschaftsverträgen über die Zusammenarbeit mit einem Rechenzentrum abhängt, sondern eher noch von dem Verständnis des Hauptverwaltungsbeamten und seiner leitenden Mitarbeiter für den Einsatz der automatischen Datenverarbeitung in der öffentlichen Verwaltung.

Die Fähigkeit der Verwaltungen, Impulse zur Entwicklung der Gemeinden zu geben (Maßstab 2.24.), ist durchschnittlich noch nicht stark ausgebildet, aber mehr entwickelt als vor der Neuordnung. Es überrascht nicht, daß größere Verwaltungen die potentiell größten Impulsgeber sind, aber es gibt sowohl in der vierten als auch in den anderen Gemeindegruppen Ausnahmen von dieser Feststellung.

4.42. Auswirkungen auf die Leistungserbringung des Verwaltungsapparats

Die durch die bisherige Analyse festgestellten Erkenntnisse über Auswirkungen der territorialen Neugliederung der Gemeinden auf die Leistungserbringung des Verwaltungsapparats werden in Leitsätzen zusammengefaßt.

(16) Neugeordnete Gemeinden sind im allgemeinen in der Lage, die gegenwärtigen Schulsysteme, soweit für die Gemeinde erforderlich, in eigener Trägerschaft zu führen.

(17) Die Förderung des Sports durch Ausbau bestehender Einrichtungen oder Bau neuer Anlagen wird in vielen neugeordneten Gemeinden — wenn nicht durch Beschlüsse der Altgemeinden bedingt — mehr von politischen Erwägungen bestimmt[415] als von sachlichen Notwendigkeiten. Soweit die Gemeinden indes überörtlich abgestimmten Gesamtplanungen folgen können (Sportstättenleitplanung), werden die Interessen des größeren Raumes, d. h. die zentralörtlichen Erfordernisse, eher berücksichtigt als vor der Neuordnung.

(18) Der Ausbau der zentralen Wasserversorgung und Abwässerbeseitigung wird in Gebieten, in denen noch ein Nachholbedarf bestand, von neugeordneten Großgemeinden oder durch von diesen getragene überregionale Zweckverbände schneller geplant und abgewickelt als

[415] Auf diese Weise z. B. werden Ortsteile für ihre verlorene Eigenständigkeit „entschädigt".

von den Altgemeinden oder von Zweckverbänden, die von vielen kleinen Gemeinden getragen werden. In manchen Großgemeinden wird der Ausbau erst durch die Neuordnung politisch und finanziell möglich.

(19) Die Neuordnung bedeutet ausnahmslos die Einrichtung hauptamtlicher Gemeindeverwaltungen und damit die Auflösung der Ämter[416]. Einer raschen und bedeutenden Leistungsverbesserung, die von neuen Verwaltungen erwartet wird, stehen u. a. folgende immanente Schwierigkeiten entgegen:

— Aus mehreren Verwaltungen bzw. von mehreren Altgemeinden übernommene Kräfte können nicht das gesamte Spektrum des in einer neugeordneten Gemeinde erforderlichen Sachverstands abdecken; angesichts der nur begrenzt zur Verfügung stehenden Personalmittel kann der Verwaltungsapparat andererseits nicht beliebig erweitert werden[417].

— Das mehr reaktiv handelnde Personal der Amtsverwaltungen braucht Zeit, um ein neues Selbstverständnis zu gewinnen und sich als ein mehr aktiv handelndes und vorausschauend planendes, Initiativen ergreifendes und Entwicklungsimpulse vermittelndes Personal der Großgemeindeverwaltung zu begreifen[418].

— Die Leistungen des Personals sind mit abhängig von richtiger Menschenführung und geübtem Personalmanagement, deren optimale Handhabung erreicht ist, wenn die Eigenmotivation der Bediensteten identisch ist mit der Zielsetzung der Verwaltung. Zur Herstellung dieser Interessenidentität bleibt angesichts des Leistungsdrucks in der Aufbauphase kaum Zeit.

— Relativ kleine Gemeindeverwaltungen sind für junge hochspezialisierte Verwaltungsfachleute nicht attraktiv genug und bieten zu wenig finanziellen Anreiz und Beförderungschancen.

(20) Die Planungsfähigkeit der Verwaltungen neugeordneter Großgemeinden von über 12 000 Einwohnern[419] ist — in mittlerer Frist nach der Neuordnung (vier bis fünf Jahre) — noch relativ unterentwickelt, aber besser ausgeprägt als vor der Neuordnung. Mit der genannten Einschränkung ist die Planungsfähigkeit in Verwaltungen von Gemeinden mit mehr als 35 000 Einwohnern relativ am größten und in

---

[416] Vgl. § 60 Abs. 2 GO NW sowie NWP 75, S. 144.

[417] Dazu vgl. Leitsatz 13. Überbesetzungen können im allgemeinen nicht durch Kündigungen abgebaut werden.

[418] Vgl. Leitsatz 21.

[419] In kleineren Gemeinden ist kaum eine eigene Planungsfähigkeit der Verwaltungen festzustellen.

Gemeinden mit Ämtern als Rechtsvorgängern größer als in Landesteilen, in denen auch vor der Territorialreform keine Ämter existierten (Kreis Lemgo).

(21) Die Neuordnung bedeutet für Räume, die zuvor weitgehend passiv hinter der allgemeinen gemeindlichen Entwicklung zurückblieben (Kreis Lemgo), die Wiedererlangung der Chance, von einer aktiv steuernden und eigeninitiativ denkenden und handelnden Verwaltung (Impulsverwaltung) zu profitieren. Insgesamt gesehen ist diese Aufgabe aber noch nicht genügend erkannt und die entsprechende Fähigkeit noch nicht voll entwickelt; dies wird allerdings dort nachgerade verhindert, wo weitere Neugliederungsmaßnahmen tatsächlich oder gerüchtweise bevorstehen[420].

[420] Deshalb sollte die gesamte Neuordnung in Nordrhein-Westfalen schnellstmöglich zu Ende geführt werden und der Gebietszuschnitt danach für wenigstens eine Generation verbrieften und nicht in Frage gestellten Bestand haben.

5. Kommunale Selbstverwaltung

„Die Gemeinden sind in ihrem Gebiet, soweit die Gesetze nicht ausdrücklich etwas anderes bestimmen, ausschließliche und eigenverantwortliche Träger der öffentlichen Verwaltung[1]."

Die so definierte und auf mehreren Gesetzesebenen — z. B. Art. 28 Abs. 2 GG, Art. 78 Abs. 1 und 2 LV NW — garantierte Selbstverwaltung der Kommunen ist durch die territoriale Neugliederung in wesentlichen Bereichen tangiert worden, was im folgenden näher untersucht werden soll.

Nicht Aufgabe dieser Untersuchung ist es, juristische Fragen zu prüfen, etwa die, ob die Auflösung von Gemeinden und die Bildung größerer Einheiten mit der Selbstverwaltungsgarantie vereinbar seien[2]. Vielmehr sind Erscheinungsformen und wesentliche Kriterien der kommunalen Selbstverwaltung punktartig auf Veränderungen während des Untersuchungszeitraums abzufragen, um festzustellen, ob sie in diesen Punkten positiv oder negativ beeinträchtigt wurde.

5.1. Bestandsaufnahme

Für wesentlich erachtet werden u. a.

— die Frage, inwieweit die potentielle Allzuständigkeit der Gemeinden verwirklicht ist,

— die Frage nach der Zahl (und der Qualifikation) der am Entscheidungsgeschehen Beteiligten mit ihrem besonderen Aspekt der

— Partizipation sachkundiger Bürger,

— die Frage nach dem Verbleib ehrenamtlicher Funktionen und

— die Frage nach der Transparenz der Parlaments- und Verwaltungstätigkeit.

Diese Fragen werden in einer Bestandsaufnahme zu beantworten versucht.

---

[1] § 2 GO NW vom 28. 10. 1952 (GV. NW. S. 269; SGV. NW. 2020).

[2] Dazu vgl. z. B.: Diether Bischoff: Kommunale Neugliederung und Selbstverwaltungsgarantie, Grundzüge der Rechtsprechung des Verfassungsgerichtshofs zur kommunalen Gebietsreform im Lande NW, Siegburg 1972. — Vgl. auch die in Anm. 2.192 angegebene Studie.

5.11. Aufgabenverteilung

(1) Mit der kommunalen Neuordnung wurde eine Reihe von Verwaltungsgemeinschaften und Zweckverbänden aufgelöst[3], in deren Rechtsnachfolge die neuen Großgemeinden eintraten[4]. Im Falle der Großgemeinde *Barntrup* konnten z. B. die Verwaltungsgemeinschaften der Stadt Barntrup (alt) mit den Gemeinden Selbeck, Sommersell und Sonneborn aufgelöst werden[5], in *Dörentrup* u. a. der Abwasserverband „Begatal"[6], in *Leopoldshöhe* die Schulverbände „Dörfergemeinschaftsschule Leopoldshöhe" und „Asemissen-Bechterdissen" sowie der „Friedhofszweckverband Asemissen-Bechterdissen-Greste"[7], deren Aufgaben von den Großgemeinden übernommen wurden. Auch die öffentlich-rechtliche Vereinbarung zwischen der Gemeinde Nienhagen und der Gemeinde Bexterhagen über die Durchführung der Müllabfuhr wurde aufgehoben[8]. Für den südlichen Bereich der Gemeinde ist Leopoldshöhe Mitglied eines Müllabfuhrzweckverbandes mit der Stadt Oerlinghausen, für einen Ortsteil der ehemaligen Gemeinde Greste besteht eine Vereinbarung mit Lage und Oerlinghausen zur Entwässerung dieses Gebiets und gleichfalls mit Oerlinghausen eine Vereinbarung zur Betreuung der Sonderschüler[9] aus Leopoldshöhe (Schulverband „Fröbelschule Oerlinghausen").

Den Gemeinden im Kreis Lemgo wurden nach der Neuordnung vor allem im Bereich des Ordnungs- und Sozialwesens Aufgaben zusätzlich übertragen: sie sind heute Paßbehörde[10], zuständig für die Schank- und Gewerbeerlaubnis, für öffentliche Ordnung, Obdachlosenunterbringung,

---

[3] Überflüssig wurden im Kreis Lemgo 26 von 33 Zweckverbänden oder öffentlich-rechtlichen Vereinbarungen, im Kreis Siegen 37 von 45, im Kreis Unna 21 von 26 (vgl. Gutachten B, S. 188).

[4] Wenn das Verbandsgebiet nicht im Gemeindegebiet aufging oder mit ihm identisch war, regelte sich die Rechtsnachfolge der früheren Verbandsmitglieder nach § 21 GkG.

[5] Vgl. Lemgo-Gesetz, Anl. 6, Ziff. 2.

[6] Vgl. Lemgo-Gesetz, Anl. 4, Ziff. 2, und Anl. 5 b, Ziff. 3, sowie: „Organisatorische Verflechtungen innerhalb des Bereichs der geplanten Großgemeinde Dörentrup vor und nach Realisierung des Gesetzentwurfs", in: Landtag NW (Hrsg.): Beratungsmaterialien zum Gesetz zur Neugliederung des Landkreises Lemgo vom 5. November 1968, A 0303/37, Düsseldorf o. J., S. 639 - 673 (Lt.-Zuschrift VI/472), S. 663 und 665.

[7] Lemgo-Gesetz, Anl. 2, Ziff. 2.

[8] Vgl. ebd.

[9] Entsprechende Vereinbarungen für Sonderschüler haben auch die Stadt Oerlinghausen und die Gemeinde Dörentrup mit anderen Schulträgern abgeschlossen, wie sie in allen Gemeinden für nicht am Ort vorhandene Schulsysteme bestehen.

[10] Viele frühere Gemeinden (hier: in Dörentrup und Leopoldshöhe) hatten allenfalls Meldeämter (Einwohnerkartei), für Paßfragen war die Kreisinstitution „Amtmann" in Brake mit Außenstelle in Schötmar zuständig. Der Amtmann war die Behörde der kleinen Gemeinden für Ordnungs- und Sozialfragen.

für das Eintreiben öffentlich-rechtlicher Forderungen[11]; ihnen wurde die Kompetenz für die Sozialhilfe delegiert. Gerade diese Bürgernähe der Sozialhilfe ist eine deutliche Verbesserung für die Betroffenen, die nunmehr bereits in der Gemeinde umfassend beraten werden können. Auch eine Bauberatung kann in begrenztem Umfang durch die Verwaltungen (Bauämter) der Großgemeinden erfolgen.

Die Gemeinden Dörentrup und Leopoldshöhe hatten bzw. haben außerdem die Verwaltung der Grund- und Gewerbesteuern neu zu übernehmen.

„Bei der Grund- und Gewerbesteuer handelt es sich um echte Gemeindesteuern, deren Festsetzung und Erhebung nach den einschlägigen gesetzlichen Vorschriften den Gemeinden obliegt. Ausnahmen hiervon gibt es nur in den Stadtstaaten Hamburg und Berlin und in Lippe. Da es in Lippe keine Ämter nach preußischem Vorbild gab und die Verwaltungskraft der einzelnen Gemeinden in der Regel zu schwach war, um die Steuerverwaltung selbst vorzunehmen, sind am 12./24. April 1933 zwischen der Lippischen Landesregierung und dem Reichsminister der Finanzen ‚Vereinbarungen für die Übernahme der Lippischen Landessteuerverwaltung' getroffen worden. Danach wurde die gesamte Steuerverwaltung vom Reich — jetzt Land NW — wahrgenommen.

Infolge Stärkung der Verwaltungskraft wurde die Steuerverwaltung durch Gem. Runderlasse des Finanz- und des Innenministers NW von 1950 bis 1953 auf folgende Gemeinden in Lippe rückübertragen: ... Lemgo, ... und Barntrup.

Nach der gemeindlichen Neugliederung des Kreises Lemgo ist das Finanzamt Lemgo bestrebt, in seinem Bereich die Verwaltung der Grund- und Gewerbesteuern (zum 1. 1. 1971; V. W.) auf die neuen Gemeinden zu übertragen ... Neu zu übernehmen hätten danach die Gemeinden Dörentrup, Extertal und Kalletal.

Im Bereich des Finanzamts Detmold wird die Übernahme durch die Gemeinden erst zum 1. 1. 1972 angestrebt, da dort die gemeindliche Neugliederung ein Jahr später erfolgte[12]."

Die Gemeinde Dörentrup übernahm die Verwaltung der Grund- und Gewerbesteuern — Hunde- und Vergnügungssteuern wurden auch vor der Neuordnung durch die Gemeinden selbst verwaltet — mit Wirkung vom 1. 1. 1971.

---

[11] „Auf dem Gebiet der öffentlichen Ordnung sind den ländlichen Großgemeinden viele zusätzliche Aufgaben zugefallen. Vor der Verwaltungsreform wurden beispielsweise ordnungsbehördliche Verordnungen oder Verfügungen nicht von den Landgemeinden, sondern von den Amtmännern in Brake oder Schötmar bzw. von der Kreisordnungsbehörde erlassen. Um von den Aufgaben der Ordnungsbehörden nur einige zu nennen, sollen hier ... das Paßwesen, die Überwachung von Getränkeschankanlagen, das Impfwesen, die Verfolgung und die Beseitigung von Gefahren für die öffentliche Sicherheit und Ordnung, die Gewerbeüberwachung, Obdachlosenunterbringung und die Fundsachenverwaltung genannt werden." (Reinhard Pahmeier: „Die Verwaltung ist guten Willens.")

[12] Gemeinde Dörentrup (Hrsg.): Übernahme der Verwaltung der Grund- und Gewerbesteuern vom Finanzamt Lemgo, Ratsvorlage vom 14. 9. 1970.

Die wichtigsten Aufgaben, die für die drei der ersten Gruppe zugehörigen Gemeinden des Kreises Lemgo — Barntrup, Dörentrup, Leopoldshöhe — nach wie vor von der Kreisverwaltung in Lemgo erledigt werden, sind die Aufgaben des Jugendamtes und der unteren Bauaufsichtsbehörde.

Bei den Gemeinden *Rhynern* und *Uentrop* ist mit der Neuordnung ein Kompetenzverlust[13] zu verzeichnen:

„Alle Bemühungen, das selbständige Jugendamt zu erhalten, sind gescheitert. Durch das ... (Unna-Gesetz; V. W.), mit dem das Amt Rhynern ab 1. 1. 1968 die Gemeinden Berge, Bramey-Lenningsen, Flierich und Westtünnen verliert und damit unter die vorgeschriebene 20 000-Einwohner-Grenze kommen wird, liegen die Voraussetzungen für ein eigenes Jugendamt nicht mehr vor[14]."

„Die für das Amt Rhynern ausgesprochene Privilegierung des Bauamtes (allerdings; V. W.) wurde nach der kommunalen Neuordnung durch Erlaß des Ministers für Landesplanung, Wohnungsbau und öffentliche Arbeiten mit Wirkung vom 1. 2. 1968 auf die Gemeinden Uentrop und Rhynern übertragen mit der Auflage, daß die Amtsgeschäfte der unteren Bauaufsichtsbehörde von der Gemeinde Uentrop zu übernehmen sind[15]."

(2) Die Gemeinden als Rechtsnachfolgerinnen der aufgelösten Ämter übernahmen grundsätzlich alle Aufgaben in eigener Zuständigkeit (§ 2 GO NW), deren Ausführung von den Altgemeinden den Amtsverwaltungen übertragen war. Soweit sie als Großgemeinden indes unter die 20 000-Einwohnergrenze gerieten, ging für den Bereich der neuen Gemeinde die Kompetenz für Aufgaben der Jugendhilfe (Jugendamt) und Bauordnung (untere Bauaufsicht) in der Regel von der Amts- auf die Kreisverwaltung über. Das war bei den Gemeinden der *zweiten Gruppe* z. B. bei der Gemeinde Bönen der Fall; auch für die Gemeinde Holzwickede[16] traf es zu.

Wie den anderen Gemeinden des Kreises Lemgo wurden den Gemeinden Extertal, Kalletal und Oerlinghausen die oben beschriebenen, vorher von den Amtmännern in Brake bzw. Schötmar und vom Sozialamt der Kreisverwaltung Lemgo in Brake wahrgenommenen Aufgaben im Bereich des Ordnungs- und Sozialwesens übertragen; Extertal und Kalletal

[13] Die Aufgaben der aufgelösten Zweckverbände und öffentlich-rechtlichen Vereinbarungen gingen natürlich auf die Verwaltungsgemeinschaft über.

[14] Amt Rhynern (Hrsg.): Verwaltungsbericht ... 1967, S. 122. Der entsprechende Bescheid des Arbeits- und Sozialministers NW ist als Anlage 8 abgedruckt.

[15] Gemeinden Uentrop und Rhynern (Hrsg.): Verwaltungsbericht ... 1968/1969, S .23.

[16] Für das Gebiet der Gemeinde Holzwickede übernahm die Kreisverwaltung Unna bereits mit der Ausamtung der drei Altgemeinden am 31. 12. 1966 die angegebenen Aufgaben (vgl. Volkhard Wrage: Taktik der Territorialreform, S. 48 f.).

übernahmen zudem die Verwaltung der Grund- und Gewerbesteuern vom Finanzamt Lemgo zum 1. 1. 1970 bzw. 1. 1. 1972.

Nach wie vor von den jeweiligen Kreisverwaltungen erfüllt werden die Aufgaben des Jugendamtes und der unteren Bauaufsichtsbehörde für den Bereich der Gemeinden Burbach, Extertal, Freudenberg, Fröndenberg, Hilchenbach, Neunkirchen, Oerlinghausen und Wilnsdorf.

Die Gemeinden übernahmen die Aufgaben folgender Zweckverbände, die mit der Neuordnung aufgelöst wurden:

— Gemeinde Burbach: Planungsverband „Holzhausen-Niederdresselndorf", Planungsverband der Hickengrundstraße, Schulverband „Dresselndorf"; Gemeinderevierförsterverband „Hickengrund"[17];

— Gemeinde Extertal: Schulverbände „Realschule Extertal", „Silixen-Laßbruch-Kükenbruch", „Bösingfeld-Schönhagen", „Almena-Nalhof", „Dörfergemeinschaftsschule Almena"; Zweckverband „Freibad Laßbruch"[18];

— Stadt Freudenberg: Schulverbände „Niederndorf", „Oberfischbach", „Oberheuslingen" und „Oberholzklau"[19];

— Stadt Hilchenbach: Schulverbände „Helberhausen" und „Öchelhausen-Ruckersfeld"; Sparkassenzweckverband der Stadt Hilchenbach (alt) und des Amtes Keppel[20];

— Gemeinde Kalletal: Schulverbände „Bavenhausen-Henstorf", „Hohenhausen-Brosen", „August-Dreves-Schule Hohenhausen", „Fröbelschule Kalletal", „Lüdenhausen-Henstorf" und „Talle-Osterhagen"[21];

— Gemeinde Neunkirchen: Schulverband „Wiederstein-Zeppenfeld"; Erster Planungsverband im Freien Grund „Am Rasberg"[22].

Neunkirchen kooperiert mit Burbach in drei Verbänden bzw. Vereinbarungen: dem Sparkassenverband Burbach/Neunkirchen[23], dem Abwasserverband Hellerthal[24] und durch eine öffentlich-rechtliche Vereinbarung über die Nutzung der Sonderschule in Burbach[25]. — Über die

---

17 Vgl. 2. Siegen-Gesetz, Anl. 6, § 2 i. V. m. Lt.-Drs. VI/480, S. 68.

18 Vgl. Lemgo-Gesetz, Anl. 8, Ziff. 2.

19 Vgl. 2. Siegen-Gesetz, Anl. 3, § 3.

20 Vgl. 2. Siegen-Gesetz, Anl. 2, § 3.

21 Vgl. Lemgo-Gesetz, Anl. 7, Ziff. 2.

22 Wie Anm. 5.17.

23 Vgl. 2. Siegen-Gesetz, § 11 Abs. 1.

24 Vgl. 2. Siegen-Gesetz, Anl. 6, § 10, Ziff. 7.

25 Vgl. ebd., Ziff. 1. Durch neue Regelungen im Schulfinanzausgleich wurde der Vereinbarung die Rechtsgrundlage entzogen, weshalb sie zum Schuljahr 1972/73 gekündigt wurde.

Situation im Bereich der Wasserversorgung finden sich Angaben an anderer Stelle dieser Untersuchung: die Gemeinden des Kreises Siegen sind im Wasserverband Siegerland zusammengeschlossen, der Kreis Unna wird von den Wasserwerken der Städte Fröndenberg, Hamm und Dortmund und von Gelsenwasser versorgt[26]. — Die Gemeinde Bönen ist Mitglied des Sparkassenzweckverbandes Bergkamen/Bönen/Pelkum[27]. — Die Stadt Hilchenbach ist Hauptträger des Abwasserverbandes Oberes Ferndorftal; für die grundschulpflichtigen Kinder des Stadtteils Lützel wurde eine öffentlich-rechtliche Vereinbarung mit der Gemeinde Erndtebrück getroffen. — Die Stadt Oerlinghausen löst ihre Entwässerungsprobleme u. a. mit Hilfe der Abwasserverbände Haferbach und Oerlinghausen/Senne/Sende. — Auch die Gemeinde Wilnsdorf gehört — für ihren Ortsteil Wilden — einem Abwasserverband (Hellerthal) an[28]. Sie ist außerdem Mitglied des Sparkassenzweckverbandes Siegen[29].

(3) Alle Gemeinden der *dritten Gruppe* gehören zu den Rechtsnachfolgerinnen von aufgelösten Ämtern, deren übertragene oder eigene Aufgaben sie zu übernehmen hatten. Die Gemeinde Pelkum hat — wie das Amt Pelkum vor der Neuordnung — ein eigenes Jugendamt und ein vollprivilegiertes Bauamt. Die Aufgaben des Jugendamtes und ein Teil der Aufgaben der unteren Bauaufsicht für das Gebiet der Gemeinde Netphen wird nach wie vor von der Kreisverwaltung erfüllt. Der Stadt Kreuztal und der Gemeinde Netphen wurden als Rechtsnachfolgerinnen die Aufgaben der folgenden durch das Neugliederungsgesetz aufgelösten Verbände übertragen:

- Stadt Kreuztal: Schulverbände „Eichen", „Kreuztal", „Osthelden/Mittelhees" und „Littfeld", Klärwerkszweckverband „Kreuztal"[30];

- Gemeinde Netphen: Schulverbände „Afholderbach-Sohlbach-Brauersdorf", „Obernau-Nauholz", „Grissenbach-Nenkersdorf", „Hainchen-Irmgarteichen", „Netphen-Oelgershausen" und „Salchendorf-Helgersdorf", „Zweckverband für Kanalisation und Klärwerke Netphen"[31].

Alle Gemeinden sind Mitglieder von überörtlichen Wasserverbänden. Die Stadt Eiserfeld löst ihre Entwässerungsfragen mit Hilfe des Abwasserverbandes (Wasser- und Bodenverbandes) Eiserfeld/Mudersbach/

---

[26] Vgl. Pkt. 4.21. dieser Untersuchung.

[27] Vgl. Gemeinde Bönen (Hrsg.): Handbuch der Gemeinde Bönen, Bönen (Oktober) 1971, S. 103 ff.

[28] Vgl. 2. Siegen-Gesetz, Anl. 5, § 3.

[29] Dieser Verband wurde am 1. 1. 1971 zwischen den Städten Eiserfeld, Hüttental und Siegen und den Gemeinden Netphen und Wilnsdorf gegründet als Nachfolgeorganisation bestehender Zweckverbände.

[30] Vgl. 2. Siegen-Gesetz, Anl. 1, § 3.

[31] Vgl. 2. Siegen-Gesetz, Anl. 5, § 2.

Brachbach; die Stadt Kreuztal ist wegen ihres Stadtteils Kredenbach Mitglied des Abwasserverbandes „Oberes Ferndorftal“, die Gemeinde Netphen Mitglied eines Klärwerkszweckverbandes mit der Stadt Hüttental. — Die Stadt Eiserfeld und die Gemeinde Netphen gehören dem Sparkassenzweckverband Siegen an.

(4) Auch die neuen Großgemeinden der *vierten Gruppe* wurden Rechtsnachfolgerinnen der aufgelösten Altgemeinden, Ämter und Zweckverbände und hatten demzufolge grundsätzlich deren Aufgaben zu übernehmen. Wie den übrigen Gemeinden des Kreises Lemgo wurden den Städten Bad Salzuflen und Lemgo für den Bereich der Landgemeinden die oben erwähnten Aufgaben aus dem Ordnungs- und Sozialwesen neu übertragen, die vor der Auflösung ihrer Amtsbezirke von den Amtmännern in Brake und Schötmar bzw. vom Sozialamt der Kreisverwaltung Lemgo wahrgenommen worden waren. Alle Städte der vierten Gruppe sind untere Bauaufsichtsbehörden. Selbständige Jugendämter befinden sich in den Stadtverwaltungen Bergkamen, Kamen, Siegen und Unna. Für die anderen Städte ist jeweils das Kreisjugendamt zuständig.

Die Gemeinden traten die Rechtsnachfolge u. a. der folgenden aufgelösten Verbände an:

— Stadt Hüttental: Schulverbände „Geisweid-Dillnhütten“, „Buchen-Sohlbach“, „Niedersetzen-Obersetzen“, „Fürst-Johann-Moritz-Gymnasium“ in Weidenau[32], Feuerlöschverband des Amtes Weidenau[33];

— Stadt Lemgo: Verwaltungsgemeinschaft „Brake-Wiembeck“[34];

— Stadt Siegen: Schulverband „Volnsberg-Breitenbach“[35].

Die Städte der vierten Gemeindegruppe sind — außer Lemgo — Mitglieder überörtlicher Wasserverbände. — Die Stadt Hüttental unterhält mit dem Ortsteil Dreis-Tiefenbach der Nachbargemeinde Netphen den Klärwerkszweckverband Weidenau/Geisweid/Dreis-Tiefenbach[36]. Hüttental und Siegen sind zwei der fünf Mitglieder des Sparkassenzweckverbandes Siegen.

„Im Jahre 1966 übernahm der Kreis Siegen als Folge des 1. Neugliederungsgesetzes eine Reihe von Aufgaben, die die Stadt Siegen für ihren Bereich bis dahin in eigener Zuständigkeit wahrgenommen hatte. So zum Beispiel das Veterinärwesen, das Kataster- und Vermessungswesen, die Wohnungsbau-

---

[32] Vgl. 1. Siegen-Gesetz, Anl. 2, Ziff. 3.

[33] 1. Siegen-Gesetz, § 10 Abs. 2.

[34] Vgl. Lemgo-Gesetz, Anl. 4, Ziff. 2.

[35] Vgl. 1. Siegen-Gesetz, Anl. 1, Ziff. 7.

[36] Weiter besteht eine öffentlich-rechtliche Vereinbarung mit der Stadt Kreuztal wegen der Anbindung von Hüttental-Niedersetzen und -Obersetzen an die Freibadkläranlage in Kreuztal-Buschhütten.

und Wirtschaftsförderung, gewisse Ordnungsaufgaben, die Aufgaben des ehem. Polizeiamtes Siegen, die Lastenausgleichsverwaltung und die Schulverwaltung, letztere bei Übernahme aller Bediensteten des früheren Berufsschulzweckverbandes Siegen Stadt und Land[37]."

Die Stadt Siegen erlangte bei der Wiedereinkreisung einen Sonderstatus:

„Die Stadt Siegen nimmt in ihrem Gebiet die Pflichtaufgaben, Pflichtaufgaben zur Erfüllung nach Weisung, Auftragsangelegenheiten und Zuständigkeiten der Beschlußausschüsse wahr, die beim Inkrafttreten dieses Gesetzes nach Landesrecht den kreisfreien Städten obliegen[38]."

Von dieser grundsätzlichen Regelung ist die Landesregierung aufgrund § 6 Abs. 2 des 1. Siegen-Gesetzes in einer „Verordnung über Zuständigkeiten im Landkreis Siegen"[39] abgewichen. Durch die „Verwaltungsreform bedingt, gehören (z. B.; V. W.) die Ortsdurchfahrten der Landstraßen ab 1. 7. 1966 wieder zur Baulast der Stadt Siegen"[40].

(5) Die Bestandsaufnahme der Aufgabenverteilung vor und nach der Neuordnung — so das *Zwischenergebnis* — hat zwei gegenläufige Trends hinsichtlich der Bürgernähe der Verwaltung aufgezeigt: während es vor allem in zuvor ehrenamtlich verwalteten Gebieten positiv auffällt, daß alle Gemeinden nunmehr die häufigsten Anliegen der Bürger, vor allen Dingen Personenstandsangelegenheiten, an Ort und Stelle erledigen können, ergab sich für einige unter dem Schwellenwert von 20 000 Einwohnern bleibende Großgemeinden dadurch ein Funktionsverlust gegenüber den aufgelösten Ämtern, daß die Aufgaben des Jugendamtes und der unteren Bauaufsicht auf den Kreis übergingen.

Eine große Zahl von Ersatzaufgabenträgern — Zweckverbände, öffentlich-rechtliche Vereinbarungen — konnte wegen der Großgemeindebildung aufgelöst werden. Weiterbestehende oder neugegründete Vereinbarungen beziehen sich meist auf die Bereiche Wasserversorgung und Abwässerbeseitigung. Als für die Selbstverwaltung jeweils wichtigste Verlagerung von Teilaufgaben auf Stellen außerhalb der Gemeinden indes wird die schrittweise erfolgende Übernahme automatisierbarer Verwaltungsvorgänge auf die EDV angesehen; auf diesem Gebiet müßte eine größere Zahl sachverständiger Bediensteter in den Gemeindeverwaltungen tätig werden[41].

---

[37] OKD des Kreises Siegen (Hrsg.): Kreis Siegen 1964 - 1969, S. 89.

[38] 1. Siegen-Gesetz, § 6 Abs. 1.

[39] Vom 1. 7. 1966 (GV. NW. S. 381).

[40] Stadt Siegen (Hrsg.): Verwaltungsbericht ... 1965 - 1968/69, S. 93.

[41] Vgl. dazu Pkt. 4.23. (6) dieser Untersuchung.

5.12. Ratsmitglieder

Für die das kommunale Entscheidungsgeschehen mitbestimmenden Ratsmitglieder ist es — unabhängig von der Bedeutungsschwere der Entscheidungen — subjektiv relevant, *daß* sie an den Willensbildungsprozessen unmittelbar mit Wort und Stimme mitwirken können. Dahinter kann der objektive Stellenwert ihrer Mitwirkung durchaus zurücktreten, soweit er überhaupt das Selbstverständnis der Ratsvertreter beeinflußt. Von daher ist allein die Zahl der Ratsmitglieder[42] schon bedeutsam, die durch die kommunale Neuordnung eine signifikante Änderung erfuhr, aber gesetzlich vorgeschrieben ist.

Wie den Tabellen A 32 bis A 35 zu entnehmen ist, wurde auch beim Vergleich der Zahlen der Ratsvertreter vor und nach der Neugliederung das Verfahren der fiktiven Vergangenheit angewandt[43]. Die Verminderung dieser Zahlen, die von der Anzahl und der Einwohnergröße der zusammengeschlossenen Altgemeinden abhängen, betrug in Einzelfällen mehr als 80 % (Freudenberg, Kalletal, Netphen). Aufgrund der Neueinteilung der Wahlbezirke nach der Territorialreform[44] haben in einigen wenigen Gemeinden einzelne Ortsteile keinen direkten Vertreter mehr im Gemeindeparlament[45].

5.13. Sachkundige Bürger

Nach der Gemeindeordnung NW können zu „Mitgliedern der Ausschüsse ... neben Ratsmitgliedern auch andere zum Rat wählbare sachkundige Bürger bestellt werden. Ihre Zahl darf die der Ratsmitglieder in den einzelnen Ausschüssen nicht erreichen[46]."

In die sogenannten Pflichtausschüsse — Haupt-, Finanz- und Rechnungsprüfungsausschuß[47] — allerdings darf kein Nicht-Ratsmitglied ent-

---

[42] Die Einschätzung der Qualifikation der Ratsmitglieder erforderte eine soziologische Analyse, die im Rahmen dieser Untersuchung nicht geleistet werden kann, sie aber sinnreich ergänzen würde. Aus den Befragungen der Hauptverwaltungsbeamten konnte immerhin entnommen werden, daß sich die Gemeindeparlamente „aus allen Schichten" zusammensetzen. Tendenziell kann für die Ratsvertretungen der Großgemeinden ein höheres Niveau als in kleineren Parlamenten vermutet werden. Diese Vermutung wurde z. B. von der Verwaltung Uentrop / Rhynern für diese Gemeinden bestätigt.

[43] In der Annahme der fiktiven Vergangenheit werden die Zahlen der Ratsvertreter vor der Neuordnung addiert, d. h. *das* Gemeindeparlament ist die Summe der für das Gebiet der heutigen Großgemeinde tätigen Gemeindevertreter.

[44] Vgl. § 4 Abs. 1 i. V. m. § 3 Abs. 2 a KWahlG NW.

[45] Als interessantes Nebenergebnis kann den angegebenen Tabellen entnommen werden, daß die Gebietsreform offensichtlich keinen Einfluß auf die Wahlentscheidung der Bürger gehabt hat: lediglich in der Großgemeinde Uentrop ging die Führung in der Fraktionsstärke von der CDU auf die SPD über.

[46] § 42 Abs. 2 GO NW.

sandt werden. Da in manchen Altgemeinden bei einer Stärke der Ratsvertretung von 7 Mitgliedern (Mindeststärke[48]) noch nicht einmal die Pflichtausschüsse gebildet waren, ist ersichtlich, daß teilweise erst nach der Neuordnung sachkundige Bürger am Entscheidungsgeschehen der Kommune partizipieren konnten.

(1) Die Zahl der sachkundigen Bürger (ohne Vertreter) in den fünf Gemeinden der *ersten Gruppe* geht aus der folgenden Abbildung hervor[49].

Abb. 28: *Sachkundige Bürger in den Ratsausschüssen der Gemeinden von unter 12 000 Einwohnern (vor und nach der Neuordnung)*

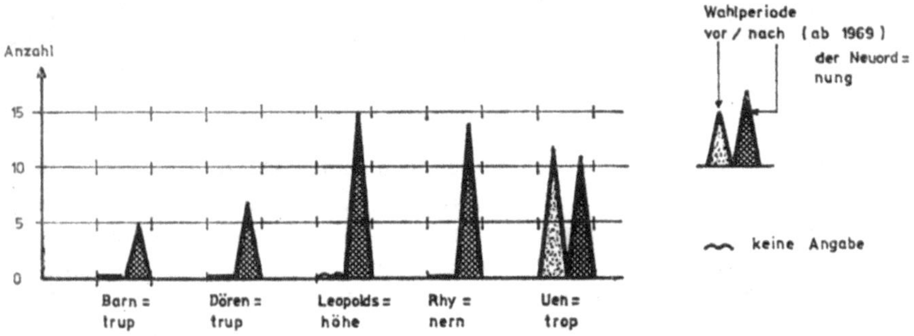

Quelle: Angaben der Gemeindeverwaltungen.

In drei der fünf Einheiten wurden in der ersten Wahlperiode nach der Neuordnung erstmalig sachkundige Bürger in die Ratsausschüsse gewählt; lediglich im Bereich der Großgemeinde Uentrop war nach der Reform ein solcher Bürger weniger tätig als in der letzten Wahlperiode vor der Neugliederung. Im Amt Rhynern waren in dieser Legislaturperiode (1964 - 1968) die gebildeten Ausschüsse ausschließlich mit Amtsvertretern besetzt.

(2) Die Angabe für die *zweite Gruppe* enthält die nachstehende Abbildung. In den Ausschüssen der Ämter Fröndenberg, Keppel und Wilnsdorf waren keine sachkundigen Bürger vertreten.

---

[47] Vgl. § 43 GO NW.

[48] Vgl. § 3 Abs. 2 a KWahlG NW.

[49] Auch hier wurde das Verfahren der fiktiven Vergangenheit angewandt; d. h. u. a., daß, soweit in den Ausschüssen einer Amtsvertretung sachkundige Bürger mitwirkten, diese der Rechtsnachfolgerin des Amtes zugerechnet wurden. — Die aufgrund gesetzlicher Bestimmungen „beratenden Mitglieder" (z. B. Schulverwaltungsgesetz [SchVG] vom 3. 6. 1958, GV. NW. S. 241, SGV. NW. 223: § 12 Abs. 2) gelten nicht als sachkundige Bürger im Sinne dieser Untersuchung. — Mehrfachmitgliedschaften sind subtrahiert.

Abb. 29: *Sachkundige Bürger in den Ratsausschüssen der Gemeinden von 12 000 bis unter 20 000 Einwohnern (vor und nach der Neuordnung)*

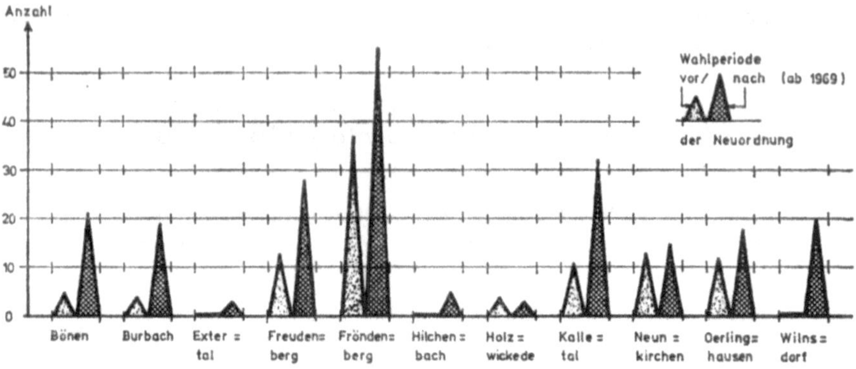

Quelle: Angaben der Gemeindeverwaltungen.

Es zeigen sich erhebliche Unterschiede in den Zahlen: sie reichen von 3 bis 55 sachkundigen Bürgern. Wiederum gibt es drei Großgemeinden, in denen vor der Neuordnung alle Ausschüsse der Gemeindevertretungen nur mit Ratsvertretern besetzt waren. In verschiedenen Gemeinden wurde das Bemühen sichtbar, ehemalige Ratsherren als sachkundige Bürger wieder an der Verantwortung zu beteiligen, so z. B. in Burbach.

(3) Das Amt Eisern war die einzige Rechtsvorgängerin von Gemeinden der *dritten Gruppe*, in deren Parlamentsausschüssen nur Amtsvertreter saßen. Die einzelnen Daten für diese Gruppe gibt folgende Grafik wieder, aus der für drei Einheiten eine Zunahme der Zahl der sachkundigen Bürger nach der Neuordnung hervorgeht.

Abb. 30: *Sachkundige Bürger in den Ratsausschüssen der Gemeinden von 20 000 bis unter 35 000 Einwohnern (vor und nach der Neuordnung)*

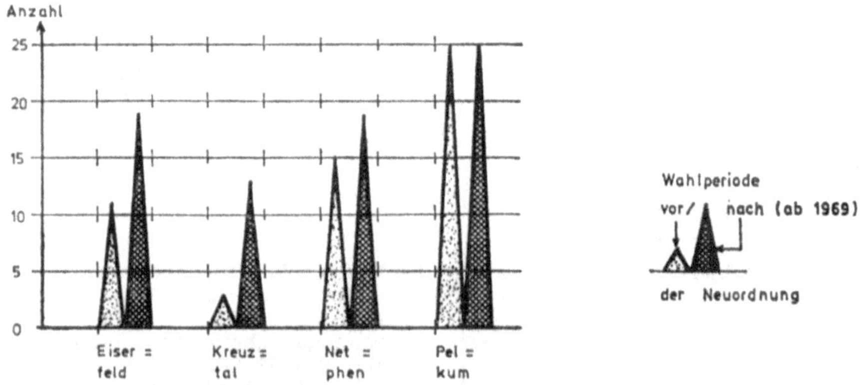

Quelle: Angaben der Gemeindeverwaltungen.

(4) Bei der *vierten Gruppe* waren die Ausschüsse zweier Amtsvertretungen nicht mit gewählten sachkundigen Bürgern besetzt, nämlich die der Ämter Weidenau und Unna-Kamen. Die Veränderungen in den einschlägigen Zahlen für die sieben Mittelstädte können aus der nächsten Abbildung entnommen werden. Auch in dieser Gruppe handelt es sich, bei einer Ausnahme, um eine Zunahme der Anzahl der sachkundigen Bürger, und zwar zwischen 5 und 21 Personen.

Abb. 31: *Sachkundige Bürger in den Ratsausschüssen der Gemeinden von über 35 000 Einwohnern (vor und nach der Neuordnung)*

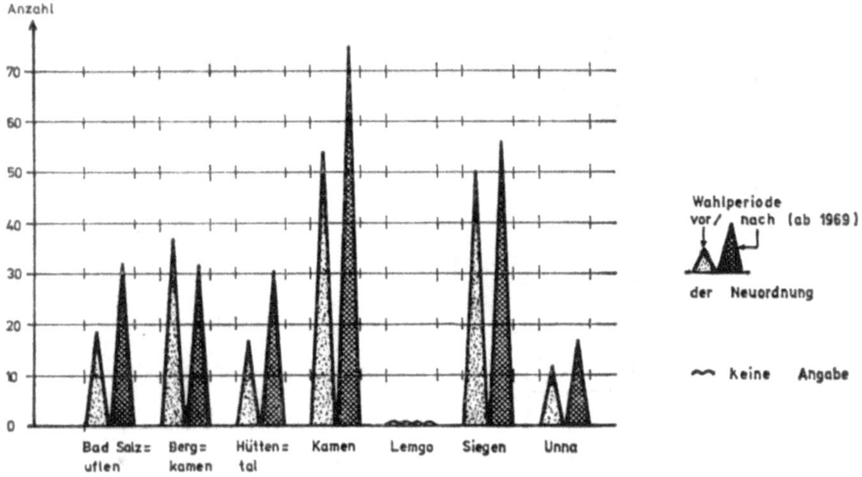

Quelle: Angaben der Stadtverwaltungen.

(5) Ein weiteres *Zwischenergebnis* hat die Bestandsaufnahme erbracht. Danach wird das Instrument der Wahl sachkundiger Bürger in die Ratsausschüsse der neuen Großgemeinden sehr unterschiedlich gehandhabt: in manchen Gemeinden wird es dazu genutzt, Gemeindevertretern, die aufgrund der territorialen Neuordnung ihr Mandat verloren, die Rückkehr in die Kommunalpolitik zu ermöglichen; andere beteiligen eine unbedeutende Zahl von Bürgern auf diese Weise an dem lokalen Entscheidungsgeschehen. So reicht die Zahl von sachkundigen Bürgern in den Untersuchungsräumen von 3 bis 75.

Gegenüber der Wahlperiode vor der Neugliederung hat diese Zahl insgesamt stark zugenommen; in sechs Verwaltungseinheiten wurden nach der Reform erstmalig für den jeweiligen Raum sachkundige Bürger in die Ausschüsse gewählt.

Tabelle 20: Ehrenamtliches Element der Gemeinden von unter 12.000 Einwohnern

Gemeinde		ehrenamtliche Funktion								
		I	II	III	IV	V	Summe		Veränderung: (1)=100	
		Gemeinde-direktor	Standes-beamter	Kassenver-walter	Schieds-mann	Ortsvor-steher	I-III	IV-V	I-III	IV-V
	(1) Wahlperiode vor der Neuordnung (2) Wahlperiode nach der Neuordnung									
Barntrup	(1)	4	2	1	3	-	7	3		
	(2)	-	-	-	1	-	-	1	0	33,3
Dörentrup	(1)	4	4	4	2	-	12	2		
	(2)	-	-	-	1	-	-	1	0	50,0
Leopolds-höhe	(1)	8	-	8	3	-	16	3		
	(2)	-	-	-	1	-	-	1	0	33,3
Rhynern	(1)	-	-	-	5	-	-	5		
	(2)	-	-	-	5	8	-	13	100,0	260,0
Uentrop	(1)	-	-	-	5	-	-	5		
	(2)	-	-	-	5	4	-	9	100,0	180,0

Quelle: Angaben der Gemeindeverwaltungen.

5.14. Ehrenamtliches Element

Diese Untersuchung soll keinen Beitrag zu § 20 GO NW mit seiner Unterscheidung zwischen Ehrenamt und ehrenamtlicher Tätigkeit liefern[50]. Enumerativ sei deshalb definiert, welche Funktionen das ehrenamtliche Element in einer Gemeinde im Sinne dieser Untersuchung ausmachen. Es sind dies:

als ehrenamtliche Funktionen der eigentlichen Verwaltung:

— der Gemeindedirektor, soweit seine Aufgaben vom Bürgermeister der Gemeinde wahrgenommen werden,

— Standesbeamte, soweit sie nicht Angehörige der Gemeindeverwaltung sind, und

— Kassenverwalter;

als sonstige Ehrenämter:

— Schiedsmänner und

— Orts- bzw. Bezirksvorsteher, die meist als Verwaltungsbeauftragte Ehrenbeamte sind, oder Orts- bzw. Bezirksausschüsse[51].

(1) In der vorstehenden Übersicht sind diese Funktionen für die *erste Gemeindegruppe* zusammengestellt.

Mit der Einrichtung von hauptamtlichen Verwaltungen sind die ehrenamtlichen Funktionen der eigentlichen Verwaltung ausnahmslos auf die neuen Verwaltungen der Großgemeinden übergegangen. Bei den sonstigen Ehrenämtern führte die Neuordnung in drei Gemeinden durch die Zusammenlegung von Schiedmannsbezirken zu einer Verringerung der Zahl der Schiedmänner; die mit der Reform eröffnete Möglichkeit der Einsetzung von Ortsvorstehern wurde in zwei Gebietskörperschaften aufgegriffen.

(2) Die gleichen Tendenzen sind in der *zweiten und dritten Gruppe* festzustellen, wie aus Tabelle 21 hervorgeht.

(3) Die Stadt Lemgo *(vierte Gruppe)* ist die einzige Großgemeinde des Kreises Lemgo mit Ortsvorstehern (vgl. Tab. 22). In den Städten Bergkamen, Siegen und Unna wurde die Zahl der Schiedsmannsbezirke unverändert belassen.

---

[50] Dazu vgl. die Kommentare zur Gemeindeordnung mit weiteren Literaturnachweisen.

[51] Trotz des Unterschiedes in der Zahl der Personen wird aus Gründen der Vergleichbarkeit ein Ortsvorsteher einem Ortsausschuß als ehrenamtliche Funktion gleichgerechnet. In den Tabellen taucht nur die Bezeichnung Ortsvorsteher auf. Diese sind zwar meistens im Rat vertreten, werden hier aber wegen ihrer ehrenamtlichen Aufgaben noch einmal gezählt.

Tabelle 21: Ehrenamtliches Element der Gemeinden von 12.000 bis unter 35.000 Einwohnern

Gemeinde		ehrenamtliche Funktion								
		I	II	III	IV	V	Summe		Veränderung: (1)=100	
		Gemeinde-direktor	Standes-beamter	Kassenver-walter	Schieds-mann	Ortsvor-steher	I-III	IV-V	I-III	IV-V
	(1) Wahlperiode vor der Neuordnung (2) Wahlperiode nach der Neuordnung									
Bönen	(1)	1	-	-	6	-	1	6		
	(2)	-	-	-	1	3	-	4	0	66,7
Burbach	(1)	9	1	-	9	-	10	9		
	(2)	-	-	-	2	6	-	8	0	88,9
Extertal	(1)	11	8	11	12	-	30	12		
	(2)	-	-	-	2	-	-	2	0	16,7
Freudenberg	(1)	13	2	-	3	-	15	3		
	(2)	-	-	-	3	13	-	16	0	533,3
Fröndenberg	(1)	-	1	-	7	-	1	7		
	(2)	-	-	-	7	3	-	10	0	142,9
Hilchenbach	(1)	6	1	-	2	-	7	2		
	(2)	-	-	-	2	6	-	8	0	400,0

Holzwickede	(1)	2	-	-	4	-	2	4		
	(2)	-	-	-	4	2	-	6	0	150,0
Kalletal	(1)	16	3	16	k.A.	-	35	k.A.		
	(2)	-	-	-	1	-	-	1	0	k.A.
Neunkirchen	(1)	6	-	-	3	-	6	3		
	(2)	-	-	-	2	1	-	3	0	100,0
Oerlinghsn.	(1)	1	1	1	3	-	3	3		
	(2)	-	-	-	1	-	-	1	0	33,3
Wilnsdorf	(1)	9	1	-	5	-	10	5		
	(2)	-	-	-	5	11	-	16	0	320,0
Eiserfeld	(1)	-	-	-	4	-	-	4		
	(2)	-	-	-	5	2	-	7	100,0	175,0
Kreuztal	(1)	8	-	-	8	-	8	8		
	(2)	-	-	-	4	5	-	9	0	112,5
Netphen	(1)	20	1	-	5	-	21	5		
	(2)	-	-	-	5	21	-	26	0	520,0
Pelkum	(1)	-	-	-	7	-	-	7		
	(2)	-	-	-	6	5	-	11	100,0	157,1

Quelle: Angaben der Gemeindeverwaltungen.

Tabelle 22: Ehrenamtliches Element der Gemeinden von über 35.000 Einwohnern

Gemeinde		ehrenamtliche Funktion								
		I Gemeinde-direktor	II Standes-beamter	III Kassenver-walter	IV Schieds-mann	V Ortsvor-steher	Summe I-III	Summe IV-V	Veränderung: (1) = 100 I-III	Veränderung: (1) = 100 IV-V
	(1) Wahlperiode vor der Neuordnung (2) Wahlperiode nach der Neuordnung									
Bad Salzuflen	(1)	8	3	8	7	-	19	7		
	(2)	-	-	-	1	-	-	1	0	14,3
Bergkamen	(1)	2	-	-	7	-	2	7		
	(2)	-	-	-	7	6	-	13	0	185,7
Hüttental	(1)	8	-	-	1	-	8	1		
	(2)	-	-	-	-	4	-	4	0	400,0
Kamen	(1)	1	-	-	11	-	1	11		
	(2)	-	-	-	7	5	-	12	0	109,1
Lemgo	(1)	11	7	9	9	-	27	9		
	(2)	-	-	-	1	11	-	12	0	133,3
Siegen	(1)	4	-	-	5	-	4	5		
	(2)	-	-	-	5	3	-	8	0	160,0
Unna	(1)	1	-	-	19	-	1	19		
	(2)	-	-	-	19	7	-	26	0	136,8

Quelle: Angaben der Stadtverwaltungen.

(4) Als *Zwischenergebnis* sind drei gegenläufige Veränderungen in der Entwicklung der Zahl der Ehrenämter festzuhalten, die sich auf die territoriale Neugliederung zurückführen lassen:

— Die ehrenamtlichen Funktionen der eigentlichen Verwaltung (Gemeindedirektor, Standesbeamter, Kassenverwalter) gingen mit der Einrichtung hauptamtlicher Verwaltungen ausnahmslos auf diese über. Dadurch entfielen in den Untersuchungsräumen 246 ehrenamtliche Positionen.

— Bei den sonstigen Ehrenämtern verringerte sich die Zahl der Schiedsmänner durch Neufestlegung der Schiedsmannsbezirke um 53[52].

— Durch die Einsetzung von Ortsvorstehern bzw. Ortsausschüssen oder ihnen gleichzustellenden Institutionen wurden 126 ehrenamtliche Positionen neugeschaffen.

Insgesamt sank die Zahl der Ehrenämter also um 173.

5.15. Information der Gemeindebürger

Für die kommunale Selbstverwaltung letztlich nicht unerheblich ist der Teil der von den Entscheidungen Betroffenen, der nicht als Verwaltungsangehöriger, Ratsmitglied, sachkundiger Bürger oder in externer beratender Funktion (z. B. Gutachter) an der Entscheidungsfindung beteiligt ist; und das gilt für die Mehrheit der Gemeindebürger. In den Befragungen konnte festgestellt werden, daß sich das Interesse dieser Bürger für die in Rat und Verwaltung auftauchenden kommunalen Probleme außerhalb ihrer eigenen Angelegenheiten nach der territorialen Neugliederung auf Dauer gesehen nicht signifikant geändert hat. Trotzdem ist zu fragen, welche praktischen Möglichkeiten für den „normalen" Bürger bestehen bzw. bestanden haben, sich für diese Probleme zu interessieren, seine Interessen zu artikulieren und selbst Einfluß zu nehmen, d. h. mit anderen Worten, wie er sich über Gemeindeangelegenheiten informieren kann und auf welche Weise er in der Regel informiert wird.

(1) Die Zusammenlegung von Gemeinden bedeutete zugleich die Verschmelzung bestehender Verwaltungen oder Verwaltungsteile; für viele Bürger ging deshalb mit der Neuordnung die nächstgelegene Anlaufstelle für Fragen und Informationsmöglichkeiten — und wenn es „nur" der Bürgermeister und ehrenamtliche Gemeindedirektor war — verloren. In der Gemeinde *Dörentrup* betrug vor der Neuordnung die mittlere Entfernung zum „Verwaltungssitz" etwa 2 km, nach dem Zusammenschluß sind es 5 km. Wer auf öffentliche Verkehrsmittel angewiesen ist, findet — besonders aus dem Südbereich der Gemeinde — keine zufrie-

[52] Ohne Kalletal (vgl. Tab. 21).

denstellende Verbindung zum Verwaltungssitz vor. Allerdings kann die Verwaltung heute eine ganz andere Beratung und Hilfestellung leisten als vor der Neuordnung. In den Ortsteilen werden keine Sprechstunden abgehalten; dagegen sind Annahmestellen vorhanden, die allerdings nicht stark beansprucht werden. Die Teilnahme von Bürgern an Ratssitzungen ist gering; wohl aber existiert in einem Ortsteil eine sogenannte „Nachbarschaft", die u. a. kommunalpolitische (lokale) Interessen zu artikulieren sucht[53]; in anderen Ortsteilen herrscht reges Vereinsleben, das auch Probleme der Gemeinde miteinbezieht. Darüber hinaus erfährt der Bürger meistens aus der Zeitung, was in Rat und Verwaltung vor sich geht. Ein Verwaltungsbericht wird nicht erarbeitet. Wohl aber gehört die Gemeinde Dörentrup zu den wenigen Gemeinden, die ihren Bürgern eine Ortsrechtssammlung in Form einer handlichen Broschüre übergab[54].

Ähnliches gilt für die Gemeinde *Leopoldshöhe*. Die mittlere Entfernung zum „Verwaltungssitz" ist von 1 auf 3 km gewachsen. Es existieren keine Verwaltungsnebenstellen. Da der Nahverkehr als Verbindung zur Verwaltung nicht ausreichte — erschwerend kommt für Leopoldshöhe wie für Dörentrup hinzu, daß die Konzession auf verschiedene Träger (Bahn, Post, Private) aufgeteilt sind —, wurde nach der Neuordnung eine Buslinie vom südlichen Gemeindebereich zum „Rathaus" organisiert, die täglich einmal (vormittags) in jeder Richtung verkehrte. Wegen mangelnder Frequentierung wurde die Linie nach einem Jahr eingestellt. Das Interesse der Bürger an Ratssitzungen, gemessen an der Zahl der Besucher, ist gering. Zur Information Außenstehender wird der anstehende Sachverhalt allerdings jeweils — meist von einem Angehörigen der Verwaltung — vorgetragen. Als letzter Tagesordnungspunkt werden regelmäßig „Fragen der Bürger" vorgesehen. Außer der Tagespresse ist keine weitere Mitteilungsmöglichkeit der Verwaltung realisiert.

Die Bürgermeister in den Altgemeinden der Verwaltungsgemeinschaft *Uentrop/Rhynern* konnten Ratsuchende an die hauptamtliche Amtsverwaltung Rhynern verweisen, so wie die Ortsvorsteher sie nach der Neuordnung an die Gemeindeverwaltung verweisen können. Insofern hat sich

---

[53] Das Bürgerinteresse in Dörentrup ist nach Ansicht der Gemeindeverwaltung „außergewöhnlich".

[54] „Die Sammlung der wichtigsten Ortssatzungen der Gemeinde Dörentrup ist keine amtliche Rechtsquelle, sondern eine einmalige Zusammenfassung des bis heute erlassenen Ortsrechtes. ... Mit dieser Satzungssammlung haben Sie als Bürger der Gemeinde ... ein Druckwerk in der Hand, das Ihnen die Möglichkeit bietet, sich in aller Ruhe zu Hause mit dem Ortsrecht in Ihrer Gemeinde zu befassen. Jede der hier abgedruckten Satzungen ist nach entsprechender Vorbereitung durch die Verwaltung in vielen Ausschußsitzungen durchgearbeitet und schließlich im Rahmen der gesetzlichen Möglichkeiten zum Wohle der Bürger geformt und vom Rat beschlossen worden." (Gemeinde Dörentrup [Hrsg.]: Sammlung des wichtigsten Ortsrechts, Stand: 1. Oktober 1971, Vorwort.)

für den Bürger durch die Territorialreform nichts geändert. Auch die Amtsnebenstelle ist als Bezirksverwaltungsstelle in Uentrop-Braam-Ostwennemar erhalten geblieben. Die Öffentlichkeit wird und wurde durch die Presse und durch Verwaltungsberichte informiert. In der Gemeinde Rhynern wurde zwischen dem öffentlichen und dem nichtöffentlichen Teil einer Ratssitzung zeitweise förmlich eine „Bürgerversammlung" einberufen, um den Informationsaustausch zwischen den anwesenden Bürgern, Ratsmitgliedern und Verwaltungsangehörigen zu fördern. Dem gleichen Zweck dient die „Fragestunde" im Rat der Gemeinde Uentrop im Anschluß an die öffentliche Sitzung. — Darüber hinaus werden, vor allem in Rhynern, von den Parteien relativ häufig Bürgerversammlungen einberufen.

(2) Die mittlere Entfernung zur nächstgelegenen „Anlaufstelle" ist — abgesehen von den Bürgermeistern — für die Bürger im Gebiet des heutigen *Bönen* gleichgeblieben, da sich in der Altgemeinde Altenbögge-Bönen eine Nebenstelle der Amtsverwaltung Pelkum befand; oder sie ist kürzer geworden, soweit die Bürger zum Amt Rhynern gehörten. Angesichts der gleitenden Arbeitszeit hat die Verwaltung einen „Kundendienst" am Freitag eingeführt, d. h. jeweils ein Sachbearbeiter (insgesamt etwa 15) steht von 13.30 bis 17.00 Uhr für die Bevölkerung zur Verfügung. Der Bürger findet in der Gemeindeverwaltung auch eine Kontaktstelle zum Jugendamt (Kreisverwaltung Unna) vor. Außerdem kommt an jedem Dienstag ein Sachbearbeiter der unteren Bauaufsichtsbehörde (Kreisverwaltung Unna) nach Bönen. — Die Gemeinde Bönen ist die einzige Körperschaft in den Untersuchungsräumen, die ein „Handbuch der Gemeinde . . ."[55] herausgegeben hat, in dem u. a. das wichtigste Ortsrecht abgedruckt ist. — In Ratssitzungen wird zwischen dem öffentlichen und dem nichtöffentlichen Teil eine Fragestunde für Bürger abgehalten, was vor der Neuordnung unbekannt war. Eine andere Neuerung betrifft die Vorlage der gesamten Unterlagen für jeweils eine Ratssitzung — Sachverhalt, Begründung, Eingaben, Beschlußvorschlag — in gebundener Form. — Außer Bürgerversammlungen mit den Ortsvorstehern, die aus verschiedenen Anlässen einberufen werden, findet mindestens einmal jährlich ein Podiumsgespräch statt — eine seit der Neuordnung verstärkt wahrgenommene Einrichtung —, an der Vertreter der Ratsparteien, der Bürgermeister und ein Verwaltungsangehöriger teilnehmen. Das Interesse der Bürger für diese Veranstaltungen ist nicht übermäßig, jedoch vom Diskussionsgegenstand abhängig.

Die Verwaltung der Gemeinde *Burbach* sitzt im Hause der ehemaligen Amtsverwaltung; von daher hat sich für den Bürger (entfernungsmäßig und von den Bürgermeistern abstrahiert) nichts geändert. Zudem unter-

[55] Handbuch der Gemeinde Bönen, Bönen 1971.

hält die Verwaltung wie die Amtsverwaltung eine Nebenstelle im Hickengrund (Niederdresselndorf), die mit einer Halbtagskraft besetzt ist.

Im *Extertal* bestand vor der Neuordnung lediglich in der Fleckengemeinde Bösingfeld wegen der dort eingerichteten hauptamtlichen Verwaltung eine brauchbare Möglichkeit der Information und Beratung für den Bürger. In den anderen Altgemeinden war der Bürgermeister und ehrenamtliche Gemeindedirektor die erste Anlaufstelle, die allerdings in einer mittleren Entfernung von 1 km zu erreichen war. Die heutige Verwaltung ist durchschnittlich 6,5 km entfernt und natürlich nicht von jeder abgelegenen Ortschaft mit einem regelmäßigen Linienverkehr erreichbar. Auf Betreiben der Großgemeindeverwaltung wurden allerdings einige neue Nahverkehrslinien eingerichtet, andere wurden neu geführt und dichter befahren; teilweise wurden auch die Schulbusse für die allgemeine Benutzung freigegeben, wo es nicht zu Lasten der Schüler ging. Die Verwaltung unterhält zwei „Nebenstellen" in den Ortsteilen Almena und Silixen, die an den wöchentlichen Sprechtagen — je ein Sachbearbeiter aus dem Ordnungs- und dem Sozialwesen stehen dann zur Verfügung — von bis zu 140 Personen aufgesucht werden. — Die Ratssitzungen finden nicht nur im Zentrum Bösingfeld statt, sondern abwechselnd auch in den anderen Ortsteilen. Dabei ist eine von Ortschaft zu Ortschaft unterschiedlich hohe Publikumsbeteiligung zu verzeichnen, die natürlich auch — wie in anderen Gemeinden — von der Tagesordnung abhängt. Seit etwa einem Jahr wird den Bürgern in einer sich an den öffentlichen Teil der Ratssitzung anschließenden Fragestunde auch in Extertal Gelegenheit zu Informationsbeschaffung und direkter Interessenvertretung gegeben; diese Gelegenheit wird nach der Erfahrung der Verwaltungsspitze allerdings nicht optimal genutzt. — Außer durch Presseberichte und amtliche Verlautbarungen informieren Rat und Verwaltung die Gemeindebürger durch Publikationen in einer vom Gewerbeverein herausgegebenen Zeitschrift. Auch „Tage der offenen Tür", z. B. bei Schuleröffnungen, aber auch in der Verwaltung selbst — etwa für Schulklassen —, werden veranstaltet.

Für die Bürger der Stadt *Freudenberg* ist der Weg zum Verwaltungssitz entfernungsmäßig der gleiche geblieben. Obwohl zur besseren Erreichbarkeit der Verwaltung drei Nahverkehrslinien als Ringverbindungen zusätzlich eingerichtet wurden, ist der Zustand auf diesem Gebiet noch nicht zufriedenstellend. Sowohl Amts- als auch Stadtverwaltung haben keine Nebenstellen betrieben.

Die Stadtverwaltung *Fröndenberg* unterhält eine Verwaltungsnebenstelle im Stadtteil Langschede, die dienstags vormittags und freitags ganztägig mit einem Angestellten besetzt ist.

In der Stadt *Hilchenbach* war nach dem Zusammenschluß zur Großgemeinde zunächst eine Nebenstelle der Stadtverwaltung im Stadtteil Dahlbruch eingerichtet, die mit einem Angestellten und einem Arbeiter im Ruhestand besetzt war; nach dem Ausscheiden des Angestellten ist die Verwaltung hier in Form einer zwei Stunden täglich geöffneten Annahmestelle weiter präsent. Im übrigen hat sich die mittlere Entfernung zum Verwaltungssitz (8 km) nicht geändert. — Die Ratssitzungen finden abwechselnd im Stadtteil Hilchenbach-Mitte und -Dahlbruch statt. Die Ortsvorsteher werden mit allen Unterlagen zu den Sitzungen eingeladen und können an öffentlichem und nichtöffentlichem Teil mitwirken. In Angelegenheiten ihres Stadtteils sind sie antragsberechtigt. Anwesende Bürger — die Zahl liegt mit 10 bis 20 bei den Erfahrungswerten der anderen Gemeinden — sind zur Passivität gehalten; natürlich stehen ihnen Ablichtungen der Tagungsunterlagen zur Einsicht zur Verfügung. Auch werden die Ratsprotokolle im Rathaus ausgehängt. Von Zeit zu Zeit veranstalten die Parteien Bürgerversammlungen. — Außer durch die Presse informieren Rat und Verwaltung der Stadt die Bürger durch ein eigenes Amtliches Bekanntmachungsblatt, das kostenlos an rund 12 000 Haushalte abgegeben wird.

Für das Gebiet der heutigen Großgemeinde *Holzwickede* war vor der Ausamtung der drei Ortsteile mit Schwerpunkt im Standesamts- und Meldewesen die Amtsnebenstelle Holzwickede des Amtes Unna-Kamen tätig, die im übrigen alle Anliegen und Anträge nach Unna weiterleitete. Von dort aus hatte die Verwaltung allerdings keinen Kontakt zur Bevölkerung im Raum Holzwickede. Weil die Anbindung der Außenbezirke an die Ortsmitte durch den Nahverkehr unzulänglich ist, richtete die Verwaltung der Großgemeinde eine Nebenstelle — ein Sachbearbeiter — im Ortsteil Hengsen ein, die aber nach drei Monaten wegen mangelnder Frequentierung aufgehoben wurde. Im Verhältnis der Bürger zur Verwaltung sei keine kommunale Apathie festzustellen, so die Gemeindeverwaltung:

> „Nein, im Gegenteil, durch die Neugliederung ist die Verwaltung bürgernäher geworden. Das zeigt sich zum Teil daran, daß die Bürger bei Erledigung irgendwelcher Angelegenheiten im Rathaus die Sachbearbeiter auch nach allgemein interessierenden kommunalpolitischen Dingen fragen und auch gesunde Kritik üben[56].“

Wie viele Gemeinden erstellt Holzwickede keine Verwaltungsberichte; die Bürger werden durch die Presse und durch Informationsschriften der Parteien auf dem laufenden gehalten. Bei Ratssitzungen ist ihnen keine aktive Teilnahme gestattet.

Während die Bewohner des *Kalletals* vor der Neuordnung nur einen Weg von bis zu 3 km zurückzulegen hatten, um zur nächsten Anlaufstelle

---

[56] Antwort auf Fragebogen 7,1; vgl. Anlage 1.

für Anliegen und Informationen zu gelangen, nämlich zu ihren Bürgermeistern und ehrenamtlichen Gemeindedirektoren, haben sie heute bis zum Verwaltungssitz im Ortsteil Hohenhausen durchschnittlich 7 km vor sich, teilweise ohne ein öffentliches Verkehrsmittel benutzen zu können. Nur vom Ortsteil Erder aus fährt ein Bus speziell zum Verwaltungssitz. Dennoch unterhält die Verwaltung der Großgemeinde Kalletal keine Nebenstelle, sondern lediglich — in der Form von vierzehntäglichen Sprechtagen, die speziell für ältere Bürger gedacht sind — Annahmestellen in den Ortsteilen Bavenhausen, Erder, Kalldorf, Langenholzhausen, Lüdenhausen und Stemmen/Vahrenholz. — Der Gemeinderat Kalletals tritt zu seinen Sitzungen abwechselnd auch in den verschiedenen Ortsteilen zusammen, z. B. in Vahrenholz mit dem Tagesordnungspunkt „Weserfreizeitzentrum"; diese Sitzungen haben in den Ortsteilen außerhalb Hohenhausens großen Zulauf[57]. Die Bürger des Ortsteils Henstorf, die keinen Vertreter in den Rat entsenden konnten, haben bei solcher Gelegenheit die Möglichkeit der direkten Mitwirkung durch Fragen und Anregungen. — Manchmal werden öffentliche Ausschußsitzungen abgehalten; z. B. tagte der Schulausschuß zum Problem Gesamtschule Kalletal öffentlich. Auch Bürgerversammlungen werden in den einzelnen Ortsteilen einberufen. — Letztlich kann sich der Bürger — außer durch die Presse — auch an „Tagen der offenen Tür" über seine Gemeinde informieren[58]. Trotzdem wird — von seiten der Verwaltung — die Information der Bürger durch Rat und Verwaltung nicht für ausreichend erachtet.

Für die Bürger der Großgemeinde *Neunkirchen* hat sich der Weg zur hauptamtlichen Verwaltung durch die Neuordnung um 6 auf durchschnittlich 2 km verkürzt. Deshalb unterhält die Verwaltung keine Nebenstellen. Die Nahverkehrsverbindungen sind — außer für den Ortsteil Altenseelbach — relativ gut; allerdings wurde der Versuch, einen innerörtlichen Ringverkehr einzurichten, aus Rentabilitätsgründen rasch aufgegeben. — In den Ratssitzungen, die reihum in den sechs Ortsteilen abgehalten werden, ist der interessierte Bürger auf Passivität beschränkt[59]. In unregelmäßigen Abständen tagen Bürgerforen der Parteien (SPD-Frühschoppen, CDU-Freundeskreis). Außerdem veranstaltet das Volksbildungswerk jährlich ein Podiumsgespräch mit dem Bürgermeister, dem Gemeindedirektor, den Fraktionsvorsitzenden und weiteren Ratsvertretern[60].

---

[57] Das verwundert nicht, wenn man bedenkt, wie oft bei 12 bis 14 Ratssitzungen im Jahr die Gemeindevertretung in den einzelnen 16 Ortsteilen tagen kann.

[58] Diese werden oft durchgeführt, wenn eine Baumaßnahme — z. B. ein Klärwerk — zum Abschluß gebracht worden ist.

[59] Die Teilnahme ist allerdings sehr gering; die Verwaltung teilte mit, zehn Zuhörer pro Sitzung seien schon viel.

[60] Durchschnittliche Zuhörerzahl: rund 50.

Kommunalpolitisches Interesse dokumentieren relativ viele Bürger vor allem bei Baumaßnahmen, und zwar in Form von Anrufen, Besuchen in der Verwaltung und Leserbriefen. Die Gemeinde Neunkirchen gibt ein eigenes Amtliches Bekanntmachungsblatt heraus, das bei Bedarf erscheint[61].

Die Bürger der Altgemeinde (Stadt) *Oerlinghausen* wohnten vor der territorialen Neugliederung im Mittel 3 km von ihrer hauptamtlichen Verwaltung entfernt, die der Altgemeinde Helpup 3,5 km; die Bürger der Altgemeinde Lipperreihe mußten zu ihrer ehrenamtlichen Verwaltung durchschnittlich 2,5 km zurücklegen. Diese mittlere Entfernung zum Verwaltungssitz hat sich nach der Neuordnung auf 4 km erhöht. Die Stadtverwaltung unterhält keine Nebenstellen, hält auch keine Sprechtage außerhalb der Verwaltungsgebäude ab. — Von März bis Oktober 1971 konnten sich die Bürger aufgrund einer geänderten Geschäftsordnung an den Ratssitzungen aktiv beteiligen; dieser Versuch wurde nach einem Verdikt des Innenministers, die Regelung widerspreche geltendem Recht, eingestellt. Eine „Fragezeit für Ratsmitglieder" für Fragen an den Bürgermeister oder Stadtdirektor wird bei Bedarf in jeder Sitzung gegeben. Außer aus dem Amtlichen Verkündigungsblatt für den Kreis Lemgo und den Bielefelder und lippischen Lokalausgaben der Tageszeitungen können sich die Bürger der Stadt Oerlinghausen aus drei Presseerzeugnissen über kommunale Angelegenheiten informieren: dem „Oerlinger Anzeiger" (privat), dem „Helpuper Anzeiger" (Verkehrsverein) und aus „Oerlinghausen heute" (SPD). Verwaltungsberichte erarbeitet die Stadtverwaltung nicht.

Für die Bürger der Großgemeinde *Wilnsdorf* hat sich an der Entfernung zum nächstgelegenen Verwaltungssitz kaum etwas geändert; lediglich die Einwohner der vier früher zum Amt Netphen gehörenden Ortsteile brauchen heute 1 bis 2 km weniger zurückzulegen[62]. Verwaltungsnebenstellen sind nicht eingerichtet. — Der Gemeinderat tagt ab und zu außerhalb des Hauptortes Wilnsdorf; in keinem Fall erhalten anwesende Bürger die Gelegenheit, Fragen zu stellen oder mitzudiskutieren. Über die Angelegenheiten ihrer Gemeinde können die Einwohner sich nur aus der Presse informieren[63].

---

[61] „Das Bekanntmachungsblatt wird den Beziehern der Hellerthaler Zeitung durch den Zeitungszustellerdienst kostenlos mit der Zeitung zugestellt. Außerdem wird es (in den Ortsteilen; V. W.) ... zur kostenlosen Mitnahme ausgelegt: ..." (Amtliches Bekanntmachungsblatt der Gemeinde Neunkirchen Kr. Siegen, Nr. 5/1972 vom 17. 3. 1972).

[62] Die Verwaltung liegt für sie trotzdem noch 8 bis 10 km entfernt.

[63] Verwaltungsberichte des Gemeindedirektors erscheinen als Anlage in den Ratsprotokollen.

(3) Die Entfernung zur nächstgelegenen Verwaltungsstelle hat im Bereich der heutigen Stadt *Eiserfeld* nur für die beiden Stadtteile gewechselt, die vor dem Zusammenschluß nicht zum Amt Eiserfeld gehörten: Die Bürger aus Eisern müssen statt zur Amtsverwaltung Wilnsdorf zur Stadtverwaltung Eiserfeld nach wie vor im Mittel 4 km zurücklegen, die Einwohner aus Oberschelden — vor der Neugliederung zum durchschnittlich 11 km entfernten Amt Freudenberg gehörig — haben heute einen um rund 5 km kürzeren Weg vor sich; Nicht-Motorisierten ist nach der Neuordnung eine zusätzlich eingerichtete Nahverkehrslinie zugute gekommen, die quer durch die Stadt von Eisern nach Oberschelden führt. Damit reicht nach Auskunft der Stadtverwaltung die Bedienung mit öffentlichen Verkehrsmitteln aus. Verwaltungsnebenstellen sind nicht eingerichtet. — Ratssitzungen wurden nach dem Zusammenschluß abwechselnd in den einzelnen Stadtteilen abgehalten, seit 1970 finden sie nur noch im Rathaus Eiserfeld statt; Fragestunden für Bürger sind nicht eingeführt. — Über die Verwaltung können die Einwohner sich darüber hinaus fast ausschließlich aus der Presse informieren; den Lokalredaktionen werden die Unterlagen der öffentlichen Ratssitzungen vorab zur Verfügung gestellt. Eine Art Verwaltungsbericht wird im Jahresrückblick in der Presse veröffentlicht. Bei der Fertigstellung größerer Bauprojekte publiziert die Stadtverwaltung Festschriften, aus denen auch die Kosten des Projekts jeweils ersichtlich sind.

Die mittlere Entfernung zum Verwaltungssitz hat sich für die Bürger der Stadt *Kreuztal* durch die Neuordnung nicht verändert, da die Verwaltung am Ort geblieben ist und „die Bürger auch bei der früheren Amtsverfassung in vielen Angelegenheiten das Amtshaus aufsuchen mußten“[64]. Das Busnetz wurde allerdings verdichtet, eine Linie neu eingerichtet. — In den Ratssitzungen, die nur im Stadtteil Kreuztal stattfinden, wird regelmäßig — als wiederkehrender Tagesordnungspunkt — vom Stadtdirektor ein Bericht gegeben „über die Ausführung von Beschlüssen über wichtige Angelegenheiten der Verwaltung“[65]. Eine Fragestunde für Bürger oder andere Formen der direkten Partizipation sind nicht vorgesehen. — Den Kreuztaler Bürgern wird — als von der Tagespresse unabhängiger Information — von der Verwaltung in unregelmäßigen Abständen ein „Bürgerbrief“ ausgeliefert.

Auch in der Gemeinde *Netphen* ist die mittlere Entfernung zum Verwaltungssitz mit 4 bis 5 km unverändert, ebenso die relativ gute Erreichbarkeit mit öffentlichen Verkehrsmitteln. Neue Buslinien wurden nicht eingerichtet[66]. Die Verwaltung unterhält eine Nebenstelle (Annahme-

[64] Antwort zu Fragebogen 7,3; vgl. Anlage 1.

[65] Wörtlich nach Tonbandprotokoll.

[66] Der Schienenbusverkehr wurde 1968 eingestellt.

stelle) im Ortsteil Dreis-Tiefenbach, deren Schließung indes bereits vorgesehen ist[67]. — Als neuere Entwicklung in den Ratssitzungen — abgesehen von vermehrter Rats- und Ausschußtätigkeit — hebt die Gemeindeverwaltung die heute häufiger — vor allem in öffentlichen Sitzungen — parteipolitisch gefärbten Stellungnahmen der Gemeindevertreter hervor. Anwesende Bürger dürfen sich nicht aktiv beteiligen. Vor der Neuordnung waren schriftliche Unterlagen unüblich; heute werden von der Verwaltung umfangreiche Vorlagen zu den einzelnen Tagesordnungspunkten erarbeitet. — Auch in Netphen erschöpfen sich darüber hinausgehende Informationsmöglichkeiten für den Bürger in Presseberichten und Bürgerversammlungen; einmal wöchentlich erscheint ein „Gemeindeblatt". Verwaltungsberichte werden nicht erstellt[68].

(4) Der Bürgermeister von *Bad Salzuflen* weist auf die Erfahrung hin, daß in den meisten ländlichen Kleingemeinden keine besondere Information der Bürger nötig war:

„Während in den früheren Gemeinden die kommunalpolitische Tätigkeit innerhalb der Gemeinde für jedermann überschaubar war, muß sie in der heutigen Großgemeinde durch eine besondere Öffentlichkeitsarbeit dem Bürger nahegebracht werden. Die Unterrichtung des Bürgers über das kommunale Geschehen sollte neben der Information durch die Tagespresse noch weiterentwickelt werden. Das wird in unserer Stadt sicher leichter möglich sein, wenn das neue Verwaltungsgebäude zur Verfügung steht und eine Art Informationszentrum eingerichtet wird, das für jedermann zugänglich ist[69]."

Noch aber ist der Bürger in Bad Salzuflen auf die Tageszeitung angewiesen; die mittlere Entfernung zur Verwaltung — vor der Neuordnung Stadtverwaltungen in Bad Salzuflen und Schötmar, Gemeindeverwaltungen in Werl-Aspe und Wüsten, Amtmann in Schötmar, ehrenamtliche Gemeindedirektoren — ist für ihn von 1 auf 4 km gewachsen, die Verwaltungen z. Z. in sieben Gebäuden in den Stadtteilen Bad Salzuflen und Schötmar untergebracht. In den meisten Stadtteilen[70] werden wöchentlich einmal Sprechstunden abgehalten. Verwaltungsnebenstellen existieren nicht. — Wenn Bebauungspläne zur Diskussion stehen, kommen im Durchschnitt bis zu 100 Zuhörer zu Ratssitzungen, die sich aber nicht aktiv einschalten dürfen.

Auch in der Stadt *Bergkamen* sind in Ratssitzungen keine Fragen von anwesenden Bürgern zugelassen; es nehmen durchschnittlich 25 Zuhörer teil.

---

[67] Die Nebenstelle war ein politisches Zugeständnis an die seinerzeit steuerstärkste Gemeinde des Amtes Netphen.

[68] Über *Pelkum* konnten keine Informationen eingeholt werden.

[69] Heinrich Welslau: „Bad Salzuflen richtet sich auf das Jahr 2000 ein".

[70] Keine Sprechstunden in Bad Salzuflen, Ehrsen-Breden und Schötmar.

„Trotzdem kann man ein größeres Interesse an kommunalpolitischen Fragen feststellen. Das zeigt sich besonders bei entsprechenden Veranstaltungen des Bildungswerks und an der öffentlichen Diskussion wichtiger Dinge in der Presse (Leserbriefe)[71]."

„Vor der Neuordnung wurden die Verwaltungsgeschäfte von den Amtsverwaltungen Pelkum und Unna-Kamen ... erledigt. Die mittlere Entfernung zu diesen Verwaltungen betrug 10 km. Jetzt beträgt die mittlere Entfernung zum Sitz der Verwaltung 3 - 4 km[72]."

Zudem unterhält die Verwaltung Nebenstellen in den Stadtteilen Oberaden und Rünthe. — Die Bürger werden außer durch die Presse durch in unregelmäßigen Abständen herausgegebene Verwaltungsberichte informiert.

Die Stadt *Hüttental* ist die einzige Gemeinde in den Untersuchungsräumen, die in ihrer Öffentlichkeitsarbeit die ausländischen Einwohner berücksichtigt, und zwar seit Dezember 1971 durch ein „zunächst in einer lockeren Zeitfolge"[73] erscheinendes Informationsblatt für ausländische Arbeitnehmer. Der Verkehrsverein in Hüttental publiziert viermal jährlich die Schrift „Hüttental im Blickpunkt", die im Jahre 1958 in der Gemeinde Klafeld (Geisweid) auf Anregung des damaligen Gemeinde- und heutigen Stadtdirektors zum erstenmal erschien[74]; sie wird kostenlos an alle Haushaltungen versandt. — Der Verkehrsverein tritt auch als Organisator von Bürgerversammlungen auf, die in den kleineren Stadtteilen etwa alle zwei Jahre im Beisein von Vertretern aus Rat und Verwaltung durchgeführt werden. — Ratssitzungen — ohne Fragerecht für Zuhörer — fanden in der ersten Zeit nach dem Zusammenschluß abwechselnd in den Stadtteilen Geisweid und Weidenau, heute aus räumlichen Gründen nur noch im Sitzungszimmer des Bauhofs in Geisweid statt; der Neubau des Rathauses wird voraussichtlich im Sommer 1973 bezugsfertig. Bis dahin sind die Dienststellen der Verwaltung in sieben über das Stadtgebiet verstreuten Gebäuden untergebracht. Damit hat sich für die Einwohner im Bereich des ehemaligen Amtes Weidenau entfernungsmäßig nichts geändert; für die früher zu anderen Ämtern gehörenden Bürger der Stadtteile Buchen (Amt Ferndorf), Langenholdinghausen (Freudenberg), Nieder- und Obersetzen (Netphen) ist der Verwaltungssitz nähergerückt. Nebenstellen oder Sprechstunden im Außenbereich wurden nicht eingeführt.

Die Stadtverwaltung *Kamen* ist zur Zeit in sechs Gebäuden untergebracht. Die Verwaltungsnebenstellen des früheren Amtes Unna-Kamen

---

[71] Antwort auf Fragebogen 7, 1; vgl. Anlage 1.

[72] Ebd.

[73] Stadt Hüttental (Hrsg.): Stadt Hüttental, Informationsblatt für ausländische Arbeitnehmer, Spanische Ausgabe, Nr. 1, Dezember 1971, S. 6.

[74] Vgl. Hüttental im Blickpunkt 1/1972, S. 1 f.

in den Altgemeinden Heeren-Werve und Methler sind von der Stadtverwaltung weitergeführt worden. Dadurch hat sich an der mittleren Entfernung zum Verwaltungssitz nur für die Bürger der vor dem Zusammenschluß zum Amt Pelkum zählenden Stadtteile Derne und Rottum etwas geändert; sie ist im Durchschnitt um einen auf 3 km geschrumpft. — Unmittelbar nach der Neuordnung fanden Bürgerversammlungen in allen Stadtteilen Kamens statt, auf denen der Hauptverwaltungsbeamte über Probleme der künftigen Stadtentwicklung referierte. In Ansätzen wurden in Kamen als Neuerung Formen direkter Partizipation[75] betroffener Bürger versucht: z. B. wurden vor der Entscheidung über die Einführung einer Fußgängerzone die Anlieger schriftlich zu einem Gespräch mit der Verwaltung eingeladen. Über Planungsabsichten — etwa im Zuge der Aufstellung eines Bebauungsplans — wird die Bevölkerung möglichst vorab unterrichtet, meistens durch die Presse. Darüber hinaus gibt die Stadtverwaltung eigene Einzelinformationen in Form von Broschüren[76] heraus und veröffentlicht jährlich einen Statistischen Bericht.

Die Kreisstadt *Lemgo* ist die letzte hier zu besprechende Gemeinde aus einem Raum, der — als ehemaliger lippischer Landesteil — ohne Amtsverwaltung war. Nur in Brake und Lemgo gab es hauptamtliche Verwaltungen. Für die Bürger der restlichen Altgemeinden der heutigen Großgemeinde Lemgo war lediglich der Bürgermeister die nächstgelegene Anlaufstelle für Anfragen und erste Informationen. Der im Mittel zurückzulegende Weg betrug 1,5 km. Nach der Zusammenfassung der hauptamtlichen Verwaltung in Lemgo — zur Zeit in fünf Gebäuden — ist er auf durchschnittlich 6 km angewachsen. Nebenstellen werden nicht unterhalten[77]. Kurz nach der Neugliederung waren wöchentliche Sprechtage eingerichtet worden, die das gesamte Stadtgebiet erfaßten, aber — nach Auffassung der Stadtverwaltung — keinem echten Bedürfnis entsprachen. Heute werden diese Annahmestellen nur noch in den Stadtteilen Hörstmar und Matorf-Kirchheide geöffnet, wo sie aus politischen Gründen bisher nicht aufgehoben werden konnten. — Ratssitzungen werden nur in Lemgo-Mitte abgehalten, aber einige Ausschüsse — z. B. der Bau- und der Stadtentwicklungsausschuß — haben auch in den anderen Stadtteilen öffentliche Sitzungen durchgeführt. Im Verhältnis Bürger/Verwaltung leisten die „von den Bürgern ins Leben gerufenen Nachbarschaften ... gute Vermittlungsdienste“[78]; an ihren Treffen in Lemgo-Mitte nehmen auch Ratsherren und Verwaltungsangehörige teil und diskutie-

[75] In Ratssitzungen indes haben Zuhörer kein Beteiligungsrecht.

[76] Z. B.: Stadt Kamen (Hrsg.): Kamen, Eine neue Stadt stellt sich vor, o. O., o. J.

[77] Der Nahverkehr nach Lemgo-Mitte ist nach Angaben der Stadtverwaltung „akzeptabel“.

[78] Antwort auf Fragebogen 7,1; vgl. Anl. 1.

ren z. B. über Einzelheiten der Flächennutzungsplanung oder Schulplanung. In den anderen Stadtteilen übernehmen diese Funktion sporadisch organisierte Parteiveranstaltungen.

Für die Bürger der nach *Siegen* eingegliederten ehemaligen Gemeinden des Amtes Netphen (Breitenbach 1966, Feuersbach 1969) ist die Entfernung zur nächsterreichbaren Verwaltungszentrale — die Stadtverwaltung ist in vier Gebäuden untergebracht — nach der Neuordnung kürzer geworden, für die Bürger aus dem aufgelösten Amt Weidenau etwa gleichgeblieben. Sie beträgt im Mittel für die Bürger der heutigen Kreisstadt Siegen 4 km. Allerdings ist in allen sieben eingegliederten Gemeinden eine wöchentlich mindestens einmal geöffnete Verwaltungsstelle[79] eingerichtet. — Die Stadt Siegen veröffentlicht jährlich einen Statistischen Bericht und im Abstand von vier bis fünf Jahren einen Verwaltungsbericht.

Die Stadtverwaltung *Unna* gibt alle vier Jahre einen solchen Bericht heraus. Außerdem publiziert sie seit 1971 ein eigenes Verwaltungsblatt, in dessen Rahmen sie vierteljährlich einen Statistischen Bericht abdruckt; dieser wird (Januar 1972) in 360 Exemplaren zugestellt oder öffentlich ausgelegt[80]. Die Entfernung, die ein Bürger der Stadt Unna im Durchschnitt zum Verwaltungssitz — die Stadtverwaltung hat Dienststellen in fünf Gebäuden im Stadtzentrum — zurücklegen muß, hat sich nicht geändert (5 km), da auch die Zentrale der Amtsverwaltung Unna-Kamen in Unna untergebracht war[81].Die Stadt Unna hat auch die beiden Nebenstellen des aufgelösten Amtes in den Altgemeinden Lünern und Massen beibehalten.

(5) Der letzte Teil der Bestandsaufnahme erlaubt ein weiteres *Zwischenergebnis:*

— Hinsichtlich der aktiven Information (des Sich-Informierens) haben sich gegenüber den Verhältnissen vor der Reform in den ersten Jahren nach der Neuordnung keine signifikanten Änderungen ergeben. Der Bürger der Großgemeinde scheint der neuen Einheit eher reservierter gegenüberzustehen als seiner Altgemeinde.

— In bezug auf die passive Information (das Informiert-Werden) haben sich nach der Neugliederung einige Verbesserungen ergeben, z. B. stehen nunmehr allen Einwohnern der neuen Großgemeinden minde-

---

[79] Bezirksverwaltungsstelle im Stadtteil Kaan-Marienborn, Außenstellen (Annahmestellen) in den anderen neuen Stadtteilen.

[80] Vgl. Stadt Unna (Hrsg.): Statistischer Vierteljahresbericht III. Vierteljahr 1971 mit Vergleichszahlen des III. Vierteljahres 1970 (Verwaltungsblatt der Stadt Unna, 2. Jg., Nr. 7, Januar 1972), S. 55 f. (Verteiler).

[81] Für Einwohner aus Billmerich und Kessebüren (ehemaliges Amt Fröndenberg) ist die Entfernung ebenfalls nahezu die gleiche.

stens die Informationsmittel zur Verfügung, die zuvor in der jeweils größten Altgemeinde üblich waren. Neue Informationsformen oder Formen von Bürgerbeteiligung indes werden nur selten geübt.

5.2. Bewertung der Entwicklung der kommunalen Selbstverwaltung

Als letzter Teilset wird der „Selbstverwaltungsmaßstab" in seinen Bestandteilen definiert, damit die Entwicklung der kommunalen Selbstverwaltung in den untersuchten Räumen quantitativ eingeschätzt werden kann.

5.21. Maßstäbe der Bewertung

Der Selbstverwaltungsgedanke taucht immer wieder auf, wenn territoriale Reformen im Gespräch sind und wenn die Institution „Gemeinde" diskutiert wird. Gefragt wird, ob die Selbstverwaltung nicht durch die Maßstabsvergrößerung beeinträchtigt oder gar ausgehöhlt werde. Auch die Antwort, dies sei nicht der Fall, wird wiederholt gegeben, im Gegenteil gelte:

> „Letztlich wird man die Bildung lebensfähiger Gemeinden aus mehreren kleinen als die Maßnahme ansehen müssen, die im Grunde am wenigsten das Selbstverwaltungsrecht der Gemeinden beeinträchtigt. Die Existenz verwaltungskräftiger Gemeinden würde nämlich die Schaffung übergemeindlicher Einrichtungen überflüssig machen und damit ... die beste Gewähr gegen selbstverwaltungsbeeinträchtigende Maßnahmen sein[82]."

In gleichem Sinne führt eine Kreispartei an:

> „Weniger Gemeinden bedeuten weniger Zweckverbände, die in ihrer Vielzahl die gemeindliche Selbstverwaltung unüberschaubar machen und aushöhlen, insbesondere deshalb, weil die bürgerschaftliche Mitwirkung ... zurückgedrängt wird[83]."

Das Gutachten A greift das Argument auf, „daß die gemeindliche Selbstverwaltung ... durch den Übergang ihrer Aufgaben auf Gemeindeverbände und Zweckverbände ihre Substanz zu verlieren droht ..."[84]. Diese Gefahr sei durch die Überwindung der gebietlichen Zersplitterung gebannt.

Aus allen Quellen der Bezugsbasis kann entnommen werden, daß mit der kommunalen Neuordnung eine *Stärkung der kommunalen Selbstverwaltung* beabsichtigt war. Auf dieser Grundlage können die folgenden Maßstäbe entwickelt werden.

---

[82] Bruno Weinberger: „Die Stärkung der Verwaltungskraft der kleinen Gemeinden", in: Die Selbstverwaltung (heute: der landkreis), 1958, S. 210 f., hier: S. 211.

[83] Kreisvorstand der SPD Unna (Hrsg.): Landkreis Unna, Kommunale Neuordnung, o. O., o. J. (Unna 1962), S. 10.

[84] Gutachten A, S. 29.

5.211. Entwicklung der Maßstäbe

Unabdingbare Voraussetzung der kommunalen Selbstverwaltung ist die möglichst weitgehende Verwirklichung der grundsätzlichen Allzuständigkeit der Gemeinden (§ 2 GO NW). Von daher ergibt sich der folgende Maßstab.

21. Maßstab: Großgemeinden übernehmen im Vergleich zu ihren Rechtsvorgängern mehr Aufgaben.

Bei Erfüllung dieses Maßstabs wäre quasi ein Stück Funktionalreform en miniature durchgeführt.

Ein bedeutsames Element der kommunalen Selbstverwaltung ist die Zahl der am kommunalen Entscheidungsprozeß Beteiligten. Daß die Zahl der Ratsvertreter nach der Neuordnung abnimmt, ist eine unausweichliche Folge der Gebietsreform[85]. Die Gesamtzahl der vor der Reform für einen Raum tätigen Ratsmitglieder und mithin auch ihre Relation zur Zahl der Gemeindevertreter nach der kommunalen Neugliederung ist zwar abhängig von der Anzahl und der Einwohnergröße der Altgemeinden; dennoch ist das ersatzlose Ausscheiden einer Vielheit von Ratsherren aus der lokalen Kommunalpolitik nicht ohne Konsequenzen für die Einstellung vieler Betroffener und Nichtbetroffener zur neuen Großgemeinde. Diese Konsequenzen berücksichtigt ein weiterer Maßstab.

22. Maßstab: Die Zahl der Ratsvertreter wird durch die Neuordnung reduziert.

Dieser Reduzierung könnten die neuen Parlamente durch vermehrte Beteiligung von sachkundigen Bürgern in den Ratsausschüssen begegnen.

23. Maßstab: Die Zahl der sachkundigen Bürger in den Ratsausschüssen nimmt in neugeordneten Gemeinden relativ stark zu, zumindest aber nicht ab.

Gerade dort, wo durch die Neuordnung hauptamtliche Verwaltungen erstmalig eingerichtet werden, entfallen viele ehrenamtlich ausgeübte Verwaltungsfunktionen. Deshalb sollte eine weitere Bedingung erfüllt sein.

24. Maßstab: Das ehrenamtliche Element in einer neugeordneten Gemeinde wird insgesamt nicht geschmälert.

Auch ohne haupt- oder ehrenamtlich mit der Gemeinde verbunden zu sein, ist es für jeden Bürger wichtig — und in neuen Verwaltungseinheiten erst recht —, ob und wie er sich in den kommunalen Entscheidungsprozeß einschalten kann.

---

[85] Vgl. § 3 KWahlG NW.

25. Maßstab: Neugeordnete Gemeinden ermöglichen ihren Bürgern eine direktere Partizipation an kommunalen Entscheidungen.

Um diese Partizipation sinnvoll zu gestalten, ist eine vorherige solide Information der Bürger unerläßlich.

26. Maßstab: Neugeordnete Gemeinden beschreiten zuvor unbenutzte Wege zur schriftlichen Information ihrer Einwohner.

Ob daraufhin oder überhaupt nach der Neuordnung das kommunalpolitische Interesse der Bürger geweckt wird, ist zu überprüfen.

27. Maßstab: In neugeordneten Gemeinden nimmt das Interesse der Bürger am kommunalen Geschehen stark zu.

Natürlich ist auch dieser Maßstabsset nicht vollständig und soll es nicht sein; die Maßstäbe reichen indes für die Zwecke dieser Untersuchung und zur Kennzeichnung der Bestandteile des „Selbstverwaltungsmaßstabes" aus.

5.212. Gliederung der Maßstäbe

Der Selbstverwaltungsmaßstab läßt sich in vier Ebenen gliedern. Vier der sieben oben entwickelten Maßstäbe beziehen sich auf den wahlberechtigten Bürger hinsichtlich seines auf die Kommune gerichteten tatsächlichen oder potentiellen Handelns („Aktivbürger"; 24. bis 27. Maßstab), zwei auf die „Gemeindevertretung" (22. und 23. Maßstab), einer ist auf die unterste Verwaltungseinheit insgesamt gerichtet und mißt den „Aufgabenzuwachs" der neuen Großgemeinden (21. Maßstab). Der 26. und der 27. Maßstab messen die passive und aktive „Information" des Aktivbürgers, der 24. und 25. Maßstab seine „Teilhabe" am kommunalen Entscheidungsgeschehen.

Der Selbstverwaltungsmaßstab wird also wie folgt gegliedert[86]:

(3.) Selbstverwaltungsmaßstab
(3.1.) Aufgabenzuwachs (21. Maßstab)
(3.2.) Gemeindevertretung
(3.21.) Mandatsdichte (22. Maßstab)
(3.22.) sachkundige Bürger (23. Maßstab)
(3.3.) Aktivbürger
(3.31.) Information
(3.311.) Informationsmedien (26. Maßstab)
(3.312.) Interesse (27. Maßstab)
(3.32.) Teilhabe
(3.321.) Partizipation (25. Maßstab)
(3.322.) ehrenamtliches Element (24. Maßstab).

---

[86] Vgl. Abb. 32. Von jetzt ab werden ausschließlich die folgenden Gliederungsziffern gebraucht.

Eine graphische Wiedergabe der vorstehenden Gliederung bringt die folgende Abbildung.

Abb. 32: *Gliederung des Teilsets „Selbstverwaltungsmaßstab"*

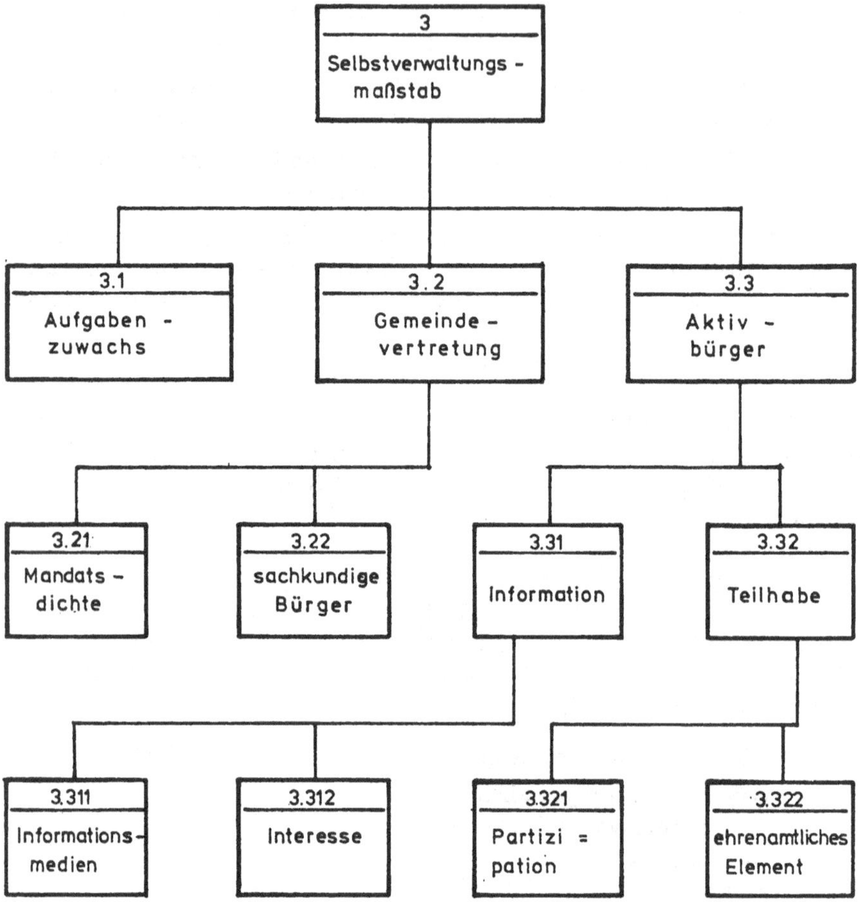

Quelle: Eigene Zusammenstellung.

5.213. Operationalisierung und Skalierung der Maßstäbe

Die Operationalisierung der sieben neuen Maßstäbe kann nicht so trennscharf erfolgen, wie es wünschenswert wäre. Somit fließt in die spätere Bewertung, die nach der Skalierung der Maßstäbe[87] vorgenommen wird, ein relativ hohes Maß an Subjektivität ein.

[87] Diese folgt der Fünf-Stunden-Einteilung aus Tabelle 17 (vgl. Pkt. 3.213. dieser Untersuchung).

— *Maßstab 3.1:*

Definitionswiederholung:

Großgemeinden übernehmen im Vergleich zu ihren Rechtsvorgängern mehr Aufgaben.

Operationalisierung:

Neugeordnete Großgemeinden übernehmen im Vergleich zu ihren Rechtsvorgängern bzw. ihrer zuvor größten Altgemeinde zusätzlich mindestens drei Aufgabenbereiche, z. B. im Ordnungswesen, Jugend- und Sozialwesen, Bauwesen, Finanz- und Steuerwesen.

Skalierung:

Wertungsziffer 5: (siehe Operationalisierung);

Wertungsziffer 4: ein oder zwei Aufgabenbereiche übernommen;

Wertungsziffer 3: Zuständigkeiten unverändert;

Wertungsziffer 2: einen Aufgabenbereich abgeben;

Wertungsziffer 1: mehr als einen Aufgabenbereich abgeben.

— *Maßstab 3.21:*

Definitionswiederholung:

Die Zahl der Ratsvertreter wird durch die Neuordnung reduziert.

Operationalisierung:

In der ersten vollen Wahlperiode nach der Neuordnung beträgt die Stärke der Ratsvertretung einer Großgemeinde mindestens 50 % der Gesamtstärke aller Gemeindeparlamente ihrer Altgemeinden in der Wahlperiode vor der Neuordnung.

Skalierung:

Wertungsziffer 5: (siehe Operationalisierung);

Wertungsziffer 4: Stärke von 40,0 bis 49,9 %;

Wertungsziffer 3: Stärke von 30,0 bis 39,9 %;

Wertungsziffer 2: Stärke von 20,0 bis 29,9 %;

Wertungsziffer 1: Stärke unter 20,0 %.

— *Maßstab 3.22:*

Definitionswiederholung:

Die Zahl der sachkundigen Bürger in den Ratsausschüssen nimmt in neugeordneten Gemeinden relativ stark zu, zumindest aber nicht ab.

Operationalisierung:

Gegenüber der Wahlperiode vor der Neuordnung wächst die Zahl der sachkundigen Bürger in den Ratsausschüssen der Gemeindevertretung der Großgemeinde in der ersten vollen Wahlperiode nach der Neuordnung auf mindestens das Doppelte der Gesamtzahl aller sachkundigen Bürger in den Altgemeinden (Ausschüsse der Gemeinde- und Amtsvertretungen). — Oder:

In der Großgemeinde sind erstmals sachkundige Bürger am kommunalen Entscheidungsgeschehen beteiligt.

Skalierung:

Wertungsziffer 5: (siehe Operationalisierung);

Wertungsziffer 4: Zunahme von 60,0 bis 100,0 %;

Wertungsziffer 3: Zunahme von 20,0 bis 59,9 %;

Wertungsziffer 2: Zunahme unter 20,0 % oder gleiche Zahl;

Wertungsziffer 1: Abnahme der Zahl der sachkundigen Bürger.

— *Maßstab 3.311:*

Definitionswiederholung:

Neugeordnete Gemeinden beschreiten zuvor unbenutzte Wege zur schriftlichen Information ihrer Einwohner.

Operationalisierung:

Nach der Neuordnung veröffentlichen die Gemeinden wiederholt — in regelmäßigen oder unregelmäßigen Abständen — oder einmalig Informations- und Festschriften, Broschüren, Verwaltungs- und Statistische Berichte, ein Amtliches Bekanntmachungsblatt, eine Ortsrechtssammlung, ein Handbuch der Gemeinde und/oder anderes; in den Altgemeinden oder Ämtern gab es solche Publikationen nicht.

Skalierung:

Wertungsziffer 5: (siehe Operationalisierung);

Wertungsziffer 4: kaum neue Informationsmittel in der Großgemeinde;

Wertungsziffer 3: die Informationsmittel der zuvor größten Altgemeinde kommen nunmehr allen Ortsteilen zugute;

Wertungsziffer 2: keine neuen Informationsmittel: Information hauptsächlich durch die Presse;

Wertungsziffer 1: bisherige Informationsmittel wurden eingestellt.

— *Maßstab 3.312:*

Definitionswiederholung:

In neugeordneten Gemeinden nimmt das Interesse der Bürger am kommunalen Geschehen stark zu.

Operationalisierung:

Gegenüber den Jahren vor der Neuordnung sind in der Großgemeinde höhere Zuhörerzahlen bei Ratssitzungen und öffentlichen Veranstaltungen kommunalpolitischen Charakters zu verzeichnen, mehr Leserbriefe und mehr Anregungen, Fragen und Beschwerden, z. B. bei Besuchen in der Verwaltung.

Skalierung:

Wertungsziffer 5: (siehe Operationalisierung);

Wertungsziffer 4: Interesse merklich zugenommen;

Wertungsziffer 3: Interesse wenig zugenommen;

Wertungsziffer 2: Interesse unverändert;

Wertungsziffer 1: Interesse zurückgegangen.

— *Maßstab 3.321:*

Definitionswiederholung:

Neugeordnete Gemeinden ermöglichen ihren Bürgern eine direktere Partizipation an kommunalen Entscheidungen.

Operationalisierung:

In Großgemeinden werden Bürger-Fragestunden nach dem öffentlichen Teil der Ratssitzungen, öffentliche Ausschußsitzungen, Bürgerversammlungen, Anhörungen der Bürger vor Entscheidungen, Kommunikationszentren und anderes als neue Formen der Partizipation eingeführt oder häufiger als vor der Neuordnung veranstaltet.

Skalierung:

Wertungsziffer 5: (siehe Operationalisierung);

Wertungsziffer 4: drei Partizipationsformen neu oder häufiger;

Wertungsziffer 3: zwei Partizipationsformen neu oder häufiger;

Wertungsziffer 2: eine Partizipationsform neu oder häufiger;

Wertungsziffer 1: keine Partizipationsform neu oder häufiger.

— *Maßstab 3.322:*

Definitionswiederholung:

Das ehrenamtliche Element in einer neugeordneten Großgemeinde wird insgesamt nicht geschmälert.

Operationalisierung:

Gegenüber der Wahlperiode vor der Neuordnung (in den Altgemeinden) werden in der Großgemeinde in der ersten vollen Wahlperiode nach der Neuordnung die Verwaltungsfunktionen des Gemeindedirektors, des Standesbeamten und des Kämmerers (Kassenverwalters) nicht mehr ehrenamtlich ausgeübt; die Zahl der Schiedsmänner und Ortsvorsteher zusammengenommen indes bleibt zumindest gleich.

Skalierung:

Wertungsziffer 5: (siehe Operationalisierung);

Wertungsziffer 4: Abnahme der Zahl der in sonstigen Ehrenämtern Tätigen (Schiedsmänner, Ortsvorsteher) um bis zu 20 %;

Wertungsziffer 3: Abnahme um von 20,1 bis zu 40,0 %;

Wertungsziffer 2: Abnahme um von 40,1 bis zu 60,0 %.

Wertungsziffer 1: Abnahme um über 60,0 %.

5.22. Durchführung der Bewertung

Die Bewertung der Entwicklung der kommunalen Selbstverwaltung wird gemeinsam für alle vier Gruppen durchgeführt[88] und in der folgenden Wertungstabelle dargestellt.

5.3. Zwischenergebnis

Nach einer Interpretation der nachstehenden Wertungstabelle (Tab. 23) wird im folgenden festgehalten, welche Auswirkungen der territorialen Neugliederung der Gemeinden auf die kommunale Selbstverwaltung in dieser Untersuchung ermittelt wurden.

5.31. Interpretation der Wertungstabelle

Wenn alle untersuchten Gemeinden dem Selbstverwaltungsmaßstab voll entsprochen hätten, wären bei sämtlichen sieben Teilmaßstäben je 5 Wertungspunkte vergeben worden. Die neuen Großgemeinden erreichten jedoch im Durchschnitt lediglich 20,6 von 35 möglichen Punkten. Im einzelnen ergibt sich folgendes Bild:

Mit der Territorialreform war keine Funktionalreform verbunden; deshalb mußte das durchschnittliche Ergebnis der Überprüfung eventuellen Aufgabenzuwachses (Maßstab 3.1) lauten: Zuständigkeiten unverändert, natürlich in dem Wissen, daß eine Reihe von Aufgaben nach der Neuordnung statt von Zweckverbänden von den Gemeinden selbst erledigt wird. Um so wichtiger ist es, daß den Gemeinden im Kreis Lemgo einige der zuvor von anderen Dienststellen und Behörden — Amtmann,

---

[88] Trotz bestehender Informationslücken wird die Bewertung geschlossen durchgeführt. Geschätzte Wertungen sind durch ( ) gekennzeichnet. Die Gesamtwertung wird dadurch allenfalls unwesentlich verzerrt.

Finanzamt — übernommenen Aufgabenbereiche übertragen wurden, was sich in der hohen Punktzahl 4,8 niederschlägt.

Durchschnittlich zwei von drei Ratsvertretern mußten nach der Neuordnung ihr Mandat zurückgeben (Maßstab 3.21). Ein Teil von ihnen kehrte als sachkundige Bürger (Maßstab 3.22) in den Rat zurück. In den Gemeinden des Kreises Lemgo (Durchschnitt) wurden die relativ meisten Bürger auf diese Weise an der Gemeindearbeit beteiligt, in Gemeinden von unter 20 000 Einwohnern relativ mehr als in größeren Gemeinden.

Die Annahme, neugeordnete Gemeinden würden den Neuanfang auch zu einer neuen „Informationspolitik" nutzen (Maßstab 3.311), trifft allgemein nicht zu. In den meisten Gemeinden ist das wichtigste Informationsmedium nach wie vor die Lokalpresse; kleinere Ortsteile werden nach der Neuordnung in der Regel von den gleichen Informationsträgern erreicht wie der bestversorgte Ortsteil zuvor.

In dieser Untersuchung konnte nicht festgestellt werden, daß das durchschnittliche Interesse der Bürger am kommunalen Geschehen (Maßstab 3.312) von der Reform beeinflußt worden sei, abgesehen von kurzfristigen emotionalen Aufwallungen vor, während und nach der Reform, die sich in der Tagespresse widerspiegeln.

Andererseits haben die Bürger kaum neue Möglichkeiten, an kommunalen Entscheidungen direkter als bisher zu partizipieren (Maßstab 3.321). Eine gegenteilige Entwicklung scheint sich vorerst in nur drei Gemeinden der Untersuchungsräume anzubahnen.

Die Zahl der in ehrenamtlichen Funktionen tätigen Bürger (Maßstab 3.322) hat mit der Neuordnung im Durchschnitt abgenommen. Das trifft natürlich in starkem Maße auf den bis zur Reform weitgehend ehrenamtlich verwalteten Kreis Lemgo zu. In fast allen Gemeinden wurden Schiedsmannsbezirke vergrößert und damit die Anzahl der Schiedsmänner verringert. Sie sind in Gemeinden ohne Ortsvorsteher oder Ortsausschüsse die einzigen — in dieser Untersuchung erfaßten — ehrenamtlich Tätigen. So hat die Institution des Ortsvorstehers, deren Sinn hier nicht beurteilt wird, nicht zuletzt die Funktion, die Zahl der ehrenamtlich wirkenden Gemeindebürger nicht auf ein Minimum sinken zu lassen.

5.32. Auswirkungen auf die kommunale Selbstverwaltung

Die durch die Analyse festgestellten Erkenntnisse über Auswirkungen der territorialen Neugliederung der Gemeinden auf die kommunale Selbstverwaltung werden in Leitsätzen zusammengefaßt.

Tabelle 23: Bewertung der Entwicklung der kommunalen Selbstverwaltung mittels Wertungsziffern

Gemeinde (Gebiet)	Maßstab (Gliederungsziffer)[1]							Gesamtzahl der Wertungspunkte für 3 (Selbstverwaltungsmaßstab)
	3.1	3.21	3.22	3.311	3.312	3.321	3.322	
Barntrup	(4)	4	5	(3)	(2)	(2)	1	21
Dörentrup	5	3	5	4	3	1	2	23
Leopoldshöhe	5	3	(5)	2	2	2	1	20
Rhynern	2	3	5	2	2	2	5	21
Uentrop	2	3	1	2	2	2	5	17
Bönen	1	4	5	4	3	3	3	23
Burbach	3	2	5	(2)	(2)	(1)	4	19
Extertal	5	2	5	3	2	2	1	20
Freudenberg	3	1	5	2	2	(1)	5	19
Fröndenberg	3	3	3	(3)	2	(1)	5	20
Hilchenbach	3	2	5	4	2	2	5	23
Holzwickede	1	5	1	2	4	1	5	19
Kalletal	5	1	5	2	3	3	(1)	20
Neunkirchen	3	3	2	4	4	1	5	22
Oerlinghausen	5	5	3	3	2	2	1	21
Wilnsdorf	3	2	5	2	2	1	5	20
Eiserfeld	3	4	4	4	3	1	5	24

Kreuztal	3	2	5	4	2	1	5	22
Netphen	3	1	3	2	2	1	5	17
Pelkum	3	5	2	(2)	(2)	(1)	5	20
Bad Salzuflen	5	2	4	2	3	1	1	18
Bergkamen	3	3	1	4	4	1	5	21
Hüttental	4	3	4	4	2	1	5	23
Kamen	3	4	3	3	3	3	5	24
Lemgo	4	2	(3)	2	2	2	5	20
Siegen	1	4	2	3	2	(1)	5	18
Unna	3	2	3	4	2	(1)	5	20
Durchschnitt Gemeinden von unter 12.000 Einwohnern	3,6	3,2	4,2	2,6	2,2	1,8	2,8	20,4
Durchschnitt Gemeinden von 12.000 bis unter 20.000 E.	3,2	2,7	4	2,8	2,5	1,6	3,6	20,4
Durchschnitt Gemeinden von 20.000 bis unter 35.000 E.	3	3	3,5	3	2,3	1	5	20,8
Durchschnitt Gemeinden von über 35.000 Einwohnern	3,3	2,9	2,9	3,1	2,6	1,4	4,4	20,6
Durchschnitt Kreis Lemgo	4,8	2,8	4,4	2,6	2,4	1,9	1,6	20,5
Durchschnitt Kreis Siegen	2,9	2,4	4	3,1	2,3	1,1	4,9	20,7
Durchschnitt Kreis Unna	2,3	3,6	2,7	2,9	2,7	1,7	4,8	20,7
Durchschnitt Untersuchungsräume	3,3	2,9	3,7	2,9	2,4	1,5	3,9	20,6

1 Vgl. Abb. 29.

Quelle: Eigene Berechnungen aus: Pkt. 5.11 (für Maßstab 3.1), Pkt. 5.15 (für Maßstäbe 3.311, 3.312 und 3.321), Tab. A 32 - A 35 (für Maßstab 3.21), Abb. 28 - 31 (für Maßstab 3.22) und Tab. 20 - 22 (für Maßstab 3.322).

(22) Die mit der Neuordnung verbundene Maßstabsvergrößerung zu einer Einheitsgemeinde bewirkt, daß die kommunalen Entscheidungen — z. B. Planungen, Gemeindeentwicklung, Wirtschaftsförderung, Freizeitvorsorge — im allgemeinen an Bedeutung zunehmen, jede kommunale Tätigkeit somit generell verantwortungsvoller wird.

(23) Neugeordnete Gemeinden sind in hohem Maße befähigt, einen wesentlichen Teil ihrer Aufgaben aus eigener Kraft, d. h. ohne Ersatzaufgabenträger — Zweckverbände, öffentlich-rechtliche Vereinbarungen usw. —, zu erledigen. Bei unveränderter Rechtslage bzw. -anwendung ist für die Gemeinden in Gebieten, in denen vor der Neuordnung keine Ämter existierten (Kreis Lemgo), ein hoch zu bewertender Aufgabenzuwachs — vor allem im Sozialwesen — zu verzeichnen[89], während die territoriale Neugliederung für Gemeinden, die im Vergleich zu den aufgelösten Ämtern ihres Raumes unter die 20 000-Einwohner-Grenze sinken, im allgemeinen mit dem Funktionsverlust des Jugendamtes und der unteren Bauaufsicht verbunden ist.

(24) Einer optimalen Entwicklung kommunaler Eigenständigkeit steht u. a. folgende immanente Schwierigkeit entgegen[90]: Die durch den Nachholbedarf auf vielen Gebieten — eine der Ursachen, die eine territoriale Reform erforderten — stark beanspruchte finanzielle „Manövriermasse“ ist zu klein; oder anders: die finanzielle Abhängigkeit besonders neugeordneter Gemeinden von Fremdmitteln ist zu groß. Insofern stehen die gemeindliche Investitions- und Finanzplanung und die Prioritätensetzung bei der Gemeindeentwicklung in der Gefahr, sich als Farce zu erweisen[91].

(25) In neugeordneten Gemeinden werden durchschnittlich mehr sachkundige Bürger in die Ratsausschüsse gewählt als vor der Reform; ihre Zahl erscheint gleichwohl als insgesamt noch zu gering.

(26) Die Zahl der ehrenamtlichen Funktionen und damit die Zahl der in ehrenamtlichen Funktionen tätigen Gemeindebürger nimmt nach der Neuordnung tendenziell stark ab.

(27) Die mit der Neuordnung eingeführte Institution des Ortsvorstehers erfüllt u. a. eine „Feigenblattfunktion“: sie verhindert die Einsicht, daß eine kommunale Selbstverwaltung auf Ortsebene im allgemeinen zu niedrig angesiedelt ist, und kann bei ausgeprägtem Selbst-

[89] Bei diesem Zuwachs handelt es sich allerdings lediglich um eine Anpassung an das Landesübliche.

[90] Dies ist kein Spezifikum neugeordneter Gemeinden, erhält bei ihnen aber ein besonderes Gewicht.

[91] Vgl. Leitsatz 5 unter Pkt. 2.22. dieser Untersuchung.

bewußtsein der Amtsinhaber die notwendigen Integrationsbemühungen in der neuen Großgemeinde beeinträchtigen.

(28) Rat und Verwaltung einer neugeordneten Gemeinde als Organe einer größeren Verwaltungseinheit werden nach der Neugliederung für den Bürger anonymer; dennoch werden im allgemeinen kaum neue oder zusätzliche Informationswege beschritten. U. a. aus diesem Grund wird für den Bürger, der keine kommunale Funktion ausübt, die Identifikation mit der neuen Einheit erschwert und freiwilliges Engagement in Nicht-Privatangelegenheiten seltener.

(29) Im Vergleich zu ihren Rechtsvorgängern erproben neugeordnete Gemeinden — bis auf wenige Ausnahmen — keine neuen Formen der direkten/direkteren Teilhabe Betroffener an kommunalen Planungsvorgängen oder Entscheidungen.

(30) Das durchschnittliche Interesse der Bürger für kommunale Angelegenheiten ist — auf Dauer gesehen — vor der territorialen Neugliederung unberührt geblieben.

6. Fazit der territorialen Neugliederung

„Sie werden sich bewußt sein, daß Sie mit den ersten Gesetzen zur Neugliederung ganzer Kreisgebiete Maßstäbe setzen, an denen sich alle weiteren Neuordnungsmaßnahmen orientieren werden. ... Sie legen im ersten Anlauf Grundzüge einer Entwicklung fest, die unsere kommunale ... (Ordnung; V. W.) bis in das nächste Jahrzehnt bestimmen werden.

Alle Gemeinden des Landes warten gespannt darauf, was gerade in diesen ersten Gesetzen geregelt wird. Die anderen Bundesländer ... werden sich von den Entscheidungen, die im größten Bundesland fallen, wesentlich beeinflussen lassen[1]."

Dieser Auszug aus der Rede des Innenministers NW bei der Einbringung des Unna-Gesetzes in den Landtag beleuchtet noch einmal die grundsätzliche Bedeutung der Reformmaßnahmen, deren Auswirkungen nach Ablauf einer relativ kurzen Zeit durch diese Studie teilweise untersucht wurden. Vor einer zusammenfassenden Darstellung ihrer Ergebnisse müssen die einzelnen Bewertungen der beschriebenen Entwicklung in einen gemeinsamen Bezugsrahmen eingeordnet werden.

6.1. Zusammenfassung der Bewertungen der Entwicklung seit der Neugliederung

Bisher sind in getrennten Arbeitsschritten drei Teilsets von Maßstäben entwickelt und mit ihrer Hilfe drei Einzelbewertungen der Entwicklung in den Untersuchungsräumen unabhängig voneinander durchgeführt worden. Den gemeinsamen Bezugsrahmen der Teilsets bildet die Grobgliederung des bisher ungewichteten Reformmaßstabs[2]. Um die Bewertungen zusammenfassen zu können, ist es deshalb erforderlich, die Maßstäbe in ihrem Verhältnis zueinander zu gewichten.

6.11. Gewichtung des Reformmaßstabs

(1) Gleichwie die Gliederung des Maßstabssets „Reformmaßstab", so stellt auch die Gewichtung seiner Einzelmaßstäbe — dies kann den Ausführungen zur Methode entnommen werden — eine weitgehend subjektive, jedoch nachvollziehbare Bewertung dar. Danach ist der Maßstabs-

---

[1] Landtag NW, VI. Wahlperiode, (Protokoll der) 22. Sitzung am 24. 10. 1967, S. 692 C. Vgl. auch: Alfred Gleisner: „Der Konzentrationsprozeß der deutschen Gemeinden", in: Gemeinwirtschaft (Wien) 10/1971, S. 13 - 16.

[2] Vgl. Abb. 8 unter Pkt. 1.53. dieser Untersuchung.

set in sechs Ebenen gegliedert, von denen die oberste der Maßstab 0 (Reformmaßstab) allein bildet; dieser *Gesamtmaßstab* wird mit 100 Punkten gewichtet (Gewichtungsfaktor 100). Bei der weiteren Gewichtung der Maßstäbe im Verhältnis zueinander werden die Maßstäbe der gleichen Ebene grundsätzlich gleich bewertet, wenn nicht sachliche Argumente dagegensprechen. Von dieser Ausnahme sind mehr oder weniger alle Gliederungsebenen außer der ersten betroffen.

(2) Die *zweite Ebene* wird eingenommen von den drei Maßstäben

— 1 (Personalmaßstab),
— 2 (Leistungsmaßstab) und
— 3 (Selbstverwaltungsmaßstab).

Angesichts der Tatsachen, daß durch die territoriale Neugliederung leistungsfähige unterste Verwaltungsebenen geschaffen werden sollten, die Leistungsfähigkeit einer Verwaltung nicht nur vom Personal mitbestimmt wird, sondern umgekehrt auch eine gewisse Anziehung auf qualifiziertes Personal ausübt, und schließlich auch die Selbstverwaltung von einer leistungsstarken Verwaltung mitgetragen wird — angesichts dieser Tatsachen wird dem Leistungsmaßstab die größte Bedeutung auf dieser Gliederungsebene beigemessen. Der Personalmaßstab muß aus den gleichen Gründen am niedrigsten gewichtet werden, da seine Bedeutung bei den Maßstäben 2 und 3 mitbewertet wird, am stärksten beim Leistungsmaßstab, der von der Quantität (mehr aber von der Qualifikation) des Verwaltungspersonals mitbeeinflußt wird. Die Gewichtungsfaktoren lauten deshalb:

— 40 (für Maßstab 2),
— 35 (für Maßstab 3) und
— 25 (für Maßstab 1).

Diese Grundgewichtung wirkt sich bis auf die unterste Ebene aus.

(3) Die *dritte Gliederungsebene* bilden die sieben Maßstäbe

— 1.1. (Gesamtpersonalstärke),
— 1.2. (Spezialisierungsgrad),
— 2.1. (kommunale Ausstattung),
— 2.2 (Planungsfähigkeit),
— 3.1 (Aufgabenzuwachs),
— 3.2 (Gemeindevertretung) und
— 3.3 (Aktivbürger).

Innerhalb der „tragenden Säule“ des Reformmaßstabs, die der mit 40 Punkten gewogene Leistungsmaßstab darstellt, bildet die Planungsfähigkeit den „harten Kern“; der entsprechende Maßstab wird deshalb auf seiner Ebene am höchsten bewertet. Der Indikator „kommunale Ausstattung“ tritt dahinter bedeutungsmäßig zurück, wird aber geringfügig höher eingestuft als die restlichen fünf vergleichbaren Maßstäbe. Von diesen erhält der Maßstab 3.2 die relativ geringste Gewichtung, weil die Gemeindevertretung in dieser Untersuchung lediglich in quantitativer Hinsicht analysiert wurde, wobei die Zahl der Ratsvertreter zudem gesetzlich vorgeschrieben ist.

Die mit der Neuordnung verbundene potentielle Übernahme von Mehraufgaben wird für gleich wichtig gehalten wie der Spezialisierungsgrad des Verwaltungspersonals, das diese Aufgaben zu erfüllen hat. Die angesprochene potentielle Qualifikation wiederum ist höher zu bewerten als die zahlenmäßige Stärke der Bediensteten.

Die Gewichtungsfaktoren lauten deshalb:

— 25 (für Maßstab 2.2.),
— 15 (für Maßstab 2.1),
— 13 (für Maßstäbe 1.2 und 3.1),
— 12 (für Maßstäbe 1.1 und 3.3) und
— 10 (für Maßstab 3.2).

(4) Die *vierte Gliederungsebene* wird von fünfzehn Maßstäben gebildet:

— 1.11 (Mindeststärke),
— 1.12 (Personaldichte),
— 1.13 (Personaleinsparung),
— 1.21 (Anteil höherbezahlter Kräfte insgesamt),
— 1.22 (relativer Anteil Bauverwaltung),
— 2.11 (Jugend und Sport),
— 2.12 (Ver- und Entsorgung),
— 2.21 (Planungskapazität),
— 2.22 (Planungsleistung),
— 2.23 (EDV),
— 2.24 (Impulsverwaltung),
— 3.21 (Mandatsdichte),
— 3.22 (sachkundige Bürger),
— 3.31 (Information) und
— 3.32 (Teilhabe).

Vorrangige Bedeutung auf dieser Ebene hat die Fähigkeit der Verwaltung, für eine ausreichende kommunale Ausstattung zu sorgen — vor allem in bezug auf Einrichtungen für die Jugend und für sportliche Betätigung —, eine Fähigkeit, die mitbedingt ist durch einen hohen Anteil qualifizierter (= höherbezahlter) Kräfte; dieser wiederum führt zu einer hohen Planungskapazität insgesamt. Dagegen sind der Spezialisierungsgrad einzelner Bediensteter oder einer Einzelabteilung und die von ihr produzierte, von rechtlichen und politischen Hemmnissen mitabhängige Planungsleistung niedriger zu bewerten. Von großer Bedeutung jedoch sind die innovative Tätigkeit einer Verwaltung und die Beteiligung sachkundiger Bürger an der Entscheidungsfindung: hier ist ein beidseitiger Nutzen für Verwaltung und Bürgerschaft möglich. In diesem Sinne sind die Information der Bürger und die Möglichkeit zur Teilhabe am kommunalen Geschehen vergleichbar wichtig. Eine niedrigere Wertung hingegen erfahren vor allem die Maßstäbe, die von der Verwaltung nicht direkt beeinflußbare Kriterien erfassen, nämlich die Personaleinsparung bei den tatsächlich besetzten Stellen (mitabhängig vom öffentlichen Dienstrecht) und die Mandatsdichte (abhängig vom Kommunalwahlrecht).

Die Gewichtungsfaktoren lauten deshalb:

- 9 (für Maßstab 2.11),
- 8 (für Maßstäbe 1.21 und 2.21),
- 7 (für Maßstäbe 2.24 und 3.22),
- 6 (für Maßstäbe 1.11, 2.12, 3.31 und 3.32),
- 5 (für Maßstäbe 1.22, 2.22 und 2.23) und
- 3 (für Maßstäbe 1.12, 1.13 und 3.21).

(5) Die fünfzehn Maßstäbe der *fünften Gliederungsebene* sind:

- 1.111 (Mindeststärke eigentliche Verwaltung insgesamt),
- 1.112 (relative Stärke Bauverwaltung),
- 2.111 (Schulen),
- 2.112 (Sport),
- 2.113 (Kindergärten),
- 2.121 (Wasser),
- 2.122 (Abwässer),
- 2.211 (Gesamtplanungen),
- 2.212 (Bebauungspläne),
- 2.221 (Flächennutzungsplan),
- 2.222 (Bebauungspläne),
- 3.311 (Informationsmedien),
- 3.312 (Interesse),
- 3.321 (Partizipation) und
- 3.322 (ehrenamtliches Element).

Auf dieser Ebene scheinen nur zwei Abweichungen von der Gleichgewichtung geboten insofern, als die Planungsfähigkeit einer Gemeinde sich zuvorderst an Gesamtplanungen zu erweisen hat, die ihre künftige Entwicklung mitsteuern (höhere Gewichtung), und insofern, als die Erstellung von Bebauungsplänen in kurzer Frist nach der Neuordnung hinter der Verabschiedung des Flächennutzungsplans zurückzustehen hat (niedrigere Gewichtung). Die Gewichtungsfaktoren lauten deshalb:

- 5 (für Maßstab 2.211),
- 3 (für alle übrigen Maßstäbe außer 2.222) und
- 2 (für Maßstab 2.222).

(6) Für die *sechste Gliederungsebene* werden fünf Maßstäbe angegeben:

Abb. 33: *Gliederung des gewichteten Maßstabssets „Reformmaßstab“*

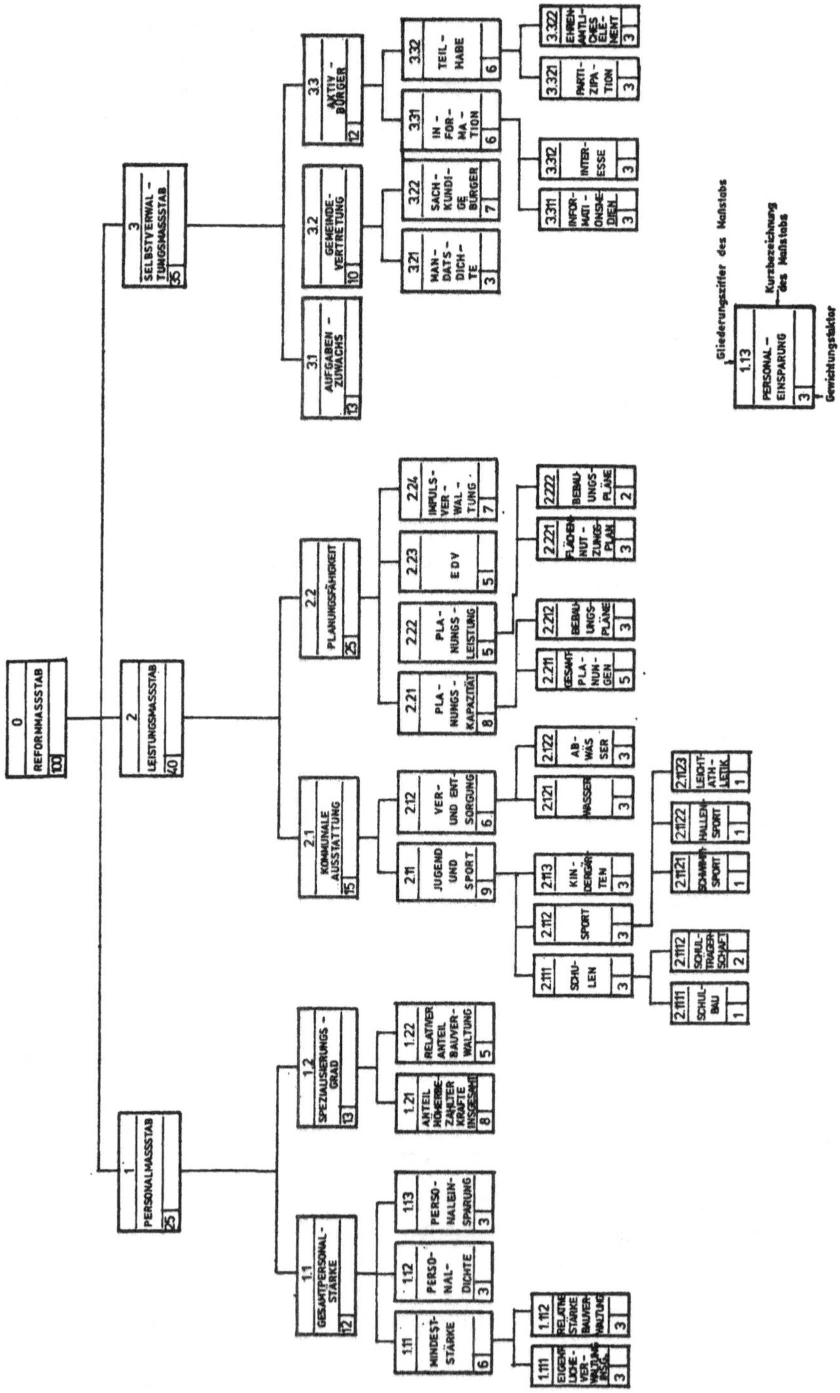

Quelle: Eigene Zusammenstellung.

— 2.1111 (Schulbau),
— 2.1112 (Schulträgerschaft),
— 2.1121 (Schwimmsport),
— 2.1122 (Hallensport) und
— 2.1123 (Leichtathletik).

Hier wird nur ein Maßstab hervorgehoben, indem der Fähigkeit zur Schulträgerschaft eine grundsätzlichere Bedeutung beigemessen wird als den durch die anderen Maßstäbe beurteilten Kriterien. Die Gewichtungsfaktoren lauten deshalb:

— 2 (für Maßstab 2.1112) und
— 1 (für alle übrigen Maßstäbe).

In Abildung 33 ist die *gesamte Gliederung* des gewichteten Reformmaßstabs zusammengefaßt.

6.12. Zusammenfassende Bewertung

Die Wertungspunkte der Einzelwertungen (Tabellen 18, 19 und 23) sind nun mit den festgelegten Gewichtungsfaktoren zu multiplizieren; diese Berechnung ist in Tabelle A 36 im einzelnen dargestellt. Das jeweilige Ergebnis kann als *„Realisierungsgrad"* — des Maßstabs — angegeben werden (vgl. Tab. 24), der wie folgt definiert ist:

Die Bestandsaufnahme der nach der kommunalen Neuordnung eingetretenen Entwicklung wurde unter Berücksichtigung eines angegebenen Zeitraums vor der Reform verglichen mit den Zielen und Absichten der „Reformer", die in den Maßstäben des Reformmaßstabs operationalisiert sind (theoretische Entwicklung). Der Zeitpunkt der Neuordnung ist der Ausgangspunkt t_0 dieser theoretischen Entwicklung, der Zeitpunkt dieser Untersuchung ihr Endpunkt t_1, an dem die theoretische Entwicklung den Wert 100 erreicht. Das Ausmaß der Annäherung der tatsächlichen Entwicklung an die theoretische Vorgabe zum Zeitpunkt t_1, also die Realisierung der theoretischen Entwicklung, wird als Realisierungsgrad des Maßstabssets/-teilsets begriffen.

Diese Überlegung ist in der nachstehenden Abbildung veranschaulicht; der jeweilige Realisierungsgrad für alle Gemeinden kann im Anschluß daran aus Tabelle 24 entnommen werden.

6.2. Ergebnisse der Untersuchung

Das Ergebnis jeder wissenschaftlichen Analyse ist von wenigstens drei Abhängigkeiten mitbestimmt: nämlich der Abhängigkeit vom Untersuchungsgegenstand, von der Fragestellung und der Methode. Vor diesem Hintergrund müssen somit die Ergebnisse dieser Untersuchung gesehen und verstanden werden.

Abb. 34: *Darstellung des Begriffs „Realisierungsgrad"*

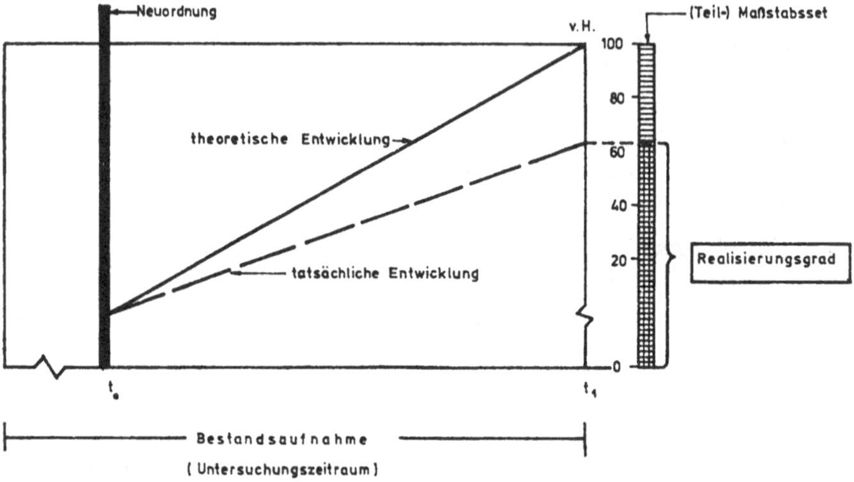

Quelle: Eigene Zusammenstellung.

6.21. Bisheriger Erfolg der territorialen Neugliederung

Bei der noch ausstehenden Interpretation der letzten Wertungstabelle (Tab. 24) ist eine weitere Wertung vorzunehmen, denn es bleibt die abschließende Antwort auf die eingangs gestellte Frage nach dem am Erfolg gemessenen Sinn der untersuchten Neugliederung zu geben. Diese Antwort wird formuliert aufgrund der Ergebnisse dieser Untersuchung und in Kernsätzen zusammengefaßt.

6.211. Einstufung der Bewertungsergebnisse

Der Reformmaßstab ist im Durchschnitt der Gemeinden in den Untersuchungsräumen zu rund 63 % realisiert; die geringste Übereinstimmung mit dem Maßstab weist die Entwicklung in der Gemeinde Uentrop (Realisierungsgrad: 52 %) auf, die größte Übereinstimmung die Entwicklung in der Stadt Unna (73 %). Der jeweils höchste und niedrigste Realisierungsgrad in den einzelnen Gruppen findet sich in der ersten Gruppe bei den Gemeinden Dörentrup (67 %) und Uentrop (52 %), in der zweiten Gruppe bei der Stadt Hilchenbach (66 %) und der Gemeinde Bönen (54 %), in der dritten Gruppe bei der Stadt Eiserfeld (72 %) und der Gemeinde Netphen (57 %), in der vierten Gruppe bei den Städten Unna (73 %) und Bergkamen (66 %).

Diese Gesamtbeurteilung ist von den Ergebnissen der Einzelwertungen bestimmt. Danach ist der niedrigste Realisierungsgrad des Personalmaß-

Tabelle 24: Realisierung des Reformmaßstabs und seiner Teilmaßstäbe

Gemeinde (Gebiet)	Realisierungsgrad (%)[1]			
	Personal-maßstab	Leistungs-maßstab	Selbstverwal-tungsmaßstab	Reformmaßstab
Barntrup	42	46	70	53
Dörentrup	70	54	79	67
Leopoldshöhe	58	58	74	64
Rhynern	66	52	59	58
Uentrop		51	43	52
Bönen	50	54	57	54
Burbach	71	55	61	61
Extertal	42	53	74	58
Freudenberg	62	46	61	55
Fröndenberg	74	47	58	58
Hilchenbach	86	52	68	66
Holzwickede	88	55	41	58
Kalletal	51	58	74	62
Neunkirchen	79	57	59	63
Oerlinghausen	81	42	71	61
Wilnsdorf	83	56	63	65
Eiserfeld	90	64	67	72
Kreuztal	84	56	66	67
Netphen	71	53	53	57
Pelkum	83	62	56	57
Bad Salzuflen	82	58	69	67
Bergkamen	62	78	55	66
Hüttental	86	63	71	71
Kamen	79	70	65	70
Lemgo	86	69	64	72
Siegen	84	77	41	66
Unna	88	76	58	73
Durchschnitt Gemeinden von unter 12.000 Einwohnern	56	52	65	58
Durchschnitt Gemeinden von 12.000 bis unter 20.000 E.	70	52	62	60
Durchschnitt Gemeinden von 20.000 bis unter 35.000 E.	83	59	61	65
Durchschnitt Gemeinden von über 35.000 Einwohnern	81	70	61	70
Durchschnitt Kreis Lemgo	64	54	73	63
Durchschnitt Kreis Siegen	80	58	61	65
Durchschnitt Kreis Unna	74	60	55	62
Durchschnitt Untersuchungsräume	73	58	63	63

1 Vgl. Tab. A 36.

Quelle: Eigene Berechnungen aus Tab. 18, 19 und 23 sowie Abb. 33.

stabs bei der Stadt Barntrup zu finden (42 %), des Leistungsmaßstabs bei der Stadt Oerlinghausen (42 %) und des Selbstverwaltungsmaßstabs bei der Gemeinde Holzwickede (41 %). Die positivsten Auswirkungen der territorialen Neugliederung zeigten sich — gemessen am Personalmaßstab — in der Stadt Eiserfeld (90 %), — gemessen am Leistungsmaßstab — in der Stadt Bergkamen (78 %) und — gemessen am Selbstverwaltungsmaßstab — in der Gemeinde Dörentrup (79 %).

Der Personalmaßstab ist am geringsten realisiert in Gemeinden von unter 12 000, am höchsten in Gemeinden von über 20 000 Einwohnern; auch beim Leistungsmaßstab erfuhren kleine Gemeinden eine durchschnittlich schlechtere Beurteilung als Verwaltungseinheiten von über 35 000 Einwohnern; die kommunale Selbstverwaltung indes wurde — gemessen am Selbstverwaltungsmaßstab — durch die Neugliederung in den Gemeinden der ersten Gruppe am meisten gestärkt. Insgesamt zeigen sich — abgelesen am Realisierungsgrad des Reformmaßstabs — in deutlichen Abstufungen zunehmend positive Auswirkungen der Reform beim Durchschnitt der jeweils größeren Gebietskörperschaften.

Die Bewertungsergebnisse werden nach dem Realisierungsgrad des Reformmaßstabs beurteilt und wie folgt eingestuft[3]:

Wertungsstufe 9 = Realisierungsgrad 90,1 bis 100,0 %: Die territoriale Neugliederung hat in optimalem Maße zu den vorher angestrebten Ergebnissen geführt.

Wertungsstufe 8 = Realisierungsgrad 80,1 bis 90,0 %: Die territoriale Neugliederung hat in sehr hohem Maße zu den vorherangestrebten Ergebnissen geführt.

Wertungsstufe 7 = Realisierungsgrad 70,1 bis 80,0 %: Die territoriale Neugliederung hat in hohem Maße zu den vorher angestrebten Ergebnissen geführt.

Wertungsstufe 6 = Realisierungsgrad 60,1 bis 70,0 %: Die territoriale Neugliederung hat in mehr als durchschnittlichem Maße zu den vorher angestrebten Ergebnissen geführt.

Wertungsstufe 5 = Realisierungsgrad 50,1 bis 60,0 %: Die territoriale Neugliederung hat in mittlerem Maße zu den vorher angestrebten Ergebnissen geführt.

Wertungsstufe 4 = Realisierungsrad 40,1 bis 50,0 %: Die territoriale Neugliederung hat in geringem Maße zu den vorher angestrebten Ergebnissen geführt.

---

[3] Vgl. Albrecht Nagel: Leistungsfähige Entscheidungen ..., S. 145.

Wertungsstufe 3 = Realisierungsgrad 30,1 bis 40,0 %: Die territoriale Neugliederung hat in sehr geringem Maße zu den vorher angestrebten Ergebnissen geführt.

Wertungsstufe 2 = Realisierungsgrad 20,1 bis 30,0 %: Die territoriale Neugliederung hat in äußerst geringem Maße zu den vorher angestrebten Ergebnissen geführt.

Wertungsstufe 1 = Realisierungsgrad 20,0 und darunter: Die territoriale Neugliederung hat nicht zu den vorher angestrebten Ergebnissen geführt.

Ein Drittel der Gemeinden (9) hat danach Wertungsstufe 5 erreicht, 48 % der Gemeinden (13) Wertungsstufe 6 und 19 % (5) Wertungsstufe 7. Gemeinden von unter 12 000 Einwohnern haben durchschnittlich Wertungsstufe 5 erreicht, Gemeinden von mehr als 12 000 Einwohnern 6; in allen drei Kreisen kamen die Gemeinden durchschnittlich ebenfalls auf Wertungsstufe 6, die deshalb auch den Gesamtdurchschnitt kennzeichnet.

6.212. Zusammenfassung der Leitsätze

Aufgrund dieser Ergebnisse können die Leitsätze 1 bis 30[4] zu folgenden Kernsätzen verdichtet werden:

— Die territoriale Neugliederung der Gemeinden löst einen erhöhten Finanzbedarf in den Neuordnungsräumen aus, der von den Großgemeinden in der Regel nicht kurzfristig und nicht in ausreichendem Maße aus eigenen Mitteln gedeckt werden kann.

— Die territoriale Neugliederung der Gemeinden führt im allgemeinen zu einer absoluten und relativen Stärkung der Verwaltung als Apparat, deren Leistungsfähigkeit sich jedoch wegen innerer und äußerer Schwierigkeiten kurzfristig nicht optimal steigern kann.

— Die territoriale Neugliederung der Gemeinden bekräftigt den Anspruch der untersten Verwaltungseinheiten, die wichtigsten Träger der kommunalen Selbstverwaltung zu sein, und schafft die Voraussetzungen zur weiteren Stärkung dieser Selbstverwaltung; ihrer optimalen Entfaltung stehen allerdings enorme Widrigkeiten entgegen, wie z. B. Finanz- und Planungsabhängigkeit der Gemeinden, durchschnittlich unterentwickelte Initiativfreudigkeit des Verwaltungspersonals und weitverbreitetes kommunales Desinteresse der Gemeindebürger[5].

---

[4] Vgl. Pkt. 2.22., 3.32., 4.42. und 5.32. dieser Untersuchung.

[5] Vgl. Anm. 5.90.

6.22. Verallgemeinerung der Ergebnisse

Abschließend ist zu klären, ob eine Verallgemeinerung der Ergebnisse möglich und ob der entwickelte Reformmaßstab auch bei der Analyse anderer Neugliederungsmaßnahmen anwendbar ist.

6.221. Zulässigkeit der Verallgemeinerung

Die Untersuchungsräume sind repräsentativ hinsichtlich der Probleme, die bei einer territorialen Neugliederung von Gemeinden in ländlichen und in Ballungsrandzonen bewältigt werden müssen. Das wurde in der Einleitung dieser Untersuchung belegt[6] und wird bestätigt durch die Tatsache, daß die Landesregierung NW ursprünglich beabsichtigte, die Neuordnung der Kreise Lemgo, Siegen und Unna gleichzeitig gesetzlich zu regeln, um durch dieses „Paket" ihre Gesamtkonzeption darzustellen[7].

Somit können die Ergebnisse dieser Untersuchung für gleichfalls repräsentativ gehalten werden und allgemeine Gültigkeit beanspruchen unter der Bedingung, daß gleichgeartete Räume bei gleichgearteter Rechtslage und gleichgeartetem Informations- und Bewußtseinsstand aller Beteiligten eine gleichgeartete Neuordnung erfahren.

Ob die Ergebnisse also z. B. auf die Neugliederung von Gemeinden in Ballungskernen übertragen werden können, müßte erst am konkreten Fall — etwa der Neuordnung des Ruhrgebiets — überprüft werden; das bedeutet, daß über den Erfolg einer gleichgearteten Neuordnung (Zusammenschluß zu Einheitsgemeinden) solcher Räume aufgrund dieser Untersuchung keine gesicherte Aussage möglich ist.

6.222. Brauchbarkeit des Reformmaßstabs

Der Reformmaßstab stellt ein transparentes, handhabbares, aber relativ grobes Instrument[8] dar, anhand dessen man Ergebnisse von Maßnahmen der territorialen Reform in geeigneter Weise beurteilen kann. Er läßt sich *von seinem Ansatz her* jederzeit auf jede Neugliederungsmaßnahme anwenden und vermag, bei entsprechender Modifikation, eine weitaus größere Palette von Auswirkungen zu erfassen als in dieser Untersuchung. Es muß also jeweils beachtet werden, daß es sich bei dem in dieser Untersuchung vorgestellten Maßstabsset mit all seinen Teilmaßstäben um ein spezifisch zeit-, orts- und sachbezogenes Intrument handelt, das angewandt wurde auf konkrete Neuordnungsmaßnahmen in der Jetztzeit.

---

[6] Vgl. Pkt. 1.2. dieser Untersuchung.

[7] Vgl. Einbringungsrede des Innenministers NW, S. 691 A, und Volkhard Wrage: Taktik der Territorialreform, S. 82 f.

[8] Die groben Linien dieser Untersuchung behalten ihre Gültigkeit, solange sie nicht durch Detailanalysen falsifiziert werden.

Die quantitative Methode und die in Ziffern formulierbaren Ergebnisse könnten einem flüchtigen Betrachter ein höheres Maß an Exaktheit vermitteln als beabsichtigt und beim gegenwärtigen Stand der Forschung erreichbar; er übersähe zudem, daß die gefundenen Ergebnisse von einer transparenten Subjektivität gekennzeichnet sind.

6.23. Sinn der Neugliederung

In dieser Untersuchung wurde nicht die Frage behandelt, ob die Neuordnung die „richtigen“ Gemeinden begründet hat oder ob nicht Großgemeinden — oder Ämter — anderen Zuschnitts besser gewesen wären. Sondern die vereinfachte Frage lautete, ob die so und konkret nicht anders durchgeführte Neugliederung der Gemeinden zu Entwicklungen führt, die letztlich für die Einwohner dieser Räume definierbare Verbesserungen ihrer Lebensverhältnisse mit sich bringen. Nur wenn dies der Fall sei, habe sich die Neuordnung gelohnt. Es wurden Maßstäbe entwickelt, die sich an den Absichten der Reformer orientierten, und zwar Maßstäbe, mit deren Hilfe die notwendige Überprüfung der Verhältnisse vorgenommen werden konnte. Die mit den Maßstäben definierten Anforderungen an die neugeordneten Gemeinden waren so realistisch wie möglich und teilweise bewußt niedriggespannt. Gleichwohl haben nur 5 von 27 Gemeinden die Erwartungen in hohem Maße erfüllt; für neun Gemeinden konnten lediglich mäßige Vorteile aus der Neuordnung festgehalten werden.

Die Ergebnisse dieser Untersuchung lassen sich in der Definition der von der Mehrheit der Verwaltungseinheiten erreichten Wertungsstufe 6 bündeln:

Die territoriale Neugliederung der Gemeinden hat in mehr als durchschnittlichem Maße zu den vorher angestrebten Ergebnissen geführt.

Anhang

A 1

Ausgabevolumen des ordentlichen Haushalts der Gemeinden von unter 12.000 Einwohnern (DM/Einwohner, relative Veränderungsrate)

Gemeinde	1965	1966	1967	1968	1969	1970
	vor der Neuordnung				nach der Neuordnung	
	DM/Einwohner					
Barntrup	.	421	438	467	454	572
Dörentrup	.	384	364	373	357	416
Leopoldshöhe	.	359	391	358	361	422
Rhynern	477	495	485	.	.	.
Uentrop	438	510	659	.	.	.
Verwaltungsgemeinschaft Uentrop/Rhynern	.	.	.	625	563	657
	relative Veränderungsrate (Vorjahr=100)					
Barntrup	.	.	104	107	97	126
Dörentrup	.	.	95	103	96	117
Leopoldshöhe	.	.	109	92	101	117
Rhynern	.	104	98	.	.	.
Uentrop	.	116	129	.	.	.
Verwaltungsgemeinschaft Uentrop/Rhynern	.	.	.	105	90	117

Quelle: Eigene Berechnungen aus Jahresrechnungen der Gemeinden.

A 2

Ausgabevolumen des ordentlichen Haushalts der Gemeinden von 12.000 bis unter 20.000 Einwohnern (DM/Einwohner, relative Veränderungsrate)

Gemeinde	1965	1966	1967	1968	1969	1970
	vor der Neuordnung			nach der Neuordnung		
	DM/Einwohner					
Bönen	458	497	665	484	546	558
Burbach	.	561	539	584	578	674
Extertal	.	408	396	418	427	615
Freudenberg	.	498	559	643	566	666
Fröndenberg	476	553	603	480	568	694
Hilchenbach	.	668	795	715	562	629
Holzwickede	411	520	439	445	419	726
Kalletal	.	296	361	406	389	489
Neunkirchen	.	651	623	721	741	665
Oerlinghausen	.	497	487	593	556	656
Wilnsdorf	.	505	570	577	439	504
	relative Veränderungsrate (Vorjahr=100)					
Bönen	.	109	134	73	113	102
Burbach	.	.	96	108	99	117
Extertal	.	.	97	105	102	144
Freudenberg	.	.	112	115	88	118
Fröndenberg	.	116	109	80	118	122
Hilchenbach	.	.	119	90	79	112
Holzwickede	.	126	84	101	94	173
Kalletal	.	.	122	113	96	126
Neunkirchen	.	.	96	116	103	90
Oerlinghausen	.	.	98	122	94	118
Wilnsdorf	.	.	113	101	76	115

Quelle: Eigene Berechnungen aus Jahresrechnungen der Gemeinden.

A 3

Ausgabevolumen des ordentlichen Haushalts der Gemeinden von 20.000 bis unter 35.000 Einwohnern (DM/Einwohner, relative Veränderungsrate)

Gemeinde	1963	1964	1965	1966	1967	1968	1969	1970
	vor der Neuordnung			nach der Neuordnung				
	DM/Einwohner							
Eiserfeld	429	426	489	483	439	464	479	653
Kreuztal	.	.	.	561	584	604	639	700
Netphen	.	.	.	571	600	593	570	552
Pelkum	.	.	469	418	461	494	477	563
	relative Veränderungsrate (Vorjahr = 100)							
Eiserfeld	.	99	115	99	91	106	103	136
Kreuztal	.	.	.	.	104	103	106	110
Netphen	.	.	.	.	105	99	96	97
Pelkum	.	.	.	89	110	107	97	118

Quelle: Eigene Berechnungen aus Jahresrechnungen der Gemeinden.

A 4

Ausgabevolumen des ordentlichen Haushalts der Gemeinden von über 35.000 Einwohnern (DM/Einwohner, relative Veränderungsrate)

Gemeinde	1963	1964	1965	1966	1967	1968	1969	1970
	vor der Neuordnung						nach der Neuordnung	
	DM/Einwohner							
Bad Salzuflen	.	.	.	483	499	499	484	684
Bergkamen	402	471	549	481	558	597	604	663
Hüttental	630	658	709	573	798	659	659	759
Kamen	.	.	497	555	560	564	614	687
Lemgo	.	.	.	493	508	557	571	701
Siegen	693	736	845	831	770	811	893	1079
Unna	.	.	480	505	555	528	538	713
	relative Veränderungsrate (Vorjahr = 100)							
Bad Salzuflen	.	.	.	.	103	100	97	141
Bergkamen	.	117	117	88	116	107	101	110
Hüttental	.	104	108	81	139	83	100	115
Kamen	.	.	.	112	101	101	109	112
Lemgo	.	.	.	.	103	110	103	123
Siegen	.	106	115	98	93	105	110	121
Unna	.	.	.	105	110	95	102	132

Quelle: Eigene Berechnungen aus Jahresrechnungen der Gemeinden.

A 5

Ausgabevolumen des ordentlichen Haushalts der Kreise (DM/Einwohner, relative Veränderungsrate)

Kreis	1963	1964	1965	1966	1967	1968	1969	1970
	vor der Neuordnung der Gemeinden						nach der Neuordnung	
	DM/Einwohner							
Lemgo	.	.	.	345	352	353	346	380
Siegen	199	211	230	201	228	223	217	241
Unna	.	.	210	219	205	204	208	224
	relative Veränderungsrate (Vorjahr = 100)							
Lemgo	.	.	.	.	102	100	98	110
Siegen	.	106	109	87	114	98	97	111
Unna	.	.	.	104	94	99	102	108

Quelle: Eigene Berechnungen aus Jahresrechnungen der Kreise.

A 6

Gesamtausgaben im Personalbereich der Gemeinden von unter 12.000 Einwohnern (DM/Einwohner, Anteil am ordentlichen Haushalt)

Gemeinde	1965	1966	1967	1968	1969	1970
	vor der Neuordnung				nach der Neuordnung	
	DM/Einwohner					
Barntrup	.	65	70	77	80	99
Dörentrup	.	38	39	42	58	75
Leopoldshöhe	.	22	25	26	56	75
Rhynern	57	65	68	.	.	.
Uentrop	62	70	79	.	.	.
Verwaltungsgemeinsch. Uentrop/Rhynern	.	.	.	100	112	132
	v.H. der Ausgaben des ordentl. Haush.					
Barntrup	.	15,5	15,9	16,4	17,6	17,4
Dörentrup	.	9,9	10,8	11,2	16,3	18,1
Leopoldshöhe	.	6,2	6,5	7,4	15,6	17,7
Rhynern	12,0	13,1	14,1	.	.	.
Uentrop	14,2	13,8	11,9	.	.	.
Verwaltungsgemeinsch. Uentrop/Rhynern	.	.	.	16,0	20,0	20,1

Quelle: Eigene Berechnungen aus Jahresrechnungen der Gemeinden.

A 7

Gesamtausgaben im Personalbereich der Gemeinden von 12.000 bis unter 20.000 Einwohnern (DM/Einwohner, Anteil am ordentlichen Haushalt)

Gemeinde	1965	1966	1967	1968	1969	1970
	vor der Neuordnung			nach der Neuordnung		
	DM/Einwohner					
Bönen	57	86	84	102	121	138
Burbach	.	71	72	77	99	133
Extertal	.	33	35	39	71	113
Freudenberg	.	73	84	88	106	140
Fröndenberg	70	81	80	96	104	115
Hilchenbach	.	88	97	109	127	138
Holzwickede	62	68	84	89	95	110
Kalletal	.	21	22	24	47	75
Neunkirchen	.	79	82	87	95	112
Oerlinghausen	.	95	86	95	105	134
Wilnsdorf	.	66	76	82	83	113
	v.H. der Ausgaben des ordentl. Haush.					
Bönen	12,5	17,4	12,6	21,0	22,1	24,7
Burbach	.	12,6	13,3	13,2	17,1	19,8
Extertal	.	8,1	8,7	9,3	16,6	18,4
Freudenberg	.	14,5	15,0	13,7	18,6	21,1
Fröndenberg	14,7	14,6	13,2	20,1	18,4	16,6
Hilchenbach	.	13,1	12,2	15,3	22,6	21,9
Holzwickede	15,1	13,1	19,2	20,0	22,7	15,1
Kalletal	.	7,1	6,0	6,0	12,1	15,4
Neunkirchen	.	12,1	13,1	12,0	12,8	16,8
Oerlinghausen	.	19,2	17,6	16,0	18,9	20,3
Wilnsdorf	.	13,1	13,4	14,2	18,9	22,3

Quelle: Eigene Berechnungen aus Jahresrechnungen der Gemeinden.

A 8

Gesamtausgaben im Personalbereich der Gemeinden von 20.000 bis unter 35.000 Einwohnern (DM/Einwohner, Anteil am ordentlichen Haushalt)

Gemeinde	1963	1964	1965	1966	1967	1968	1969	1970
	vor der Neuordnung			nach der Neuordnung				
	DM/Einwohner							
Eiserfeld	54	59	68	74	76	84	101	117
Kreuztal	.	.	.	100	106	113	127	144
Netphen	.	.	.	68	72	75	96	109
Pelkum	.	.	75	78	79	100	118	134
	v.H. der Ausgaben des ordentl. Haushalts							
Eiserfeld	12,6	14,0	13,9	15,3	17,3	18,1	21,1	17,9
Kreuztal	.	.	.	17,9	18,1	18,8	19,9	20,6
Netphen	.	.	.	11,9	12,0	12,6	16,8	19,8
Pelkum	.	.	16,0	18,7	17,2	20,3	24,6	23,7

Quelle: Eigene Berechnungen aus Jahresrechnungen der Gemeinden.

A 9

Gesamtausgaben im Personalbereich der Gemeinden von über 35.000 Einwohnern (DM/Einwohner, Anteil am ordentlichen Haushalt)

Gemeinde	1963	1964	1965	1966	1967	1968	1969	1970
	vor der Neuordnung						nach der Neuordnung	
	DM/Einwohner							
Bad Salzuflen	.	.	.	84	80	90	108	134
Bergkamen	60	66	76	92	104	119	137	157
Hüttental	86	95	107	121	127	131	144	168
Kamen	.	.	134	156	169	177	201	231
Lemgo	.	.	.	101	105	109	129	143
Siegen	151	164	196	213	225	240	268	308
Unna	.	.	107	119	124	126	145	152
	v.H. der Ausgaben des ordentlichen Haushalts							
Bad Salzuflen	.	.	.	17,3	16,1	18,1	22,4	19,6
Bergkamen	15,0	14,1	13,9	19,0	18,6	20,0	22,7	23,7
Hüttental	13,7	14,4	15,1	21,1	15,9	19,9	21,8	22,1
Kamen	.	.	26,9	28,1	30,2	31,5	32,7	33,6
Lemgo	.	.	.	20,5	20,7	19,6	22,6	20,4
Siegen	21,7	22,3	23,3	25,6	29,3	29,6	30,0	28,5
Unna	.	.	22,3	23,6	22,4	23,9	26,9	21,4

Quelle: Eigene Berechnungen aus Jahresrechnungen der Gemeinden.

A 10

Gesamtausgaben im Personalbereich der Kreise (DM/Einwohner, Anteil am ordentlichen Haushalt)

Kreis	1963	1964	1965	1966	1967	1968	1969	1970
	vor der Neuordnung der Gemeinden						nach der Neuordnung	
	DM/Einwohner							
Lemgo	.	.	.	85	90	92	104	127
Siegen	28	30	34	31	35	38	43	50
Unna	.	.	25	30	34	37	40	48
	v. H. der Ausgaben des ordentlichen Haushalts							
Lemgo	.	.	.	24,7	25,7	26,2	30,1	33,5
Siegen	14,2	14,3	14,9	15,7	15,4	16,8	19,8	20,7
Unna	.	.	11,9	13,7	16,3	17,9	19,3	21,4

Quelle: Eigene Berechnungen aus Jahresrechnungen der Kreise.

A 11

Personalausgaben für die eigentliche Verwaltung der Gemeinden von unter 12.000 Einwohnern (DM/Einwohner, relative Veränderungsrate)

Gemeinde	1965	1966	1967	1968	1969	1970
	vor der Neuordnung				nach der Neuordnung	
	DM/Einwohner					
Barntrup	.	35	36	37	42	48
Dörentrup	.	24	24	27	33	44
Leopoldshöhe	.	15	16	20	33	48
Rhynern	41	46	49	.	.	.
Uentrop	42	46	49	.	.	.
Verwaltungsgemeinschaft Ue./Rh.	.	.	.	62	69	78
	relative Veränderungsrate (Vorjahr=100)					
Barntrup	.	.	102	103	113	115
Dörentrup	.	.	102	111	122	132
Leopoldshöhe	.	.	106	128	168	145
Rhynern	.	112	106	.	.	.
Uentrop	.	109	108	.	.	.
Verwaltungsgemeinschaft Ue./Rh.	.	.	.	126	113	112

Quelle: Eigene Berechnungen aus Jahresrechnungen der Gemeinden.

A 12

Personalausgaben für die eigentliche Verwaltung der Gemeinden von 12.000 bis unter 20.000 Einwohnern (DM/Einwohner, relative Veränderungsrate)

Gemeinde	1965	1966	1967	1968	1969	1970
	vor der Neuordnung			nach der Neuordnung		
	DM/Einwohner					
Bönen	39	60	55	59	70	78
Burbach	.	47	47	49	55	73
Extertal	.	20	21	23	33	48
Freudenberg	.	50	59	60	68	89
Fröndenberg	54	62	65	76	83	93
Hilchenbach	.	60	64	72	70	86
Holzwickede	47	47	57	60	62	68
Kalletal	.	13	13	16	31	43
Neunkirchen	.	49	51	53	50	60
Oerlinghausen	.	43	43	42	52	62
Wilnsdorf	.	46	54	58	50	75
	relative Veränderungsrate (Vorjahr=100)					
Bönen	.	155	91	108	117	111
Burbach	.	.	101	104	113	132
Extertal	.	.	104	113	141	146
Freudenberg	.	.	119	101	113	131
Fröndenberg	.	115	104	117	109	112
Hilchenbach	.	.	107	112	98	122
Holzwickede	.	100	122	105	103	109
Kalletal	.	.	102	120	192	139
Neunkirchen	.	.	103	105	94	119
Oerlinghausen	.	.	101	96	124	121
Wilnsdorf	.	.	117	107	86	149

Quelle: Eigene Berechnungen aus Jahresrechnungen der Gemeinden.

A 13

Personalausgaben für die eigentliche Verwaltung der Gemeinden von 20.000 bis unter 35.000 Einwohnern (DM/Einwohner, relative Veränderungsrate)

Gemeinde	1963	1964	1965	1966	1967	1968	1969	1970
	vor der Neuordnung			nach der Neuordnung				
	DM/Einwohner							
Eiserfeld	34	37	43	48	44	43	50	61
Kreuztal	.	.	.	54	56	61	64	67
Netphen	.	.	.	50	53	55	66	72
Pelkum	.	.	51	52	51	62	68	75
	relative Veränderungsrate (Vorjahr = 100)							
Eiserfeld	.	108	117	112	92	97	117	121
Kreuztal	.	.	.	.	103	108	106	105
Netphen	.	.	.	.	106	104	120	110
Pelkum	.	.	.	101	99	121	109	111

Quelle: Eigene Berechnungen aus Jahresrechnungen der Gemeinden.

A 14

Personalausgaben für die eigentliche Verwaltung der Gemeinden von über 35.000 Einwohnern (DM/Einwohner, relative Veränderungsrate)

Gemeinde	1963	1964	1965	1966	1967	1968	1969	1970
	vor der Neuordnung						nach der Neuordnung	
	DM/Einwohner							
Bad Salzuflen	.	.	.	46	42	49	58	65
Bergkamen	37	39	42	49	57	64	68	79
Hüttental	51	55	61	67	71	74	78	89
Kamen	.	.	49	61	64	64	67	73
Lemgo	.	.	.	45	47	49	56	63
Siegen	65	71	82	84	86	83	98	105
Unna	.	.	58	66	69	66	75	88
	relative Veränderungsrate (Vorjahr = 100)							
Bad Salzuflen	.	.	.	.	91	119	118	110
Bergkamen	.	107	106	118	115	113	106	116
Hüttental	.	108	112	109	105	105	105	115
Kamen	.	.	.	123	106	100	104	109
Lemgo	.	.	.	.	104	104	113	113
Siegen	.	109	117	102	102	96	118	108
Unna	.	.	.	114	104	95	115	117

Quelle: Eigene Berechnungen aus Jahresrechnungen der Gemeinden.

A 15

Personalausgaben für die eigentliche Verwaltung der Kreise (DM/Einwohner, bereinigte Veränderungsrate)

Kreis	1963	1964	1965	1966	1967	1968	1969	1970
	vor der Neuordnung der Gemeinden						nach der Neuordnung	
	DM/Einwohner							
Lemgo	.	.	.	39	39	34	41	47
Siegen	20	22	25	23	27	28	32	37
Unna	.	.	22	24	27	30	32	38
	bereinigte Veränderungsrate (Vorjahr = 100)							
Lemgo	.	.	.	.	100	82	118	105
Siegen	.	103	111	85	113	102	107	111
Unna	.	.	.	98	114	107	102	109

Quelle: Eigene Berechnungen aus Jahresrechnungen der Kreise.

A 16

Veränderung der Hebesätze der Grundsteuern A und B nach der Neuordnung

Gemeinde	Grundsteuer A		Grundsteuer B	
	höchster/niedrigster Hebesatz im Gemeindegebiet			
	vor der Neuordnung	nach der Neuordnung bzw. Angleichung	vor der Neuordnung	nach der Neuordnung bzw. Angleichung
Barntrup	110	/1/	200/180	/1/
Dörentrup	110	/1/	200/180	/1/
Leopoldshöhe	110/100	/1/	200/100	/1/
Rhynern	110	110	200/180	200
Uentrop	180/110	110	200/180	200
Bönen	110	110	200/180	200
Burbach	150/110	/1/	200/180	/1/
Extertal	180/100	/1/	200/130	/1/
Freudenberg	120	/1/	220/200	/1/
Fröndenberg	178/110	110	200/180	200
Hilchenbach	260/110	110	200/180	200
Holzwickede	110	110	200/180	200
Kalletal	110/100	/1/	180/100	/1/
Neunkirchen	140/110	/1/	200/180	/1/
Oerlinghausen	110	/1/	200/180	/1/
Wilnsdorf	190/110	/1/	200/180	/1/
Eiserfeld	130/110	130/110	200/180	200
Kreuztal	110	/1/	200/180	/1/
Netphen	250/110	/1/	200/180	/1/
Pelkum	110	110	200/180	200
Bad Salzuflen	110/100	/1/	200/100	/1/
Bergkamen	110	120	200/180	200
Hüttental	110	120	220/180	250
Kamen	110	120	200/180	200
Lemgo	110/ 60	/1/	200/ 90	/1/
Siegen	120/110	120	250/180	250
Unna	127/110	120	200/180	200

1 Per Gesetz auf 5 Jahre nach der Neuordnung festgeschrieben.

Quelle: Haushaltspläne der Gemeinden.

A 17

Veränderung ausgewählter Gewerbesteuerhebesätze nach der Neuordnung

Gemeinde	Gewerbesteuer nach Ertrag und Kapital		Gewerbesteuer nach der Lohnsumme	
	höchster/niedrigster Hebesatz im Gemeindegebiet			
	vor der Neuordnung	nach der Neuordnung bzw. Angleichung	vor der Neuordnung	nach der Neuordnung bzw. Angleichung
Barntrup	275/250	/1/	-	/1/
Dörentrup	275/250	/1/	-	/1/
Leopoldshöhe	275/200	/1/	-	/1/
Rhynern	275/250	275	-	-
Uentrop	275/250	275	-	-
Bönen	250/220	220	880	880
Burbach	275/250	/1/	-	/1/
Extertal	275/180	/1/	-	/1/
Freudenberg	300/275	/1/	-	/1/
Fröndenberg	250/220	220	880	880
Hilchenbach	275/200	220	880/800	880
Holzwickede	275/250	275	880	-
Kalletal	250/200	/1/	-	/1/
Neunkirchen	275/250	/1/	-	/1/
Oerlinghausen	275/250	/1/	-	/1/
Wilnsdorf	275/250	/1/	-	/1/
Eiserfeld	275/220	220	880	880
Kreuztal	250/200	/1/	880/800	/1/
Netphen	250/200	/1/	880/800	/1/
Pelkum	250/220	220	880	880
Bad Salzuflen	275/200	/1/	-	/1/
Bergkamen	250/220	240	880	960
Hüttental	250	240	880	960
Kamen	275/220	240	880	960
Lemgo	275/120	/1/	-	/1/
Siegen	275/240	240	960	960
Unna	275/240	240	920	880

1 Per Gesetz auf 5 Jahre nach der Neuordnung festgeschrieben.

Quelle: Haushaltspläne der Gemeinden.

A 18

Veränderung der Hundesteuersätze und der Müllabfuhrgebühren nach der Neuordnung

Gemeinde	Steuersatz für 1. Hund (DM)		Müllabfuhrgebühr für 35 l-Eimer (DM)	
	höchster/niedrigster Satz im Gemeindegebiet			
	vor der Neuordnung	nach der Neuordnung bzw. Angleichung	vor der Neuordnung	nach der Neuordnung bzw. Angleichung
Barntrup	15,-/ 8,-	18,-	18,-	22,80
Dörentrup	8,-	8,-	18,- /12,-	21,60
Leopoldshöhe	8,-/ 6,-	10,-	16,80/12,-	15,60
Rhynern	15,-/12,-	/1/	15,- /13,80	16,-
Uentrop	15,-/12,-	/1/	15,- /12,60	16,-
Bönen	12,-/ 8,-	/1/	15,- /13,70	14,40
Burbach	18,-/ 8,-	20,-	16,- / 5,50	18,-
Extertal	12,-/ 8,-	12,-	20,40/ 4,80	21,-
Freudenberg	18,-/ 8,-	20,-	18,- /10,15	21,-
Fröndenberg	18,-/ 8,-	/1/	18,- /10,80	15,60
Hilchenbach	18,-/ 8,-	20,-	16,80/12,-	21,-
Holzwickede	30,-/ 8,-	/1/	15,- / 9,-	15,-
Kalletal	10,-/ 8,-	12,-	k.A.	k.A.
Neunkirchen	18,-/ 8,-	18,-	13,- / 6,-	15,-
Oerlinghausen	18,-/ 8,-	18,-	15,-	15,-
Wilnsdorf	18,-/ 8,-	20,-	13,20/ 6,-	22,-
Eiserfeld	18,-/ 8,-	20,-	10,20	12,-
Kreuztal	18,-/ 8,-	20,-	15,25/12,-	16,80
Netphen	18,-/ 8,-	20,-	10,80/ 5,85	15,-
Pelkum	10,-/ 8,-	/1/	12,60/10,20	12,60
Bad Salzuflen	36,-/ 5,-	40,-/10,-	16,80/12,-	21,60
Bergkamen	27,-/ 8,-	20,-/ 8,-	10,20/ 8,40	10,20
Hüttental	20,-/ 8,-	20,-	12,-	12,-
Kamen	20,-/ 8,-	/1/	18,- /12,-	18,-
Lemgo	30,-/ 6,-	30,-/15,-	18,- /14,40	19,20
Siegen	50,-/ 8,-	20,-	12,- / 7,-	16,-
Unna	45,-/ 8,-	/1/	15,75/ 9,-	15,-

1 Per Gesetz auf 5 Jahre nach der Neuordnung festgeschrieben.

Quelle: Angaben der Gemeindeverwaltungen.

A 19

Gesamtpersonalstärke der eigentlichen Verwaltung der Gemeinden von unter 12.000 Einwohnern

Gemeinde		Zahl der tatsächlich besetzten Stellen[1] am 30. 6.				
		1966	1967	1968	1969	1970
	(1) Beamte: (2) Angestellte:	Gesamt/höherer, gehobener, mittlerer, unterer Dienst				
		vor der Neuordnung			nach der Neuordnung	
Barntrup	(1)	5/ 1,4,0,0	5/ 1,4,0,0	5/ 1,4,0,0	5/ 1,4,0,0	5/ 1,4,0,0
	(2)	13/ 0,2,10,1	13/ 0,2,11,0	13/ 0,2,11,0	15/ 0,2,12,1	16/ 0,1,15,0
Dörentrup	(1)	1/ 0,1,0,0	1/ 0,1,0,0	1/ 0,1,0,0	3/ 1,1,1,0	3/ 1,1,1,0
	(2)	9/ 0,2,7,0	9/ 0,2,7,0	9/ 0,2,7,0	13/ 0,4,9,0	17/ 0,5,12,0
Leopoldshöhe	(1)	0	0	0	4/ 0,2,2,0	6/ 1,4,1,0
	(2)	7/ 0,2,5,0	7/ 0,2,5,0	7/ 0,2,5,0	10/ 0,2,7,1	19/ 0,3,16,0
Rhynern Uentrop		(Siehe Tab. A 20.)				

1 Teilstellen wurden gerundet, Ausbildungsstellen nicht miterfaßt.

Quelle: Eigene Zusammenstellung aus Stellenplänen der Gemeinden.

A 20

Gesamtpersonalstärke der eigentlichen Verwaltung der Gemeinden von 12.000 bis unter 20.000 Einwohnern

Gemeinde		Zahl der tatsächlich besetzten Stellen[1] am 30. 6.					
		1965	1966	1967	1968	1969	1970
	(1) Beamte: (2) Angestellte:	Gesamt/höherer, gehobener, mittlerer, unterer[2] Dienst					
		vor der Neuordnung			nach der Neuordnung		
Bönen	(1)	13/1,9,3,0	17/2,10,5,0	19/2,10,7,0	20/1,8,11,0	21/3,8,10,0	20/3,9,8,0
	(2)	35/0,6,26,3	53/0,10,40,3	44/0,8,34,2	37/0,5,32,0	38/0,5,32,1	42/0,6,35,1
Burbach	(1)	.	9/1,6,2,0	9/1,6,2,0	10/1,7,2,0	12/1,7,4,0	13/1,8,4,0
	(2)	.	26/0,2,20,4	27/0,1,22,4	27/0,1,22,4	30/0,1,23,6	34/0,5,26,3
Extertal	(1)	.	2/0,1,1,0	2/0,2,0,0	2/1,1,0,0	4/1,3,0,0	7/1,4,2,0
	(2)	.	11/0,1,6,4	11/0,1,6,4	12/0,1,7,4	17/0,1,16,0	21/0,3,18,0
Freudenberg	(1)	.	12/1,8,3,0	12/1,10,1,0	13/1,11,1,0	13/1,11,1,0	16/1,14,1,0
	(2)	.	25/0,6,19,0	30/0,7,23,0	32/0,7,25,0	37/0,8,28,1	42/0,9,33,0
Fröndenberg	(1)	23/1,15,7,0	23/1,15,7,0	24/2,16,6,0	23/2,16,5,0	23/2,17,4,0	21/2,16,3,0
	(2)	35/0,5,24,6	31/0,6,23,2	38/0,7,30,1	42/1,7,33,1	43/1,7,35,0	46/0,7,37.2
Hilchenbach	(1)	.	16/1,8,7,0	19/2,10,7,0	20/2,12,6,0	18/2,11,5,0	20/3,13,4,0
	(2)	.	31/0,9,15,7	29/0,9,12,8	33/0,8,18,7	35/0,8,22,5	35/0,8,24,3
Holzwickede	(1)	11/1,8,2,0	14/2,9,3,0	14/1,10,3,0	13/1,10,2,0	12/1,10,1,0	13/1,10,2,0
	(2)	24/0,3,19,2	29/0,4,24,1	29/0,4,19,6	32/0,4,25,3	30/0,4,24,2	30/0,5,25,0
Kalletal	(1)	.	1/0,1,0,0	1/0,1,0,0	1/0,1,0,0	6/1,4,1,0	6/1,4,1,0
	(2)	.	8/0,0,8,0	8/0,0,8,0	8/0,0,8,0	18/0,2,16,0	26/0,3,23,0
Neunkirchen	(1)	.	12/2,7,3,0	12/2,7,3,0	12/2,7,3,0	10/1,9.0,0	11/1,9,1,0
	(2)	.	28/0,2,22,4	29/0,2,23,4	30/0,2,24,4	30/0,2,26,2	29/0,4,21,4
Oerlinghausen	(1)	.	8/1,5,2,0	8/1,5,2,0	9/1,6,2,0	8/0,7,1,0	10/1,8,1,0
	(2)	.	21/0,5,16,0	19/0,4,15,0	20/0,5,15,0	21/0,7,14,0	27/0,7,18,2
Wilnsdorf	(1)	.	13/1,9,3,0	13/1,8,4,0	15/1,9,5,0	10/1,8,1,0	13/3,7,3,0
	(2)	.	27/0,4,23,0	29/0,4,24,1	35/0,5,29,1	31/0,5,26,0	39/0,9,29,1
Uentrop/Rhynern	(1)	13/1,12,0,0	14/2,11,1,0	14/2,11,1,0	18/3,13,2,0	18/3,13,2,0	18/3,13,2,0
	(2)	29/0,4,20,5	35/0,6,22,7	41/0,8,26,7	39/0,6,31,2	45/0,6,36,3	47/0,9,36,2

1 Teilstellen wurden gerundet, Ausbildungsstellen nicht miterfaßt.
2 Oder: Vergütung nach Vereinbarung.

Quelle: Eigene Zusammenstellung aus Stellenplänen der Gemeinden.

A 21

Gesamtpersonalstärke der eigentlichen Verwaltung der Gemeinden von 20.000 bis unter 35.000 Einwohnern

Gemeinde		Zahl der tatsächlich besetzten Stellen[1] am 30. 6.							
		1963	1964	1965	1966	1967	1968	1969	1970
	(1) Beamte: (2) Angestellte:	Gesamt/höherer, gehobener, mittlerer, unterer Dienst							
		vor der Neuordnung			nach der Neuordnung				
Eiserfeld	(1)	21/1,14,6,0	22/1,15,6,0	22/1,16,5,0	16/1,11,4,0	18/2,13,3,0	18/2,13,3,0	18/3,12,3,0	18/2,13,3,0
	(2)	36/0,6,26,4	37/0,7,26,4	42/0,7,34,1	34/0,6,25,3	33/0,8,24,1	39/0,8,31,0	42/0,9,33,0	44/0,10,31,3
Kreuztal	(1)	.	.	.	31/2,17,12,0	31/2,17,12,0	31/3,18,10,0	28/3,15,10,0	28/2,22,4,0
	(2)	.	.	.	40/0,4,36,0	48/0,5,43,0	45/0,5,40,0	54/0,7,47,0	57/0,13,44,0
Netphen	(1)	.	.	.	21/1,14,6,0	19/2,11,6,0	23/2,13,8,0	20/2,13,5,0	20/2,13,5,0
	(2)	.	.	.	34/0,3,31,0	33/1,2,30,0	39/1,1,37,0	47/1,5,41,0	48/1,7,40,0
Pelkum	(1)	.	.	31/3,18,10,0	23/2,12,9,0	25/3,12,10,0	26/3,12,11,0	26/3,13,10,0	30/3,14,13,0
	(2)	.	.	72/0,12,56,4	54/0,11,39,4	49/0,10,37,2	61/0,14,42,5	66/0,17,47,2	65/0,18,46,1

1 Teilstellen wurden gerundet, Ausbildungsstellen nicht miterfaßt.

Quelle: Eigene Zusammenstellung aus Stellenplänen der Gemeinden.

A 22

Gesamtpersonalstärke der eigentlichen Verwaltung der Gemeinden von über 35.000 Einwohnern

Gemeinde		Zahl der tatsächlich besetzten Stellen[1] am 30. 6.							
		1963	1964	1965	1966	1967	1968	1969	1970
	(1) Beamte: (2) Angestellte:	Gesamt/höherer, gehobener, mittlerer, unterer[2] Dienst							
		vor der Neuordnung						nach der Neuordnung	
Bad Salzuflen	(1)	.	.	.	28/3,20,5,0	28/3,22,3,0	28/3,21,4,0	30/4,21,5,0	38/5,28,5,0
	(2)	.	.	.	95/0,10,84,1	90/0,10,79,1	93/0,11,81,1	95/0,14,81,0	107/0,19,88,0
Bergkamen	(1)	40/3,27,9,1	41/4,27,9,1	36/4,24,7,1	42/4,30,8,0	43/4,33,6,0	42/4,32,6,0	44/4,31,9,0	50/4,35,11,0
	(2)	74/0,9,58,7	84/0,12,64,8	83/0,13,62,8	102/0,18,84,0	123/0,19,104,0	125/0,23,102,0	125/0,23,102,0	130/1,23,106,0
Hüttental	(1)	52/4,39,8,1	55/4,41,9,1	57/4,44,8,1	56/3,43,9,1	60/4,44,12,0	60/5,43,12,0	63/5,48,10,0	65/5,51,9,0
	(2)	99/1,15,77,6	101/1,16,81,3	105/0,17,87,1	99/0,17,78,4	97/0,19,77,1	101/0,17,84,0	92/0,19,73,0	100/0,26,74,0
Kamen	(1)	.	.	43/3,28,12,0	49/4,34,11,0	54/5,34,15,0	51/5,32,14,0	46/5,29,12,0	43/6,27,10,0
	(2)	.	.	81/0,8,73,0	89/1,13,75,0	98/1,12,85,0	93/1,16,76,0	91/1,16,74,0	95/1,15,76,3
Lemgo	(1)	.	.	.	26/4,18,4,0	29/4,20,5,0	29/4,20,5,0	30/4,21,5,0	32/5,23,4,0
	(2)	.	.	.	76/0,10,65,1	71/0,10,60,1	77/0,10,66,1	83/0,13,68,2	87/0,17,69,1
Siegen	(1)	97/6,68,23,0	105/7,71,27,0	105/9,71,25,0	98/9,66,23,0	88/10,61,17,0	93/9,67,17,0	91/8,66,17,0	89/8,64,17,0
	(2)	168/1,32,128,7	171/1,27,139,4	198/1,35,154,8	172/1,37,133,1	179/1,39,135,4	179/1,40,137,1	191/1,40,149,1	194/1,40,151,2
Unna	(1)	.	.	62/5,41,13,3	68/7,46,13,2	64/10,40,13,1	59/8,39,11,1	66/9,44,12,1	64/9,41,14,0
	(2)	.	.	101/1,15,79,6	106/0,27,74,5	113/0,26,82,5	103/0,24,76,3	103/0,25,75,3	99/0,27,70,2

1 Teilstellen wurden gerundet, Ausbildungsstellen nicht miterfaßt. 2 Bzw. Pauschalvergütung.

Quelle: Eigene Zusammenstellung aus Stellenplänen der Gemeinden.

A 23

Gesamtpersonalstärke der eigentlichen Verwaltung und Verwaltungsdichte der Kreise

Kreis		1963	1964	1965	1966	1967	1968	1969	1970
	(1) Beamte: (2) Angestellte: Gesamt/höherer, gehobener, mittlerer, unterer Dienst								
		vor der Neuordnung der Gemeinden						nach der Neuordnung	
		Zahl der tatsächlich besetzten Stellen[1] am 30. 6.							
Lemgo	(1)			.	100/ 15,56,29,0	105/ 15,59,31,0	104/ 14,60,30,0	104/ 15,64,25,0	121/ 17,76,28,0
	(2)	.	.	.	246/ 5,68,173,0	243/ 5,65,173,0	224/ 5,63,156,0	215/ 5,58,152,0	222/ 6,57,159,0
Siegen	(1)	79/ 15,47,17,0	92/ 21,54,17,0	122/ 24,77,21,0	123/ 25,77,21,0	125/ 25,77,23,0	140/ 27,88,25,0	143/ 28,92,23,0	144/ 24,102,18,0
	(2)	224/ 2,74,148,0	245/ 2,77,166,0	286/ 2,83,201,0	281/ 2,81,198,0	249/ 0,67,182,0	258/ 0,70,188,0	259/ 0,78,181,0	283/ 0,75,208,0
Unna	(1)	.	.	87/14,58,14,1	88/15,61,10,2	105/ 17,75,12,1	98/19,66,12,1	91/16,68,6,1	114/28,78,7,1
	(2)	.	.	226/ 8,38,180,0	257/ 11,59,187,0	246/ 14,52,180,0	249/ 11,59,179,0	254/ 10,54,190,0	264/ 10,52,202,0
		Verwaltungsdichte							
Lemgo		.	.	.	23,3	23,1	21,5	20,5	21,9
Siegen		17,3	18,8	22,3	18,0	16,0	16,8	16,7	17,7
Unna		.	.	13,4	14,7	14,9	15,5	15,3	16,6

1 Teilstellen wurden gerundet, Ausbildungsstellen nicht miterfaßt.

Quelle: Eigene Zusammenstellung aus Stellenplänen der Kreise.

A 24

Kommunale Ausstattung der Gemeinden von unter 12.000 Einwohnern

Gegenstand der Nachweisung	Gemeinde									
	Barntrup		Dörentrup		Leopoldshöhe		Rhynern		Uentrop	
	1967	1970	1967	1970	1967	1970	1966	1970	1966	1970
Schulen	5	5	6	5	3	3	6	2	6	7
davon: - Volksschulen	4	-	6	-	3	-	6	-	6	-
- Grundschulen	-	3	-	4	-	2	-	1	-	3
- Hauptschulen	-	1	-	1	-	1	-	1	-	2
- Realschulen	-	-	-	-	-	-	-	-	-	1
- Gymnasien	1	1	-	-	-	-	-	-	-	-
- Sonderschulen	-	-	-	-	-	-	-	-	-	1
Schüler in auswärtiger										
- Realschule	20	k.A.	66	120	49	105	72	119	98	53
- Gymnasium	68	k.A.	116	170	101	110	95	194	76	155
Freibad	2	k.A.	1	1	-	-	-	-	1	1
Hallenbad	-	k.A.	-	-	-	-	-	-	-	(1)
Lehrschwimmbecken	-	k.A.	-	-	2	2	1	1	1	1
Sportplatz	3	k.A.	5	5	2	3	4	4	5	5
Turnhalle	-	k.A.	3	4	1	2	1	3	2	4
Kindergarten	2	3	1	1	-	-	1	2	4	4
bebaute Grundstücke mit zentraler - Wasserversorgung (%)	k.A.	k.A.	k.A.	90	k.A.	70	77	85	91	91
- Abwässerbeseitigung (%)	k.A.	k.A.	-	-	k.A.	40	44	48	76	49

Quelle: Eigene Zusammenstellung aus: Gesetzentwürfen zur Neugliederung; Erhebung über Infrastruktureinrichtungen, Erhebung der kommunalen Spitzenverbände, 1970 (inzwischen publiziert als: Infrastruktureinrichtungen, Ergebnisse einer Erhebung der kommunalen Spitzenverbände, Bonn 1973); Strukturdaten für die gemeindliche Neugliederung und überörtliche Verflechtungen (Antworten auf Erlaß des Innenministers NW vom 31.7.1970); Statistische Rundschau für den Landkreis ..., sowie Antworten auf Fragebogen 2.

A 25

Kommunale Ausstattung der Gemeinden von 12.000 bis unter 20.000 Einwohnern

Gegenstand der Nachweisung	Gemeinde																					
	Bönen		Burbach		Extertal		Freudenb.		Fröndenb.		Hilchenb.		Holzw.		Kalletal		Neunk.		Oerlingh.		Wilnsdorf	
	1966	1970	1966	1970	1967	1970	1967	1970	1966	1970	1967	1970	1966	1970	1967	1970	1967	1970	1967	1970	1967	1970
Schulen	10	6	9	7	12	8	13	9	14	9	13	8	6	6	16	7	8	8	6	5	16	11
davon: - Volkssch.	9	-	7	-	10	-	12	-	13	-	10	-	5	-	13	-	6	-	4	-	16	-
- Grundsch.	-	3	-	3	-	4	-	4	-	5	-	3	-	4	-	3	-	4	-	2	-	8
- Hauptsch.	-	1	-	2	-	2	-	3	-	2	-	2	-	1	-	1	-	2	-	1	-	3
- Realsch.	-	1	1	1	1	1	1	1	-	-	-	-	-	-	2	2	1	1	-	-	-	-
- Gymn.	-	-	-	-	-	-	-	-	-	-	2	2	-	-	-	-	1	1	1	1	-	-
- Sondersch.	1	1	1	1	1	1	-	1	1	1	1	1	1	1	1	1	-	-	1	1	-	-
Schüler in auswärtiger - Realsch.	86	80	135	82	120	-	52	38	74	122	135	106	66	83	174	39	107	-	59	149	128	262
- Gymn.	212	170	153	166	131	164	103	75	310	267	177	36	215	296	118	236	106	k.A.	77	40	107	263
Freibad	1	1	1	1	2	2	2	1	1	1	3	3	1	1	1	1	3	3	1	1	(1)	(1)
Hallenbad	(1)	(1)	-	-	-	-	-	-	-	-	-	1	-	(1)	-	-	-	(1)	-	1	-	-
Lehrschwimmbecken	1	1	-	-	1	2	-	-	2	2	-	-	1	1	-	-	1	1	-	-	-	-
Sportplatz	6	5	7	8	7	7	4	4	7	7	10	5	4	4	9	10	5	7	2	4	11	11
Turnhalle	3	4	4	4	2	4	5	5	2	4	7	7	1	2	-	2	4	5	1	3	4	4
Kindergarten	4	4	5	8	2	2	1	2	2	7	4	4	4	6	1	1	3	6	1	1	2	3
bebaute Grundstücke mit zentraler																						
- Wasservers. (%)	98	96	100	100	k.A.	80	100	k.A.	100	99	100	100	99	99	k.A.	75	100	100	k.A.	90	100	100
- Abwässerbes. (%)	87	90	k.A.	80	k.A.	50	k.A.	k.A.	70	89	k.A.	(56)	73	79	k.A.	55	27	(70)	k.A.	80	k.A.	(60)

Quelle: Wie Tab. A. 24 sowie: SPD -Kreisverband Unna- (Hg.): Neugliederung des Raumes Unna-Hamm, o.O., o.J.; Gemeinde Neunkirchen (Hg.): Neunkirchen zwischen 1970 und 1980, Neunkirchen 1970, Anl. 7 C.

A 26

Kommunale Ausstattung der Gemeinden von 20.000 bis unter 35.000 Einwohnern

Gegenstand der Nachweisung	Gemeinde							
	Eiserfeld		Kreuztal		Netphen		Pelkum	
	1965	1970	1967	1970	1967	1970	1966	1970
Schulen	9	12	14	14	21	13	16	9
davon: - Volksschulen	8	-	12	-	20	-	14	-
- Grundschulen	-	6	-	7	-	8	-	4
- Hauptschulen	-	3	-	4	-	3	-	3
- Realschulen	1	1	1	1	1	1	1	1
- Gymnasien	-	1	-	1	-	-	-	-
- Sonderschulen	-	1	1	1	-	1	1	1
Schüler in auswärtiger								
- Realschule	k.A.	10	311	k.A.	148	-	135	32
- Gymnasium	k.A.	340	336	k.A.	158	305	215	287
Freibad	1	1	(4)	(5)	1	1	-	-
Hallenbad	-	-	-	-	-	-	1	1
Lehrschwimmbecken	1	2	-	-	-	-	3	2
Sportplatz	5	5	7	7	9	9	9	9
Turnhalle	4	5	11	13	4	5	7	7
Kindergarten	5	7	8	9	4	4	7	7
bebaute Grundstücke mit zentraler - Wasserversorgung (%)	k.A.	100	100	100	100	100	97	99
- Abwässerbeseitig. (%)	k.A.	(60)	k.A.	70	k.A.	45	92	80

Quelle: Siehe Tab. A 24.

A 27

Kommunale Ausstattung der Gemeinden von über 35.000 Einwohnern

Gegenstand der Nachweisung	Gemeinde													
	Bad Salzu.		Bergkamen		Hüttental		Kamen		Lemgo[1]		Siegen		Unna	
	1967	1970	1965	1970	1965	1970	1966	1970	1967	1970	1965	1970	1966	1970
Schulen	16	16	24	20	20	18	18	14	19	15	25	26	22	20
davon: - Volksschulen	12	-	18	-	15	-	15	-	15	-	21	-	15	-
- Grundschulen	-	8	-	9	-	9	-	8	-	8	-	11	-	10
- Hauptschulen	-	4	-	6	-	4	-	3	-	3	-	7	-	4
- Realschulen	1	1	2	2	1	1	-	-	1	1	1	2	1	1
- Gymnasien	2	2	1	1	2	2	1	1	2	2	1	2	3	3
- Sonderschulen	1	1	3	2	2	2	2	1	1	1	2	2	3	2
Schüler in auswärtiger														
- Realschule	301	298	k.A.	22	k.A.	133	353	308	180	k.A.	9[2]	28	175	30
- Gymnasium	450	133	k.A.	192	k.A.	95	286	173	190	k.A.	263[2]	426	343	70
Freibad	2	2	2	2	1	1	3	3	3	3	2	2	2	2
Hallenbad	-	-	-	2	1	1	-	-	-	-	2	2	1	1
Lehrschwimmbecken	2	2	5	6	-	-	-	2	1	2	k.A.	1	3	3
Sportplatz	13	13	8	8	8	9	10	10	12	12	5	9	13	13
Turnhalle	(6)	14	8	12	8	8	9	11	3	10	14	14	(13)	16
Kindergarten	4	6	11	12	11	12	7	9	4	4	18	20	10	11
bebaute Grundstücke mit zentraler														
- Wasserversorgung (%)	k.A.	95	k.A.	100	k.A.	100	96	99	k.A.	99	k.A.	100	100	99
- Abwässerbeseitigung (%)	k.A.	81	k.A.	98	k.A.	89	77	87	k.A.	81	k.A.	96	91	92

1 Sport ohne Hörstmar und Trophagen.
2 Nur Stadt Siegen (alt).

Quelle: Wie Tab. A. 24 sowie: Verwaltungs- und Statistische Berichte der Städte Bergkamen, Hüttental und Siegen.

A 28

Bauleitplanung der Gemeinden von unter 12.000 Einwohnern

Gemeinde		Bauleitpläne				erfaßtes Gebiet (%)		Anzahl der nach der Neuordnung unverändert übernommenen B
		Anzahl			neuer F rechtskräftig seit	F	B	
		F	B	darunter: rechtskräftige B				
	(1) am Tage vor Inkrafttreten des Neugliederungsgesetzes (2) am 31. 12. 1970							
Barntrup	(1)	k.A.	k.A.	k.A.	k.A.	k.A.	k.A.	k.A.
	(2)	k.A.	k.A.	k.A.	k.A.	k.A.	k.A.	
Dörentrup	(1)	4	10	9	1972	84	6	10
	(2)	1	10	9		100	6	
Leopoldshöhe	(1)	5	12	12	1971	k.A.	k.A.	11
	(2)	1	12	12		100	10	
Rhynern	(1)	3	3	1	n.n.r.	100	0	3
	(2)	1	5	4		100	0	
Uentrop	(1)	1	7	2	n.n.r.	100	1	3
	(2)	1	7	4		100	25	

Quelle: Eigene Zusammenstellung aus Antworten auf Fragebogen 4.

A 29

Bauleitplanung der Gemeinden von 12.000 bis unter 20.000 Einwohnern

Gemeinde		Bauleitpläne				erfaßtes Gebiet (%)		Anzahl der nach der Neuordnung unverändert übernommenen B
		Anzahl			neuer F rechtskräftig seit	F	B	
		F	B	darunter: rechtskräftige B				
	(1) am Tage vor Inkrafttreten des Neugliederungsgesetzes (2) am 31. 12. 1970							
Bönen	(1)	1	2	1	k.A.	100	0	2
	(2)	1	12	6		100	12	
Burbach	(1)	9.	19	10	k.A.	100	4	19
	(2)	1	21	21		100	4	
Extertal	(1)	6	9	9	n.n.r.	60	2	2
	(2)	1	19	12		100	2	
Freudenberg	(1)	k.A.	k.A.	k.A.	k.A.	k.A.	k.A.	k.A.
	(2)	k.A.	k.A.	k.A.		k.A.	k.A.	
Fröndenberg	(1)	k.A.	k.A.	k.A.	k.A.	k.A.	k.A.	k.A.
	(2)	k.A.	k.A.	k.A.		k.A.	k.A.	
Hilchenbach	(1)	10	35	16	k.A.	100	5	25
	(2)	1	32	19		100	4	
Holzwickede	(1)	3	5	5[1]	k.A.	100	2	5
	(2)	1	8	-		100	3	
Kalletal	(1)	6	19	17	n.n.r.	k.A.	k.A.	19
	(2)	1	27	24		k.A.	k.A.	
Neunkirchen	(1)	6	11	11	n.n.r.	100	3	11
	(2)	1	12	12		100	4	
Oerlinghausen	(1)	3	12	12	n.n.r.	100	17	12
	(2)	1	12	12		100	17	
Wilnsdorf	(1)	11	61	28	n.n.r.	100	3	28
	(2)	1	38	29		100	4	

1 Aufgrund eines Formfehlers.

Quelle: Eigene Zusammenstellung aus Antworten auf Fragebogen 4.

A 30

Bauleitplanung der Gemeinden von 20.000 bis unter 35.000 Einwohnern

Gemeinde		Bauleitpläne				erfaßtes Gebiet (%)		Anzahl der nach der Neuordnung unverändert übernommenen B
		Anzahl			neuer F rechtskräftig seit	F	B	
		F	B	darunter: rechtskräftige B				
	(1) am Tage vor Inkrafttreten des Neugliederungsgesetzes (2) am 31. 12. 1970							
Eiserfeld	(1) (2)	k.A. k.A.	k.A. k.A.	k.A. k.A.	n.n.r.	k.A. k.A.	k.A. k.A.	17
Kreuztal	(1) (2)	9 1	34 27	19 20	k.A.	100 100	4 5	26
Netphen	(1) (2)	9 1	32 35	5 5	n.n.r.	35 100	0 0	32
Pelkum	(1) (2)	k.A. 1	k.A. k.A.	k.A. 18	k.A.	k.A. 100	k.A. k.A.	k.A.

Quelle: Eigene Zusammenstellung aus Antworten auf Fragebogen 4.

A 31

Bauleitplanung der Gemeinden von über 35.000 Einwohnern

Gemeinde		Bauleitpläne				erfaßtes Gebiet (%)		Anzahl der nach der Neuordnung unverändert übernommenen B
		Anzahl			neuer F rechtskräftig seit	F	B	
		F	B	darunter: rechtskräftige B				
	(1)	am Tage vor Inkrafttreten des Neugliederungsgesetzes						
	(2)	am 31. 12. 1970						
Bad Salzuflen	(1)	11	41	41	n.n.r.	90	2	41
	(2)	1	76	46		100	3	
Bergkamen	(1)	6	3	3	k.A.	100	0	3
	(2)	1	39	22		100	5	
Hüttental	(1)	6	80	26	n.n.r:	85	27	22
	(2)	1	94	34		100	31	
Kamen	(1)	4	12	12	n.n.r.	28	8	6
	(2)	1	34	34		100	11	
Lemgo	(1)	k.A.	k.A.	k.A.	1972	k.A.	k.A.	k.A.
	(2)	1	k.A.	k.A.		100	k.A.	
Siegen	(1)	k.A.	54	51	n.n.r.	k.A.	7	51
	(2)	1	84	77		100	10	
Unna	(1)	k.A.	17	11	k.A.	k.A.	3	16
	(2)	1	k.A.	33		100	4	

Quelle: Eigene Zusammenstellung aus Antworten auf Fragebogen 4.

A 32

Ratsvertretungen der Gemeinden von unter 12.000 Einwohnern

Gemeinde		Zahl der Ratsvertreter					Veränderung (1964 = 100)
		SPD	CDU	FDP	sonstige	Summe	
	Kommunalwahl am (1) 19.3.1961 (2) 27.9.1964 (3) 10.3.1968 (4) 9.11.1969						
Barntrup	(1)	30	13	10	1	54	
	(2)	33	12	14	-	59	
	(4)	14	8	5	-	27	45,8
Dörentrup	(1)	25	-	6	23	54	
	(2)	27	5	5	22	59	
	(4)	10	4	5	-	19	32,2
Leopoldshöhe	(1)	51	13	5	9	78	
	(2)	57	14	5	10	86	
	(4)	16	8	3	-	27	31,4
Rhynern	(1)	5	42	6	-	53	
	(2)	10	44	6	2	62	
	(3)	3	11	5	-	19	30,6
	(4)	5	9	5	-	19	30,6
Uentrop	(1)	28	41	3	-	72	
	(2)	31	44	5	-	80	
	(3)	13	9	3	-	25	31,3
	(4)	15	10	2	-	27	33,8

Quelle: Eigene Zusammenstellung aus Veröffentlichungen des Statistischen Landesamtes NW zu den einzelnen Kommunalwahlen sowie Angaben der Gemeindeverwaltungen.

A 33

Ratsvertretungen der Gemeinden von 12.000 bis unter 20.000 Einwohnern

Gemeinde	Kommunalwahl am	SPD	CDU	FDP	sonstige	Summe	Veränderung (1964 = 100)
		Zahl der Ratsvertreter					
	(1) 19.3.1961 (2) 27.9.1964 (3) 10.3.1968 (4) 23.3.1969 (5) 9.11.1969						
Bönen	(1)	37	20	8	1	66	
	(2)	42	17	13	-	72	
	(3)	16	6	3	-	25	34,7
	(5)	22	8	3	-	33	45,8
Burbach	(1)	25	31	9	15	80	
	(2)	34	42	12	10	98	
	(4)	10	12	5	-	27	27,6
Extertal	(1)	54	17	15	16	102	
	(2)	62	11	23	18	114	
	(5)	14	7	6	-	27	23,7
Freudenberg	(1)	41	25	32	28	126	
	(2)	51	45	26	21	143	
	(4)	11	10	5	1	27	18,9
Fröndenberg	(1)	37	44	8	1	90	
	(2)	49	48	10	1	108	
	(3)	13	9	3	-	25	23,1
	(5)	18	14	1	-	33	30,6
Hilchenbach[1]	(1)	37	33	21	11	102	
	(2)	47	30	21	15	113	
	(4)	12	7	2	6	27	23,9
Holzwickede	(1)	19	13	2	2	36	
	(2)	24	19	2	-	45	
	(3)	9	6	1	9	25	55,6
	(5)	11	8	-	8	27	60,0
Kalletal	(1)	58	20	26	9	113	
	(2)	59	21	22	40	142	
	(5)	15	8	3	1	27	19,0
Neunkirchen	(1)	28	30	11	3	72	
	(2)	32	28	14	2	76	
	(4)	13	7	5	2	27	35,5
Oerlinghausen	(1)	25	11	4	8	48	
	(2)	27	4	4	16	51	
	(5)	13	7	7	-	27	52,9
Wilnsdorf	(1)	18	52	13	19	102	
	(2)	29	52	6	26	113	
	(4)	13	16	-	4	33	29,2

1 In der Altgemeinde Öchelhausen stellte die Gemeindeversammlung die Legislative dar (vgl. § 53 KWahlG). Sie ist deshalb hier nicht berücksichtigt.

Quelle: Eigene Zusammenstellung aus Veröffentlichungen des Statistischen Landesamtes NW zu den einzelnen Kommunalwahlen sowie Angaben der Gemeindeverwaltungen.

A 34

Ratsvertretungen der Gemeinden von 20.000 bis unter 35.000 Einwohnern

Gemeinde		Zahl der Ratsvertreter					Veränderung (1964 = 100)
		SPD	CDU	FDP	sonstige	Summe	
	Kommunalwahl am (1) 19.3.1961 (2) 27.9.1964 (3) 25.9.1966 (4) 10.3.1968 (5) 23.3.1969 (6) 9.11.1969						
Eiserfeld	(1)	27	24	6	9	66	
	(2)	38	25	6	2	71	
	(3)	16	12	2	1	31	43,7
	(6)	17	14	2	-	33	46,5
Kreuztal	(1)	56	49	17	16	138	
	(2)	66	51	30	9	156	
	(5)	17	11	5	6	39	25,0
Netphen	(1)	18	118	13	25	174	
	(2)	40	134	9	21	204	
	(5)	11	18	1	3	33	16,2
Pelkum[1]	(1)	39	26	3	-	68	
	(2)	40	28	5	-	73	
	(4)	16	10	3	2	31	42,5
	(6)	21	14	2	-	37	50,7

1 Die Ratsvertretung Wiescherhöfen wurde nur zu 42% berechnet.

Quelle: Eigene Zusammenstellung aus Veröffentlichungen des Statistischen Landesamtes NW zu den einzelnen Kommunalwahlen sowie Angaben der Gemeindeverwaltungen.

A 35

Ratsvertretungen der Gemeinden von über 35.000 Einwohnern

Gemeinde		Zahl der Ratsvertreter					Veränderung (1964 = 100)
		SPD	CDU	FDP	sonstige	Summe	
	Kommunalwahl am (1) 19.3.1961 (2) 27.9.1964 (3) 13.3.1966 (4) 25.9.1966 (5) 10.3.1968 (6) 9.11.1969						
Bad Salzuflen	(1)	95	34	11	16	156	
	(2)	100	34	10	29	173	
	(6)	21	14	6	-	41	23,7
Bergkamen	(1)	64	32	4	2	102	
	(2)	72	30	4	2	108	
	(3)	34	13	3	-	50	46,3
	(6)	29	12	-	-	41	38,0
Hüttental	(1)	39	35	17	5	96	
	(2)	51	33	18	4	106	
	(4)	18	10	3	-	31	29,2
	(6)	23	16	2	-	41	38,7
Kamen	(1)	49	28	13	-	90	
	(2)	54	31	13	4	102	
	(5)	20	11	2	4	37	36,3
	(6)	24	14	-	3	41	40,2
Lemgo	(1)	63	25	21	29	138	
	(2)	84	36	19	19	158	
	(6)	19	13	6	3	41	25,9
Siegen	(1)	37	48	11	6	102	
	(2)	55	40	10	5	110	
	(4)	19	15	3	-	37	33,6
	(6)	21	21	3	-	45	40,9
Unna	(1)	63	26	29	12	130	
	(2)	68	31	17	22	138	
	(5)	19	11	3	4	37	26,8
	(6)	24	15	2	-	41	29,7

Quelle: Eigene Zusammenstellung aus Veröffentlichungen des Statistischen Landesamtes NW zu den einzelnen Kommunalwahlen sowie Angaben der Gemeindeverwaltungen.

Anlage 1

Fragebögen zur territorialen Neugliederung

Fragebogen 1: AUFGABENVERTEILUNG

Aufgabe (I) vor, (II) nach der Neuordnung ausgeführt durch

a) Gemeinde/Stadt,
b) Amt,
c) Kreis,
d) sonst. Verband,
e) Private.

(Genauere Bezeichnung und — bei a) bis c) — Angabe der mit der Aufgabe betrauten Organisations[unter]einheit: Amt, Abteilung usw.)

Bemerkungen: Zeit (I) vor, (II) nach der Neuordnung:

(1) Spezialisierungsgrad des Personals,
(2) zentraler Schreibdienst/Sekretärin/do it yourself,
(3) Publikum (mittlere Frequenz),
(4) sonstiges.

1. Allgemeine Verwaltungsaufgaben
1.1. Zentrale Verwaltungsaufgaben
1.2. Personalwesen
1.3. Statistik und Wahlen
1.4. Pressewesen
1.5. Rechnungswesen
2. Finanzen
2.1. Kämmereiaufgaben
2.2. Kassenwesen
2.3. Steuerwesen
2.4. Liegenschaftswesen
2.5. Verteidigungslasten
3. Recht, Sicherheit, Ordnung
3.1. Rechtswesen
3.2. Polizei
3.3. Sicherheit und Ordnung
3.4. Meldewesen
3.5. Personenstandswesen
3.6. Sozialversicherung
3.7. Feuerschutz
3.8. Zivilschutz
4. Schule und Kultur
4.1. Schulwesen
4.2. Kulturpflege
5. Sozial- und Gesundheitswesen
5.1. Sozialhilfe
5.2. Jugendhilfe

5.3. Sportpflege
5.4. Gesundheitswesen
5.5. Krankenhauswesen
5.6. Lastenausgleich
6. Bauwesen
6.1. Bauverwaltungsaufgaben
6.2. Stadtplanung
6.3. Vermessungs- und Katasterwesen
6.4. Bauordnung
6.5. Wohnungswesen
6.6. Hochbau
6.7. Tiefbau
6.8. Garten- und Friedhofswesen

Fragebogen 2: STAND DER DASEINSVORSORGE AM 31 .12. 1970 (KOMMUNALE AUSSTATTUNG)

1. Gemeinde
2. Einwohner (Angabe des Statistischen Landesamtes)
3. Schulen
3.1. Volksschulen (Grund-, Hauptschulen; Anzahl der Klassen)
3.2. Sonderschulen
3.3. Realschulen
3.4. Gymnasien
3.5. Wieviel Schüler besuchen in einer anderen Gemeinde
3.51. Realschule
3.52. Gymnasium
4. v. H. der bebauten Grundstücke, angeschlossen an zentrale
4.1. Wasserversorgung
4.2. Abwässerbeseitigung
5. Freibad / Hallenbad / Lehrschwimmbecken
6. Sportplätze / Turnhallen
7. Kindergarten
8. Bücherei
9. Krankenhaus (Bettenzahl)
10. Gemeindepflegestation
11. Altenheim
12. Jugendheim

Fragebogen 3: FINANZEN

1. Welche Veränderungen in der Finanzsituation haben sich als Folge der Neuordnung ergeben?
2. Mußten nach der Neuordnung Folgekosten aus — für die Großgemeinde unsinnigen — Beschlüssen der Altgemeinden übernommen werden (kurze Beschreibung, ungefähre Summe)?
3. Führen Sie eine Investitionsplanung durch? Wenn ja, wie und seit wann?

Fragebogen 4: BAULEITPLANUNG

— Durch Bauleitplanung (Flächennutzungsplan = F; Bebauungsplan = B) erfaßtes Gemeindegebiet in % am Tage vor Inkrafttreten des Neugliederungsgesetzes / am 31. 12. 1970

— Anzahl der Bauleitpläne (F; B) am Tage vor Inkrafttreten des Neugliederungsgesetzes;

davon wurden unverändert in die Planung der Großgemeinde / Stadt nach der Neuordnung übernommen

— Anzahl der Bauleitpläne am 31. 12. 1970

— Anzahl der realisierten (rechtskräftigen) Bebauungspläne am Tage vor Inkrafttreten des Neugliederungsgesetzes / am 31. 12. 1970

Fragebogen 5: WIRTSCHAFTSFÖRDERUNG

— Zahl der seit der Neuordnung zugewanderten (erweiterten) / abgewanderten (verkleinerten) Betriebe / Zweigniederlassungen mit Angabe der Zahl der Arbeitsplätze

Gründe der Ansiedlung (z. B. durch die Gemeinde begünstigt, etwa aufgrund neuer Bauleitpläne und/oder finanzieller Vergünstigungen)
Gründe der Stillegung (nur, wenn nicht betriebsintern)

— Art der Maßnahmen der Wirtschaftsförderung (z. B. Erschließungsmaßnahmen, finanzielle Vergünstigungen, Industrieparks u. a.) bis zum/seit dem Inkrafttreten des Neuordnungsgesetzes

— Skizzierung der Organisation der Wirtschaftsförderung — Zusammenarbeit mit Kreis / Land bis zum Inkrafttreten des Neuordnungsgesetzes / am 31. 12. 1970

Fragebogen 6: FREIZEITVORSORGE

1. Existieren Freizeiteinrichtungen:
   — Freizeitzentrum (Gebäude)
   — Tageserholungsanlage
   — Wochenenderholungsanlage
   — Ferienerholungsmöglichkeit
   — Sportzentrum
   — Theater
   — Museum
   — Bibliotheken
   — sonstige?

   Seit wann? Entwicklungsimpulse durch/mit kommunaler Neuordnung?

2. Spielt Fremdenverkehr eine nennenswerte Rolle? Seit wann? Entwicklungsimpulse durch/mit kommunaler Neuordnung?

3. Skizzierung der Organisation der Freizeitverwaltung / Fremdenverkehrsförderung bis zum Inkrafttreten des Neugliederungsgesetzes / am 31. 12. 1970

Fragebogen 7: BÜRGER, WAHLEN

1. Läßt sich im Verhältnis Verwaltung — Bürger so etwas wie eine „kommunale (kommunalpolitsche) Apathie" seitens der Bürger feststellen?

2. Werden Klagen erhoben über eine „Vernachlässigung" der Randbezirke? Wenn ja, in welcher Form (Gremium) und worauf bezogen (Nahverkehr, Bauleitplanung, Verwaltungsnähe)?

3. Mittlere Entfernung zum Verwaltungssitz in km: vor/nach der Neuordnung

4. Wie hoch war der Anteil der Protestwähler gegen die Territorialreform bei den Wahlen aus Anlaß der Neuordnung?

5. Wurde die Wahlbezirkseinteilung aufgrund der Neuordnung geändert (kurze Aufstellung oder Skizzierung)?

Fragebogen 8: LEISTUNGSFÄHIGKEIT DER VERWALTUNG

— Art des Leistungsausstoßes (der Verwaltungsleistung)
— Wird der Leistungsausstoß gemessen/geschätzt? Wenn ja, wie?
— Werden Leistungsprämien gezahlt?
— Findet eine Erfolgskontrolle statt? Wenn ja, wie?

Amt / Abteilung (I) vor, (II) nach der Neuordnung

Anlage 2

Interviewpartner und -termine

lfd. Nr.	Gesprächsort	Gesprächspartner	Gesprächstermin
1	Gemeindeverw. Bönen	Gemeindedirektor, Kämmerer	13. 3. 1972
2	Stadtverw. Unna	Stadtdirektor, vier Amtsleiter	14. 3. 1972
3	Gemeindeverw. Holzwickede	Gemeindedirektor	15. 3. 1972
4	Stadtverw. Kamen	Stadtdirektor	16. 3. 1972
5	Gemeindeverw. Dörentrup	Gemeindedirektor mit Stellvertreter	22. 3. 1972
6	Gemeindeverw. Extertal	Gemeindedirektor	24. 3. 1972
7	Stadtverw. Kreuztal	Stadtdirektor	27. 3. 1972
8	Stadtverw. Hilchenbach	Stadtdirektor	28. 3. 1972
9	Gemeindeverw. Leopoldshöhe	Gemeindedirektor	29. 3. 1972
10	Stadtverw. Freudenberg	Stadtdirektor	4. 4. 1972
11	Stadtverw. Bad Pyrmont	ehem. Gemeindedirektor von Burbach (Siegen)	5. 4. 1972
12	Gemeindeverw. Neunkirchen	Gemeindedirektor	6. 4. 1972
13	Gemeindeverw. Uentrop/Rhynern	Gemeindedirektor mit Stellvertreter	12. 4. 1972
14	Stadtverw. Hüttental	Stadtdirektor, zwei Abteilungsleiter	18. 4. 1972
15	Gemeindeverw. Netphen	I. Beigeordneter	21. 4. 1972
16	Stadtverw. Eiserfeld	Stadtdirektor, ein Amtsleiter	24. 4. 1972
17	Stadtverw. Bergkamen	Stadtdirektor, drei Amtsleiter	26. 4. 1972
18	Stadtverw. Bad Salzuflen	Stadtdirektor	9. 5. 1972
19	Stadtverw. Oerlinghausen	Stadtdirektor, ein Amtsleiter	5. 7. 1972
20	Gemeindeverw. Kalletal	Gemeindedirektor	31. 7. 1972
21	Stadtverw. Lemgo	I. Beigeordneter	8. 8. 1972
22	Gemeindeverw. Wilnsdorf	Gemeindedirektor	24. 8. 1972

Anlage 3

Interviewleitfaden

In den Interviews wurden u. a. folgende Problembereiche angesprochen:

— Veränderungen in der kommunalen Infrastruktur:

Schulwesen
Sportanlagen
Kultur
Gesundheitsdienste
Straßenbau / Wirtschaftswege
Sanierung / Flurbereinigung
Wohnungsbau
Wasserversorgung
Abwässerbeseitigung

— Bauleitplanung:

Wer plant?

Zeitbedarf bei Planverwirklichung an Beispielen

— Wirtschaftsförderung

— Freizeitvorsorge

— Finanzsituation:

Veränderung durch die/seit der Neuordnung
Folgekosten aus Fehlplanungen/Beschlüssen der früher selbständigen Gemeinden

— zwischen- und übergemeindliche Zusammenarbeit:

Zweckverbände
öffentlich-rechtliche Vereinbarungen
Stand der EDV

— Leistungsfähigkeit der Verwaltung

— Neuordnung aus der Sicht des Bürgers

Anlage 4

Die Wohnbevölkerung in den Untersuchungsräumen am 31. 12. 1970

Gemeinde/ Kreis	Gemeinden von unter 12 000 Einw.	Gemeinden von 12 000 - unter 20 000 Einw.	Gemeinden von 20 000 - unter 35 000 Einw.	Gemeinden/ Kreise von über 35 000 Einw.
Bad Salzuflen	—	—	—	49 571
Barntrup	8 931	—	—	—
Dörentrup	8 158	—	—	—
Extertal	—	12 807	—	—
Kalletal	—	14 200	—	—
Lemgo	—	—	—	38 984
Leopoldshöhe	10 459	—	—	—
Oerlinghausen	—	13 440	—	—
Kreis Lemgo	—	—	—	156 550
Burbach	—	13 192	—	—
Eiserfeld	—	—	22 282	—
Freudenberg	—	14 294	—	—
Hilchenbach	—	14 814	—	—
Hüttental	—	—	—	39 490
Kreuztal	—	—	28 952	—
Netphen[1]	—	19 861	(19 861)	—
Neunkirchen	—	13 973	—	—
Siegen	—	—	—	57 563
Wilnsdorf	—	16 272	—	—
Kreis Siegen	—	—	—	240 693
Bergkamen	—	—	—	44 304
Bönen	—	17 671	—	—
Fröndenberg	—	17 779	—	—
Holzwickede	—	13 091	—	—
Kamen	—	—	—	42 058
Pelkum	—	—	25 248	—
Rhynern	6 276	—	—	—
Uentrop	11 638	—	—	—
Unna	—	—	—	50 299
Kreis Unna	—	—	—	228 364

[1] Vgl. Anm. 2.64.

Quelle: Statistisches Landesamt NW (Hrsg.): Die Wohnbevölkerung der Gemeinden Nordrhein-Westfalens am 30. Juni 1970, 31. Dezember 1970, 30. Juni 1971, Düsseldorf 1972.

Anlage 5

Ämteranteile

In der *Gemeinde* ... betrug der einwohnermäßige Anteil

	am *Amt* ...	im *Rechnungsjahr* ...	... %.
Burbach	Burbach	1966 - 1968	49
Eiserfeld	Eiserfeld	1963 - 1966	100
	Freudenberg	1963 - 1966	7
	Wilnsdorf	1963	21
	Wilnsdorf	1964 - 1966	20
Freudenberg	Freudenberg	1966	87
	Freudenberg	1967 - 1968	97
Hilchenbach	Keppel	1966 - 1968	100
Hüttental	Ferndorf	1963 - 1965	1
	Freudenberg	1963 - 1966	7
	Freudenberg	1967	2
	Freudenberg	1968	3
	Netphen	1963 - 1965	5
	Weidenau	1963, 1965, 1966	81
	Weidenau	1964	80
Kreuztal	Ferndorf	1966 - 1968	100
	Freudenberg	1966 - 1968	1
Netphen	Netphen	1966	80
	Netphen	1967 - 1968	79
Neunkirchen	Burbach	1966 - 1968	51
Siegen	Netphen	1963 - 1965	2
	Netphen	1966 - 1968	1
	Weidenau	1963, 1965, 1966	19
	Weidenau	1964	20
Wilnsdorf	Netphen	1966 - 1967	19
	Netphen	1968	20
	Wilnsdorf	1966	81
	Wilnsdorf	1967 - 1968	100
Bergkamen	Pelkum	1963 - 1965	33
	Unna-Kamen	1963 - 1964	30
	Unna-Kamen	1965	31
Bönen	Pelkum	1965	24
	Pelkum	1966	52
	Pelkum	1967	50
	Rhynern	1965, 1967	6
	Rhynern	1966	7
Fröndenberg	Fröndenberg	1965 - 1967	91
Holzwickede	Unna-Kamen	1965	19
	Unna-Kamen	1966	27
Kamen	Pelkum	1966 - 1967	1
	Unna-Kamen	1965	26
	Unna-Kamen	1966	39
	Unna-Kamen	1967	51

In der *Gemeinde* ... betrug der einwohnermäßige Anteil

	am *Amt* ...	im *Rechnungsjahr* ...	... %.
Pelkum	Pelkum	1965	34
	Pelkum	1966	29
	Pelkum	1967	30
Rhynern	Rhynern	1965	22
	Rhynern	1966 - 1967	23
Uentrop	Rhynern	1965	42
	Rhynern	1966 - 1967	41
Unna	Fröndenberg	1965 - 1967	9
	Unna-Kamen	1965	23
	Unna-Kamen	1966	33
	Unna-Kamen	1967	44

Quelle: Eigene Berechnungen gemäß Einwohnerzahlen der Altgemeinden.

Anlage 6

Verfügung zur Bildung der Verwaltungsgemeinschaft Stadt Hilchenbach / Amt Keppel

„Der Landrat — Siegen, den 25. Februar 1943

Nr. 374/42 K.A.

Auf Grund des § 112 der Deutschen Gemeindeordnung vom 30. 1. 1935 (RGBl. I S. 49) wird der Amtsbürgermeister ... in Stift Keppel vom 1. 3. 1943 ab bis auf weiteres zum Beauftragten zur Wahrnehmung aller Befugnisse der Stadt Hilchenbach bestellt. Die Kosten fallen der Stadt Hilchenbach zur Last.

Im Zusammenhang hiermit wird auf Grund der Ziffer V des Erlasses des Führers und Reichskanzlers über die Vereinfachung der Verwaltung vom 28. 8. 1939 (RGBl. I S. 1535) in Verbindung mit Abschnitt I Absatz 1 und 2 des Rd.-Erlasses des Herrn Reichsministers des Innern vom 30. 8. 1939 V 287/39 — 1624 — (MBliV. 1807) bis auf weiteres die Bildung einer Bürogemeinschaft zwischen dem Amt Keppel und der Stadt Hilchenbach angeordnet und der Sitz des Amtes Keppel ab 1. März 1943 nach Hilchenbach verlegt. Die büromäßige und räumliche Vereinigung beider Verwaltungen ist mit nachdrücklichster Beschleunigung — ggf. abschnittsweise — durchzuführen. Die Verteilung der Verwaltungskosten wird besonders geregelt.

Gegen die Bestellung des Beauftragten kann die Stadt Hilchenbach gemäß § 113 der Deutschen Gemeindeordnung binnen 2 Wochen nach erfolgter Zustellung Beschwerde beim Herrn Regierungspräsidenten in Arnsberg erheben. Die Beschwerde hat keine aufschiebende Wirkung, da die Anordnung ohne Nachteil für das öffentliche Wohl nicht ausgesetzt werden kann. Gegen die Anordnung über die Bildung einer Bürogemeinschaft steht den Beteiligten nur die Dienstaufsichtsbeschwerde zu.

Gründe:

Der Bürgermeister der Stadt Hilchenbach ist am 1. 8. 1941 aus den Diensten der Stadt ausgeschieden. Er wird seit dieser Zeit durch die ehrenamtlichen

Beigeordneten vertreten. Die Verschärfung der Kriegslage und die damit im Zusammenhang stehenden Maßnahmen zur Überprüfung des Kriegseinsatzes sowie die einheitliche Ausrichtung der gesamten Verwaltungstätigkeit auf die Ziele der Staatsführung erfordern in Zukunft wieder die Leitung der gemeindlichen Verwaltung durch einen hauptberuflichen Beamten.

Der Auftrag erstreckt sich auf die gesamte Verwaltungsführung der Stadt Hilchenbach. Die ziffermäßige Feststellung der Entschädigung des Beauftragten bleibt vorbehalten.

Die Anordnung über die Bildung einer Bürogemeinschaft zwischen den beiden Verwaltungen berührt die Eigentumsverhältnisse der beiden Gebietskörperschaften nicht, sondern hat nur die Verwaltung zum Gegenstand. Die Amtsältesten bleiben ebenso wie die Ratsherren weiter in Tätigkeit. Die Stadt Hilchenbach ist nach wie vor amtsfreie Gemeinde. Es soll aber durch die Bildung der Bürogemeinschaft eine räumliche Zusammenfassung beider Verwaltungen, der Einsatz des Personals des Amtes für Angelegenheiten der Stadt Hilchenbach und der Einsatz des städtischen Personals für Angelegenheiten des Amtes Keppel herbeigeführt werden. Es läßt sich bei der engen wirtschaftlichen und örtlichen Verbundenheit zwischen dem Amt Keppel und der Stadt Hilchenbach in der Zeit der totalen Kriegführung nicht mehr länger verantworten, daß beide Behörden einen eigenen Verwaltungsapparat aufrechterhalten. Weitgehende Vereinfachung und Vereinheitlichung der Verwaltung ist mit Rücksicht auf weitere Personalabzüge für die Wehrmacht und zur Sicherstellung einer ordnungsgemäßen Verwaltung im Amt Keppel und der Stadt Hilchenbach sowie im Interesse der Freimachung von Kräften für den Kriegseinsatz dringend notwendig. Der Verlegung des Sitzes des Amtes Keppel nach Hilchenbach haben die Amtsältesten im Rahmen einer Erörterung über die Frage der Herbeiführung einer Verwaltungsgemeinschaft im Sinne der §§ 33 und 34 der Amtsordnung vom 13. 7. 1935 (MBliV. S. 893) bereits am 31. 10. 41 zugestimmt. Wenn der Amtsbürgermeister auch eine entsprechende Entschließung noch nicht gefaßt hat, so hat er sich doch in einer Besprechung am 22. ds. Mts. grundsätzlich mit der Verlegung einverstanden erklärt.

gez. ...“

Quelle: Handakte des Stadtdirektors der Stadt Hilchenbach.

Anlage 7

Zuwachsraten der Personalkosten im öffentlichen Dienst

Kalenderjahr	Gehalts-, Besoldungserhöhungen (%)
1963	6
1964	5
1965	4
1966	8
1967	—
1968	4
1969	6
1970	8

Quelle: Vergütungstarifverträge zum BAT vom

— 12. 5. 1962 (Inkrafttreten: 1. 4. 1962),
— 17. 5. 1963 (Inkrafttreten: 1. 4. 1963),
— 24. 11. 1964 (Inkrafttreten: 1. 10. 1964),
— 1. 7. 1966 (Inkrafttreten: 1. 4./1. 10. 1966),
— 1. 12. 1966 (Inkrafttreten: 1. 4./1. 10. 1966),
— 3. 12. 1967 (Inkrafttreten: 1. 1. 1968),
— 1. 2. 1969 (Inkrafttreten: 1. 1. 1969),
— 28. 1. 1970 (Inkrafttreten: 1. 1. 1970),
— 17. 12. 1970 (Inkrafttreten: 1. 1. 1971),
— 19. 1. 1972 (Inkrafttreten: 1. 1. 1972), sowie:

Stadt Bochum (Hrsg.): Personalbestand und Personalkosten, Eine Untersuchung über die Entwicklung des Personalhaushalts von 1960 bis 1971, Bochum 1971 (unveröffentlicht), und:

Franz Schweins / Josef Brautmeier: „Das Achte Besoldungsänderungsgesetz in Nordrhein-Westfalen“, in: DÖD 10/1971, S. 184 - 188, und 11/1971, S. 201 - 205.

Anlage 8

Ablehnung des Antrags des Amtes Rhynern auf Beibehaltung des Jugendamtes

„*Betr.:* Zulassung der Errichtung eines Jugendamtes für die Gemeinden Uentrop, Rhynern und Sönnern, Kreis Unna

Bezug: Antrag des früheren Amtes Rhynern vom 15. 12. 1967 — 4/430 — 11 h —
Dem Antrag des früheren Amtes Rhynern auf Zulassung der Errichtung eines Jugendamtes für die Gemeinden Uentrop, Rhynern und Sönnern, Kreis Unna, kann nicht entsprochen werden.

Das Amt Rhynern ist durch das Gesetz zur Neugliederung des Landkreises Unna vom 19. Dezember 1967 (GV. NW. S. 270) aufgelöst worden. Damit hat auch das für den Bereich des Amtes zugelassene Jugendamt zu bestehen aufgehört. Die Aufgaben des Jugendamtes werden seit dem 1. Januar 1968 vom Kreisjugendamt Unna wahrgenommen.

Die Zulassung eines Jugendamtes setzt nach § 8 des Gesetzes zur Ausführung des Gesetzes für Jugendwohlfahrt vom 1. Juli 1965 (SGV. NW. 216) u. a. zwingend voraus, daß es sich um Gemeinden oder Ämter mit mindestens 20 000 Einwohnern handelt. Die Verwaltungsgemeinschaft der Gemeinden Rhynern, Uentrop und Sönnern kann im Sinne dieser Vorschrift nicht als Gemeinde oder Amt angesehen werden, da sie nicht die Funktionen einer Gebietskörperschaft ausübt. Darüber hinaus wird die Einwohnerzahl der der Verwaltungsgemeinschaft angehörenden Gemeinden nur rund 17 000 Einwohner betragen. Da § 8 AG-JWG insoweit eine Ausnahmemöglichkeit nicht vorsieht, konnte dem Antrag auch nicht im Wege einer Ermessensentscheidung entsprochen werden.

gez. Figgen“

Quelle: Amt Rhynern (Hrsg.): Verwaltungsbericht 1967.

Quellen- und Literaturverzeichnis

I. Ungedruckte Quellen

Erhebung über Infrastruktureinrichtungen, Erhebung der kommunalen Spitzenverbände (1970), Archiv des LTK NW

Protokolle von Interviews des Verfassers und dessen private Korrespondenz

Strukturdaten für die gemeindliche Neugliederung und überörtliche Verflechtungen (Antworten der Gemeinden auf einen Erlaß des Innenministers NW vom 31. 7. 1970), Archive der Kreise

II. Gedruckte Quellen

Amtsordnung NW vom 10. 3. 1953 (GV. NW. S. 218, SGV. NW. 2021)

Aufstellung und Beschriftung von Ortstafeln, Rd.Erl. des Ministers für Wirtschaft, Mittelstand und Verkehr vom 4. 12. 1969 (MBl. NW. 1970 S. 4, SMBl. NW. 9220)

Bauordnung für das Land Nordrhein-Westfalen — Landesbauordnung — (BauO NW) i. d. F. der Bekanntmachung vom 27. 1. 1970 (GV. NW. S. 96, SGV. NW. 232)

Bergkamen-Gesetz:
Gesetz über den Zusammenschluß der Gemeinden Bergkamen, Heil, Oberaden, Rünthe und Weddinghofen, Landkreis Unna, vom 2. 11. 1965 (GV. NW. S. 328, SGV. NW. 2020)

Bielefeld-Gesetz:
Gesetz zur Neugliederung der Gemeinden und Kreise des Neugliederungsraumes Bielefeld (Bielefeld-Gesetz) vom 24. 10. 1972 (GV. NW. S. 284, SGV. NW. 2020)

Bundesbaugesetz (BBauG) vom 23. 6. 1960 (BGBl. I S. 341)

Bundessozialhilfegesetz (BSHG) vom 30. 6. 1961 (BGBl. I S. 815)

Detmold-Gesetz:
Gesetz zur Neugliederung des Kreises Detmold vom 2. 12. 1969 GV. NW. S. 799), geändert durch Gesetz vom 15. 12. 1970 (GV. NW. S. 764, SGV. NW. 2020)

Erlaß des Innenministers NW vom 31. 7. 1970 — III A 2 — 867/70 betr. Erfahrungsberichte ... über Rechts- und Organisationsfragen aus Anlaß der kommunalen Neugliederung

Finanzausgleichsgesetz 1967 (GV. NW. S. 77)

Finanzausgleichsgesetz 1969 (GV. NW. 1968 S. 494)

Finanzausgleichsgesetz 1970 (GV. NW. S. 201)

Finanzausgleichsgesetz 1971 (GV. NW. S. 60)

Gemeindehaushaltsverordnung vom 26. 1. 1954 (GV. NW. S. 59, SGV. NW. 630)

Gemeindeordnung NW vom 28. 10. 1952 (GV. NW. S. 269, SGV. NW. 2020)

Gesetz für Jugendwohlfahrt (JWG) vom 11. 8. 1961 (BGBl. I S. 1206)

Gesetz über den Zusammenschluß der Gemeinden Ardey, Dellwig und Langschede, Landkreis Unna, vom 23. 6. 1964 (GV. NW. S. 213, SGV. NW. 2020)

Gesetz über den Zusammenschluß der Gemeinden Mackenbruch und Währentrup und eines Teiles der Gemeinde Wellentrup, Landkreis Lemgo, vom 9. 4. 1957 (GV. NW. S. 86, SGV. NW. 2020)

Gesetz über den Zusammenschluß der Gemeinden Methler, Wasserkurl und Westick, Landkreis Unna, vom 22. 11. 1966 (GV. NW. S. 481, SGV. NW. 2020)

Gesetz über die Aufhebung des Gewerbesteuerausgleichsgesetzes vom 10. 3. 1970 (GV. NW. S. 208, SGV. NW. 602)

Gesetz über die Kommunalwahlen im Lande Nordrhein-Westfalen (Kommunalwahlgesetz) i. d. F. vom 12. 12. 1968 (GV. NW. S. 480, SGV. NW. 1112)

Gesetz zur Änderung der Verfassung für das Land Nordrhein-Westfalen vom 5. 3. 1968 (GV. NW. S. 36, SGV. NW. 100)

Gesetz zur Änderung des Ersten Gesetzes zur Ordnung des Schulwesens im Lande Nordrhein-Westfalen, des Schulverwaltungsgesetzes und des Schulfinanzgesetzes vom 5. 3. 1968 (GV. NW. S. 36, SGV. NW. 223)

Gesetz zur Ausführung des Bundessozialhilfegesetzes (AG-BSHG) vom 25. 6. 1962 (GV. NW. S. 344, SGV. NW. 217)

Gesetz zur Ausführung des Gesetzes für Jugendwohlfahrt (AG-JWG) i. d. F. vom 1. 7. 1965 (Bek. v. 26. 8. 1965) (GV. NW. S. 248, SGV. NW. 216)

Gesetz zur Neuordnung der Gemeindefinanzen (Gemeindefinanzreformgesetz) vom 8. 9. 1969 (BGBl. I S. 1587)

Kommunalabgabengesetz für das Land Nordrhein-Westfalen (KAG) vom 21. 10. 1969 (GV. NW. S. 712, SGV. NW. 610)

Landesentwicklungsplan I vom 28. 11. 1966 i. d. F. vom 17. 12. 1970 (MBl. NW. 1971 S. 200)

Landtags-Drucksachen V/831, VI/462, 479, 480, 1090 und 1170

Lemgo-Gesetz:
Gesetz zur Neugliederung des Landkreises Lemgo vom 5. 11. 1968 (GV. NW. S. 352, SGV. NW. 2020)

„Öffentlich-rechtliche Vereinbarung" (Verwaltungsgemeinschaft Uentrop / Rhynern; V. W.), in: Amtliches Bekanntmachungsblatt des Landkreises Unna 1/1969, S. 3 - 5, Ziff. 3, und: „I. Nachtrag zur öffentlich-rechtlichen Vereinbarung", in: a.a.O., S. 280 f., Ziff. 393

„Öffentlich-rechtliche Vereinbarung über die Errichtung und den Betrieb eines Rechenzentrums im Kreis Unna", in: Amtsblatt für den Regierungsbezirk Arnsberg Nr. 34 vom 22. 8. 1970, S. 324 ff., Ziff. 390

Schulverwaltungsgesetz (SchVG) vom 3. 6. 1958 (GV. NW. S. 241, SGV. NW. 223)

1. Siegen-Gesetz:
Gesetz zur Neugliederung des Landkreises Siegen vom 24. 6. 1966 (GV. NW. S. 271, SGV. NW. 2020)

2. Siegen-Gesetz:
Zweites Gesetz zur Neugliederung des Landkreises Siegen vom 5. 11. 1968 (GV. NW. S. 358, SGV. NW. 2020)

Soest-Gesetz:
Gesetz zur Neugliederung des Landkreises Soest und von Teilen des Landkreises Beckum vom 24. 6. 1969 (GV. NW. S. 300, ber. S. 652, SGV. NW. 2020)

Unna-Gesetz:
Gesetz zur Neugliederung des Landkreises Unna vom 19. 12. 1967 (GV. NW. S. 270, SGV. NW. 2020)

Vergütungs-Tarifverträge zum BAT von 1962 bis 1972

Verordnung über die Aufteilung und Auszahlung des Gemeindeanteils an der Einkommenssteuer und die Abführung der Gewerbesteuerumlage vom 9. 12. 1969 (GV. NW. S. 904, SGV. NW. 602)

Verordnung über die Genehmigungspflicht der Realsteuerhebesätze der Gemeinden vom 9. 12. 1952 (GV. NW. 1953 S. 103, SGV. NW. 611)

Verordnung über die teilweise Übertragung der Aufgaben der unteren Bauaufsichtsbehörden auf die Städte Freudenberg, Hilchenbach und Kreuztal sowie auf die Gemeinden Netphen und Wilnsdorf des Landkreises Siegen vom 30. 12. 1968 (GV. NW. 1969 S. 18, SGV. NW. 232)

Verordnung über die Übertragung der Aufgaben der unteren Bauaufsichtsbehörde(n) auf die
... Gemeinde Pelkum, Landkreis Unna, vom 21. 1. 1968 (GV. NW. S. 19, SGV. NW. 232)
... Gemeinde Rhynern, Landkreis Unna, vom 8. 1. 1968 (GV. NW. S. 6, SGV. NW. 232)
... Gemeinde Uentrop, Landkreis Unna, vom 8. 1. 1968 (GV. NW. S. 6, SGV. NW. 232)
... Stadt Bad Salzuflen, Kreis Lemgo, vom 24. 9. 1970 (GV. NW. S. 710, SGV. NW. 232)
... Stadt Bergkamen, Landkreis Unna, vom 9. 11. 1965 (GV. NW. S. 332, SGV. NW. 232)
... Stadt Hüttental, Landkreis Siegen, vom 12. 8. 1967 (GV. NW. S. 147, SGV. NW. 232)
... Stadt Kamen, Landkreis Unna, vom 7. 2. 1968 (GV. NW. S. 28, SGV. NW. 232)
... Stadt Lemgo vom 5. 8. 1971 (GV. NW. S. 236, SGV. NW. 232)
... Stadt Unna, Landkreis Unna, vom 29. 1. 1968 (GV. NW. S. 19, SGV. NW. 232)
... kreisangehörigen Ämter und auf die kreisangehörigen Städte Eiserfeld, Hilchenbach und Hüttental des Landkreises Siegen vom 1. 7. 1966 (GV. NW. S. 395, SGV. NW. 232)

Verordnung über Zuständigkeiten im Landkreis Siegen vom 1. 7. 1966 (GV. NW. S. 381, SGV. NW. 2005)

Vorschlag Aachen-Gesetz:
Innenminister NW (Hrsg.): Vorschlag zur Neugliederung der Gemeinden und Kreise des Neugliederungsraumes Aachen, Düsseldorf (15. 1.) 1971

„Zusammenschluß der Gemeinden Altenbögge und Bönen", in: Amtsblatt der Regierung in Arnsberg vom 31. 3. 1951, S. 214, Ziff. 488

Zweites Gesetz zur Ausführung des Gesetzes für Jugendwohlfahrt (Kindergartengesetz — KgG —) vom 21. 12. 1971 (GV. NW. S. 534, SGV. NW. 216)

III. Statistiken

Infrastruktureinrichtungen, Ergebnisse einer Erhebung der kommunalen Spitzenverbände, Bonn 1973

Stadt Kreuztal (Hrsg.): Vorhandenes und Erstrebenswertes in Zahlen und Übersichten, o. O., o. J.

Landschaftsverband Westfalen-Lippe (Hrsg.): Statistische Berichte 3/1965, Münster 1965

Stadt Siegen (Hrsg.): Statistischer Bericht 1964, Siegen 1965

dies. (Hrsg.), Statistischer Bericht 1965, Siegen 1966

dies. (Hrsg.): Statistischer Bericht 1966, Siegen 1967

dies. (Hrsg.): Statistischer Bericht 1967, Siegen 1968

dies. (Hrsg.): Statistischer Bericht 1968, Siegen o. J.

dies. (Hrsg.): Statistischer Bericht 1969, Siegen 1971

dies. (Hrsg.): Statistischer Bericht 1970, Siegen 1971

Statistisches Amt der Stadt Kamen (Hrsg.): Kamen, die schnelle Stadt, Statistische Informationen 3/1970, Kamen 1971

Statistisches Landesamt NW (Hrsg.): Die Gemeindefinanzen in Nordrhein-Westfalen, Düsseldorf

dass. (Hrsg.): Die kommunale Verschuldung in Nordrhein-Westfalen, Schuldenstand am . . ., Düsseldorf

dass. (Hrsg.): Die Kommunalwahlen in Nordrhein-Westfalen am 19. März 1961 (Beiträge zur Statistik des Landes NW, Heft 141), Düsseldorf 1962

dass. (Hrsg.): Die Kommunalwahlen in Nordrhein-Westfalen am 27. September 1964 (Beiträge zur Statistik des Landes NW, Heft 193), Düsseldorf 1965

dass. (Hrsg.): Nordrhein-Westfalen, Kommunalwahlen am 9. 11. 1969, Heft 4: Ergebnisse nach Gemeinden, Düsseldorf o. J.

dass. (Hrsg.): Die öffentliche Verschuldung in Nordrhein-Westfalen, Schuldenstand am . . ., Düsseldorf 1970 ff.

dass (Hrsg.): Die öffentlichen Finanzen in Nordrhein-Westfalen, Rechnungsjahr . . ., Düsseldorf

dass. (Hrsg.): Statistische Rundschau für den Kreis Siegen, Düsseldorf 1970

dass. (Hrsg.): Statistische Rundschau für den Landkreis Lemgo, Düsseldorf 1968

dass. (Hrsg.): Statistische Rundschau für den Landkreis Unna, Düsseldorf 1969

dass. (Hrsg.): Die Wohnbevölkerung der Gemeinden Nordrhein-Westfalens am 31. Dezember 1965, Düsseldorf 1966

dass. (Hrsg.): Die Wohnbevölkerung der Gemeinden Nordrhein-Westfalens am 31. Dezember 1966, Düsseldorf 1967

dass. (Hrsg.): Die Wohnbevölkerung der Gemeinden Nordrhein-Westfalens am 31. Dezember 1967, Düsseldorf 1968

dass. (Hrsg.): Die Wohnbevölkerung der Gemeinden Nordrhein-Westfalens am 31. Dezember 1968, Düsseldorf 1969

dass. (Hrsg.): Die Wohnbevölkerung der Gemeinden Nordrhein-Westfalens am 31. Dezember 1969, Düsseldorf 1970

dass. (Hrsg.): Die Wohnbevölkerung der Gemeinden Nordrhein-Westfalens am 30. Juni 1970, 31. Dezember 1970, 30. Juni 1971, Düsseldorf 1972

Stadt Unna (Hrsg.): Statistischer Vierteljahresbericht III/1971 (Verwaltungsblatt der Stadt Unna, 2. Jg., Nr. 7, Januar 1972), Unna 1972

IV. Literatur

Albert, Hans: „Probleme der Wissenschaftslehre in der Sozialforschung", in: René König (Hrsg.): Handbuch der empirischen Sozialforschung, I. Bd., 2. Aufl., Stuttgart 1967, S. 38 - 63

Ballhorn, Volkmar u. a. (regioplan, Institut für Strukturanalyse, Orts- und Regionalplanung GmbH): Gutachten zur Flächennutzungs- und Entwicklungsplanung der Stadt Kamen, Berlin 1970

Bechert, Günter: Schulentwicklungsplan Stadt Bad Salzuflen, Bad Salzuflen 1970

ders.: Schulzentren für die weiterführenden Schulen, Erste Stufe eines Schulentwicklungsplanes für den Landkreis Unna, Unna 1967

ders. / H. *Keller:* Schulentwicklungsplan Uentrop, Unna 1969

Stadt Bergkamen (Hrsg.): Bergkamen, Stadtkernentwicklung, o. O., o. J.

dies. (Hrsg.): Verwaltungsbericht 1966 - 1970, Bergkamen 1971

Bischoff, Dieter: Kommunale Neugliederung und Selbstverwaltungsgarantie, Grundzüge der Rechtsprechung des Verfassungsgerichtshofs zur kommunalen Gebietsreform im Lande Nordrhein-Westfalen, Siegburg 1972

Stadt Bochum (Hrsg.): Personalbestand und Personalkosten, Eine Untersuchung über die Entwicklung des Personalhaushalts von 1960 bis 1971, Bochum 1971 (unveröffentlicht)

Gemeinde Bönen (Hrsg.): Handbuch der Gemeinde Bönen, Bönen 1971

Bureau of the Budget: „Measuring Productivity of Federal Government Organizations", in: Robert T. Golembiewski / Frank Gibson / Geoffrey Y. Cornog (Hrsg.): Public Administration, Readings in Institutions, Processes, Behavior, Chicago 1966

Campbell, N. R.: An Account of the Principles of Measurement and Calculation, London 1938

Czinki, L. / A. *Kirchlechner* (Agrar- und Hydrotechnik GmbH, Studienabteilung): Erholungsgebiet Mergelberg der Gemeinde Bönen/Westf., Maximalprogramm für ein Vorprojekt, o. O., o. J.

Dellwig, Friedrich: „1000 Jahre Rhynern: Beamte, Ereignisse, Leistungen", in: 150 Jahre Westfälischer Anzeiger, Beilage zu WAK Nr. 85 vom 12. 4. 1972

Deutscher Sportbund — Institut für Sportstättenbau (Hrsg.): Sportstätten-Leitplanung für die Gemeinde Wilnsdorf, Köln 1970

Diekhof, Hermann: „Kein Freund von Fensterreden", in: Lippische Landes-Zeitung Nr. 216 vom 18. 9. 1971 (Unsere lippischen Großgemeinden — wie sie arbeiten, 24. Folge)

Gemeinde Dörentrup (Hrsg.): Sammlung des wichtigsten Ortsrechts, Stand: 1. Oktober 1971

dies. (Hrsg.): Übernahme der Verwaltung der Grund- und Gewerbesteuern vom Finanzamt Lemgo, Ratsvorlage vom 14. 9. 1970

Eickelberg, Gisela (Institut Gewerbebetriebe im Städtebau — ingesta —): Holzwickede, Gutachten zur Gewerbeplanung, Köln 1968

Stadt Eiserfeld (Hrsg.): Einweihung Richerfeldschule Eiserfeld, Eiserfeld 1971

Eising, Paul: „Erfahrungen bei der kommunalen Neugliederung NW 1967 bis 1970 — 1. Neugliederungsprogramm —", in: Städte- und Gemeinderat 6/1972, S. 154 - 159

Entscheidungen der Oberverwaltungsgerichte für das Land Nordrhein-Westfalen in Münster sowie für die Länder Niedersachsen und Schleswig-Holstein in Lüneburg, Bd. 9, Münster 1957

Esser, Ferdinand: „Der kommunale Finanzausgleich 1972 in Nordrhein-Westfalen", in: Städte- und Gemeinderat 9/1971, S. 217 - 222

Evers, Hans: „Gemeindegröße und Verwaltungsaufwand", in: Informationen (herausgegeben vom Institut für Raumforschung, Bad Godesberg), 7. Jg. 1957, S. 147 - 180

Forschungsinstitut der Hochschule für Verwaltungswissenschaften (Hrsg.): Effizienz der öffentlichen Verwaltung, Einleitung eines längerfristigen Forschungsprogramms, Speyer 1972 (unveröffentl. Hektografie)

Forsthoff, Ernst: Rechtsfragen der leistenden Verwaltung, Stuttgart 1959

ders.: Die Verwaltung als Leistungsträger, Stuttgart/Berlin 1938

Frank, Harro: Der Umlandkreis, Die Ordnung des Stadt-Umlandes durch den Umlandkreis oder Nachbarkreise?, diss. iur., Hamburg 1971

Führing, Gustav: „Neue Betriebe werden in Leopoldshöhe ansässig", in: Lippische Landes-Zeitung Nr. 192 vom 21. 8. 1971 (Unsere lippischen Großgemeinden — wie sie arbeiten, 20. Folge)

Girgensohn, Jürgen: „Erfolg der Reform, Eine erste Zwischenbilanz der kommunalen Neuordnung im Kreis Unna", in: Westfalenspiegel 11/1969, S. 4 f.

Gleisner, Alfred: Haushaltsrede Amt Pelkum 1961 (unveröffentl. Manuskript)

ders.: „Der Konzentrationsprozeß der deutschen Gemeinden", in: Gemeindewirtschaft (Wien) 10/1971, S. 13 - 16

Gröttrup, Hendrik: Die kommunale Leistungsverwaltung, Grundfragen der gemeindlichen Daseinsvorsorge, Stuttgart 1972

Gutachten A:
Die kommunale und staatliche Neugliederung des Landes Nordrhein-Westfalen, Abschnitt A: Die Neugliederung der Gemeinden in den ländlichen Zonen, Gutachten, erstattet am 22. 11. 1966 durch die von der Landesregierung des Landes Nordrhein-Westfalen eingesetzte Sachverständigenkommission für die kommunale und staatliche Neugliederung des Landes Nordrhein-Westfalen, Siegburg 1966

Gutachten B:
Die kommunale und staatliche Neugliederung des Landes Nordrhein-Westfalen, Abschnitt B: Die Neugliederung der Städte und Gemeinden in den Ballungszonen und die Reform der Kreise, Gutachten, erstattet am 9. 4. 1968 durch die von der Landesregierung des Landes Nordrhein-Westfalen eingesetzte Sachverständigenkommission für die kommunale Neugliederung des Landes Nordrhein-Westfalen, Siegburg 1968

Haarmann, Wennemar: Rezension von „Gerhard Seibert: Selbstverwaltungsgarantie und kommunale Gebietsreform, Frankfurt/M. 1971, 90 S.", in: DVBl. 3/1972, S. 126

Hartog, Rudolf: Flächennutzungsplan der Stadt Bad Salzuflen, Erläuterungsbericht, Bad Salzuflen/Bergkirchen 1972

ders.: Planung für Bad Salzuflen, Bergkirchen 1969

ders.: Planung für die Großgemeinde Dörentrup, Dörentrup/Bergkirchen 1969

Haushaltspläne der Gemeinden und Kreise

Heemann, Horst: Der Einfluß der Größe eines Verwaltungsbezirkes auf die Personalkosten der Verwaltung, Eine Untersuchung am Beispiel der Kreise, kreisangehörigen Städte und amtsfreien Gemeinden des Landes Schleswig-Holstein (Schriften zur Verwaltungslehre, Heft 12), Köln u. a. 1972

Heinrichs, Wilhelm: „Gemeindefinanzreform — Finanzausgleich — Schulfinanzreform", in: Der Gemeinderat 3/1970, S. 78 - 83

„‚Heißer Herbst' für Kanalbauer", in: Hüttental im Blickpunkt, Unsere Stadt im Spiegel von Berichten, Bildern und Meinungen, 14. Jg., Heft 3/1971, S. 19

Henze, Hermann / Wilhelm *Schoroth:* „Kommunale Neuordnung und Überleitung der Finanzwirtschaft, Ein Erfahrungsbericht", in: Der Gemeindehaushalt 3/1972, S. 49 - 54

Gemeinde Holzwickede — Kultur- und Sportamt — (Hrsg.): Ergebnis einer Meinungsumfrage in der Bevölkerung der Gemeinde Holzwickede über das Freibad „Schöne Flöte" (Juni/Juli 1969), Holzwickede 1969

Huboi, Klaus / Klaus *Klimmeck* (Lenz Planen + Beraten GmbH): Erläuterungsbericht zum Flächennutzungsplan der Stadt Eiserfeld/Sieg, Wiesbaden 1970

Humke, Friedrich: „Sorgen der Bevölkerung ausräumen", in: Lippische Landes-Zeitung Nr. 144 vom 26. 6. 1971 (Unsere lippischen Großgemeinden — wie sie arbeiten, 12. Folge)

Stadt Hüttental (Hrsg.): Einrichtung weiterer Kindergärten und Errichtung von Kindertagesstätten, Ratsvorlage vom 18. 3. 1971

dies. (Hrsg.): Schulorganisation und langfristige Schulbauplanung, Ratsvorlage vom 24. 2. 1970

dies. (Hrsg.): Stadt Hüttental, Informationsblatt für ausländische Arbeitnehmer, Spanische Ausgabe, Nr. 1, Hüttental 1971

Hüttl, Adolf: „Wirtschaftlichkeit", in: Fritz Morstein Marx (Hrsg.): Verwaltung, Eine einführende Darstellung, Berlin 1965, S. 282 - 296

ders.: „Das Wirtschaftlichkeitsprinzip in der öffentlichen Verwaltung", in: Bundesrechnungshof (Hrsg.): 250 Jahre Rechnungsprüfung, Frankfurt/M. 1964, S. 205 - 221

Ibrügger, Heinz: Flächennutzungsplan der Gemeinde Leopoldshöhe, Erläuterungsbericht, o. O., o. J.

ders.: Flächennutzungsplan der Stadt Oerlinghausen, Erläuterungsbericht, Oerlinghausen/Minden 1970

Innenminister des Landes Nordrhein-Westfalen (Hrsg.): Grundsätze der Neugliederung der Gemeinden und Kreise in Nordrhein-Westfalen (Zur Information, Heft 3), Düsseldorf 1971

Innenminister des Landes Schleswig-Holstein (Hrsg.): Sachverständigen-Gutachten zur lokalen und regionalen Verwaltungsneuordnung in Schleswig-Holstein (Loschelder-Gutachten), Köln/Berlin 1968

Jahresrechnungen der Gemeinden und Kreise

Juretzky, W. / U. *Kühne* / K. M. *Stolley* (Metra Divo, Stadt- und Regionalforschung): Strukturuntersuchung und Bedarfsanalyse zur Dimensionierung und Ausstattung der Zentren in der Stadt Bad Salzuflen, Frankfurt/M. 1971

Gemeinde Kalletal (Hrsg.): Aufstellung über die seit der kommunalen Neugliederung durchgeführten und begonnenen wesentlichen Maßnahmen in der Gemeinde Kalletal, o. O., o. J. (unveröffentl. Hektografie) dies. (Hrsg.): Kommunale Neugliederung, Denkschrift des Rates der Gemeinde Kalletal, verfaßt nach einjähriger Tätigkeit in der ab 1. 1. 1969 gebildeten Großgemeinde (unveröffentl. Hektografie)

dies. (Hrsg.): Mehrjahresprogramm, o. O., o. J. (unveröffentl. Hektografie)

Stadt Kamen (Hrsg.): Auswahlkriterien für Programme der städtebaulichen Sanierungsmaßnahmen nach dem Städtebauförderungsgesetz, Kamen 1972

dies. (Hrsg.): Kamen, Eine neue Stadt stellt sich vor, o. O., o. J.

Kempski, Jürgen von: Art. „Sozialwissenschaft", in: HdSW, Bd. 9, S. 617 - 626

Klammer, Heinrich: „Das Amt Fröndenberg", in: Gerhard Stalling AG (Hrsg.): Der Landkreis Unna, Geschichte, Landschaft, Wirtschaft, Oldenburg (Oldb.) 1966, S. 250 - 255

KGSt (Hrsg.): Verwaltungskraft, Köln 1967

dies. (Hrsg.): Verwaltungsorganisation der Gemeinden, Teil I: Aufgabengliederungsplan, 4. Aufl., Köln 1967

dies. (Hrsg.): Zusammenarbeit zwischen Gebietskörperschaften, Köln 1969

dies. (Hrsg.): Zusammenschluß von Gemeinden, Köln 1968

dies. (Hrsg.): Zwischengemeindliche Zusammenarbeit II, Köln 1966

Könemann, Werner: Spiel- und Sportanlagen in Oerlinghausen, o. O., o. J. (unveröffentl. Hektografie)

Kraft, Karl: „Aus dem Kalletal wird kein Industriegebiet", in: Lippische Landes-Zeitung Nr. 150 vom 3. 7. 1971 (Unsere lippischen Großgemeinden — wie sie arbeiten, 13. Folge)

Kraft, Jürgen: Die erforderliche Grundausrüstung ländlicher Räume (Forschungsberichte des Landes Nordrhein-Westfalen, Nr. 980), Köln/Opladen 1961

ders. / Heinrich *Rosenbaum:* Die erforderliche Grundausrüstung ländlicher Räume, II. Teil (Forschungsberichte des Landes Nordrhein-Westfalen, Nr. 1327), Köln/Opladen 1964

Stadt Kreuztal (Hrsg.): Vorbericht und Erläuterungen zum Haushaltsplan 1969, Kreuztal 1969

dies. (Hrsg.): Vorbericht und Erläuterungen zum Haushaltsplan 1970, Kreuztal 1970

dies. (Hrsg.): Vorhandenes und Erstrebenswertes in Zahlen und Übersichten, o. O., o. J.

Krüger, Hellmuth: „Die Gemeindereform ist gelungen", in: Lippische Landes-Zeitung Nr. 228 vom 2. 10. 1971 (Unsere lippischen Großgemeinden — wie sie arbeiten, 26. Folge)

Landesregierung Nordrhein-Westfalen (Hrsg.): Nordrhein-Westfalen-Programm 1975 (NWP 75), Düsseldorf 1970

Landermann, August: „Bildung der Großgemeinde Leopoldshöhe war richtig", in: Lippische Landes-Zeitung Nr. 186 vom 14. 8. 1971 (Unsere lippischen Großgemeinden — wie sie arbeiten, 19. Folge)

Landkreistag Nordrhein-Westfalen (Hrsg.): Zur Neuordnung der Verwaltung in Nordrhein-Westfalen, Düsseldorf 1966

Landtag Nordrhein-Westfalen, VI. Wahlperiode, 22. Sitzung am 24. 10. 1967

Stadt Lemgo (Hrsg.): Erläuterungsbericht zum Flächennutzungsplan der Alten Hansestadt Lemgo, Lemgo o. J.

Loebell, Friedrich Wilhelm von: Kommunale Neugliederung Nordrhein-Westfalen, Leitfaden zu Rechts-, Organisations- und Verfahrensfragen, Köln 1972

Lohmann, J.: Schulentwicklungsplanung Stadt Kamen, Kamen 1968

ders.: Schulentwicklungsplanung in der Stadt Unna, Unna 1969

ders.: Schulzentrum Fröndenberg, Gutachten über die didaktische und bauliche Planung, Fröndenberg 1968

Luhmann, Niklas: „Kann die Verwaltung wirtschaftlich handeln?", in: Verwaltungsarchiv 2/1960, S. 97 - 115

Mäding, Erhard: „Verwaltungskraft", in: DÖV 10/1967, S. 325 - 328

Maduschka, Ludwig / Dietrich *Pernice:* Sechs-Gemeinden-Planung, Erläuterungsbericht zu den Flächennutzungsplänen der Gemeinden Bergkamen, Heil, Oberaden, Overberge, Rünthe, Weddinghofen, Im Auftrage der Gemeinden bearbeitet im Kreisbauamt Unna, Unna 1963

Mahrenholz, Hans Christhard: Zur kommunalen Neugliederung im Raum Keppel-Hilchenbach, Hilchenbach 1966 (unveröffentl. Manuskript)

Meyer, Herwart: Grünordnung der Stadt Bad Salzuflen, Teil I: Grün- und Landschaftsplanung; Teil II: Sportstätten-Leitplanung; Teil III: Friedhofsplanung, Sondergutachten, Leopoldshöhe 1969

Meyer, Poul: Die Verwaltungsorganisation, Vergleichende Studien über die Organisation der öffentlichen Verwaltung, Göttingen 1962

Morgen, Herbert u. a.: Die ländliche Großgemeinde in geschichtlicher, rechtlicher, verwaltungsmäßiger und soziologischer Sicht gesehen, Hannover 1959

Nagel, Albrecht: Leistungsfähige Entscheidungen in Politik und Verwaltung durch Systemanalyse, Ein generell anwendbares Verfahren zur systematischen Erarbeitung vertretbarer Tagesentscheidungen, Berlin 1971

Gemeinde Netphen (Hrsg.): Sporthalle Netphen, Eröffnung 16. März 1972, o. O., o. J.

Gemeinde Neunkirchen (Hrsg.): Investitionsplan für die Rechnungsjahre 1970 bis 1974, Neunkirchen 1971

dies. (Hrsg.): Neunkirchen zwischen 1970 und 1980, Neunkirchen 1970

Nordmann, D.: Strukturgutachten zur Entwicklung zentraler Schwerpunktbildungen in der Stadt Eiserfeld, Wiesbaden 1968

Oberkreisdirektor des Kreises Lemgo — Abteilung für Strukturentwicklung — (Hrsg.): Entwicklungskonzeption für den Kreis Lemgo (Entwurf), Lemgo 1971

Oberkreisdirektor des Kreises Siegen (Hrsg.): Kreis Siegen 1964 - 1969, Geschehen, geleistet, geplant, Verwaltungsbericht, Siegen 1969

„Organisatorische Verflechtungen innerhalb des Bereichs der geplanten Großgemeinde Dörentrup vor und nach Realisierung des Gesetzentwurfs", in: Landtag Nordrhein-Westfalen (Hrsg.): Beratungsmaterialien zum Gesetz zur Neugliederung des Landkreises Lemgo vom 5. November 1968, A 0303/37, Düsseldorf o. J., S. 639 - 673 (Lt.-Zuschrift VI/472)

Pahmeier, Reinhard: „Die Verwaltung ist guten Willens", in: Lippische Landes-Zeitung Nr. 123 vom 29. 5. 1971 (Unsere lippischen Großgemeinden — wie sie arbeiten, 8. Folge)

„Reform der Gemeindeverwaltung in Großbritannien", in: Eildienst LKT NW 9/1972, S. 112 - 114, Ziff. 81

Amt Rhynern (Hrsg.): Verwaltungsbericht der Amtsverwaltung Rhynern für das Rechnungsjahr 1967, Rhynern 1969

Gemeinde Rhynern (Hrsg.): Stellungnahme der Gemeinde Rhynern zur kommunalen Neuordnung im Raum Unna/Hamm, o. O., o. J.

Rübenstrunk, Hans: „Mutige Entscheidungen einer leistungsfähigen Stadt“, in: Lippische Landes-Zeitung Nr. 89 vom 17. 4. 1971 (Unsere lippischen Großgemeinden — wie sie arbeiten, 2. Folge)

Senke, Heinrich: „Ein echtes Gemeinschaftsleben wird angestrebt“, in: Lippische Landes-Zeitung Nr. 133 vom 12. 6. 1971 (Unsere lippischen Großgemeinden — wie sie arbeiten, 10. Folge)

Siedentopf, Heinrich: Wirtschaftlichkeit in der öffentlichen Verwaltung, Baden-Baden 1969

Stadt Siegen (Hrsg.): Verwaltungsbericht der Stadt Siegen für die Zeit von 1965 - 1968/69, Siegen 1970

Simon, Herbert: Das Verwaltungshandeln, Stuttgart 1955

ders. / Donald W. *Smithburg* / Victor A. *Thompson:* Public Administration, 9. Aufl., New York 1966

SPD — Kreisverband Unna — (Hrsg.): Neugliederung des Raumes Unna-Hamm, o. O., o. J.

Kreisvorstand der SPD Unna (Hrsg.): Landkreis Unna, Kommunale Neuordnung, o. O., o. J.

Spengelin, Friedrich u. a.: Funktionelle Erfordernisse zentraler Einrichtungen als Bestimmungsgröße von Siedlungs- und Stadteinheiten in Abhängigkeit von Größenordnung und Zuordnung (Schriftenreihe „Städtebauliche Forschung“ des Bundesministers für Städtebau und Wohnungswesen, Heft 03.003), Bonn-Bad Godesberg 1972

Schaksmeier, Gustav: „Mehrjahresprogramm fehlt“, in: Lippische Landes-Zeitung Nr. 162 vom 17. 7. 1971 (Unsere lippischen Großgemeinden — wie sie arbeiten, 15. Folge)

Schellberg, Paul: „Zuwendungen des Landes Nordrhein-Westfalen zu Maßnahmen aus Anlaß kommunaler Neugliederungen“, in: Der Gemeindehaushalt 1/1971, S. 8 - 11

Scheuch, Erwin K.: „Skalierungsverfahren in der Sozialforschung“, in: René König (Hrsg.): Handbuch der empirischen Sozialforschung, I. Bd., 2. Aufl., Stuttgart 1967, S. 38 - 63

Schmidt, Johannes Werner: „Finanzielle Fragen neuer kreisangehöriger Städte, Zur Einkreisung ehemals kreisfreier Städte“, in: Der Gemeindehaushalt 1/1972, S. 5 f.

Schneider, Heinrich (Hrsg.): Aufgabe und Selbstverständnis der Politischen Wissenschaft, Darmstadt 1967

Schubert, Hellmut: Generalverkehrsplan Bad Salzuflen, 2 Bde., Hannover 1970

„Schulkindergärten“, in: Unsere Zukunft an Rhein und Ruhr (hrsg. von der Gesellschaft für Wirtschaftsförderung in Nordrhein-Westfalen, Düsseldorf), Heft 6/1972, S. 23

Schweins, Franz / Josef *Brautmeier:* Das Achte Besoldungsänderungsgesetz in Nordrhein-Westfalen“, in: DÖD 10/1971, S. 184 - 188, und 11/1971, S. 201 - 205

Stellenpläne der Gemeinden und Kreise

Stern, Klaus / Günter *Püttner:* Neugliederung der Landkreise Nordrhein-Westfalens, Mit einer Bibliographie zur Verwaltungsreform, Berlin/Frankfurt (M.) 1969

Gemeinde Uentrop (Hrsg.): Neuordnung — so? Stellungnahme der Gemeinde Uentrop zum Gutachten des Forschungsinsituts der Friedrich-Ebert-Stiftung zur territorialen Neuordnung im Raum Hamm, Uentrop 1971

Gemeinden Uentrop und Rhynern (Hrsg.): Verwaltungsbericht der Gemeindeverwaltung Uentrop-Rhynern für die Rechnungsjahre 1968/1969, Rhynern 1971

Kreisverwaltung Unna (Hrsg.): Strukturdaten zur Kreisentwicklung, Unna 1971

Stadt Unna (Hrsg.): Verwaltungsbericht 1969, Unna 1970

Vieregge, Karl: „Dörentrup hat eine gesunde Zukunft", in: Lippische Landes-Zeitung Nr. 117 vom 22. 5. 1971 (Unsere lippischen Großgemeinden — wie sie arbeiten, 7. Folge)

Wagener, Frido: Einwohnerzahl und Aufgabenerfüllung der Länder, Gutachten im Auftrag der Sachverständigenkommission für die Neugliederung des Bundesgebiets beim Bundesminister des Innern, Speyer 1972

ders.: „Gemeindeverwaltung und Kreisverwaltung", in: Archiv für Kommunalwissenschaften 2/1964, S. 237 - 258

ders.: Teil A: „Grundlagen" der Denkschrift: Hellmuth Krüger (Hrsg.): Denkschrift über eine Verwaltungsreform im Landkreis Lemgo, Brake 1965, S. 13 ff. (maschinenschriftlich vervielfältigt)

ders.: Kreisneugliederung an der Rheinachse, Kreis Kempen-Krefeld, Untersuchung im Auftrag des Kreises Kempen-Krefeld, Speyer 1972

ders.: Neubau der Verwaltung, Gliederung der öffentlichen Aufgaben und ihrer Träger nach Effektivität und Integrationswert (Schriftenreihe der Hochschule Speyer, Bd. 41), Berlin 1969

ders.: „Reform kleiner Gemeinden in Europa", in: Verwaltungsarchiv 2/1971, S. 97 - 113

ders.: Die Städte im Landkreis, Göttingen 1955

Weinberger, Bruno: „Die Stärkung der Verwaltungskraft der kleinen Gemeinden", in: Die Selbstverwaltung, 1958, S. 210 f.

Welslau, Heinrich: „Bad Salzuflen richtet sich auf das Jahr 2000 ein", in: Lippische Landes-Zeitung Nr. 84 vom 10. 4. 1971 (Unsere lippischen Großgemeinden — wie sie arbeiten, 1. Folge)

Wied, Werner: Kreuztal, junge Stadt am Kindelsberg, Kreuztal 1969

Wienhusen, Jakob: „Zwischen Vergangenheit und Zukunft, Bönen im Aufbruch", in: Vorwärts vom 8. 7. 1971, Sonderbeilage Bönen, S. 18

Gemeinde Wilnsdorf, Flächennutzungsplan, o. O., o. J.

Gemeinde Wilnsdorf (Hrsg.): Verwaltungsbericht des Gemeindedirektors für das Jahr 1969, Anlage Nr. 1 zu Punkt 5 b der Niederschrift über die Ratssitzung am 28. Januar 1970

dies. (Hrsg.): Verwaltungsbericht für das Jahr 1970, o. O., o. J.

dies. (Hrsg.): Verwaltungsbericht für das Jahr 1971, Anlage Nr. 2 zur Niederschrift über die Sitzung des Rates der Gemeinde Wilnsdorf am 19. Januar 1972

Wirtschaftsförderungsgesellschaft für den Kreis Unna/Kreis Unna (Hrsg.): Kreisentwicklungsplan, Teil I b: Analysen, Prognosen, Entwicklungsmodelle zur Siedlungs- und Infrastruktur, Unna 1971

Wrage, Volkhard: „Neugliederung für das Jahr 2000?“, in: PVS 4/1971, S. 646 ff.

ders.: Taktik der Territorialreform, Eine Studie zum Prozeß der Meinungs- und Willensbildung bei Maßnahmen der territorialen Reform, dargestellt am Beispiel der Neuordnung des Kreises Unna (Analysen — Tatbestände — Programme, Eine Schriftenreihe des Kreises Unna, Bd. 2), Köln/Berlin 1973

Realisierung des Reformmaßstabs und seiner Teilmaßstäbe

Gemeinde (Gebiet)	Maßstab (Gliederungsziffer)[1]						1 (Personalmaßstab)		Maßstab (Gliederungsziffer)[1]								
	1.111	1.112	1.12	1.13	1.21	1.22	Gesamtzahl der gewichteten Wertungspunkte	Realisierungsgrad (%)	2.1111	2.1112	2.1121	2.1122	2.1123	2.113	2.121	2.122	2.211
Barntrup	3	3	6	12	8	20	52	42	2	6	2	4	2	6	6	9	5
Dörentrup	3	15	6	3	40	20	87	70	2	6	2	4	2	6	12	6	5
Leopoldshöhe	12	15	6	3	32	5	73	58	3	6	2	4	2	6	15	15	5
Rhynern	6	15	9	12	16	25	83	66	3	6	2	4	2	6	6	6	15
Uentrop									4	8	3	4	2	3	6	6	15
Bönen	6	15	9	15	8	10	63	50	4	8	3	5	3	3	3	3	5
Burbach	6	12	15	12	24	20	89	71	4	8	2	1	4	15	3	6	10
Extertal	3	12	6	3	24	5	53	42	3	10	3	4	1	3	15	12	5
Freudenberg	6	15	3	12	16	25	77	62	3	10	2	1	1	6	6	6	10
Fröndenberg	6	15	9	12	40	10	92	74	2	10	3	4	2	12	3	6	5
Hilchenbach	6	15	9	12	40	25	107	86	2	10	2	4	1	3	6	6	10
Holzwickede	6	15	9	15	40	25	110	88	2	6	3	4	2	6	3	6	15
Kalletal	12	9	6	3	24	10	64	51	4	10	2	4	4	3	9	15	5
Neunkirchen	6	15	3	15	40	20	99	79	3	10	3	5	2	12	3	6	10
Oerlinghausen	6	15	12	3	40	25	101	81	4	10	2	4	2	6	3	6	5
Wilnsdorf	6	15	15	3	40	25	104	83	4	6	2	2	2	6	12	15	10
Eiserfeld	6	15	12	15	40	25	113	90	5	10	3	4	2	6	6	6	10
Kreuztal	6	15	12	12	40	20	105	84	3	10	2	4	2	6	12	6	10
Netphen	6	15	9	12	32	15	89	71	2	10	2	4	2	3	6	6	10
Pelkum	6	15	9	9	40	25	104	83	2	10	3	2	2	3	6	6	15
Bad Salzuflen	6	15	12	9	40	20	102	82	5	10	2	4	2	12	6	9	5
Bergkamen	6	15	15	6	16	20	78	62	5	10	5	4	2	6	12	6	10
Hüttental	6	15	6	15	40	25	107	86	3	10	2	4	4	6	6	6	15
Kamen	6	9	9	15	40	20	99	79	3	10	2	4	3	6	6	6	5
Lemgo	6	15	15	12	40	20	108	86	3	10	2	4	2	6	9	6	15
Siegen	6	15	9	15	40	20	105	84	3	10	3	4	4	6	3	9	25
Unna	6	15	9	15	40	25	110	88	4	10	3	2	2	6	3	9	25
Durchschnitt Gemeinden von unter 12.000 E.	6	11,1	6	6	26,4	15	70,5	56	2,8	6,4	2,2	4	2	5,4	9	8,4	9
Durchschnitt Gemeinden von 12.-u.20.000 E.	6,3	14,1	8,7	9,9	29,6	19	87,6	70	3,2	9	2,5	3,5	2,2	6,9	6	7,8	8
Durchschnitt Gemeinden von 20.-u.35.000 E.	6	15	10.5	12	38,4	21,5	103,4	83	3	10	2,5	3,5	2	4,5	7,5	6	11,5
Durchschnitt Gemeinden von über 35.000 E.	6	14,1	10,8	12.3	36,8	21,5	101,5	81	3,7	10	2,7	3,7	2,7	6,9	6,3	7,2	14,5
Durchschnitt Kreis Lemgo	6,3	12,3	8.7	6	31,2	15,5	80	64	3,3	8,6	2,1	4	2,1	6	9,3	9,9	6,5
Durchschnitt Kreis Siegen	6	14,7	9,3	12,3	35,2	22	99,5	80	3,2	9,4	2,3	3.3	2,4	6,9	6,3	7,2	12
Durchschnitt Kreis Unna	6	14,4	9,9	12,3	30,4	20	93	74	3,2	8,6	3	3,7	2,3	5,7	5,4	6	12
Durchschnitt Unters.räume	6	13,8	9,3	10,5	32	19,5	91,1	73	3,2	8,8	2,5	3,6	2,3	6.3	6,9	7,5	10,5

1 Vgl. Abb. 33.

Quelle: Eigene Berechnungen aus Tab. 18, 19 und 23 sowie Abb. 33.

				2 (Leistungsmaßstab)		Maßstab (Gliederungsziffer)[1]							3 (Selbstverw.maßstab)		0 (Reformmaßstab)	
2.221	2.222	2.23	2.24	Gesamtzahl der gewichteten Wertungspunkte	Realisierungsgrad (%)	3.1	3.21	3.22	3.311	3.312	3.321	3.322	Gesamtzahl der gewichteten Wertungspunkte	Realisierungsgrad (%)	Gesamtzahl der gewichteten Wertungspunkte	Realisierungsgrad (%)
12	6	15	14	92	46	52	12	35	9	6	6	3	123	70	267	53
15	2	15	28	108	54	65	9	35	12	9	3	6	139	79	334	67
15	2	10	28	116	58	65	9	35	6	6	6	3	130	74	319	64
9	10	5	14	103	52	26	9	35	6	6	6	15	103	59	289	58
9	8	5	14	102	51	26	9	7	6	6	6	15	75	43	260	52
9	10	10	35	107	54	13	12	35	12	9	9	9	99	57	269	54
9	10	10	21	109	55	39	6	35	6	6	3	12	107	61	305	61
9	10	10	14	105	53	65	6	35	9	6	6	3	130	74	288	58
9	8	10	14	92	46	39	3	35	6	6	3	15	107	61	276	55
9	8	10	14	94	47	39	9	21	9	6	3	15	102	58	288	58
9	10	10	21	103	52	39	6	35	12	6	6	15	119	68	329	66
9	8	15	21	109	55	13	15	7	6	12	3	15	71	41	290	58
9	10	10	28	116	58	65	3	35	6	9	9	3	130	74	310	62
9	6	25	14	114	57	39	9	14	12	12	3	15	104	59	317	63
3	2	10	21	81	42	65	15	21	9	6	6	3	125	71	307	61
3	6	10	28	112	56	39	6	35	6	6	3	15	110	63	326	65
9	8	25	21	127	64	39	12	28	12	9	3	15	118	67	358	72
9	6	15	21	112	56	39	6	35	12	6	3	15	116	66	333	67
3	8	20	14	105	53	39	3	21	6	6	3	15	93	53	287	57
9	8	15	28	124	62	39	15	14	6	6	3	15	98	56	326	65
9	10	15	14	115	58	65	6	28	6	9	3	3	120	69	337	67
15	10	20	35	155	78	39	9	7	12	12	3	15	97	55	330	66
3	10	20	21	125	63	52	9	28	12	6	3	15	125	71	357	71
9	10	25	35	139	70	39	12	21	9	9	9	15	114	65	352	70
15	10	20	21	138	69	52	6	21	6	6	6	15	112	64	358	72
9	10	25	28	154	77	13	12	14	9	6	3	15	72	41	331	66
9	10	25	28	151	76	39	6	21	12	6	3	15	102	58	363	73
12	5,6	10	19,6	104,2	52	46,8	9,6	29.4	7,8	6,6	5,4	8,4	114	65	288,7	58
7,8	8	13	21	104,9	52	41,6	8,1	28	8,4	7,5	4,8	10,8	109,2	62	301,7	60
7,5	7,6	19	21	117,6	59	39	9	24,5	9	6,9	3	15	106,4	61	327,4	65
9,9	10	21,5	25,9	139,7	70	42,9	8,7	20,3	9,3	7,8	4,2	13,2	106,4	61	347,6	70
10,8	6,6	13	21	107,4	54	62,4	8,4	30,8	7,8	7,2	5,7	4,8	127,1	73	314,5	63
7,2	8,2	18,5	20,3	116,8	58	37,7	7,2	28	9,3	6,9	3,3	14,7	107,1	61	323,4	65
9,6	9,2	14,5	25,2	120,7	60	29,9	10,8	18,9	8,7	8,1	5,1	14,4	95,9	55	309,6	62
9	8	15,5	21,7	115,1	58	42,9	8,7	25.9	8,7	7,2	4,5	11,7	109,6	63	315,8	63

Tabelle online abrufbar unter: https://www.duncker-humblot.de/9783428034413_Tabelle

FSC
www.fsc.org
MIX
Papier | Fördert
gute Waldnutzung
FSC® C083411

Kolibri 360 GmbH
Ferdinand-Jühlke-Straße 7
99095 Erfurt, Deutschland
produktsicherheit@kolibri360.de

Druck:
CPI Druckdienstleistungen GmbH
im Auftrag der
Kolibri 360 GmbH
Ferdinand-Jühlke-Str. 7
99095 Erfurt